Otto Krätz

Alexander von Humboldt

Wissenschaftler –
Weltbürger – Revolutionär

Unter Mitarbeit von Sabine Kinder und Helga Merlin

*»Was mir den Hauptantrieb gewährte, war das
Bestreben, die Erscheinungen der körperlichen
Dinge in ihrem allgemeinen Zusammenhang,
die Natur als ein durch innere Kräfte bewegtes
und belebtes Ganzes aufzufassen.«*

Callwey

Dem Andenken an
Carlos del Pino
und an all die anderen Indios,
schwarzen Sklaven und
Freigelassenen,
die auf Flüssen, in Urwald und Savanne,
auf den Höhen der Vulkane
und dem Rücken der Andenkette
als Führer und Träger
Alexander von Humboldt
und Aimé Bonpland halfen,
das Abenteuer ihrer großen Reise
zu bestehen

Zu Seite 2:
Humboldts Freund
François Gérard schuf 1832
die Vorlage zu diesem Por-
trait des damals Dreiund-
sechzigjährigen, dessen wa-
cher Blick den Portraitisten
offenbar besonders beein-
druckt hatte. Humboldts
Zeitgenossen verwunderten
sich stets über den Kontrast
zwischen seiner unver-
gleichlichen geistigen Prä-
senz und einem Kleidungs-
stil, der immer der Jahr-
zehnte zurückliegenden
Herrenmode des Directoire
verhaftet blieb.
Lithographie von
F. S. Delpech.

Die Deutsche Bibliothek – CIP-Einheitsaufnahme
Alexander von Humboldt: Wissenschaftler – Welt-
bürger – Revolutionär / Otto Krätz; unter Mitarb. von
Sabine Kinder und Helga Merlin. – 2., korr. Aufl.,
Sonderausg. – München: Callwey 2000
ISBN 3-7667-1447-3

2., korrigierte Auflage 2000
© 1997 by Verlag Georg D. W. Callwey GmbH & Co.,
Streitfeldstraße 35, 81673 München
Das Werk einschließlich aller seiner Teile ist urheber-
rechtlich geschützt. Jede Verwertung außerhalb
der engen Grenzen des Urheberrechtsgesetzes ist
ohne Zustimmung des Verlages unzulässig und
strafbar. Das gilt insbesondere für Vervielfältigungen,
Übersetzungen, Mikroverfilmungen und die
Einspeicherung und Verarbeitung in elektronischen
Systemen.

Umschlaggestaltung   Bernd Wegener, Berlin,
unter Verwendung der Abbildungen von
Seite 73, 76, 94, 119, 153
Einbandgestaltung unter Verwendung der
Abbildungen Seite 98, 99 und 100
Lithos   Fotolitho Longo, Bozen
Satz   Filmsatz Schröter GmbH, München
Druck   BAWA, München
Printed in Czechia

Inhalt

Mutmaßungen über einen erfolgreichen, ziemlich bekannten Unbekannten	**6**	
Vorspiel	**8**	*»Hügel mit Weinreben, die wir hier Berge nennen, große Pflanzungen von ausländischen Hölzern, Wiesen, die das Schloss umgeben«*
»Der kleine Apotheker« auf »Schloß Langweil«	**13**	*»im väterlichen Hause gemißhandelt und in einer dürftigen Sandnatur eingezwängt«*
Das erste Studienjahr	**18**	*»Doch mit ein wenig Philosophie wird man bald gewahr, daß der Mensch für jeden Erdenstrich, also auch für die frostigen Ufer der Oder, geboren ist«*
Göttingen, die ersten Reisen, die ersten Werke	**21**	*»Wahrheit an sich ist kostbar. Kostbarer aber noch die Fähigkeit, sie zu finden«*
Als »Bergakademist« in Freiberg/Sachsen	**32**	*»Ich treibe ein Metier, das man, um es zu lieben, nur leidenschaftlich treiben kann«*
Als preußischer Bergbeamter in den fränkischen Fürstentümern	**40**	*»Es ist ein Treiben in mir, daß ich oft denke, ich verliere mein bißchen Verstand«*
Im Olymp der großen Dichter: Goethe und Schiller	**49**	*»Der Rhodische Genius«*
Wie erwirbt man Ruhm? Hamilton und Forster als Vorbilder im Schloßpark von Wörlitz	**54**	*»Was die Kunst noch zu erwarten hat und worauf ich hindeuten mußte, um an den alten Bund des Naturwissens mit der Poesie und dem Kunstgefühl zu erinnern«*
Fernweh und Aufbruch	**58**	*»Es gibt Stimmungen in unserer Seele, in denen sich ein Schmerzgefühl in alle unsere Empfindungen mischt«*
Auf See	**65**	*»Der Augenblick, wo man zum erstenmal von Europa scheidet, hat etwas Ergreifendes«*
Südamerika – die Reiseroute	**69**	*»Starker Wille und Beharrlichkeit reichen nicht immer zur Überwindung aller Hindernisse aus«*
Mönche und Indios, Kolonisten und Sklaven	**78**	*»Diese Peitschen aus Seekuhhaut sind ein schreckliches Werkzeug zur Züchtigung der unglücklichen Sklaven, ja der Indianer in den Missionen«*
Lohn der Ausdauer: eine reiche Ernte	**84**	*»Die Natur ist eine unerschöpfliche Quelle der Forschung«*
Umweltprobleme und Zukunftsvisionen	**108**	*»Zerstört man die Wälder, wie die europäischen Ansiedler aller Orten in Amerika mit unvorsichtiger Hast tun«*
Die »Lagunas de Oro« und der »vergoldete König«	**111**	*»wie ja der Irrtum oder gewagte Theorien nicht selten zur Wahrheit führen«*
Krokodile, Tiger und Moskitos – Abenteuer der Reise	**114**	*»mehr Mücken als Luft«*
Die Rückkehr	**122**	*»Ich bin niemals stärker mit meinem unmittelbar bevorstehenden Tod beschäftigt gewesen, als am frühen Morgen des 9. Mai«*
Feinde und Freunde	**128**	*»Der Kaiser Napoleon war … voll Haß gegen mich«*
»Ansichten der Natur«	**135**	*»›Wer sich herausgerettet aus der stürmischen Lebenswelle‹, folgt mir gern in das Dickicht der Wälder«*
Politik	**142**	*»Es kostet mich viel, die Hoffnung aufzugeben, die Ufer des Ganges mit ihren Bananenbäumen und Palmen zu sehen«*
»Die Natur aber ist das Reich der Freiheit«	**149**	*»Kosmos, Entwurf einer physischen Weltbeschreibung«*
Ein Forscherleben vor dem Hintergrund der Geschichte	**161**	*»Auf der Weltkarte von 1508 finde ich noch keine Spur vom Orinoco«*
Landschaftsmalerei als »Anregungsmittel zum Naturstudium«	**165**	*»Warum sollte unsere Hoffnung nicht begründet sein, daß die Landschaftsmalerei zu einer neuen, nie gesehenen Herrlichkeit erblühen werde«*
Vom Nutzen der Gewächshäuser	**173**	*»Ungleich ist der Teppich gewebt, den die blütenreiche Flora über den nackten Erdkörper ausbreitet«*
Förderer junger Talente	**179**	*»Schenken Sie ihm Ihren Beistand, Ihren Rat, Ihr Wohlwollen«*
Asche und Lorbeer oder Was blieb?	**187**	
Nachwort zur 2. Auflage	**190**	
	191	*Anmerkungen Literatur Sach- und Ortsregister Personenregister Bildnachweis*

Mutmaßungen über einen erfolgreichen, ziemlich bekannten Unbekannten

Vor einem Vierteljahrhundert hat Hans Magnus Enzensberger über Alexander von Humboldt eine Ballade verfaßt, deren provokativer Schluß lautet: »Ein Gesunder war er, der mit sich die Krankheit / ahnungslos schleppte, ein uneigennütziger Bote der Plünderung, ein Kurier, / der nicht wußte, daß er die Zerstörung dessen zu melden gekommen war, / was er, in seinen *Naturgemälden*, bis er neunzig war, liebevoll malte.«[1] Diese Sicht der Wirkung Alexanders auf das Geschick Südamerikas, wiewohl faktisch kaum angreifbar, hat sich nicht durchzusetzen vermocht. Enzensbergers wundervolle Ballade wurde seither so gut wie nie reflektiert. Welches Tabu, welche Klischeevorstellung wurden hier verletzt?

Eine Antwort gibt vielleicht jene fröhliche Laudatio Umberto Ecos auf Thomas von Aquin, in der er das schlimmste Mißgeschick jedes Heiligen die Kanonisierung nennt. »Dergleichen sind üble Schicksalsschläge, die einem das ganze Lebenswerk ruinieren können, wie wenn man den Nobelpreis erhält oder in die Académie Française berufen wird… . Man wird wie die Mona Lisa: ein Klischee.«[2] Könnte es also sein, daß sich hinter dem Namen Humboldt ein – vielleicht sogar tabuisiertes – Klischee verbirgt, ein Klischee, das den Menschen Alexander zumindest teilweise verbirgt und gegen das Enzensberger verstieß?

Dies zieht einige Fragen nach sich. Existiert dieses Klischee tatsächlich – und worin eigentlich besteht es? Wie bildete es sich heraus, oder, um in der boshaften Sprache Ecos zu bleiben: Was machte Alexander zur »Mona Lisa«? Schuf Humboldt dieses Klischee vielleicht selbst? Wenn ja, zog er Nutzen daraus? Oder war er dessen Opfer? Vielleicht beides zugleich?

Daß das »Markenzeichen« Alexander von Humboldt eine Art Klischee sein muß, läßt sich sehr leicht zeigen. Kein zweiter Name wurde so oft genutzt und mißbraucht wie gerade dieser. Statistikwütige Humboldt-Fans haben glaubhaft herausgefunden, daß an die tausend profane Dinge nach ihm benannt sind, von der Schreibfeder über eine Motorenfabrik bis hin zu wissenschaftlichen Gesellschaften. Daß sein Name in einigen weiteren hundert wissenschaftlichen Bezeichnungen für Pflanzen, Tiere, Berge, ja sogar für einen Mondkrater[3] weiterlebt, sei nur am Rande erwähnt. Mit Blick auf bildungsbürgerlichen Wohnzimmerschmuck brachten vor dem Ersten Weltkrieg Hersteller von marmornen und gipsernen Kleinplastiken Legionen von Humboldt-Büsten und zum Teil recht gartenzwergigen Statuetten in den Handel. Eine Hamburger Fabrik beteiligte sich gar mit einer rabenschwarzen Hartgummi-Büste.[4]

Vielleicht wurde die Entstehung des Klischees dadurch gefördert, daß sich seine zuweilen schillernde Persönlichkeit vorzugsweise aus Widersprüchen aufbaute: Humboldt, einerseits erfolgreich als Diplomat, war andererseits äußerst geschwätzig, gleichsam ein geschwätziger Diplomat; er, der Meistertänzer, der – unmusikalisch, wie er sich selbst zu stilisieren liebte – fördernd in die Karrieren der Komponisten Meyerbeer und Mendelssohn-Bartholdy eingriff[5], der in einsamen Stunden weltvergessen forschte, er entfloh der Einsamkeit seiner Studierstube, deren Adresse er zum Schutze ebendieser bedrohten Einsamkeit häufig wechselte, um als gesellschaftlicher Mittelpunkt nächtelang die Pariser Salons zu durchziehen. Seine Familie und die Zeitgenossen waren sich einig, daß er eitel war, doch die meisten fanden ihn gleichermaßen bescheiden, sozusagen von eitler Bescheidenheit.

Alexander Herzen überliefert in seinen kurz nach dem Tode Humboldts abgefaßten »Denkwürdigkeiten aus dem 19. Jahrhundert« eine Anekdote, die diese Zwiespältigkeit des Kgl. Kammerherrn auch im Politischen treffendst umschreibt: »Nach 1848 war der ultrakonservative und altfeudale König von Hannover nach Potsdam gekommen. Auf der Schloßtreppe empfingen ihn verschiedene Höflinge und Humboldt in Fracklivrée. Der boshafte König blieb stehen und sagte lächelnd zu ihm: ›*Immer derselbe: immer Republikaner und immer im Vorzimmer des Palastes.*‹«[6] Nie vergaß Humboldt die Ideale der Französischen Revolution und die Erklärung der Menschenrechte. Immer half er Unterdrückten – so, als er den von ebendiesem König von Hannover verjagten »Göttinger Sieben« erfolgreich neue Anstellungen verschaffte –, und doch war er ein enger Gefolgsmann, fast schon Freund zweier in jeder Hinsicht komplizierter preußischer Könige. Sieht man von der extremen

*Allen Portraitisten Humboldts fiel der wache Blick seiner Augen auf. Auch in dieser Darstellung mit dem Orden der »Friedensklasse des ›Pour le mérite‹ für Verdienste um Wissenschaft und Kunst« – er war Mitbegründer und erster Kanzler dieses Ordens – verblüfft der Gegensatz zwischen den scharf beobachtenden, höchst präsenten Augen und seinem für die damalige Zeit bereits altmodischen Habit. Humboldt erregte bei der standesgemäß gekleideten preußischen Aristokratie Unmut, weil er häufig in einem schon recht abgetragenen Frack bei Hofe erschien. Wahrer Adel der Wissenschaft ist eben eine Sache des Geistes und wird durch abgeschabte Ärmel nicht gemindert.
Nach den Deutungsversuchen der Physiognomik des vorigen Jahrhunderts signalisieren das tief im Seidenplastron vergrabene, ausgeprägte Kinn und die volle Lippenpartie sinnliche Lebensfreude. Tatsächlich wußte Humboldt Tafelfreuden zu schätzen. Kaffee galt ihm als konzentrierter Sonnenschein, das tägliche Glas Portwein war unverzichtbar.
Sein scharfer Blick beäugte nicht nur Wissenschaftliches, sondern auch Menschen. Die Zeitgenossen fürchteten seine eminente Begabung für Klatsch. Es soll Damen gegeben haben, die sich weigerten, vor Humboldt eine Gesellschaft zu verlassen, aus Angst, er könne über sie reden.
Stahlstich von A. Weger.*

Rechten ab, so verteilten sich seine politischen Freunde über fast alle Parteiungen.

Bezeichnend für seinen grundlegenden Zwiespalt ist es auch, daß er sich zwar zur Literatur der Romantik bekannte, sich aber nie ganz an die romantische Naturphilosophie verlor. Gern wird betont, daß er sich von den ethischen Grundlagen des Protestantismus nie entfernt habe, und doch war ihm der größte katholische französische Dichter seiner Epoche Vorbild. Viel Tinte und Druckerschwärze wurden diesseits des Rheins verschwendet, um darzutun, daß er ein guter Deutscher und preußischer Patriot gewesen sei. Westlich des Rheins sieht man die Dinge anders. So schreibt Jean Tulard noch 1985 in seinem Werk »Frankreich im Zeitalter der Revolutionen« bei der Aufzählung der intellektuellen französischen Leistungen des ersten Kaiserreichs unter Napoleon ganz selbstverständlich: »Und nicht zu vergessen die Reise Alexander von Humboldts nach Südamerika.«[7]

Es ist nicht leicht, ihn zu zeichnen.

»Hügel mit Weinreben, die wir hier Berge nennen, grosse Pflanzungen von ausländischen Hölzern, Wiesen, die das Schloss umgeben«

Vorspiel

Alexander v. Humboldt übernahm das Familienwappen, das er jedoch nur selten verwendete, obwohl es mit Baum und drei Sternen auf blauem Grund eigentlich gut zu ihm gepaßt hätte.

Marie Elisabeth v. Humboldt beeinflußte zutiefst die deutsche Geistesgeschichte des 19. Jahrhunderts, als sie, keinerlei Kosten scheuend, ihren Söhnen Wilhelm und Alexander die bestmögliche Ausbildung zuteil werden ließ.

Alexander Georg v. Humboldt, Major und Kammerherr, starb schon 1779. So wurden die Söhne von der Mutter erzogen, die sie in ihrer herben Art innig liebte.

Eine jener gar nicht so seltenen Persönlichkeiten, deren Verdienste beträchtlich unter Wert gehandelt werden, ist Ferdinand I., Großherzog der Toskana. Um seinem versandeten und von der Bevölkerung verlassenen Hafen Livorno wieder aufzuhelfen, erließ er 1591 seine »Costituzione livornina«, in der er Kaufleute aller Nationen und Religionsgemeinschaften einlud, sich frei von jeder Beschränkung und mit vollen Rechten niederzulassen. Auch Verfolgte und Bedrohte waren willkommen; allen Neuansiedlern garantierte der Großherzog ausdrücklich die persönliche Freiheit. Den Juden gewährte man ein eigenes Rechtswesen »de more hebraico« und sogar einen eigenen Friedhof, der – was den damaligen Papst besonders verdroß – von einer festen Mauer umschlossen sein durfte. Zur gesamteuropäischen Verblüffung gelang dieses Experiment gesetzgeberischer Liberalität; Livorno erblühte zu einer Handelsstadt einzigartiger wirtschaftlicher Bedeutung und galt lange – wiewohl von vielen Regierenden scheel betrachtet – als wohlhabendste und prosperierendste Hafenstadt des »christlichen [!]« Abendlandes.

Die in Livorno gelebte Toleranz der Völker und Glaubensgemeinschaften war noch im 18. Jahrhundert so außergewöhnlich, daß Gotthold Ephraim Lessing von seinen Reiseeindrücken im Sommer 1757 zu seiner berühmten – leider noch heute umstrittenen – dramatischen Dichtung »Nathan der Weise« angeregt wurde, in der er auch Berliner Impressionen aus dem Umfeld des jüdischen Seidenhändlers und Philosophen Moses Mendelssohn verarbeitete.

Das Beispiel Ferdinands I. fand zwar häufige, doch so gut wie immer von rein wirtschaftlichen Erwägungen und meist nur arg halbherzig befolgter Toleranz getragene Nachahmung. Einer jener Herrscher, die sich Ferdinands Wirtschaftspolitik zum Vorbild nahmen, war der »Große Kurfürst« Friedrich Wilhelm von Brandenburg, der 1670, als die jüdische Gemeinde aus Wien vertrieben wurde, einige der reichsten Familien – aber keineswegs die ganze Gemeinde – einlud, nach Preußen zu kommen. Trotz seiner Antipathie gegen Juden brauchte er deren Finanzkraft.[1]

Weniger problematisch – obwohl ebenfalls nicht

Ansicht des alten Berliner Stadtschlosses, das im Leben der mit dem Hof eng verbundenen Familie Humboldt eine große Rolle spielte.

frei von religiösen Spannungen – war der erwünschte Zuzug calvinistischer Hugenotten in das lutherische Preußen, der 1685 nach dem vom Großen Kurfürsten erlassenen Edikt von Potsdam einsetzte. Die Könige Friedrich Wilhelm I. und Friedrich II. betrieben eine merkantilistische, für ihre Zeit logische, in der Rückschau aber in vielen Einzelheiten höchst seltsame Wirtschaftspolitik.

Sie sollte die Verhältnisse allerdings nachhaltig prägen und die Voraussetzungen für das geistige Klima Berlins schaffen, das dem intellektuellen Erblühen der Familie Humboldt den Nährboden gab.
Den verschiedenen Gesellschaftsschichten und Bevölkerungsgruppen waren wirtschaftlich streng definierte Aufgaben zugewiesen. So durfte nur der Adel Grund besitzen; ihm waren auch die höheren

Der Deutsche und der Französische Dom symbolisieren die Teilung der Berliner Bevölkerung in alteingesessene Brandenburger und zugewanderte Hugenotten.

9

Die Bedeutung der jüdischen Gemeinde für das Berliner Wirtschaftsleben des 18. Jahrhunderts läßt sich an der aufwendigen Ausgestaltung der alten Synagoge ablesen.

Dieses Gemälde von Moritz Oppenheim vereint den mit der Familie Humboldt befreundeten jüdischen Philosophen und Seidenhändler Moses Mendelssohn und den Dichter des Dramas »Nathan der Weise«, Gotthold Ephraim Lessing, mit dem Schweizer Theologen Lavater, zeitweilig ein Freund Goethes. Judah L. Magnes Museum, Berkeley/USA.

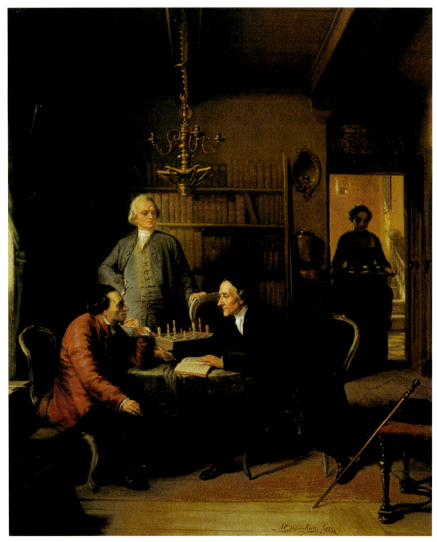

Staatsämter und die Offizierslaufbahn vorbehalten, während gewerbliche Tätigkeit als nicht standesgemäß verpönt war. Da es in Preußen kein Recht der Erstgeburt gab, wurde durch Erbteilung der sich stets verkleinernden Landgüter die Finanzkraft des Adels zunehmend geschwächt. Das städtische Bürgertum dagegen durfte kein Land besitzen und hatte »bürgerlichen« Tätigkeiten nachzugehen, insbesondere im Handwerk, das meist in Zünften straff organisiert war. Den Juden hatte man Finanzgeschäfte zugewiesen, und so war es ihre Aufgabe, als Bankiers und Goldbeschaffer vor allem während der Kriege Friedrichs II. an merkwürdigen Manipulationen zur Münzverschlechterung und Dauerinflation mitzuwirken, mit denen der »große« König diese finanzierte. Einige jüdische Familien kamen dadurch zu ungeahntem Wohlstand, was die antisemitischen Gefühle ihrer christlichen Mitbürger entsprechend mehrte. Die Hugenotten schließlich brachten aus dem kulturell und wirtschaftlich höherstehenden Frankreich neue Technologien und Produktionsverfahren mit. Sie entwickelten sich zu einer umtriebigen Unternehmerschicht und trugen unter vielen anderen wirtschaftlichen Aktivitäten vor allem zum Aufschwung der Berliner Seidenmanufakturen, des Seidengewerbes und -handels bei. Das hierfür benötigte Kapital brachte hugenottische Unternehmer mit jenen wohlhabenden jüdischen Familien zusammen, die Anlagemöglichkeiten für ihr Vermögen suchten. Der meist nicht besonders gutgestellte mittlere preußische Adel wiederum brauchte wohlhabende hugenottische Erbinnen, deren Mitgift die Nachteile ehrenvoller, doch schlecht bezahlter Offizierslaufbahnen abpuffern sollte. So kam es zur nachhaltigen kulturellen Berührung dreier völlig verschiedenartiger Bevölkerungsschichten.

Die Begebenheit ist also typisch: »1766 reizten« den Dragonermajor von Humboldt »die vorzüglichen Eigenschaften der Frau Maria Elisabeth von Colomb, verwitweten Freifrau von Hollwede, sich mit derselben zu vermählen.«[2] Der englische Botschafter schilderte 1776 Major Humboldt als einen »Mann von einfachem Verstand und schönem Charakter«[3]. Auch sonst zeichnet die Überlieferung eher das Bild eines fröhlich-kultivierten Haude-

In hellem Krapprot leuchtet die Seidenrobe von Wilhelmine Enke, der Geliebten Friedrich Wilhelms II., auf diesem Portrait von Anna-Dorothea Therbusch. A. G. v. Humboldt, Kammerherr von Elisabeth Christine, der ersten Gattin Friedrich Wilhelms, schied nach der Trennung des prinzlichen Paares aus dem Hofdienst. Alle Bilder: Stiftung Preußische Schlösser und Gärten, Berlin-Brandenburg.

König Friedrich Wilhelm II. – einer der Taufpaten Alexanders – in seidener Hoftracht. Im Gegensatz zu den soldatischen Idealen seines Vorgängers Friedrich II. war er ein musisch-weicher Mensch, der die kultivierte Atmosphäre jüdischer Salons zu schätzen wußte. Gemälde von A.-D. Therbusch.

gens, der 1762 aus dem Armeedienst schied und zwei Jahre später von Friedrich II. zum Kammerherrn am Hofe von Elisabeth Christine, der Gattin des späteren Königs Friedrich Wilhelm II., ernannt wurde. Diesen sollte die Bevölkerung bald »König Liederjan« schelten. Auch die bürgerlich gesinnte und aus sittenstrenger calvinistischer Familie stammende Majorin mochte ihn nicht, und so quittierte der Major von Humboldt 1779 nach der Scheidung des kronprinzlichen Paares, der Wiedervermählung des Kronprinzen und den gesellschaftlichen Wirren um dessen Maitresse Wilhelmine Enke endgültig den Staatsdienst. Dies scheint die Beziehung des Majors zu Friedrich Wilhelm nicht belastet zu haben.

Mit dem Adel der Humboldts war es so weit nicht her; erst eine Generation zuvor hatte die Familie das Adelspatent erhalten. Die reichliche Mitgift der

Im 18. Jahrhundert prägte die Berliner Seidenindustrie das Landschaftsbild. Eine Allee von Maulbeerbäumen – die Blätter dieses Baumes dienen der Seidenraupe zur Nahrung – führte 1775 von Schloß Sanssouci zum Neuen Palais.

Hugenottische Unternehmer brachten die Seidenindustrie nach Berlin. Hier erkennt man das Sieden der Kokons und das Abspulen der Fäden.

Majorsgattin, Tochter eines wohlhabenden Kammerdirektors – ihre in Wahrheit bürgerliche Familie stammte der Überlieferung nach aus Burgund –, gestattete ein gemächliches Leben auf Schloß Tegel, das schon der erste Ehemann der Majorin in Erbpacht erworben hatte. Der hierfür jährlich zu erlegende Betrag von hundertachtunddreißig Talern war angesichts der Baulichkeiten und des Grundes erstaunlich niedrig. Dafür verpflichtete die preußische Regierung den Pächter zur Pflanzung von hunderttausend Maulbeerbäumen für die Seidengewinnung. Noch 1766 soll der Major tausendzweihundert Taler in junge Maulbeerbäume investiert haben, die aber offenbar im kalten Berliner Winter nicht recht gedeihen wollten, denn schon 1770 wurde die Seidenzucht in Tegel endgültig aufgegeben. Dieser eher fatale Ausflug in das Manufakturwesen prägte aber das gesellschaftliche Leben der Familie entscheidend. So überrascht es nicht, daß zu den Lehrern der jungen Humboldts zeitweilig auch Moses Mendelssohn zählte. In ihrem faszinierenden Buch über »Die jüdischen Salons im alten Berlin« geht Deborah Hertz den Ursprüngen der blühenden Entfaltung des Salonwesens nach: »Zwanzig Jahre, bevor Henriette und Marcus Herz den ersten Salon in Berlin eröffneten, hatten schon einige Familien damit begonnen, Gäste aus verschiedenen Ständen zu sich einzuladen. Diese Sitte pflegten beispielsweise die Eltern Alexanders und Wilhelms von Humboldt. ... Die Humboldts luden französische und jüdische Freunde aus der Stadt auf ihr Landgut außerhalb von Berlin ein, ebenso berühmte Schriftsteller aus dem Ausland.«[4] Folglich wurden die Brüder schon sehr früh in die Salons eingeführt und schlossen sich eng an die Familien Mendelssohn, Friedländer, Herz, Beer und Itzig an. Der typische preußische Junker verachtete damals eine intellektuelle und kultivierte Lebensführung, sehr im Gegensatz zu Friedrich Wilhelm II., der mit einigen wenigen Adligen »in den jüdischen Häusern Luxus, Eleganz, kosmopolitischen Lebensstil und intellektuelle Anregung«[5] suchte. Diese Konstellation verschaffte den jungen Humboldts zusätzliche gute Kontakte zu Herrscherhaus und Hochadel, die beide später erfolgreich nutzen sollten, und prägte sie entscheidend.[6] So war es ihnen vergönnt, in dem damals militärisch-provinziell verkrusteten Berlin eine weltoffene und tolerante Lebenseinstellung zu entwickeln.

»im väterlichen Hause gemißhandelt und in einer dürftigen Sandnatur eingezwängt«

»Der kleine Apotheker« auf »Schloß Langweil«

Die Familie hielt es für ein gutes Omen, daß von August bis Oktober 1769 am Nachthimmel über Berlin ein Komet zu sehen war. Unter diesem besonderen Vorzeichen gebar Marie Elisabeth von Humboldt am 14. September 1769 Alexander, ihren dritten Sohn. Bei den Abweichungen, häufig auch Gegensätzlichkeiten biographischer Darstellungen und den Widersprüchlichkeiten sogar in Alexanders eigenen Aussagen ist es nicht einfach, dessen Jugendjahre in ihrer Prägung zu beschreiben. Möglicherweise sollte er in den ersten ihm gewidmeten Biographien in die Nähe anderer Junggenies gerückt werden, deren herausragende Begabung bereits in frühester Jugend die Umgebung beeindruckte, oder es standen Karl Bruhns[1] noch andere Quellen zur Verfügung, jedenfalls heißt es bei ihm: »... doch zeigte Alexander schon früh eine Vorliebe für naturgeschichtliche Gegenstände. Blumen und Pflanzen, Schmetterlinge und Käfer, Muscheln und Steine waren seine liebsten Spielsachen. Er vermehrte, ordnete und schachtelte seine Sammlungen mit so außerordentlichem Eifer, daß er schon als Kind scherzweise der kleine Apotheker genannt wurde.«[2]

Bei Alexander selbst findet sich dazu allerdings eine völlig andere Darstellung. 1806 erinnert er sich: »Bis zum Alter von 16 Jahren hatte ich wenig Lust, mich mit den Wissenschaften zu befassen und wollte Soldat werden. Meine Eltern mißbilligten diese Neigung; ich mußte mich dem Finanzwesen widmen und habe nie in meinem Leben Gelegenheit gehabt, einen Kurs in Botanik oder in Chemie zu absolvieren; nahezu alle Wissenschaften, mit denen ich mich in der Gegenwart beschäftige, habe ich mir selbst und sehr spät angeeignet.«[3]

In einer früheren Selbstaussage gibt es dazu eine relativierte Version. Hofrat Heim, Hausarzt der Familie Humboldt, der bei des jungen Alexanders Kränklichkeit wohl öfter in Erscheinung treten mußte, galt als Freund des großen englischen Naturforschers Sir Joseph Banks. Heim, dem die Botanik der Moose ein besonderes Anliegen war, hatte dem älteren Bruder die Linnésche Klassifizierung erläutert, worauf Alexander sich ein Herbar anzulegen begann. Aber die Begeisterung der Jungen hielt nicht lange vor: »... in wenigen Tagen war uns beiden alle Lust zur Botanik wieder verschwunden.«[4] Dabei wäre die Verlockung eigentlich so nahe gewesen. Der Nachbar der Humboldts in Tegel, F. A. von Burgsdorff, zog nämlich in seinen Waldungen über fünfhundert fremde, vorzugsweise aus Nordamerika stammende Baumarten und belieferte die königlichen Parkanlagen mit seinen Setzlingen. Natürlich trieb sich der kleine Alexander auch in den Baumschulen Burgsdorffs herum, deren naturwissenschaftliche Besucher auf ihn, der selbst einmal kindlich unvorstellbare neunzig Jahre alt werden sollte, einen befremdlich vergreisten Eindruck machten. Der damalige Direktor des Botanischen Gartens, ein hervorragender Botaniker und Mitglied der Akademie der Wissenschaften, kommt in der Erinnerung Alexanders besonders schlecht weg: »Ich sah dort Gleditsch und viele Glieder der Naturforschenden Gesellschaft – krüppelhafte Figuren, deren Bekanntschaft mir ebenfalls mehr Abscheu als Liebe zur Naturkunde einflößte.«[5]

Die Quellen der frühen häuslichen Kümmernisse Alexanders lassen sich ohne übertriebene psychologische Begabung erkennen. Die Majorin muß ihre Söhne abgöttisch geliebt haben: »Meine wissenschaftliche Erziehung war sehr sorgfältig. Mein Vater und vor allem meine Mutter (denn der erstere starb, als ich neun Jahre alt war) brachten jedes Opfer, um uns von den berühmtesten Männern in alten Sprachen, Mathematik, Geschichte, Zeichnen, Rechtswissenschaft, Naturkunde zu Hause, ohne Schulbesuch, im Sommer auf dem Lande, im Winter in der Stadt, immer in großer Zurückgezogen-

Johann Heinrich Campe unterrichtete zeitweilig Alexanders Bruder Wilhelm. Campes Kinderbücher – hier exotisches Getier, Nashorn und Seidenwurm, aus seiner Kinderfibel – beeinflußten Alexander, der Campes Bearbeitung von »Robinson Crusoe« leidenschaftlich gern las. Campe wandte sich dann den Idealen der Französischen Revolution zu und unternahm 1792 zusammen mit Wilhelm v. Humboldt eine politische Studienreise nach Paris.

Daniel Chodowiecki, Akademiedirektor in Berlin und Lehrer Alexanders, schuf diese Zeichnung, die die pädagogischen Probleme häuslichen Unterrichts drastisch zum Ausdruck bringt. Der Ehrgeiz der Mutter lieferte Wilhelm und Alexander den Bemühungen von über zwanzig Hauslehrern aus.

heit, unterrichten zu lassen. Ich entwickelte mich unendlich viel später als mein Bruder Wilhelm ...«[6] Diese intensive Förderung erfuhr eine straffe Organisation durch G. J. Chr. Kunth, der ab 1777 »Gouverneur« der Brüder wurde und für spezielle Fächer über fünfzehn prominenteste Fachleute einsetzte: »Privatkollegia wurden uns beiden Brüdern von Fischer in Mathematik, von Engel in Philosophie, von Dohm in politischen Wissenschaften gelesen.«[7] Dies ist offenbar durchaus wörtlich zu nehmen. Den Erziehungstheorien des 18. Jahrhunderts gemäß wurden Kinder als kleine Erwachsene behandelt und energisch entsprechende Leistungen verlangt. Da Alexander meist gemeinsam mit seinem zwei Jahre älteren Bruder Wilhelm unter-

Der jüdische Arzt Marcus Herz, Portrait von Friedrich Georg Weitsch. Stadtmuseum, Berlin. In dem auch vom Königshaus besuchten Salon, den Marcus Herz zusammen mit seiner Gattin Henriette führte, hielt er auch philosophische und physikalische Vorlesungen. Hier sah Alexander seine ersten physikalischen Experimente. Marcus Herz beriet die Familie Humboldt bei der Anbringung des ersten Berliner Blitzableiters auf Schloß Tegel.

Dieses von Anna-Dorothea Therbusch 1778 geschaffene Portrait der Salonière Henriette Herz als Hebe vermittelt etwas von dem sinnlichen Reiz, dem die jungen Brüder Humboldt verfielen. Henriette lehrte Alexander die hebräische Schrift, und er unterrichtete sie im »Menuet à la Reine«. Beide verband eine lebenslange Freundschaft.

Betreiben Wilhelm von Humboldts sollte diese 1806 gegründet werden –, löste Kunth das Problem, seinen Zöglingen physikalische Experimentalvorlesungen zu bieten, indem er sie in das Haus des Ehepaares Henriette und Marcus Herz einführte. Wie alle Wissenschaftler, die sich an die Öffentlichkeit wenden wollten, hielt auch Herz, der als Arzt am jüdischen Krankenhaus wirkte, in seiner Wohnung private Vorlesungen. Es war ihm trotz armer Herkunft geglückt, in Königsberg zu studieren und die Approbation zu erwerben. Mit Immanuel Kant, der sich in der Philosophie gerade einen Namen zu machen begann, hatte er sich in seinen Studienjahren eng befreundet. Zur Erlangung seiner Professur in Königsberg schrieb Kant eine Dissertation, für deren Verteidigung in einer öffentlichen Disputation er seinen »Responsenten« selbst bestimmen durfte. Er wählte Marcus Herz. Die Freundschaft dauerte auch an, als Herz sich in Berlin niederließ. Neben seinen physikalischen Experimentalvorlesungen hielt er zur Popularisierung der Kantschen Anschauungen auch Philosophievorlesungen, die sogar vom preußischen Königshaus besucht wurden. Schließlich trug ihm dies den

Der an der Universität Königsberg lehrende Philosoph Immanuel Kant war der Freund und Lehrer von Marcus Herz, der in seinen Berliner Vorlesungen Kants Philosophie popularisierte. Zeichnung von Julius Schnorr von Carolsfeld.

richtet wurde, hat man ihn wohl gnadenlos überfordert. Seine Mutter empfand er als eher abweisend und kalt. So fühlte er sich einsam und war oft krank.

Die Qualifikation der allzu zahlreichen Lehrer war indes beeindruckend und wohl auch einschüchternd: Kunth wurde später einer der führenden preußischen Beamten für Handel und Gewerbe; Engel lehrte am Joachimsthalschen Gymnasium in Berlin und war Akademiemitglied; Dohm wirkte als Geheimer Kriegsrat im »Departement auf auswärtige Angelegenheiten«; Fischer war Lehrer am Gymnasium zum Grauen Kloster und ebenfalls Akademiemitglied. Es war dessen Mathematikvorlesung, die einen Lichtblick in das eher trostlose Knabenleben Alexanders brachte, weil Joseph Mendelssohn, der älteste Sohn des großen Philosophen, sie ebenfalls besuchte. Alexander und Joseph fanden sich in einer innigen Freundschaft, die lebenslang währte und zum weiter vertieften Umgang der Brüder mit jüdischen Familien führte.

Da es in Berlin noch keine Universität gab – erst auf

Die Brüder Humboldt genossen das Berliner Gesellschaftsleben – hier ein Ball in der »Goldenen Kugel«, wo sich die christliche und die jüdische Jeunesse dorée trafen.

Professorentitel ein.[8] Die von Herz gezeigten Versuche waren die ersten naturwissenschaftlichen Experimente, die Alexander zu sehen bekam. War bis dahin seine Jugendzeit ziemlich öde gewesen – zumindest pflegte er sie rückschauend so zu sehen – und hatte die in Mannschaftsstärke anrückende Lehrerschar ihn seelisch fast erdrückt, so zeigte ihm in den Salons das Leben auf einmal auch die heitere Seite. Denn viel eindrucksvoller als Philosophie und Physik war Henriette Herz, die jugendliche Gattin des Professors, eine gefeierte Schönheit. Nur wenig älter als die jungen Humboldts, eroberte sie deren Herzen im Sturm. Wilhelm, dem schönen Geschlecht ungleich mehr zugetan als Alexander, soll – so jedenfalls berichtet der Klatsch – allen Ernstes versucht haben, Henriette dem Professor auszuspannen. Auch Alexander himmelte sie an. So band Neigung die beiden Brüder an den Salon des Ehepaares Herz – was die Majorin darüber dachte, ist nicht überliefert. Alexander ließ sich von Henriette in die Schreibkunst des Hebräischen einführen, um lange Briefe in dieser Schrift zu verfassen. Dafür unterwies er sie in der Kunst des »Menuet à la Reine«, eines Modetanzes jener Jahre. Der als hervorragend bekannte Tänzer pflegte zwar mit seiner vorgeblichen Unmusikalität zu kokettieren, doch vermutlich waren es eher die ihn bis zur Verunglimpfung als »calamité sociale«[9] anödenden Konzerte, denen er sich mit dieser Schutzbehauptung entzog. Als Tänzer jedoch konnte er seine Musikalität nicht verleugnen.

Zu den besonderen Begabungen Alexanders gehörte auch die lebenslange Bewahrung von Freundschaften. So war er es, der 1842, ein halbes Jahrhundert später, für die seit langem verwitwete, alt und ärmlich in Berlin lebende Henriette vom König eine Pension erbat und auch erhielt. Das Salonleben formte Alexander nachhaltig. Besonders später, in den Pariser Jahren, sollte er den Typ des Salonlöwen schlechthin verkörpern.

In den Aufzeichnungen Alexanders findet sich noch ein auffallender Widerspruch. Am 4.8.1801 behauptet er rückschauend, »bis in mein 17tes und 18tes Jahr waren alle meine Wünsche auf meine Heimat beschränkt«[10], und nährt so die Legende seines doch recht spät einsetzenden Interesses an exotischen Weltgegenden. An anderer Stelle heißt es dagegen: »Ich hatte von meiner ersten Jugend an ein sehnliches Verlangen empfunden, in entfernte, von Europäern wenig besuchte Länder zu reisen. Dieser Drang charakterisiert einen Zeitraum unseres Lebens, in welchem uns dieses wie ein Horizont ohne Grenzen erscheint, wo nichts größern Reiz für uns hat als Bilder physischer Fährlichkeiten und die starken Bewegungen der Seele.«[11] Auch in seinem letzten großen Werk, dem »Kosmos«, erhalten die Traumreisen der Kinderzeit noch einmal ihr Bekenntnis: »Kindliche Freude an der Form von Ländern und eingeschlossenen Meeren, wie sie auf Karten dargestellt sind, der Hang nach dem Anblick der südlichen Sternbilder, dessen unser Himmelsgewölbe entbehrt, Abbildungen von Palmen und libanotischen Cedern in einer Bilderbibel können den frühesten Trieb nach Reisen in ferne Länder in die Seele pflanzen.«[12]

Der nüchterneren Mutter scheinen dergleichen jugendliche Gefühlswallungen eher verdächtig gewesen zu sein; unbeirrt hielt sie an der Kameralistik als Ausbildungsziel für ihren Jüngsten fest. Dennoch förderte sie auch dessen künstlerische Neigungen, und wie immer war ihr der beste Lehrer gerade gut genug. So unterrichtete kein Geringerer als Daniel Chodowiecki, Direktor der Akademie der Künste, Alexander im Zeichnen, Kupferstechen und Radieren. Die Leistungen des jungen Humboldt waren durchaus sehenswert, und die stolze Mutter soll mit seinen Werken ihr Schlafzimmer tapeziert haben. Als die Berliner Akademie 1786 ihre erste Kunstausstellung organisierte, hieß es in der Abteilung »Liebhaber« im Katalog: »Nr. 290, Herr von Humboldt, der Jüngere: Die Freundschaft weint über der Asche eines Verstorbenen; mit schwarzer Kreide gezeichnet nach Angelika Kauffmann.« Unverkennbar begann sich hier eine ungewöhnlich vielseitige Begabung zu entfalten.

Alexander v. Humboldt wußte sich auch auf dem Tanzparkett gewandt zu bewegen. Er galt – trotz seiner vorgeblichen Unmusikalität – in jüngeren Jahren als exzellenter und gesuchter Tänzer, vertraut mit allen Schritten der komplizierten Modetänze jener Epoche.
E. Riepenhausen, Kupferstich »La Poule«, Göttingisches Taschenbuch, 1812.

»Doch mit ein wenig Philosophie wird man bald gewahr, daß der Mensch für jeden Erdenstrich, also auch für die frostigen Ufer der Oder, geboren ist«

Das erste Studienjahr

Noch hatte Frau von Humboldt das Heft fest in der Hand und bestimmte für das Wintersemester 1787/88 die Universität Frankfurt an der Oder zur fortführenden Bildungsstätte in Jurisprudenz für Wilhelm und in Kameralistik für Alexander. »Die Anzahl der hiesigen Studenten ist sehr klein. Sie beläuft sich gegenwärtig auf etwa 220–230…«[1] Die mäßige Qualität und ärmliche Ausstattung dieser Hochschule finden in Alexanders Briefen ihre lakonische Schilderung. Spätere Biographen haben die Wahl dieses offensichtlich wenig förderlichen Studienortes oft bemängelt, doch vermutlich hatte die bestimmende Mutter außer den Bildungsgängen auch die Gefahren der Lebensentfaltung im Blick und wollte – falls ihr die nicht ganz unbedenkliche Neigung Wilhelms zum schönen Geschlecht nicht verborgen geblieben war – die Brüder immerhin noch etwas unter Aufsicht halten. Unter diesem Aspekt waren die Söhne zusammen mit dem bewährten »Gouverneur« Kunth im Hause ihres früheren Lehrers, Professor Löffler, der Exegese und Kirchengeschichte las, sorglichst untergebracht. Spärliche Nachrichten über diese frühe Studienzeit finden sich in Wilhelms Briefen an Henriette Herz: »Übrigens gehen auch, da wir nur wenige öffentliche Collegia hören, unsere Arbeiten selbst in den Ferien immer fort.«[2] Und von Alexander berichtet er: »Er hat zwar Langeweile hier, aber im Grunde ist er doch recht vergnügt. Er läuft viel herum, moquiert sich … . Aber traurig ist er gar nicht. … Wir sind uns sehr gut, aber selten einig. Unser Charakter ist zu verschieden …«[3]

Das viele und recht vergnügte Herumlaufen Alexanders klärt sich in seinen eigenen Mitteilungen zur intensiven Bemühung um die für ihn lebenslang typische Schaffung eines Netzwerks treuer Freundschaften. »Die Freuden eines freundschaftlichen Umgangs, die wir hier in vollem Maße genießen, abgerechnet, würde Frankfurt freilich für uns ein trauriger Ort sein. Doch mit ein wenig Philosophie wird man bald gewahr, daß der Mensch für jeden Erdenstrich, also auch für die frostigen Ufer der Oder, geboren ist. Was könnte die Königin der Wissenschaften (die übrigens hier eben nicht ihren Tempel hat) für einen edlern Zweck erreichen, als den Menschen zufrieden zu stellen!«[4]

Aber mit dieser Zufriedenheit war es denn doch nicht allzuweit her; Jahre später erinnert sich Alexander seiner Frankfurter Studien: »Ein halbverrückter Gelehrter, der Professor Wünsch …, las mir ein Privatissimum über Beckmanns Ökonomie. Er fing an mit botanischen Vorkenntnissen. Seine eigene Unwissenheit und sein Vortrag waren abermals weit entfernt, mir Lust zur Botanik einzuflößen, doch sah ich ein, daß ich ohne Pflanzenkenntnis ein so vortreffliches Buch als Beckmanns Ökonomie[5] nicht verstehen könne. Wir besaßen durch Zufall Willdenows Flora Berolinensis. Es war harter Winter. Ich fing an, Pflanzen zu bestimmen, aber die Jahreszeit und Mangel an Hilfsmitteln machten alle Fortschritte unmöglich.«[6]

Für ein weiteres Semester war diese Universität einfach nicht gut genug. Wilhelm wechselte zum Sommersemester 1788 nach Göttingen. Alexander, den die Familie für kränklich hielt, kehrte zu Privatstudien für ein Jahr nach Berlin zurück. Hier kam es zur alles entscheidenden Begegnung mit dem hervorragenden jungen Botaniker Willdenow, einem Neffen des so arg geschmähten Gleditsch. Neue Horizonte dämmerten empor, die Alexanders weiteren Lebensweg bestimmen sollten: »Vom Studium der Pflanzen habe ich nicht sprechen gehört, bis ich 1788 Herrn Willdenows Bekanntschaft machte, der damals, im gleichen Alter wie ich, seine Flora Berlins veröffentlichte. Sein sanfter und liebenswürdiger Charakter ließ mich die Botanik noch inniger lieben. … ich brachte ihm die Pflanzen, die ich gesammelt hatte und die er bestimmte. Ich begeisterte mich für die Botanik, insbesondere für die Kryptogamen. Der Anblick exotischer Pflanzen, sogar der getrockneten in den Herbarien, erfüllte meine Einbildung mit den Genüssen, die die Vegetation wärmerer Länder gewähren muß. Herr Willdenow stand in enger Verbindung mit Chevalier Thunberg, von dem er oft Pflanzen aus Japan erhielt. Ich konnte sie nicht ansehen, ohne daß sich die Idee einstellte, diese Gegenden zu besuchen.«[7]

Von nun an hatte ihn das Fernweh endgültig gepackt. In einem Brief, den er am 25.2.1789 seinem Freund, dem Theologen Wegener, schreibt, formuliert er zum ersten Mal jene Ziele, die ihn später berühmt machen sollten. Hier offenbart sich auch die befruchtende Rolle gerade der volkswirtschaftlichen Prinzipien der Kameralistik in seinem

Denken: »Je mehr die Menschenzahl und mit ihr der Preis der Lebensmittel steigen, je mehr die Völker die Last zerrütteter Finanzen spüren müssen, desto mehr sollte man darauf sinnen, neue Nahrungsquellen gegen den von allen Seiten einreissenden Mangel zu eröffnen. Wie ... unübersehbar viele Kräfte liegen in der Natur ungenutzt, deren Entwickelung Tausenden von Menschen Nahrung oder Beschäftigung geben könnte. ...Welch ein schiefes Urteil, zu meinen, daß die paar Pflanzen, welche wir bauen..., alle Kräfte enthalten, die die gütige Natur zur Befriedigung unserer Bedürfnisse in das Pflanzenreich legte. Überall sehe ich den menschlichen Verstand in einerlei Irrtümer versenkt ... . So in der Religion, so in der Politik, so überall, wo der gemeine Haufen sein Wesen treibt.«[8] Ein bemerkenswerter Seitenhieb auf die Religion in diesem Brief an einen Theologen! Keineswegs war Alexander Atheist, doch sollten die Amtskirche und mit ihr die christlich-konservativen Strömungen in Preussen noch ihre liebe Not mit ihm bekommen. »Die Natur schuf den Menschen, um durch ihn ihre eigene Vollkommenheit zu beobachten.«[9] Diese in einem kunstästhetischen Vortrag gehörte These – eine unter Theologen weitverbreitete und noch heute nahezu selbstverständliche Auffassung – konnte er noch eher komisch finden; daß die preußische Regierung bei den Einstellungsprüfungen künftiger Prediger nicht deren »gesunden Menschenverstand« examinierte, sondern die »christliche Terminologie (denn mehr ist der ganze Bettel von Dogmatik doch nicht)«, empörte Alexander allerdings.

Sein wissenschaftliches Beobachtungsfeld fand er in unmittelbarer Nähe: »Eben komme ich von einem einsamen Spaziergange aus dem Thiergarten zurück, wo ich Moose und Flechten und Schwämme suchte, deren Sommer jetzt gekommen ist.«[10] Er entdeckte, daß sein allmählich sich herauskristallisierendes Lebensziel, ein großer naturkundlicher Reisender zu werden, so utopisch gar nicht war. Es ließen sich durchaus Vorbilder finden: »Der große Jacquin in Wien, der durch seine botanischen Reisen in Jamaica und Südamerika berühmt ist, hat in seinem 70. Jahre ein Kompendium der Botanik geliefert, ein herrliches, vollendetes Werk.«[11]

»Die Zelte im Berliner Thiergarten«, von Daniel Chodowiecki, um 1770. Im Berliner Tiergarten unternahm der junge Alexander seine ersten biologischen Untersuchungen und widmete sich vor allem den Kryptogamen. Zu dieser 24. Klasse im System Linnés gehörten damals Farne, Moose, Algen und Pilze, deren Kennzeichen das »Verborgensein« von Geschlechtsorganen war. Stadtmuseum, Berlin.

Dieses Profil-Portrait Wilhelm v. Humboldts von P. E. Stroehling belegt, daß Alexander und er sich in jungen Jahren recht ähnlich waren.

Alexanders naturwissenschaftliche Neigungen und Intentionen profilierten sich früh. So grenzt sich schon der Achtzehnjährige von den philosophisch-theoretischen Bemühungen seines Bruders ab: »Denn jetzt habe ich nicht Zeit, an so etwas zu denken. Zu sehr mit individuellen Gegenständen beschäftigt, muß ich die Spekulation an den Nagel hängen.«[12] Zeitlebens wird ihm die Philosophie zwar nicht fremd sein, doch wird er deren Lehren immer mit Distanz gegenüberstehen. Griechisch und Zeichnen sind jene Disziplinen, in denen sich Alexander in Berlin zusätzlich weiterbildete. Angeregt durch Willdenow, tauchten die ersten Pläne zu wissenschaftlichen Arbeiten auf; mit Hilfe weiterer Gelehrter sollte ein Werk »über die gesamten Kräfte der Pflanzen«[13] entstehen. Zwar kam es nicht dazu, doch zeigt diese Planung einen weiteren Wesenszug seines späteren Wirkens. Ausdrücklich legt er fest, dieses Buch solle »exsoterisch«, also für eine möglichst breite Öffentlichkeit, geschrieben sein, um so eine entsprechend schnelle Umsetzung theoretischer Erkenntnisse in die alltägliche Anwendung zu gewährleisten. Neigungen und Maximen der Lebensgestaltung werden bei Alexander schon in diesem jugendlichen Alter erkennbar: »Ernsthafte Geschäfte, und am meisten das Studium der Natur, werden mich von der Sinnlichkeit zurückhalten.«[14] Er wird keine Familie gründen, was Zeitgenossen wie Biographen bezeichnenderweise besonders beschäftigte. Mehr oder weniger lichtvolle psychologische Analysen reichen von der Unterstellung der Homosexualität – eine wahrscheinlich von konservativen Kreisen und orthodox-protestantischen Feinden in die Welt gesetzte Verleumdung – bis zu hymnischen Lobgesängen auf die entsagungsvolle zölibatäre Lebensführung des im geistigen Kampfe wahrhaft einsamen Forschers. Sie gipfeln in der fraglos romantischsten Annahme, seine emphatische Zuneigung zu Henriette Herz habe Maßstäbe weiblicher Qualitäten gesetzt, denen spätere Angreiferinnen auf das ja bald weltberühmte Humboldtsche Einmannkloster nicht zu genügen vermochten. Für diese Deutung spricht einiges.

Wohnstube von Lichtenbergs Freund und Verleger Johann Christian Dieterich in Göttingen, in dessen Haus die englischen Prinzen wie auch Lichtenberg wohnten. Genau über dieser Wohnstube befand sich Lichtenbergs physikalischer Hörsaal, in dem Humboldt hörte.

»Wahrheit an sich ist kostbar. Kostbarer aber noch die Fähigkeit, sie zu finden«

Göttingen, die ersten Reisen, die ersten Werke

Dem Beispiel seines Bruders folgend, sollte Alexander seine Studien in Göttingen fortsetzen. »Ich bin bereit, den ersten Schritt in die Welt zu tun, ungeleitet und ein freies Wesen. ... Lange genug gewohnt, wie ein Kind am Gängelbande geführt zu werden«[1], schreibt Alexander vor seiner Reise im April 1789 etwas theatralisch an einen Freund. Da es üblich war, jede am Wege zu findende Berühmtheit aufzusuchen, um sich mit zeitraubender Intensität einer hochentwickelten Gesprächskultur zu widmen, gestaltete sich die Fahrt von Berlin an den neuen Studienort zu einer längeren Bildungsreise. Diesem Reisestil gab sich Alexander zeitlebens mit derartiger Begeisterung hin, daß allein die Erwähnung aller von ihm unternommenen und empfangenen Besuche telephonbuchähnliche Nachschlagewerke füllen würde.

Als Student verhielt er sich eher untypisch. »Salamander-Reiben«, »Landesvater-Singen«, »Mensuren-Schlagen« und dergleichen studentisches Treiben waren seine Sache nicht. Er betrieb lieber gezielt und geschickt den Aufbau gesellschaftlicher Verbindungen, wobei ihm, dem vom Gängelband Befreiten, die familiären Beziehungsbande doch recht willkommen waren: »Hier empfing ich die anmutigsten Beweise der Güte von Seiten dreier englischer Prinzen, deren Erzieher, General Malortie, persönlich unserer Familie verbunden, es freundlicherweise übernommen hatte, auf uns aufzupassen«[2], teilt er aus Göttingen mit. Die Prinzen und der General wohnten – wie auch der Physiker Lichtenberg – im Haus des Verlegers Dieterich. Einer dieser Prinzen war Ernst August, der spätere König von Hannover, dessen Lebensweg und der Alexanders sich auf der Potsdamer Schloßtreppe noch einmal kreuzen sollten. Dergleichen Beziehungen sind allemal von Vorteil. »In Göttingen lebte ich allein für Naturgeschichte und Sprachen«[3], zieht Alexander später die Bilanz seiner Studien. Es sollte sich für seinen Lebensweg besonders schicksalhaft auswirken, daß er an eine Universität geraten war, die wie keine andere Geographie in so hoher Qualität pflegte und eine wahrhaft einzigartige Sammlung von Reisewerken in ihrer Bibliothek besaß. Innerhalb kürzester Zeit hatte Alexander beste Beziehungen zu den Professoren angeknüpft, was er nicht zuletzt auch Wilhelms Vorarbeit zu danken hatte.

Zunächst trieb Alexander Altphilologie bei Christoph Gottlob Heyne, bei dem er seine erste größere wissenschaftliche Arbeit verfaßte, ein leider nicht erhaltenes Werk, in dem sich Philologie und Technikgeschichte vereinten. »Das Opus ist gar wundergelehrt – sodaß es mich selbst anekelt. Ich habe die Entdeckung gemacht, daß der Webestuhl der Alten gerade der Hautelissestuhl sei, den die Saracenen nach Frankreich gebracht haben.«[4]

Schon während seines ersten Frankreich-Aufenthaltes lernte A. v. Humboldt den Maler François Baron de Gérard kennen, der diese Portrait-Zeichnung 1805 schuf. Nach der Rückkehr von seiner großen Reise nahm Humboldt bei Gérard Zeichenunterricht. Dieser war seinerseits von Jacques-Louis David ausgebildet worden. Er wurde durch ein Portrait der Madame Récamier sowie Napoleons und durch großformatige Schlachtenbilder berühmt und galt als einer der großen Maler seiner Epoche. Er schuf auch ein Titelblatt für Humboldts Reisewerk.

Die Zeichnungen und Gemälde, die der englische Maler William Hodges während Cooks zweiter Reise anfertigte, an der auch die beiden Forster teilnahmen, haben Humboldt besonders beeindruckt. Diese lavierte Tuschezeichnung (1774) zeigt Cooks vom Sturm arg gezauste »Resolution« nach dem Verlust eines Teils ihrer Takelage bei den Marquesas-Inseln. Alle Bilder dieser Seiten National Maritime Museum, London.

Die Forschungsreisen des Capt. James Cook – hier ein Portrait von Nathaniel Dance – galten Humboldt als Höhepunkte des menschlichen Strebens nach Welterkenntnis.

Alexander hörte auch Vorlesungen bei Johann Friedrich Gmelin, Professor für Medizin und Philosophie, einem Neffen des berühmten Johann Georg, der fast zehn Jahre durch Sibirien gereist war und 1748 seine aufsehenerregende »Flora Sibirica« veröffentlicht hatte. Er gilt als der erste, der Kunde von der grausamen Winterkälte Sibiriens und seinen Dauerfrostböden nach Mitteleuropa brachte. J. F. Gmelin war zugleich ein Vetter des unglücklichen Samuel Gottlieb, der auf der Rückreise von den Ufern des Kaspischen Meeres vom Chan der Chaitaken gefangengenommen wurde und durch Hunger und Ruhr umkam. 1771 bis 1786 erschien, zum Teil postum, dessen »Reise durch Rußland«. An Anregungen fehlte es Alexander also nicht.

Besonderes Wohlwollen brachte der Physiker Georg Christoph Lichtenberg den Brüdern Humboldt entgegen. In einem Brief an seinen Bruder Ludwig Christian im September 1789 heißt es: »Ich schicke Dir ... wiederum 2 Herren zu, den Herrn von Humboldt aus Berlin ... und einen jungen Herrn van Geuns .... Beide Herren haben Naturgeschichte zu ihrem Hauptstudio und der erste noch besonders Technologie und Maschinenwesen gewählt. Es sind beide ungewöhnliche Köpfe ...«[5]

Im Oktober 1790 schreibt Alexander dem kränklichen, verkrüppelten, geistig unvergleichlich brillanten und hochberühmten Physiker: »Wenn ich für Freundschaft und Wohlwollen danken könnte, so müßte ich Ihnen viel danken. Ich achte nicht auf die Summe positiver Kenntnisse, ... mehr aber auf

Diese von William Hodges am 17. Mai 1773 gemalte Windhose bei Kap Stephens in der Cook-Straße vor Neuseeland wurde auch von Georg Forster beschrieben, der sich darüber hinaus mit der Geologie der entdeckten Küstenregionen auseinandersetzte. So erkannte er schon an Bord der »Resolution« die vulkanische Genese des Basaltes, die noch lange von den Neptunisten, insbesondere von Werner und Goethe, geleugnet wurde.

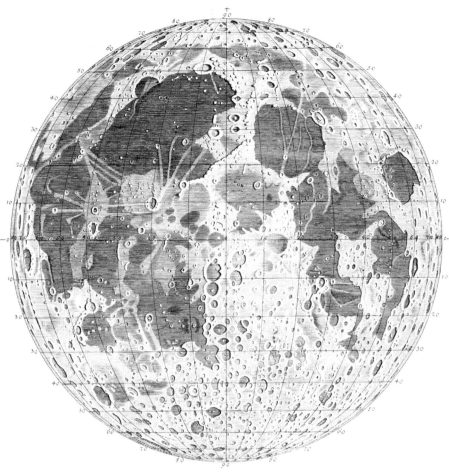

Von Lichtenberg 1765 gezeichnetes Titelblatt eines Notizbuches. Lichtenberg, ein scharfzüngiger Literat, hat wohl als erster in Humboldt die Erkenntnis reifen lassen, daß ein großer Naturforscher auch ein guter Stilist sein müsse.

Georg Christoph Lichtenberg, Professor für Physik in Göttingen, beeinflußte Humboldt durch seine Begeisterung für James Cook und Georg Forster. Lichtenbergs Freund Girtanner gab Humboldt den entscheidenden Hinweis auf die Reiztheorie John Browns und pries Paris als das neue große Zentrum naturwissenschaftlicher Forschung.

die allgemeine Richtung, die mein Ideengang unter Ihrer Leitung nahm.«[6] Wie sehr die beiden in der Richtung ihrer Ideengänge übereinstimmten, wurde bislang übersehen, läßt sich aber dank der »Sudelbücher«, der Essays und der Tatsache, daß so gut wie jeder Buchstabe aus Lichtenbergs genialer Feder publiziert wurde, gut nachvollziehen. Da ist einmal seine geradezu manische Begeisterung für die Literatur der Entdeckungsfahrten, die fast schon kindliche Verehrung für Kapitän Cook und dessen Weltumsegelungen – »Cook mit seinem Genie und [seiner] väterlichen Vorsicht«[7]. Es beeindruckt vor allem beider Übereinstimmung in ihren Vorbehalten gegen den Kolonialismus mit seiner brutalen Unterjochung der Eingeborenen. Alexander sollte später viel zu diesem Thema schreiben, doch nie die erschütternde Prägnanz des großen Satirikers Lichtenberg erreichen: »Der Amerikaner, der den Kolumbus zuerst entdeckte, machte eine böse Entdeckung.«[8] Lichtenbergs bewegendste Klage über die Grausamkeiten des Kolonialismus ist an einen »Negerembryo in Spiritus« gerichtet. Im Entwurf zu diesem großartigen Prosastück heißt es: »Auf den Neger-Embryo ein Lied! ... Ruhe, kleiner Schwarzer. Hier in diesem Branntwein schindet dich kein Zuckerkrämer. (Betrachtung über die Mutter, die vermutlich vor deiner ganzen Entwickelung starb, kleiner Cäsar.) Wie glücklich, wenn der Schinder deines Vaters und

◁ *Lichtenberg gab 1775 die Mondkarte des Göttinger Astronomen Johann Tobias Mayer heraus. Humboldt konnte damals noch nicht ahnen, daß man einmal eine Vielzahl von Landmarken der Mondoberfläche nach ihm und seinen wissenschaftlichen Freunden benennen würde. Am rechten Mondrand, zwischen 50 und 60° N, erstreckt sich das Mare Humboldtianum. In dessen Nähe, bei 40° N, erhebt sich der Krater »Gauß«. Lichtenberg wurde ebenso mit einem Krater geehrt wie auch Humboldts astronomischer Mitarbeiter Olbers und seine beiden engsten Freunde Gay-Lussac und Arago.*

deiner Brüder hier schliefe…«[9] Der Gleichklang der Aussagen dokumentiert sich in Humboldts späteren Schilderungen der Lage der Sklaven auf den Zuckerplantagen Kubas.

»In der Gabe, alle Vorfälle des Lebens zu seinem und seiner Wissenschaft Vorteil zu nützen, darin besteht ein großer Teil des Genies.«[10] Die Augen stets offenzuhalten und jede, aber auch wirklich jede Beobachtung zu registrieren, ist eine typische Maxime Lichtenbergs, von Alexander mit unglaublicher Intensität ausgelebt. Auch die Methodik Lichtenbergs, auf der Erdkugel verstreute physikalische Daten in Tabellen anschaulich zu verbinden, dürfte anregend gewesen sein. Humboldts später so berühmte Weltkarten über Deklination und Inklination der Magnetnadel könnten durchaus in Lichtenbergs »Abweichungen der Magnetnadel aus Lieutenant Cooks und Banks Reise um die Welt zusammen getragen«[11] ihr Vorbild haben. Auch seine antiaristokratische Weltsicht findet bei Lichtenberg ihre Entsprechung: »Da gnade Gott denen von Gottes Gnaden.«[12]

Ein Freund Lichtenbergs und in den Jahren 1780/85 sein Mitherausgeber für das »Göttingische Magazin« war der von allen Professoren und Studenten bewunderte Georg Forster, die strahlende Berühmtheit schlechthin. Zusammen mit seinem Vater Reinhold hatte er 1772/75 Cook auf dessen zweiter Weltumsegelung begleitet und einen berühmten Reisebericht herausgegeben. Im September 1785 heiratete Forster Heynes Tochter Therese, die Jahre später eine mehrbändige deutsche Übersetzung von Alexanders großem Reisewerk aus dem Französischen herausgeben sollte.

William Hodges schuf 1777 diese Darstellung von otahitischen Kriegskanus. National Maritime Museum, London.

Reinhold Forster und sein Sohn Georg begleiteten Cook 1772 bis 1775 als Naturforscher auf dessen zweiter Weltreise. Georg Forster gilt als Begründer der literarisch höchsten Ansprüchen genügenden, wissenschaftlichen Reisebeschreibung. Obwohl er als Anhänger der Französischen Revolution in Deutschland geächtet wurde, sah Humboldt zeitlebens in ihm ein nie verblassendes Vorbild. Kupferstich von J. F. Rigaud und D. Beyel, 1780.

Unten links: Der Botanische Garten der Universität Göttingen bot dem jungen Humboldt viele Anregungen zu frühen pflanzenkundlichen Betrachtungen. Stich von A. Besemann.

Schon während Humboldts Studienzeit befand sich dieser, von den Forster mitgebrachte Armschmuck eines Hawaiianers im Besitz der Universität Göttingen.

Der Botanische Garten in Göttingen.

Französisch war seine wissenschaftliche Muttersprache. Bei Heyne hatte Wilhelm von Humboldt Forster kennengelernt und schnell Freundschaft mit ihm geschlossen, die sich bald auf Alexander übertragen sollte. Im Herbst 1788 übersiedelte Forster als Bibliothekar nach Mainz, wo ihn die Brüder mehrfach besuchten. Der später wegen seiner jakobinischen Umtriebe während der Französischen Revolution in der deutschen Geschichtsschreibung so hart kritisierte Forster entwickelte sich zum großen Lehrer Alexanders. Als Herausgeber und Übersetzer einer Vielzahl von Reiseberichten war er ein Spezialist für die geographische Forschung wie kaum ein anderer seiner Epoche. Beispielhaft war der wundervoll präzise und einfühlsame Stil seiner Texte.

Als Ergebnis einer Rheinreise mit Freunden entstand 1790 Alexanders erstes größeres erhaltenes Werk: »Mineralogische Beobachtungen über einige Basalte am Rhein. Mit vorangeschickten, zerstreuten Bemerkungen über den Basalt der ältern und neuern Schriftsteller«. Letztere waren eine Frucht von Alexanders altphilologischen Studien bei Heyne. Sein erstes Buch, das für seinen Studiengang noch sehr bedeutend werden sollte, widmete er Forster, mit dem er bald darauf auf eine mehrmonatige Reise durch Holland, England und

Frankreich ging. »Die meisten der geringen Kenntnisse, die ich besitze, verdanke ich ihm«[13], schreibt er 1799 dankbar, doch auch von Spannungen berichtet er: »Ohnerachtet sie mich wie jedes nahe Zusammenleben unter Menschen und besonders bei Forsters kleinlich-eitelem Charakter mehr von ihm entfernte, als ihm nahe brachte, so hatte das Zusammenleben mit dem Weltumsegler doch großen Einfluß auf meinen Hang nach der Tropenwelt. ... Der Zufall wollte, daß ich (ohnerachtet wir in einem elenden Fischerboot und bei stürmischem Wetter schifften) nicht seekrank war. Ich wurde es in der Folge nie ...«[14]

Für Forster war die Reise nach England kein Erfolg. Seine Hoffnung, mit Unterstützung der Royal Society ein großes botanisches Werk herauszugeben, erfüllte sich nicht. Er sah sich der Antipathie des großen Joseph Banks gegenüber, der Cook auf dessen erster Weltreise 1768/71 begleitet hatte und seit 1778 Präsident der Royal Society war. Alexander hingegen erfreute sich dessen freundlichen Entgegenkommens, war aber von Forsters Mißgeschick und von eigenen Zukunftsängsten bedrückt. »Ich fühlte mich eingeengt, engbrüstig. Ein unbestimmtes Streben nach dem Fernen und Ungewissen, alles, was meine Phantasie stark rührte, die Gefahr des Meeres, der Wunsch, Abenteuer zu bestehen und aus einer alltäglich gemeinen Natur mich in eine Wunderwelt zu versetzen, reizten mich damals an. ... Ich schrieb verrückte Briefe ... und wurde mir selbst von Tage zu Tage unverständlicher. Meine Reise mit Forster in das Gebirge von Derbyshire vermehrte jene melancholische Stimmung. Das Dunkel der Casteltoner Höhlen verbreitete sich über meine Phantasie. Ich weinte oft, ohne zu wissen warum ...«[15]

Die düsteren Betrachtungen decken allerdings die Tatsache zu, daß es gerade Erlebnisse dieser Reise waren, die seinen ferneren Lebensweg auf das Glücklichste bestimmen sollten. Zwar bekennt er offen, daß sein Fernweh in England reiche Nahrung fand. Aber eher beiläufig teilt er mit, daß auf dieser Reise sein intensives Interesse für Bergwesen, Mineralogie und Geologie endgültig geweckt wurde. In einem Brief vom 15.6.1790 schlägt er erstmals ein Thema an, das einige Jahre später so gut wie alle seine Briefe wie ein roter Faden durch-

ziehen sollte: »Ich bin sehr abgespannt, sehr ermüdet, denn ich habe den größten Teil des Tages unter der Erde in Peakshole, Eldenhole, Poolshole in Bergwerken zugebracht.«[16] Vielleicht war es die »viel zu schnelle Reise durch den Peak von Derbyshire«[17], auf der ihm erstmals der Gedanke kam, daß die Suche nach einer »Physique du monde«, der »Konstruktion des Erdkörpers«, eine lohnende Aufgabe für das Lebenswerk eines Wissenschaftlers wäre.

Dank Forster machte er auch äußerst interessante, prägende Bekanntschaften. So lernte er den ob seiner seemännischen Geschicklichkeit, Brutalität, Ausdauer und botanischen Kenntnisse berühmten William Bligh kennen, den legendären Kommandanten der Bounty. Dieser war, nachdem er sein Schiff durch Meuterei verloren hatte, bei den Tonga-Inseln ausgesetzt worden, dann aber war es ihm gelungen, im offenen Boot die Insel Timor zu erreichen. Das botanische Wissen, das sich Bligh auf der letzten Reise Cooks als Steuermann erworben hatte, ließ ihn der britischen Admiralität vorschlagen, man solle den Brotfruchtbaum und andere Pflanzen des Südpazifiks auf die Antillen verbringen, akklimatisieren und anbauen, um so die Ernährungslage der Eingeborenen im Britischen Empire zu verbessern. Die Reise der Bounty in die

Der große Forscher Sir Joseph Banks, von 1778 bis zu seinem Tode 1820 Präsident der Royal Society, spielte im Leben Humboldts eine zwiespältige Rolle. Während dessen erstem England-Aufenthalt erwies er sich als Förderer, und nach der großen Reise setzte er sich für die Rückgabe gekaperter Teile von Humboldts Sammlungen ein, widersetzte sich dann aber dessen Reisewünschen in die asiatischen Kolonien des Britischen Empire. Punktierstich von W. Ridley.

Links:
Hodges verstand es meisterlich, romantische, stimmungsvolle Landschaftsschilderung mit maritimer, nautischer und geographischer Genauigkeit zu verbinden. Er formte damit nachhaltig Humboldts Vorstellungen von einer wissenschaftlich untermauerten Landschaftsmalerei. National Maritime Museum, London.

Unten:
Lange vor dem übrigen Europa kannte man in London große Plakatwände. Auf dieser Straßenszene von J. Parry 1835 sind Dampfboote zu sehen, die es bei Humboldts erstem Besuch noch nicht gab. Doch schrieb er, daß ihn beim Anblick solcher Plakatwände mit Angeboten preiswerter Schiffspassagen immer nagendes Fernweh befallen habe.

Südsee sollte diesem Ziel dienen. Der Gedanke einer Verpflanzung des Brotfruchtbaumes erfüllte Bligh mit einer solchen Leidenschaft, daß man ihm den Spitznamen »Brotfrucht-Willy« anhängte. Für Alexander war dies aber ein zeitgenössisches Beispiel für das Problem der Migration von Kulturpflanzen, ein Thema, das ihn später noch oft beschäftigen sollte.

Ein weiteres entscheidendes Erlebnis verrät ein Brief, der Jahre später, am 12.2.1793, geschrieben wurde. Ausgerechnet in London traf er 1791 auf den Göttinger Arzt Christoph Girtanner, einen guten Freund Lichtenbergs, der lange Zeit in Paris gelebt und dort aufmerksam die Entwicklung der »antiphlogistischen« Chemie Lavoisiers verfolgt hatte. Girtanner scheint der erste gewesen zu sein, der Alexander auf die dominierende Rolle der Naturwissenschaften in Frankreich hingewiesen hat. Jahre später sollte Paris Alexanders wissenschaftliche Heimat werden. Girtanner war als forschender Arzt und Chemiker eher ein Stern zweiter Größe, aber in seiner Person schnitten sich Entwicklungslinien zweier damals neuer und unabhängig voneinander entstandener Theorien. Auch besaß er eine beachtliche Begabung zur Abfassung kompilatorischer Werke. Den entscheidenden Fingerzeig hatte Alexander auf einem Spaziergang im romantischen Green Park erhalten, wo ihn Girtanner auf seine neueste Arbeit »Über das Prinzip der Reizbarkeit«[18] hinwies und damit gleichzeitig die »anti-

Für den großen Erdhügel des »Föderationsfestes« auf dem Pariser Marsfeld am 14. Juli 1790 – noch während der ersten, gemäßigten Phase der Französischen Revolution – hatte auch Alexander Schubkarren mit Erde gefahren. Radierung von Paul Jakob Laminit, um 1817.

phlogistische« Sauerstoff-Theorie Lavoisiers darlegte.

Die damals vor allem in England und Deutschland noch herrschende »Phlogiston-Theorie« war von dem Arzt Stahl entwickelt worden und besagte, daß das Phlogiston eine in allen brennbaren Stoffen enthaltene Substanz sei, die bei der Verbrennung entweicht. Stahl hatte damit die erste umfassende Theorie der Chemie entwickelt, die aber den Erkenntnissen der Gas-Chemie in den 80er Jahren des 18. Jahrhunderts nicht standzuhalten vermochte.

Lavoisier fand, daß es die sogenannte »Lebensluft«, das Gas »Oxygene« beziehungsweise »Sauerstoff«, ist, das die Verbrennung eines Metalls bewirkt und dabei mit diesem ein Oxid bildet.

Daß sich die Sauerstoff-Theorie nicht gleich durchzusetzen vermochte, hatte für die damaligen Naturforscher gewichtige Gründe. Stahl war aus seiner pietistisch-protestantischen Gesinnung heraus zum Begründer des »Animismus« geworden, einer Philosophie, die dem inneren und äußeren Lebensbereich eine Lebenskraft durch Beseeltheit zuschrieb, da organische Vorgänge lebender Wesen mechanistisch nicht zu erklären seien. Schon seine Phlogiston-Lehre hatte auf der von Becher modifizierten und weiterentwickelten Lehre des Paracelsus aufgebaut, und auch sein Animismus fußte auf Paracelsischen Traditionen. Stahl hatte seine Lehre zu einer medizinischen Theorie erweitert, in der dem Phlogiston eine bedeutende Rolle zukam.

Die Sauerstoff-Theorie lieferte aber im Gegensatz zur Lehre Stahls nicht einmal in Ansätzen Erklärungsversuche für Problemstellungen wie »Leben«, »Lebenskraft«, »Nervenreiz« und dergleichen. Sie war zwar chemisch richtiger, aber weniger umfassend. Diese Probleme verschärften sich, als 1789 der Bologneser Arzt Aloisio Luigi Galvani erstmals seine präparierten Froschschenkel während eines Gewitters an einem eisernen Altanengeländer tanzen sah. 1791 erschien dessen berühmte Abhandlung »De viribus electricitatis in motu musculari commentarius« mit der Beschreibung seiner umwälzenden Entdeckung, daß ein präparierter Froschschenkel zuckt, wenn Nerven- und Muskelenden von zwei verschiedenen, miteinander verbundenen Metallen berührt werden. Alexander lernte ihn selbst 1795 auf seiner Reise nach Norditalien kennen, ebenso wie Alessandro Volta, den Schöpfer der elektrischen »Kontakttheorie«.

Girtanner hatte auch einige Jahre in Edinburgh verbracht und dort den streitbaren und exzentrischen schottischen Arzt John Brown kennengelernt, der 1780 sein Hauptwerk »Elementa medicinae« publiziert hatte. Darin formuliert er ein naturphilosophisches System, das seine Zeitgenossen und insbesondere Girtanner faszinierte, unter dem Namen »Brownianismus« ungeheure Bedeutung für das ausgehende 18. Jahrhundert erlangte und vermeintlich jene Lücke schloß, die die Sauerstoff-Theorie offenließ. Brown bot so etwas wie eine Theorie des Lebens. Nach ihm beruhen alle Lebensvorgänge auf der Fähigkeit der Lebewesen, durch äußere Reize erregt zu werden. In einem gesunden Körper befinden sich die einwirkenden Reize mit der dem Körper eigenen Reizbarkeit im Gleichgewicht. Wird dieses Gleichgewicht gestört, erkrankt der Körper entweder durch fehlende oder durch übermäßige Erregung.

Girtanner legte 1789 die Brownsche Lehre in einem zweibändigen Werk dar – nicht ohne für sich selbst unberechtigten Lorbeer zu reklamieren – und machte sie so erst auf dem Festland bekannt. Dort entwickelte sie sich zu einer der geistigen Grundlagen der Romantik. Ihr Einfluß auf Humboldt wurde bislang so gut wie nie gewürdigt.

Damit war für einen angehenden jungen Wissenschaftler klar, wo die Front der Forschung verlief: »Ich fing sogleich an, selbst zu experimentieren, habe seit zwei Jahren mit größter mir möglichster Anstrengung alles studiert, was sich nur irgend darauf bezieht, und bin von dem Oxygen als Prinzip der Lebenskraft (trotz des noch so rätselhaften, gewiß nicht magnetischen oder elektrischen galvanischen Fluidums) ebenso überzeugt, als Sie es waren, da Sie mir in Green Park zuerst davon erzählten.«[19]

Alexander hatte mit dem Brownianismus eine scheinbar tragfähige Basis für seine naturwissenschaftlichen Bemühungen gefunden. Er diente den zukünftigen, so verschiedenartigen chemischen, physiologischen und biologischen Versuchen als Grundlage. So vielschichtig die Themen seiner Experimente klingen mochten, sie kreisten stets um

dieselben Fragestellungen: Was ist Leben? Wo liegen seine Grenzen? Und dies vor dem Hintergrund der Sauerstoff-Theorie Lavoisiers, die Humboldt wahrscheinlich erstmals schon etwas früher im Laboratorium Hermbstaedts in Berlin kennengelernt haben dürfte. 1792 hatte dieser durch Übersetzung von Lavoisiers »Traité élémentaire de chimie« zur Durchsetzung der »antiphlogistischen« Chemie beigetragen.

So waren es insbesondere auffällige Lebenserscheinungen, die Humboldt faszinieren sollten. Am 28.1.1791 schreibt er an den Physiologen Sömmerring: »Versichern Sie Forster doch meiner innigsten Hochachtung und sagen Sie ihm, daß ich die Versuche mit dem Phosphoreszieren der Kartoffeln nachgemacht … habe, und daß es mir mit dem Leuchten geglückt habe. Wenn wir die Entdeckung von Fourcroy, daß viele Pflanzen Eiweißmaterie enthalten, den tierischen Leim … [und] das Leuchten der Kartoffeln, das sich beim Rindfleisch und Lachs ja auch findet – zusammennehmen, so kommen wir den Übereinstimmungen zwischen Tier und Pflanze immer näher.«[20]

Noch war es nicht soweit, offen an die Realisierung großer wissenschaftlicher Zukunftsträume, welcher Art auch immer, zu denken. »Meine Mutter, die mich für das Finanzfach bestimmt hatte, wollte, daß ich noch aus den Vorlesungen des berühmten Büsch in Hamburg Vorteil zöge. Ich war ein Jahr [August 1790 – März 1791] in seiner Handelsakademie genannten Anstalt.«[21] Diese Handelsakademie war sehr geographisch orientiert und hatte einen guten Ruf. Mit der von Lichtenberg als »Teil des Genies« charakterisierten »Gabe, alle Vorfälle des Lebens zu seinem und seiner Wissenschaft Vorteil zu nützen«[22], sollte Humboldt die hier erworbenen volkswirtschaftlichen Kenntnisse in seine späteren, faszinierend umfassenden Länderberichte nutzvollst einbringen.

»Ich treibe ein Metier, das man, um es zu lieben, nur leidenschaftlich treiben kann«

Als »Bergakademist« in Freiberg/Sachsen

Erst lange nach Humboldts Studium an der Bergakademie Freiberg in Sachsen wurde an dieser Hochschule die Untertage-Vermessung von Bergwerken mit dem Theodoliten entwickelt. Zur Zeit des jungen Humboldt vermaß man Stollen und Schächte noch durch Ausspannen von Schnüren, in die Winkelmesser und Kompaß eingehängt wurden. Diese Technik illustriert der aus dem 18. Jahrhundert stammende Instrumentenkasten eines Feldmessers und Markscheiders. Deutsches Museum, München.

Sei es, daß er mit sich selbst ins reine kommen wollte oder nur die Mutter endgültig überzeugt werden mußte, jedenfalls kehrte Alexander im April 1791 für kurze Zeit nach Berlin zurück, arbeitete weiter am »Botanischen Magazin« und an den »Annalen der Botanick« mit und machte in Verfolgung »brownianistischer« Gedanken eine aufsehenerregende biochemische Entdeckung. Es wurde »bei Keimversuchen die reizende, alle Keimkraft so auffallend beschleunigende Eigenschaft des Chlors aufgefunden«[1]. Das Entscheidende seines Berlin-Aufenthaltes findet sich in eigener Darstellung: »Nach einem fünfmonatigen Aufenthalte in Berlin und Tegel im mütterlichen Hause, erlangte ich endlich die Erlaubnis, meine nächste Lebensbestimmung zu verändern und, nach meinem sehnlichsten Wunsche, außerhalb der Städte in der freien Natur zu leben, zum praktischen Bergbau überzugehen.«[2] Diese Weichenstellung war schon durch einen am 25.7.1790 noch im Hause Forsters in Mainz abgefaßten Brief an Abraham Gottlob Werner in Freiberg vorbereitet worden. Noch deutlicher als in seinem mitgesandten Erstling über die rheinischen Basalte bekennt Humboldt sich in diesem Schreiben zu dem von Werner begründeten, vulkanisches Geschehen strikt leugnenden »Neptunismus«: Ich »habe … die rheinischen Gebirge wieder durchwandert. Ich fand nichts, was die Voraussetzung ehemaliger Vulkane notwendig machte, hingegen überall Gründe für den neptunistischen Ursprung der Basalte. Ihre Idee eines ehemals über die Erdfläche allgemein verbreiteten Basaltlagers wurde mir nie wahrscheinlicher und einleuchtender als bei Linz und Unkel, wo ich auf den höchsten Kuppen horizontale Schichten sah …«[3] Alexander trägt reichlich dick auf: »Viele … werden mir diese Geständnisse sehr verargen und meine Schrift … einer harten Kritik unterwerfen.«[4] Erstmalig skizziert er seine Zukunftspläne: »Vielleicht glückt es mir noch künftig, mich zu Ihren Schülern zu gesellen.«[5] Und am 13.12.1790, noch von der Handelsakademie in Hamburg aus, schreibt er Werner erneut von seiner »großen Begierde, nach Freiberg zu gehen«[6].

Diplomatisches Geschick zählte unübersehbar zu Humboldts Begabungen; einigen Zeitgenossen ging diese allerdings etwas zu weit. Die Frage, ob er

Die Fingalsgrotte auf der schottischen Insel Staffa faszinierte die Geologen zur Zeit Humboldts. Die Entstehungsgeschichte ihrer Basaltsäulen wurde leidenschaftlich diskutiert. Als Schauplatz von Macphersons genialer Fälschung »Ossian« war sie auch literarisch berühmt. Die Meereswellen pressen zwischen den Basaltsäulen Luft hindurch, die die Höhle singen läßt. Dies inspirierte Humboldts Schützling Mendelssohn-Bartholdy zu seiner Komposition »Fingalshöhle«.

nur in jugendlichem Unverstand eines der heißest umstrittenen wissenschaftlichen Probleme seiner Zeit nicht mitzulösen vermochte oder ob Karrieredenken seine allzu diplomatische Feder hemmte, wird wohl ein Geheimnis seiner frühen Laufbahn bleiben. Schon zur Zeit seines ersten häuslichen Studiums muß ihm Dohm, einer seiner Lehrer, die aufsehenerregende Plutonismus-Theorie des genialen, doch leider nicht sonderlich seriösen Bibliothekars Rudolf Erich Raspe vermittelt haben, mit dem Dohm befreundet war. Raspe war Herausgeber der Werke von Leibniz, hatte einen schwunghaften Handel mit gipsernen Abgüssen antiker Bildwerke betrieben – auch Goethe zählte zu seinen Kunden – und war schließlich als Mineraloge und Altertumskenner Betreuer der wissenschaftlichen Sammlungen des Landgrafen von Hessen-Kassel geworden. Nach dem Verschwinden einer wertvollen Münzsammlung floh er und wurde als Dieb verfolgt. Er ging nach England, wo er als betrügerischer Kuxenhändler längst erloschener Bergwerke ein spärliches Auskommen fand. Nebenher entwickelte er Rezepturen für Edelstähle und schrieb die Urfassung des »Baron Münchhausen«. Raspe war der erste, der den vulkanischen Ursprung der Basaltsäulen des »Giant Causeway« in Nordirland und von »Fingals Höhle« in Schottland erkannte, die nicht nur wegen des Basaltes, sondern später auch dank Mendelssohn-Bartholdys Komposition berühmt wurde. Bereits 1769 entdeckte er zusammen mit dem schwedischen Mineralogen Ferber, daß es auch in Deutschland Reste erloschener Vulkane gibt. 1770 schickte er »A short account of some Basalt Hills in Hassia« an die Philosophical Transactions der Royal Society, 1771 erschien in den Schriften der Göttinger Gesellschaft der Wissenschaften seine »Nachricht von niederhessischen Basalten und den Spuren eines erloschenen Vulkans am Habichtswalde«. Damit wurde

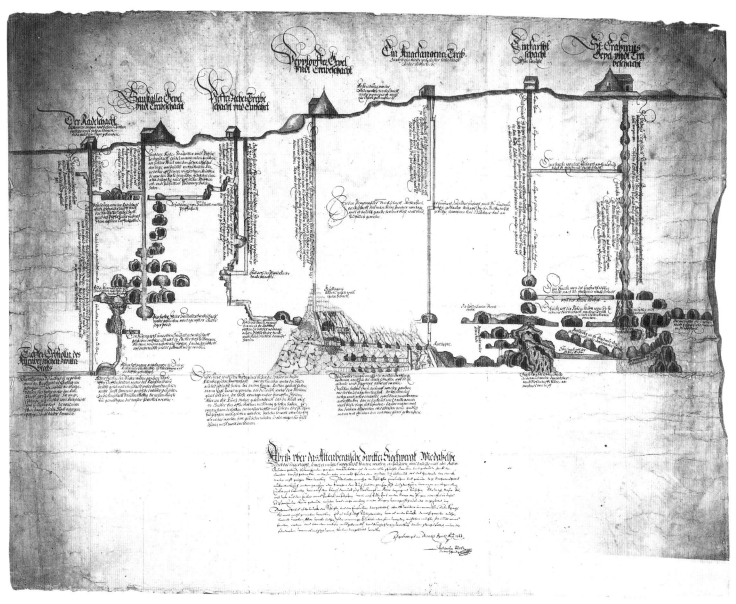

Schon als Bergbeamter in den fränkischen Fürstentümern trieb Humboldt historische Studien. Um sich über die Geologie eines von ihm geleiteten oder untersuchten Bergwerkes volle Klarheit zu verschaffen, untersuchte er mit größtem Eifer älteste Bergwerksakten. Dies war der Anfang seiner später so erfolgreichen historischen Methode. Riß der Bergwerke im Freiberger Revier, Ende 17. Jh.

er zum Entdecker des Vulkanismus in Deutschland. Es läßt sich als ziemlich sicher unterstellen, daß Alexander über die plutonistischen Ansichten Raspes voll unterrichtet war. Fraglos kannte er die zahlreichen, von Reinhold Forster übersetzten oder herausgegebenen Reisewerke, wie die zusammen mit Sprengel edierten »Beiträge zur Völker- und Länderkunde« (1781/83) sowie die von Forster allein herausgegebene »Geschichte der Entdeckungen und Schiffahrten im Norden« (1785). Es folgten 1787 H. Swinburnes »Reisen durch die beiden Sicilien«, die »Voyage de La Pérouse autour du Monde« (1789), W. Beresfords »Der Kapitaine Portlock's und Dixon's Reise um die Welt« (1790), J. P. Brissot de Warvilles »Neue Reisen durch die Nordamerikanischen Freistaaten im Jahre 1788 …« (1792) und C. P. Thunbergs »Reisen in Afrika und Asien« (1792). 1791 erschienen W. Blighs »Die Reisen in die Südsee« mit der von Forsters Sohn Georg übertragenen Beschreibung der Meuterei auf der Bounty sowie der Reiseroute und den Abenteuern Blighs.[7] Zu den meisten dieser Werke hatte

Raspe – der früher einige Zeit mit der Familie Forster in deren Londoner Wohnung zusammengelebt hatte – Literatur aus England beschafft oder Übersetzerdienste geleistet. Seine Ansichten mußte Alexander daher kennen.[8] Auch sonst meldeten sich plutonistisch gesinnte Forscher zu Wort. Bereits 1781 hatte der kurfürstlich-pfälzische Historiograph Collini den regionalen Vulkanismus der rheinischen Gebirge herausgestellt und 1783 seine »Betrachtungen über die Vulkanischen Berge« veröffentlicht. Aber auch Alexanders Lehrer Georg Forster entwickelte plutonistische Gedankengänge. Schon auf seiner Reise mit Cook brachte er 1774 das Vorkommen von Basaltsäulen mit unterirdischem ewigem Feuer in Zusammenhang.[9] Im Juni 1779 erläuterte Forster Prinzessin Amalie von Preußen in einem Brief die Erdentstehungslehre des großen französischen Gelehrten Buffon, die dieser in seinen »Epoques de la Nature« entwickelt hatte. Ihr zufolge ist die Erde ursprünglich ein Feuerball gewesen, den ein vorbeistreifender Komet aus der Sonne gerissen hat und der sich langsam bis zu einem Punkt abkühlte, wo er alle innere Wärme verlor und alles Wasser zu Eis erstarrte. Buffon nahm an, daß die Erde dazu 168000 Jahre gebraucht habe. Wir wissen heute, daß dieser Wert um Größenordnungen zu niedrig ist, aber er lag um ein Mehrfaches über den Vorstellungen der damaligen Amtskirchen von rund 5000 Jahren Erdgeschichte, die seit der Schöpfung vergangen sein sollten. Buffon hatte seine Zeitvorstellungen durch Abkühlungsexperimente an glühenden Kanonenkugeln gewonnen.[10]

Die damals nahezu dogmatisch herrschende geologische Theorie, die unter dem Namen »Neptunismus« in die Geschichte einging, war in ihrer endgültigen Ausgestaltung von Werner entwickelt worden. Erst fünfundzwanzigjährig, war er als Professor an die Bergakademie Freiberg berufen worden, ein begnadeter akademischer Lehrer von charismatischer Ausstrahlung. Seine »geognostische Theorie« postuliert einen durch Sonneneinstrahlung schrumpfenden Ur-Ozean, aus dem durch chemische Ausfällung, Sedimentation und Kristallisation nach und nach so gut wie alle Gesteine entstehen. Das Feuer der Vulkane sollte nach Werner durch unterirdisch brennende Kohlelagerstätten unterhalten werden und lediglich von sekundärer Bedeutung sein.[11] Der ungeheure Fanatismus, mit dem die Auseinandersetzung um Neptunismus und Plutonismus geführt wurde, ist nur zu begreifen, wenn man sich vor Augen hält, daß die Theorie des frommen Werner im Einklang mit der Genesis, den offiziellen Lehren der Amtskirchen und denen der alten Alchemisten stand. Alexander hatte es in seiner ersten größeren Arbeit, die im wesentlichen auf Untersuchungen der Unkeler Basalte beruhte, geschickt verstanden, zwi-

Die Bergakademie Freiberg in Sachsen – das Gebäude in der Mitte rechts – erfreute sich im 18. und 19. Jahrhundert eines ausgezeichneten Rufes als die Bergschule schlechthin. Studenten aus gutem Hause wie A. v. Humboldt durften in den Stallungen der Bergakademie auch ihre Pferde unterbringen.

schen diesen Theorien Stellung zu beziehen und die Entstehung des Basalts und seinen Gehalt an Wasser so diplomatisch zu interpretieren, daß sich der Eindruck des Durchlavierens ergibt. Mit ihrem gerade noch merkbaren spöttischen Unterton gegen die Plutonisten – zu deren bedeutendsten Vertretern er eineinhalb Jahrzehnte später gehören sollte – mußte seine Arbeit Werners Wohlgefallen finden. Möglicherweise gab Alexander seiner tatsächlichen Meinung Ausdruck, vielleicht ebnete er aber auch ganz bewußt seine spätere Laufbahn; schließlich ist es für einen akademischen Anfänger allemal gefährlich, gegen die erklärte Meinung eines großen Hochschullehrers anzuschreiben. Das Zutreffen dieser Deutung könnte aus einem größeren Zusammenhang geschlossen werden: Werners Religiosität und Sympathie für die Alchemie spielten bei seinem Einfluß auf Goethe eine große Rolle. Auffälliger noch war ihr Wirken auf Friedrich von Hardenberg, den Dichter Novalis, der 1798/99 Student in Freiberg war. Das Studium alchemistischer Werke in den Bibliotheken Werners

Abraham Gottlob Werner galt als bedeutendster Geologe seiner Zeit und als akademischer Lehrer von wahrhaft charismatischer Ausstrahlung.

35

1788/89 wurde bei Freiberg ein Schiffshebewerk gebaut, das mit nur wenigen Mann Bedienung schwere Erzkähne aus der »Mulde« ein Stück über Land in den rund sieben Meter höher liegenden »Churprinzer Kanal« heben konnte. Modell des Schiffshebewerkes in der Sammlung der ehemaligen Bergakademie Freiberg. Hier begegnete Humboldt erstmals einer gut funktionierenden Kanaltechnik. Humboldt wurde zum großen Fürsprecher von Kanalbauten am Orinoco und quer durch den Isthmus von Panama.

Die Technisierung des Untertagebaues war Ende des 18. Jahrhunderts schon sehr weit fortgeschritten. Mit gewaltigen Wasserrädern wurden Stangenkünste angetrieben, die ihrerseits Fördergestänge bewegten. Mit deren Hilfe beförderte man Erz ans Tageslicht.

und der Bergakademie hatten ihn unter anderem zu dem alchemistisch-religiösen Gedicht »Kenne dich selbst« inspiriert und erkennen lassen: »Nur der vernünftige Mensch ist der echte Adept.« Seinem Lehrer Werner setzte Novalis in den Romanfragmenten »Die Lehrlinge zu Sais« und »Heinrich von Ofterdingen« ein literarisches Denkmal. Im letzteren schuf er die »blaue Blume« [12], die zum Symbol der Romantik werden sollte. Für Alexander blühte diese Blume nie. Gegen die Einflüsse religiös-alchemistischer Romantik sollte er ein Leben lang gefeit bleiben. Alchemistische Erlebnisse, wie sie noch Goethe zusammen mit Frau von Klettenberg erfahren hatte, um sie dann in literarischen Werken wie dem »Faust« oder im »Märchen« zu verarbeiten, wurden Humboldt nicht zuteil.[13]

Die Mutter hatte schließlich unter der Bedingung einer gesicherten Anstellung im Staatsdienst nach Abschluß des Montanstudiums ihre Zustimmung gegeben, denn am 14.5.1791 schreibt Alexander höchst diplomatisch an den Minister F. A. von Heinitz, der dem preußischen Bergwesen vorstand, er wolle nun »in einen bestimmten Wirkungskreis« treten und fühle eine »entschiedene Neigung zur Mineralogie, zur Salz- und Bergwerkskunde«[14]. Sein Wunsch, »noch ein halbes Jahr auf der Berg-Akademie zu Freiberg zu leben«[15], mußte das Wohlgefallen von Heinitz finden, hatte er diese doch 1765 selbst gegründet. Bemerkenswert direkt ist Alexanders Ersuchen, ihn »schon jetzt bei der Bergwerks- und Hütten-Administration anstellen zu lassen«[16]. Es muß nichtüberlieferte Vorgespräche zwischen Heinitz und Humboldt gegeben haben, denn von vornherein galt als vereinbart, daß Alexander – abweichend von der Studienordnung der Bergakademie, die drei Jahre vorsah – nur ein halbes Jahr dort zubringen sollte. In überaus wohlwollender Weise wurde ihm bereits vierzehn Tage später zugesagt, daß man ihn »sofort nach seiner Rückkehr aus Freiberg im nächsten Winter nicht nur zu den Vorträgen [so nannte man damals Behördenberichte an die zuständigen Minister] des Salz- und Bergwerks- und des westfälischen Provinzialdepartements« zulassen wolle, sondern auch als Assessor mit Stimmrecht anstellen werde.[17]

Im Juni 1791 übersiedelte Humboldt in die damals führende Bergwerksstadt, in der mehr als 9000 Berg- und Hüttenleute neben Blei und Kupfer jährlich über 13 Tonnen Silber förderten. Trotz gravierender sozialer Krise – 1790 hatten Teuerung und mangelhafte Löhnung zu einem Auflauf der Bergleute geführt – befand sich Freiberg gerade während Humboldts Aufenthalt in einer technischen Aufschwungphase. 1788/89 baute der Maschinendirektor Mende den Churprinz-Bergwerkskanal mit einem Schiffshebewerk, das mit nur vier Mann Bedienung schwere Erzkähne aus der »Mulde« ein Stück über Land in den rund sieben Meter höher liegenden »Churprinzer Kanal« zu heben vermochte. Diese für ihre Zeit technische Meisterleistung darf als modellhaft für jene später von Humboldt in seinen südamerikanischen Reisebeschreibungen diskutierten mechanischen Hilfsmittel zur Überwindung von »Portagen« angesehen werden. Es handelte sich um jene Strecken, auf de-

nen Kanus von einem Flußsystem zum anderen geschleppt wurden. Auf Anregung von Gellert, dem Lehrer für metallurgische Chemie, wurde 1787/90 das Amalgamierwerk Halsbrücke errichtet, das am 17.8.1791 niederbrannte und in den folgenden Jahren wieder aufgebaut wurde.[18]

Nachdem Alexander am 21. 7. 1791 vier Taler Inskriptionsgeld gezahlt und versprochen hatte, seinen Lehrern die »gewöhnlichen Honorarii« zu entrichten, waren ihm nicht nur das Hören der Vorlesungen, sondern auch »die Befahrung und Besichtigung der hiesigen und Obergebirgischen Berg- und Hüttenwerke« gestattet, »jedoch mit Ausschluß des Schneeberger und übrigen Kobaltbergbaues, der Blaufarbenwerke und des Geyerschen Arsenikwerkes«,[19] da man sächsischerseits Industriespionage befürchtete. Diese Einschränkung galt generell für alle Studierenden.

In einem Brief schildert Alexander sein Leben als Bergakademist: »Ich bringe fast alle Morgen ... in den Gruben zu, den Nachmittag habe ich Unterricht, und den Abend jage ich Moose, wie es Forster nannte.«[20] Humboldt befuhr wahrscheinlich alle Freiberger Gruben. Im »Abrahamschacht« beteiligte er sich am Aushauen der unterirdischen Radstube. Er besichtigte offenbar kurz vor dem Brand das Amalgamierwerk Halsbrücke. Im August 1791 unternahm er eine Exkursion in das Osterzgebirge und nach Böhmen. Zusammen mit seinem Mitstudenten und Freund Freiesleben maß er in den Gruben »Kuhschacht« und »Junge hohe Birke« die Temperaturen unter Tage und kam zu der Erkenntnis, daß diese mit der Tiefe zunehmen. Ob ihn dies »plutonistisch« beunruhigte, wird nicht ganz klar.

Intensiv erforschte er das Leben unterirdischer

Als Bergstudent besuchte A. v. Humboldt auch das Amalgamierwerk Halsbrücke bei Freiberg, in dem Silber durch »Anquicken« mit Quecksilber aus dem Gestein gelöst wurde. Bei dem anschließenden Abdampfen des Quecksilbers hinterblieb das Edelmetall. Das Werk galt als fortschrittlichste Anlage dieser Art in Europa.

Vor der Einführung des Theodoliten verwandte man für Vermessungen unter Tage das sogenannte Hängezeug. Zwischen zwei zu vermessenden Punkten wurde eine straffe Schnur gespannt, in die man Kompaß oder Winkelmesser einhing. Die graphische Vermessung von Bergwerksanlagen unter Tage führte Humboldt zu seiner Darstellungsmethode von Landschaften und Kontinenten und gipfelte in seinen berühmten Tafeln zur »Geographie der Pflanzen und Tiere«.

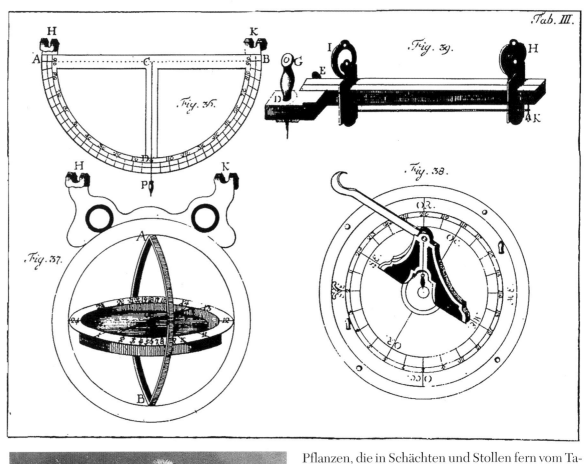

Generalbergkommissar Friedrich Anton v. Heinitz, Gründer der Bergakademie in Freiberg, später Minister in Preußen, war der große Förderer Humboldts in dessen Laufbahn als Bergmann. Ölgemälde von Wichmann nach Anton Graff. Bergakademie, Freiberg.

Pflanzen, die in Schächten und Stollen fern vom Tageslicht vegetieren. Auch diese Forschungen müssen vor dem Hintergrund der Thesen Browns gesehen werden. Ihr Ergebnis faßte er 1793 in einem Buch zusammen, das ihm einigen Ruhm einbrachte: »Florae Fribergensis specimen ...«. Darüber hinaus beschäftigten ihn die in seinem »kleinen unterirdischen Garten« unternommenen »Versuche und Beobachtungen über die grüne Farbe unterirdischer Vegetabilien«, in denen er sich mit der Wirkung von Licht und Luft auf Pflanzen auseinandersetzte. Auch für die Eigenheiten des Wissenschaftsbetriebes schärfte sich sein Blick: »Zum schriftstellerischen Handwerk gehört Läuten, darum halte ich etwas auf Rezensionen.«[21]

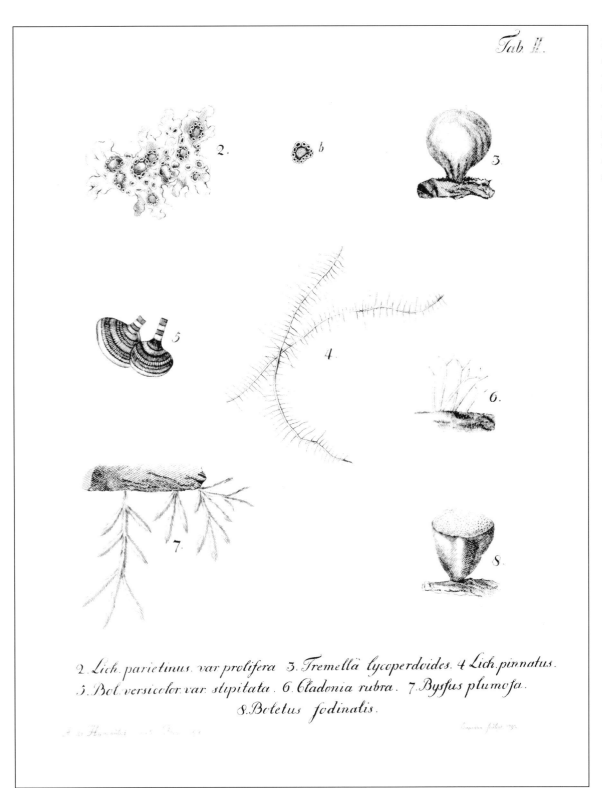

Unterirdisch in Bergwerken lebende Kryptogamen, die Humboldt in seinem »Florae Fribergensis specimen …« diskutierte. Kryptogamen waren damals – vor dem Hintergrund der Diskussion um die Lebenskraft – ein beliebter Forschungsgegenstand.

»Es ist ein Treiben in mir, daß ich oft denke, ich verliere mein bißchen Verstand«

Als preußischer Bergbeamter in den fränkischen Fürstentümern

Jahre der inneren Dekadenz gingen der vernichtenden Niederlage Preußens 1806 bei Jena und Auerstedt gegen die Heere Napoleons voraus. Der Beamtenstaat war zum Hort vollständiger Unintellektualität verkommen; Korruption und Rückschrittlichkeit in jeder Hinsicht kennzeichneten den Niedergang. Vor diesem Hintergrund scheint Humboldts Wahl der Beamtenlaufbahn um so erstaunlicher. Daß er sich dabei weniger vom bestimmenden Wunsch der Mutter leiten ließ, als vielmehr von der aufkeimenden Faszination der Erforschung einer »Physique du monde« oder »Konstruktion des Erdkörpers« – die schließlich im praktischen Bergwesen, gewissermaßen aus dem Erdinneren heraus betrieben werden mußte –, läßt sich aus seiner Freude über die als eher minderrangig betrachtete Anstellung schließen: »Gestern habe ich mein Patent als Bergassessor cum voto beim Berg- und Hüttendepartement erhalten. Ich habe mich ordentlich geschämt, daß ich eine Freude über diese Elendigkeit hatte«[1], schreibt er am 7.3.1792 an Freiesleben. Wieviel Lob seinen schriftlichen Arbeiten durch das Ministerium bereits zuteil geworden war, hatte er zuvor schon mitgeteilt: »Durch den vielen unverdienten Weihrauch leiden … die Geruchswerkzeuge!«[2] Die Reise nach Berlin zur Vereidigung erschien ihm als unerquickliches Beiwerk. »Doch bleibe ich gewiß nicht lange, … da Berlin ebenso füglich der Sitz eines Admiralitäts- als Bergkollegiums sein könnte.«[3] Überraschend kehrte er für kurze Zeit nach Freiberg zurück, da er den Oberbergrat Karl vom und zum Stein, den späteren Minister und Reformator Preußens, gemeinsam mit dem Oberbergrat Reden, einem Neffen von Heinitz, zu einer Informationsreise dorthin begleiten mußte. Dabei sollte sich herausstellen, daß Humboldt in seiner damaligen Empfindsamkeit dem cholerischen Temperament des energischen Stein nicht recht gewachsen war. Dieser geriet mit Reden so in Streit, »daß Stein auf einer Poststation seine Pistolen lud, um sich mit dem ebenso heftigen, aber talentlosen Reden zu schießen. Wie gewöhnlich versöhnte man sich.«[4] Aber Humboldt war niedergeschlagen und weinte – nach eigenem Bekunden – heimlich mehrere Stunden.

Seine ersten Aufgaben dann doch in Berlin waren eher schlicht: die Überprüfung einer Torfstecherei, eines Hoch- und eines Fayenceofens und – gemeinsam mit dem Apotheker Klaproth – die Betreuung des technischen Betriebs der Kgl. Preußischen Porzellanmanufaktur. Er machte Versuche zum »Rollen« der Porzellanerde und lenkte sein besonderes Augenmerk auf die Suche nach einer geeigneten »Feuermaschine«. Bei seinen Prognosen kommenden Fortschritts sollte er schon bald die Dampfkraft einbeziehen.

Bereits im Sommer 1792 wurde Humboldt nach Franken in die Regionen Wunsiedel, Goldkronach und Naila gesandt. Der Minister von Heinitz wollte den Zustand des fränkischen Bergbaues genauer kennenlernen und schickte Humboldt voraus. Neben zeitraubenden Vorerkundungen fand der noch Zeit, sich mit der Schwefelsäuregewinnung bei der Alaun- und Vitriolfabrikation auseinanderzusetzen und einige Salinen sowie eine Porzellanfabrik zu begutachten. Dieser atemberaubende Fleiß begei-

Der Leiter des schlesischen Bergbaus Graf Reden – von Humboldt als eher unbedeutend geschildert – hier in der Uniform eines Bergbeamten. Man beachte die königlichen Initialen auf der Epaulette. Reden nahm zusammen mit Stein Humboldt 1792 mit auf eine Studienreise.

sterte seine Vorgesetzten so, daß sie ihn umgehend im August 1792 zum Oberbergmeister und alleinigen Direktor des praktischen Bergbaues in Franken ernannten. In Steben im Fichtelgebirge richtete er sich seinen Amtssitz ein. »Ich taumele vor Freuden«, berichtet er umgehend dem Freund, um dankbar hinzuzusetzen: »Was habe ich durch Sie nicht alles gelernt, guter Freiesleben! Vor einem Jahr fragte ich Sie, was ein Gesenk wäre, und jetzt bin ich Oberbergmeister. Das geht wunderlich zu.«[5]

Ehrgeizig strebte Humboldt eine beträchtliche Erhöhung der Ausbeuten an und vertiefte sich in alle verfügbaren alten und ältesten Aufzeichnungen, um einen möglichst vollkommenen Überblick zu bekommen: »Ich habe mir drei Koffer Bergwerksakten aus dem 16. Jahrhundert aus dem Archive der Festung Plassenburg kommen lassen … . Beim schlackigen Herbstwetter in der rauhen Gegend wird das eine herrliche Lektüre sein.«[6] Seine später so erfolgreiche historische Methode hat hier offenbar ihre Wurzeln. Alle künftigen Forschungen sollte er, wo immer er sich befand, stets durch ausgedehnte historische Untersuchungen und intensivste Archivarbeit vorbereiten. Schon sein erster Versuch bestätigte ihn: »In Goldkronach bin ich glücklicher, als ich je wagen durfte zu glauben. Die neuaufgefundenen Akten aus dem 16. Jahrhundert, die ich mit der größten Mühe studiere, haben mich ganz orientiert. Alle, die vor mir die Direktion des dasigen Grubenbaues hatten, waren irre, weil ihnen diese Quellen fehlten. Seit acht Jahren hatte man mit 14000 Fl. Zubuße kaum 3000 Ctr. gefördert; ich schaffte in diesem einen Jahre allein mit neun Mann 2500 Ctr. Golderze, die kaum 700 Fl. kosten.«[7]

Trotz aller Mühen durch das viele Reisen blieb Alexander noch Zeit für reine Forschung. In Crells »Chemischen Annalen« erschien 1792 sein »Entwurf zu einer Tafel für die wärmeleitende Kraft der Körper«[8]. Dieser Nachweisversuch eines mathematischen Zusammenhangs zwischen der Wärmeleitung, dem spezifischen Gewicht und der spezifischen Wärme eines gegebenen Materials sollte ihm jedoch nicht recht gelingen.

Noch im selben Jahr unternahm er eine ausgedehnte Studienfahrt. »Trotz des vielen Schnees und

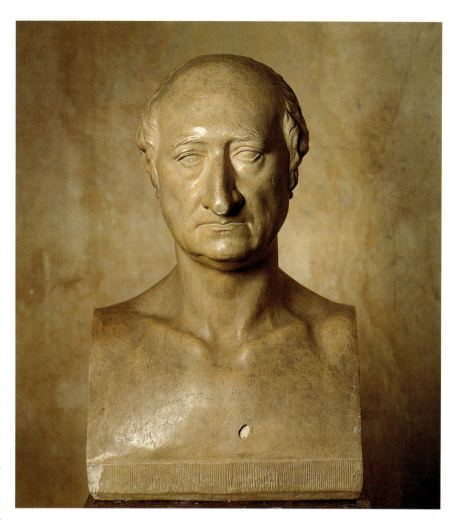

der großen Anstrengung habe ich doch eine ungemein interessante Reise durch die Salzburger, Berchtesgadener und österreichischen Alpen gemacht, den Kressenberg, Hallein, Berchtesgaden u.s.w., wo überall Steinsalz ist, befahren und einen überaus lehrreichen Aufenthalt in Reichenhall gehabt. Auf der dortigen Saline war ich zwölf Tage…«[9] Während dieser Reise entwickelte Humboldt eine Theorie, nach der alle Salzvorkommen Mitteleuropas »zusammenhängen, … daß alle Salinen in Deutschland in einer gewissen Richtung liegen, daß man Linien auf der Karte ziehen kann, nach denen von Meile zu Meile Salzquellen zu finden sind«[10].

In Wien, der nächsten Station seiner Reise, fühlte er sich wissenschaftlich zu Hause. Hier wehte ein frischerer Wind als in Freiberg: »Die neue Chemie hat hier ihren Sitz. Alles oxygeniert, der junge Jacquin lehrt sie öffentlich, das Phlogiston ist verschwunden.«[11] Seine Beobachtungen über das Auftreten von Blattgrün in unterirdischer Bergwerksflora und das Ergrünen farbloser Pflanzen im Licht einer Lampe hatten in Wien aufmerksame Leser gefunden. Es traf sich gut, daß die von dem Botaniker und Zoologen Scopoli begründete Höhlenforschung gerade damals in Österreich außerordentliches Interesse fand. Durch die in Wien kultivierte

Der Freiherr vom und zum Stein, einer der großen Reformer Preußens, war als Bergbeamter nicht nur Vorgesetzter Alexanders, sondern beeinflußte auch die politische Laufbahn Wilhelm v. Humboldts.

Johann Christian Brand, »Das Monument des Kaisers Franz Stephan im Holländischen Garten«, 1775. Der Botanische Garten im Park des Schlosses Schönbrunn in Wien galt zur Zeit des jungen Humboldt als Mekka der Botaniker. Er verdankte seinen einzigartigen Pflanzenreichtum ausgedehnten botanischen Expeditionen, die Alexander zum Vorbild wurden. Graphische Sammlung Albertina, Wien.

wissenschaftliche Tradition raumgreifender Forschungsreisen erfuhr Humboldt entscheidende Anregungen.

Kurz vor Humboldts Ankunft war Pater Maximilian Hell gestorben, der 1769 auf einer kleinen Insel im nördlichen Eismeer den Durchgang des Planeten Venus durch die Sonnenscheibe und die darauffolgende Sonnenfinsternis beobachtet hatte. Hell war durch Arbeiten über Methoden geographischer Ortsbestimmungen, Anleitungen zur Beobachtung von Planetendurchgängen und eine Theorie des Nordlichtes berühmt geworden. Nikolaus Joseph von Jacquin hatte 1755 an der ersten je von Österreich ausgerichteten Übersee-Expedition auf die Antillen und nach Venezuela teilgenommen, wobei ihn der Botaniker van der Schot begleitete. Man kam mit einer Vielzahl lebender Tiere und Pflanzen sowie mit Mineralien und Altertümern, präparierten Tieren, Herbaren und Pflanzensamen zurück. 1780 ließ ein unachtsamer Gärtner die Temperatur des größten Schönbrunner Gewächshauses zu tief fallen, um anschließend zu überheizen, und vernichtete so die meisten Pflanzen. 1783/85 sowie 1785/88 rüstete man deshalb zwei weitere Expeditionen nach dem südlichen Nordamerika und in die Karibik aus. Durch diese und zusätzliche Unternehmungen wuchs der Bestand der im Botanischen Garten von Schönbrunn kultivierten Pflanzenarten auf über 4000 an und übertraf damit die der Royal Gardens zu Kew bei London. Damit war Schönbrunn zum Mekka der Botaniker geworden. Mit dem jüngeren Joseph Franz von Jacquin – einst von Mozart mit dem Spitznamen »Blatteririzi« bedacht – und van der Schot schloß Humboldt insbe-

sondere bei seinem zweiten Wien-Aufenthalt 1797 enge Bekanntschaft.

Von Wien führte ihn die Weiterreise nach Oppeln bei Tarnowitz, wo er die berühmte, 1786 aufgestellte große Dampfmaschine besichtigte, die man schon 1790 Carl August von Sachsen-Weimar und Goethe vorgewiesen hatte. Es folgte das Salzbergwerk von Wieliczka, und von dort ging es nach Schlesien, wo er bis Ende Januar 1793 blieb. Im Verlauf des Jahres 1793 zeigte sich auch, wie weit sein Ansehen schon gestiegen war. Er wurde dort zum Mitglied der »Kaiserlich Leopoldinisch-Karolinischen Akademie« ernannt, einer hehren Institution, die nur Promovierte auszeichnete. Dem Akademiepräsidenten stand allerdings das Recht zur Aufnahme herausragender Forscher ohne akademische Titel bei gleichzeitiger Verleihung des Doktorgrades zu. Humboldt, dem an akademischen Würden nichts lag, hat diesen nie verwendet. Mitte Juli 1793 wurde er für sein »Florae Fribergensis specimen ...« mit der »Kursächsischen Prämienmedaille für Kunst und Wissenschaft« ausgezeichnet.

Der Weg führte zurück nach Berlin, wo er – von ewiger Neugierde umgetrieben – im Laboratorium des Hofapothekers Hermbstaedt, einem der großen Propagandisten der Sauerstoff-Theorie Lavoisiers, den Wachsgehalt von Schwämmen untersuchte. Dies war ebenfalls ein Problem der Reiztheorie nach Brown. Die unter variierenden Lichtverhältnissen lebenden Schwämme entwickeln Wachs als ein charakteristisches Stoffwechselprodukt. Die von Girtanner vorgegebenen Forschungsziele – 1792 war dessen wohl berühmtestes Werk erschienen – regten Humboldt zu weiteren Experimenten an: »Das Wichtigste aber, was Sie seitdem für mich geleistet haben, ... ist der Abschnitt über die Vegetation in Ihren ›Anfangsgründen der antiphlogistischen Chemie‹. ... Alle meine Muße ist jetzt der Chemie und zwar der chemischen Pflanzenphysiologie gewidmet... . Ich habe eine Reihe von Versuchen über das Wachsen und Keimen der Pflanzen in verschiedenen Substanzen angestellt, von denen man behauptete, daß sie unwirtbar wären.«[12] Girtanner hatte in seinem Werk in meisterlicher Klarheit die Auseinandersetzung zwischen Ingenhousz und Senebier über die Tag-

und Nachtatmung der Pflanzen sowie deren Lebensfähigkeit und chemische Umsetzungsprodukte in verschiedenen Gasatmosphären, in Licht und Dunkelheit diskutiert.

Angeregt durch die Brownsche Lehre, wandte sich Humboldt in Franken elektrisch-physiologischen Studien zu. »Versuche über die gereizte Muskel- und Nervenfaser, nebst Vermutungen über den chemischen Prozess des Lebens in der Tier- und Pflanzenwelt«[13] waren 1795 das Publikationsergebnis. In fast schon masochistisch zu nennenden Selbstversuchen ersetzte Humboldt Galvanis Frösche gewissermaßen durch sich selbst. Er beschreibt seine ebenso schmerzhaften wie heroischen Experimente: »Ich ließ mir zwei Blasenpflaster auf den Rücken anlegen, den Musc. trapez. und deltoid. bedeckend, jedes von der Größe eines Laubtalers. Ich selbst lag dabei flach auf dem Bauche ausgestreckt. Als die Blasen aufgeschnitten waren, fühlte ich bei der Berührung mit Zink und Silber [d. h. mit einem elektrischen Element] ein heftiges schmerzhaftes Pochen, ja der Musc. cucular. schwoll mächtig auf, sodaß sich seine Zuckungen bis ans Hinterhauptbein und die Stachelfortsätze des Rückenwirbelbeins fortsetzten. Eine Berüh-

Sigismund Friedrich Hermbstaedt, in dessen Laboratorium Humboldt zeitweilig arbeitete, war königlicher Hofapotheker und Professor für Chemie und Pharmazie am Collegium medico-chirurgicum in Berlin.

Dieses Ölgemälde von J. G. v. Dillis zeigt (nach H. Sieveking) das preußische Königspaar Luise und Friedrich Wilhelm III. 1801 beim Besuch der »hängenden Felsen« auf dem Hesselberg bei Ansbach. Wahrscheinlich ist auch Karl August Graf v. Hardenberg dargestellt, oberster fränkischer Beamter in den Jahren 1801 bis 1806, als Franken zu Preußen gehörte. Das Gemälde vereinigt somit die »Vorgesetzten« Humboldts. Mit freundlicher Genehmigung von Dr. Wolfgang Ratjen, München. ▷

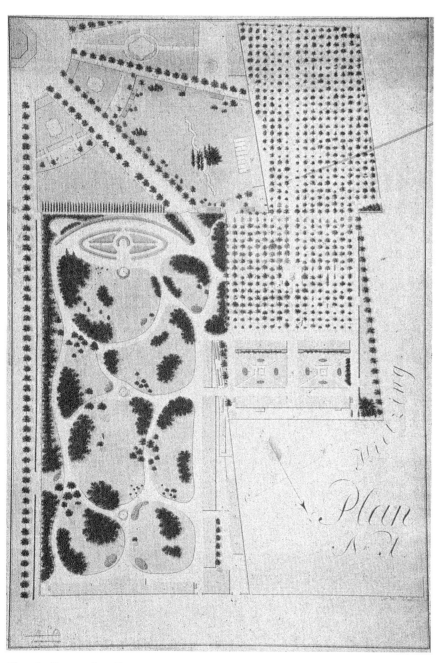

Plan des Botanischen Gartens von Schönbrunn. Mit freundlicher Genehmigung von Dr. Beatrix Hájos, Wien.

rung mit Silber gab mir vier einfache Schläge, die ich deutlich unterschied, Frösche hüpften auf meinem Rücken [!!!], wenn ihr Nerv auch gar nicht den Zink unmittelbar berührte, einen halben Zoll von demselben ablag und nur vom Silber getroffen wurde. Meine Wunde diente zum Leiter ... . Meine rechte Schulter war bisher am meisten gereizt. Sie schmerzte heftig, und die durch Reiz häufiger herbeigelockte lymphatisch seriöse Feuchtigkeit war rot gefärbt und, wie bei bösartigen Geschwüren, so scharf geworden, daß sie, wohin sie den Rücken herablief, denselben in Striemen entzündete.«[14] Offenbar dienten die am Rücken aufgelegten präparierten Frösche als eine Art Elektrometer. Aus der Rückschau brachten diese Versuche zwar nicht besonders viel Erkenntnisgewinn, doch waren sie in ihrer brutalen Dramatik wohl geeignet, einen jungen Forscher bekannt zu machen. Auch das Elektrisieren einer eigenen Zahnextraktionswunde fordert Bewunderung ein. In Crells »Chemischen Annalen« veröffentlichte Humboldt 1795 »Etwas über die lebendige Muskelfaser als antraskopische Substanz«[15], das sich mit der Leitfähigkeit anatomischer Präparate, speziell Nervenfasern, beschäftigt.

Nicht nur bei Pflanzen und Tieren, auch beim Menschen, insbesondere beim völlig abgeschnitten von frischer Luft in »matten Wettern« arbeitenden Bergmann, stellte sich die Frage, in welchen Gasgemischen dieser noch existieren könne. Zur Gasanalyse der sich laufend ändernden Zusammensetzung der Grubenluft – Humboldt bezeichnete dies als »unterirdische Meteorologie«[16] – bediente er sich eines »Eudiometers«, eines »Luftgüteprüfungsmessers« nach Fontana oder nach Volta. Bei Sauerstoffmangel unter Tage mußten zwei Probleme gleichzeitig gelöst werden: die Zufuhr frischer Luft in die Lunge des Bergmanns ebenso wie in die Flamme seiner Lampe. Am 7. 4. 1796 schreibt Humboldt an Freiesleben: »Mit der Erfindung der Respirationsmaschine bin ich nun im Großen zu Stande. ... Auch die Lampe brennt in fixer Luft [d. h. CO_2].«[17]

Das »Atmungsgerät zur Rettung verunglückter Bergleute« oder »Respirationsmaschine« bestand aus einem Luftsack, von dem ein Schlauch mit zwei Hähnen zu einer »Respirationsröhre« oder Ge-

Als besondere Kostbarkeit bewahrt die Technische Universität Freiberg zwei unter Humboldts Anleitung hergestellte »Sicherheitslampen zum Aufenthalt in nichtatembarer Luft«, die Humboldt der Bergakademie zur Begutachtung übergeben hatte.

In den beiden Tönnchen ist im oberen Teil Wasser eingeschlossen, im unteren Luft. Läßt man das Wasser in den unteren Teil laufen, wird die Luft verdrängt und der auf dem Deckel des Tönnchens angebrachten Ölflamme zugeführt. Humboldt variierte die Größe der Brenner und die Luftmenge.

sichtsmaske führte, um die einzuatmende Luft von der ausgeatmeten zu trennen. Seine zweite Erfindung, die »antimephitische« oder »Sicherheitslampe zum Aufenthalt in nichtatembarer Luft«, war aus einer Blechtonne mittlerer Größe aufgebaut, die innen durch einen waagerechten Boden unterteilt war. Ließ man aus dem oberen Teil Wasser in den unteren laufen, so wurde die im unteren Teil eingeschlossene Luft bzw. der Sauerstoff durch feine Düsen in eine Öllampe geblasen, die auf den Deckel des Tönnchens montiert war. Damit war die Flamme von dem direkt sie umgebenden Gas nahezu unabhängig. Humboldt wäre bei der Erpro-

bung am 13.[!] 10. 1796 im Bernecker Alaunwerk beinahe zu Tode gekommen. Nach seinem eigenen Bericht waren die Wetter in einem Querschlag »so matt, daß sie jedes Geleuchte, wie Wasser, auslöschten«[18]. Die Lampe funktionierte, aber in dem Bemühen, sie vielleicht doch unter noch ungünstigeren Bedingungen zum Erlöschen zu bringen, brachte er sie hinter die »Blende [eines] verschlagenen Orts... . Ich fuhr allein. Die Wetter waren mit Stickluft und Kohlensäure so überladen, daß ich Papier und Licht auch nicht eine einzige Sekunde an meiner Wetterlampe anzünden konnte. ... Ich setzte sie nieder, um das Brennen in der untersten Schicht zu beobachten; aber das Gemenge von gekohltem Wasserstoffgas [d. h. CH_4] benahm mir plötzlich alle Besinnung. Ich wurde müde und sank endlich ohnmächtig neben der Lampe hin.«[19] Zum Glück kam Hilfe. »Ich hatte indeß die Freude, beim Erwachen meine Lampe noch brennen zu sehen.«[20] Beide Erfindungen schlugen fehl, die vom Bergmann zu tragenden Gewichte waren zu hoch und die mitgeführte Luftmenge zu gering.

Im März 1794 hatte Humboldt seine Vorgesetzten, die er damit recht selbstbewußt erst im nachhinein um Zustimmung bat, von der Gründung einer »freien Bergschule zu Steben« unterrichtet. In seinem »ganz gehorsamsten Promemoria«[21] erklärt er dazu, daß es ein Unding sei, in einem Bergwerk wegen der mangelhaften Ausbildung der Bergleute fast ebenso viele Offizianten zu deren Beaufsichtigung einsetzen zu müssen: »Noch im Herbst 1793 hat man in der Dürrenweis geschürft, wo der goldene Hirsch – ein vierfüßiger Berggeist – weidete, bei Schauerstein auf Schwefelkies statt auf Golderze gebaut, tombackbraunen Glimmer bei Gfrees durchschmelzen wollen, und mir Eisenglimmer für Bleiglanz gebracht!!«[22]

Daher habe er einen Lehrer angestellt, der Schön- und Rechtschreiben, bergmännisches Rechnen, allgemeine Kenntnis der Erde, besonders Gebirgslehre, vaterländische Berggesetze und Geschichte des vaterländischen Bergbaues zu unterrichten habe. Es handelte sich also um nichts Geringeres als die Gründung einer kostenlosen Berufsschule für Bergleute, was die preußische Regierung mit der Beförderung zum Bergrat und einer Gehaltserhöhung belohnte.

In seiner »unterirdischen Meteorologie« untersuchte Humboldt auch die Zusammensetzung der Luft. Zwar sind Eudiometer nach Fontana, in denen der Sauerstoffgehalt der Luft durch Umsetzung des Sauerstoffs mit Stickstoffmonoxid und schließlich Bildung von Salpetersäure bestimmt wird, ziemlich ungenau, aber man ist dabei von der Ingenhouszschen Elektrisiermaschine unabhängig. Auf seiner großen Reise mußte Humboldt den geringen wissenschaftlichen Nutzen dieses Instruments erkennen. Alle Abbildungen Deutsches Museum, München.

Humboldt verwendete auch ein Knallgas-Eudiometer nach Volta, in dem definierte Luft- und Wasserstoffmengen gemischt und durch elektrische Zündung zur Explosion gebracht werden. Der Sauerstoff wird in Wasser umgesetzt. Aus dem Restvolumen läßt sich der Anteil an Sauerstoff in der Probe errechnen. Humboldt führte ebenfalls ein solches Gerät in Südamerika mit sich. Den elektrischen Funken zog er nach Ingenhousz aus einem geriebenen Seidenband, was in der dortigen feuchten Luft nur schlecht gelang. 1805 bestimmten Gay-Lussac und Humboldt mit einem solchen – besonders kleinen und genauen – Instrument den noch heute gültigen Wert für den Sauerstoffgehalt der Luft.

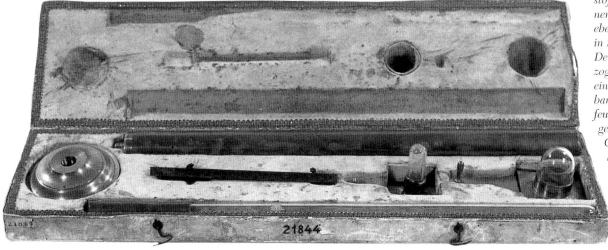

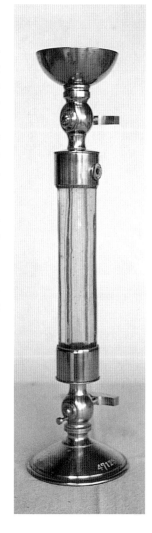

Humboldts Leben verlief schon zu dieser Zeit äußerst unruhig. Im Frühsommer 1794 schickte man ihn zum Studium preußischer Salinen zunächst in die Gegend von Slonsk am linken Weichselufer und dann nach Böhmen. Ende Juni nach Franken zurückgekehrt, wurde er sogleich wieder abberufen, um wegen der zunehmend komplizierten Lage Preußens nach den militärischen Erfolgen Bonapartes in diplomatischer Mission eingesetzt zu werden. Doch auch diese Aufgabe im Gefolge des Staatsmannes Hardenberg nutzte Humboldt noch zu wissenschaftlichen Studien: »Ich weiß nun genau, wie im ganzen westlichen Deutschland alles aufgesetzt ist, habe mitunter viele Gruben befahren, Gänge beschrieben, und denke im Winter recht ordentlich an einem großen mineralogischen Werke, einer Art geognostischer Ansicht von Deutschland, zu arbeiten.«[23] Es sollte dazu nicht kommen und sei dennoch zitiert, weil hier unübertrefflich klar zum Ausdruck kommt, wie konsequent und leidenschaftlich Humboldt in jeder erdenklichen Lebenssituation von seinen Forschungsintentionen getrieben wurde.

Allmählich begann sein großes Lebensziel in den Vordergrund zu treten. Er begab sich aus eigenem Antrieb und nur zum eigenen Nutzen, nicht aus dienstlichen Gründen, ins Ausland: »Ich blieb in ständiger Bewegung, denn 1795 unternahm ich eine andere Reise in der Schweiz und in Italien, eine Reise, die mich die Alpenhöhen sehen ließ und mir den unvergleichlich großen Genuß brachte, die Herren Pictet und Dolomieu in Genf zu treffen. ... [wo] ich damals auch Herrn de Saussure das erste und letzte Mal sah!«[24] In Genf wurde Humboldt eine Vielzahl von Anregungen geboten, die für seinen künftigen Forschungsstil von größter Wichtigkeit werden sollten. 1775 hatte Senebier dort seinen »L'art d'observer«, eine Methodologie der Naturwissenschaft, publiziert. Im Jahr von Humboldts Besuch begann Pictet, seinen beispielgebenden »Tableau de la situation actuelle des Etats-Unis d'Amérique« herauszugeben. Saussure, der Begründer des wissenschaftlichen Alpinismus, hatte die Bewegung der Gletscher als Konsequenz der Schwere des Eises beschrieben, und er erkannte Moränenhügel und Gletscherschliff als Belege früherer Vereisungen und Gletscherbewegungen in der Erdgeschichte. In Italien traf Humboldt dann auch auf Galvani und Volta.

Bei aller beruflichen und wissenschaftlichen Betätigung und Anerkennung litt Humboldt in Franken doch unter kultureller Einsamkeit, wie ein Brief an den Komponisten und Oberbergrat Johann Friedrich Reichardt verrät: »Mir geht es im ästhetischen Fache wie einem Menschen, der lange nicht in feiner Gesellschaft war. Ich lebe und webe in Muskeln und Säuren und schlecht geschriebenen Büchern. Gut sprechen höre ich hier auch nicht viel, also wie soll ich selbst das Schreiben nicht verlernen.«[25]

»Der Rhodische Genius«

Im Olymp der großen Dichter: Goethe und Schiller

Die Zustimmung zu Wilhelm von Humboldts Eheschließung im Juli 1791 hatte der diplomatischere Alexander der Mutter abgehandelt. Wilhelms Braut Caroline war eine nahe Freundin der Frau Friedrich Schillers, der 1789 als Professor für Geschichte nach Jena berufen worden war. Als Wilhelm 1794 den Staatsdienst aufgab, übersiedelte er mit Caroline ebenfalls nach Jena. Dies führte nun auch Alexander dorthin, der sich zunächst in die Freundschaft mit Schiller einbezogen fand, in der Folge aber eher Goethe zuwenden sollte.

Am 19.11.1796 erlag Elisabeth von Humboldt ihrem Krebsleiden. Bestürzung und Trauer mischten sich in Alexander mit dem Gefühl der Befreiung in die nun mögliche Selbstbestimmung. Ein stattliches Erbe gab zudem den Weg in die Unabhängigkeit frei: »Der Tod meiner Mutter veranlaßte mich, wirklich an meine Abreise aus Europa zu denken. Der König erlaubte mir zu reisen ...«[1] Großzügig verzichtete Alexander auf ein vom König gewährtes Ruhegehalt. »... ich ging an die Universität Jena, um einen kompletten und praktischen Kurs in Anatomie zu absolvieren.«[2] Goethe und Humboldt besuchten gemeinsam die Anatomievorlesung von Professor Loder. Als Alexander von Anfang März bis Ende Mai 1797 ganz nach Jena übersiedelte, kam es zu einer sich wechselseitig befruchtenden Zusammenarbeit. »Die Gebrüder von Humboldt waren gegenwärtig, und alles der Natur Angehörige kam philosophisch und wissenschaftlich zur Sprache. Mein osteologischer Typus von 1795 gab nun Veranlassung, die öffentliche Sammlung sowie meine eigene rationeller zu betrachten und zu benutzen. ... galvanische Versuche wurden durch Humboldt angestellt«[3], resümiert Goethe und schreibt an Schiller: »... meine naturhistorischen Arbeiten sind durch seine Gegenwart aus ihrem Winterschlafe geweckt worden.«[4] Später schildert er seine eigene Faszination: Es »bringt ... die Gegenwart des jüngeren v. Humboldt, die allein hinreichte eine ganze Lebensepoche interessant auszufüllen, alles in Bewegung, was nur chemisch, physisch und physiologisch interessant sein kann, so daß es mir manchmal recht schwer ward, mich in meinen Kreis zurück zu ziehen ... so, daß man manchmal nicht wissen mag, wo einem der Kopf steht ...«[5]

Alexander seinerseits sah sich insbesondere durch die morphologischen Betrachtungen Goethes beflügelt, die die Entwicklung seiner »Ideen zu einer Geographie der Pflanzen« (1807)[6] ganz entscheidend beeinflußten und ihn zu der 1807 publizierten Feststellung führten: »Sechzehn Pflanzenformen bestimmen hauptsächlich die Physiognomie der Natur.«[7] Er selbst hat seine Abhängigkeit von Goethes Forschungen dankbar im von Bertel Thorwaldsen im bevorzugten klassizistischen Stil gestalteten Titelblatt seiner »Ideen ...« zum Ausdruck gebracht.[8]

Ob Goethe und Humboldt über die Kontroverse Neptunismus/Plutonismus diskutierten, ist umstritten, doch äußerst wahrscheinlich. Nach Bruhns beziehen sich die von Goethe zu dieser Zeit gedichteten »neptunistischen« Xenien auf Humboldt: »161. Schöpfung durch Feuer./Arme basaltische Säulen! Ihr solltet dem Feuer gehören,/Und doch sah kein Mensch euch je aus dem Feuer entstehn.«[9] Dies war eine gefährliche These, denn selbstverständlich war bei jüngeren Vulkanausbrüchen schon zu dieser Zeit die Neuentstehung von Basaltsäulen festgestellt worden. Bruhns hat in seiner Biographie die Behauptung aufgestellt, diese Xenien könnten sich schon deshalb nicht auf Humboldt beziehen, weil dieser damals »noch entschieden Neptunist«[10] gewesen sei. Da aber das zweite Xenion den nach Goethe endgültigen Sieg des Neptunismus signalisiert, ist dies keineswegs logisch: »163. Kurze Freude./Endlich zog man sie wieder ins kalte Wasser herunter,/Und es löscht sich nun bald dieser entzündete Streit.«[11] Immerhin könnte Alexanders neptunistische Überzeugung zu dieser Zeit schon von einem Quentchen Plutonismus »verwässert« gewesen sein, um im Bild zu bleiben. Goethe hatte jedenfalls zu früh frohlockt. Es sollte ihn in späteren Jahren noch sehr grämen, daß es ausgerechnet Alexander war, der dem Neptunismus den Todesstoß versetzte. Humboldt selbst soll Mephistos Spott über die plutonistische »Hebungstheorie« auf sich bezogen haben[12]:
»Die Hölle schwoll von Schwefelstank und Säure:
Das gab ein Gas! Das ging ins Ungeheure,
So daß gar bald der Länder flache Kruste,
So dick sie war, zerkrachend bersten mußte. ...«[13]
Alexanders Beziehung zu Schiller gestaltete sich –

Der Paß über das Gotthard-Massiv – hier in einer Darstellung von J. M. W. Turner 1803/04 – war für Humboldt eine geologische Herausforderung. Hier verfeinerte er seine Methode der Querschnittdarstellung von Landschaften und schließlich ganzen Kontinenten, die in seinen berühmten Darstellungen zur »Geographie der Pflanzen und Tiere« gipfeln sollte. Birmingham Museums & Art Gallery.

49

»Übergang der französischen Armee über den Großen St. Bernhard unter Napoleon Bonaparte, 19./20. Mai 1800«, Kupferstich von A. Verico. Die Kriege Napoleon Bonapartes in Italien vereitelten Humboldts Bemühungen, schon damals den Vesuv und den Ätna zu studieren. Seit diesem Mißgeschick beherrschte ihn eine tiefe Abneigung gegen Napoleon.

nach anfänglicher Ungetrübtheit – um ein wesentliches problematischer. Zunächst schien sich noch alles gut anzulassen: »Schiller, in jugendlicher Erinnerung an seine medizinischen Studien, unterhielt sich während meines langen Aufenthalts in Jena gern mit mir über physiologische Gegenstände. Meine Arbeit über die Stimmung der gereizten Muskel- und Nervenfaser durch Berührung mit chemisch verschiedenen Stoffen gab oft unseren Gesprächen eine ernstere Richtung.«[14] Tatsächlich hatte Schiller an der Hohen Karlsschule physiologische Arbeiten verfaßt, in denen er eine Theorie der Nervenleitung entwickelte, wonach Nervenbahnen als Hohlschläuche zu verstehen waren, in denen sich der »Nervengeist« in flüssiger Form bewegt. Der Dichter lud Humboldt ein, einen Beitrag zu seiner Zeitschrift »Die Horen« zu verfassen. »Es entstand in jener Zeit der kleine Aufsatz von der Lebenskraft«[15], »Der Rhodische Genius« (1795). Diese »Erzählung« über die ihn zu der Zeit innerlich am meisten beschäftigende Thematik sollte die einzige rein belletristische Arbeit in Humboldts langem Leben bleiben: Aus dem Wrack eines von Rhodos kommenden, gestrandeten Schiffes wird ein Gemälde geborgen mit der allegorischen Darstellung eines triumphierenden Genius. Dieser trägt eine lodernde Fackel in der Rechten und einen Schmetterling auf der Schulter, er ist umgeben von betrübten bäuerlichen Mädchen und Jünglingen. Später taucht ein Pendant dieses Bildes auf, das zwar ebenfalls den Genius in der Mitte zeigt, doch gesenkten Hauptes und ohne Schmetterling, die erloschene Fackel zur Erde gekehrt, wohingegen die Mädchen und Jünglinge ein orgiastisches Fest feiern. Ein alter »Philosoph aus der Schule des Pythagoras«[16] deutet die beiden Bildwerke, wobei – etwas anachronistisch – das eine die Abwesenheit der Lebenskraft in der anorganischen, das andere deren allumfassende Bedeutung in der organischen Chemie darlegt: »In der toten anorganischen Materie ist träge Ruhe, so lange die Bande der Verwandtschaft nicht gelöst werden, so lange ein dritter Stoff nicht eindringt, um sich den vorigen beizugesellen. Aber auch auf diese Störung folgt dann wieder unfruchtbare Ruhe.«[17] In der belebten Welt hingegen herrscht die Lebenskraft unumschränkt. Schiller zeigte sich verärgert, ja erbost. Die »Erzählung«, die Alexander »Zur Zeit der Dionyse«[18] spielen ließ, wollte ihm nicht gefallen. Er fühlte sich bemüßigt, Humboldts Schwächen schonungslos zu geißeln: »Es ist der nackte, schneidende Verstand, der die Natur, die immer unfaßlich und in allen ihren Punkten ehrwürdig und unergründlich ist, schamlos ausgemessen haben will und

Die Abbildung von J. U. Fitzi 1826 »Touristen nähern sich dem St. Gotthard-Hospiz« vermittelt etwas von dem Reiz, aber auch der Mühsal, die das Wandern über Alpenpässe zur Zeit Humboldts bedeuteten.

mit einer Frechheit, die ich nicht begreife, seine Formeln, die oft nur leere Worte und immer nur enge Begriffe sind, zu ihrem Maßstabe macht. ... Alexander imponiert sehr vielen und gewinnt im Vergleich mit seinem Bruder meistens, weil er ein Maul hat und sich geltend machen kann.«[19] Läßt man diese Aussage unvoreingenommen auf sich wirken, könnte man durchaus zu dem Schluß kommen, daß Schiller die heraufziehende Mathematisierung der messenden Naturwissenschaft ein Greuel war. Indessen begann sich Humboldt von der »Lebenskraft« zu lösen: »Nachdenken und fortgesetzte Studien in dem Gebiete der Physiologie und Chemie haben meinen frühern Glauben an eigene sogenannte Lebenskräfte tief erschüttert. Ich nenne seitdem nicht mehr eigene Kräfte, was vielleicht nur durch das Zusammenwirken einzelner, längst bekannter Stoffe und ihrer materiellen Kräfte bewirkt wird.«[20]

Mit der ihm eigenen Konsequenz perfektionierte Alexander seine Vorbereitungen der großen Reise: »Ich glaubte, es sei vor dem Verlassen Europas erforderlich, ... mich mit praktischer Astronomie zu befassen. Herr von Zach hatte mich zu letzterer Beschäftigung angestachelt, und ich widmete mich ihr mit Enthusiasmus seit dem Sommer 1797.«[21] Während seiner bergmännischen Ausbildung in Freiberg hatte Humboldt die Markscheidekunst, das Vermessungswesen unter Tage, erlernt und war zu der Überlegung gelangt, daß man den Querschnitt eines Gebirgssockels oder einer ganzen Landschaft wie den Riß eines Bergwerkes darstellen könne. So hatte er schon auf seiner Schweizreise ein Profil des Großen Sankt Gotthard gezeichnet. Für die exakte Beschreibung ferner Länder mußte er sich mit den Möglichkeiten der Längen- und Breitenbestimmung mit Hilfe navigatorischer Verfahren und der Feststellung der wahren Zeit durch astronomische Methoden vertraut machen. In F. X. von Zach, Direktor der Sternwarte auf dem Seeberg bei Gotha und führender Astronom, fand er einen exzellenten Lehrer, der ihm die notwendigen Kenntnisse der Instrumente, der Fehlerquellen und deren Berechnung vermitteln konnte.

Im Sommer 1797 reiste Humboldt über Dresden zum zweiten Mal nach Wien, wo er von Mitte August bis gegen Ende Oktober blieb, »um dort die Reichtümer des Gartens von Schönbrunn zu studieren und um Vorteil aus den Ratschlägen des verehrungswürdigen Patriarchen der Botaniker, Herrn Jacquin, zu ziehen. Hier schloß ich auch enge Freundschaft mit Herrn van der Schot. ... Ich schmiedete mit ihm Pläne für eine Afrikareise, aber das Schicksal hat uns getrennt ...«[22] Scheinbar hat-

Nur gelegentlich erwarteten den Wanderer gepflegte Wirtshäuser mit richtigen Betten wie im Refektorium des St. Bernhard-Hospizes.

51

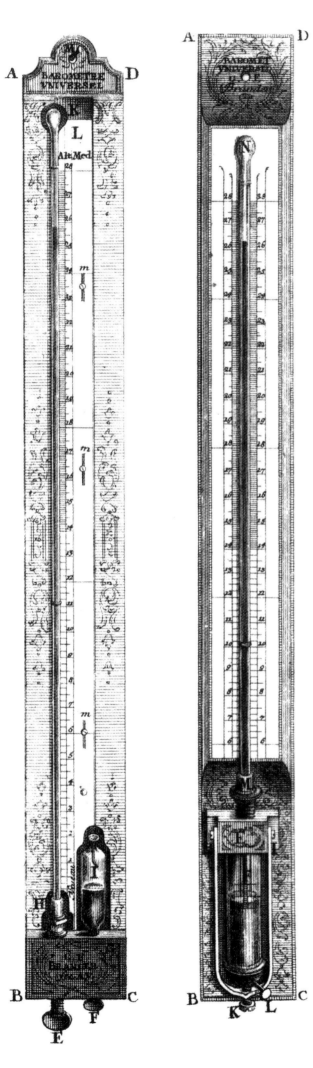

Man kann sich heute nicht mehr vorstellen, wie schwierig um 1800 der Bau guter Barometer war. Die gleichmäßige Kalibrierung der Glasröhren und deren anschließende Eichung waren für die damaligen Instrumentenbauer höchst problematisch.

Durch ihre beträchtliche Länge waren diese sperrigen Instrumente äußerst gefährdet. Außerdem ließ die feuchte Luft des tropischen Regenwaldes das Holz der Rahmen quellen. Der so entstandene Druck zerbrach die Glasröhren mit dem Quecksilber.

ten sich alle himmlischen Mächte gleichzeitig gegen Humboldt verschworen; man könnte diese Phase seines Lebens als die der vermeintlich gescheiterten Pläne bezeichnen. Gern hätte er die Vulkane Italiens studiert, wobei allerdings zu fragen wäre, warum eigentlich? Wenn es sich bei diesen, wie Werner behauptete, lediglich um zufällig brennende Kohlelagerstätten handelte, worin lag dann ihr besonderer Reiz? Doch Bonaparte verhinderte dies: »Der Krieg in Italien und die Unruhen von Neapel hielten mich von dem Projekt der Italienreise ab. Ich verbrachte den Winter mit nutzlosem Warten in Salzburg, wo ich mich mit Meteorologie beschäftigte und wo ich Gelegenheit nahm, die große, von mir zusammengestellte Instrumentensammlung an den benachbarten Berghöhen zu erproben.«[23] Damit war die Zeit von Ende Oktober 1797 bis Mitte April 1798 keineswegs nutzlos vertan, denn hier erwarb er jene instrumentelle Virtuosität, die ihm später von größtem Nutzen sein sollte. In Salzburg ereilte ihn die Einladung des ebenso berühmten wie exzentrischen Earl of Bristol, ihn auf einer Ägyptenreise zu begleiten. Auch dieser Plan zerschlug sich, weil der Lord als mutmaßlicher englischer Spion in Frankreich verhaftet wurde.

In einem noch in Salzburg verfaßten Brief vom 19.4.1798 schildert Alexander seine Stimmung: »Fast fünf Monate habe ich hier in arbeitsamer Einsamkeit verlebt, da ich oft in einer Woche zwei Mal im Begriff war, nach Italien abzugehen. Die politische Wendung der Dinge ist aber so geworden, daß … jetzt die Alpen nicht zu passieren sind. Ich denke jetzt einige Sommermonate in Paris zuzubringen u. (da der leidige, alles störende Seekrieg meine Westindische Reise aufzuschieben gebietet) den Winter im Orient zuzubringen. Alle Anstalten zu dieser levantinischen Reise sind gemacht – aber schon höre ich von allen Seiten von einer Landung in Ägypten, die meine Zwecke entweder sehr befördern od. ganz vereiteln wird.«[24]

Offenbar hätte Humboldt jedes nur mögliche Reiseziel akzeptiert, das ihm die Kämpfe zwischen Bonaparte und England nur gelassen hätten. Tief unglücklich über die Hemmnisse, wünscht er sich aus der Aktualität des Weltgeschehens: »Ich selbst aber fühle mich in allem Tun so gehindert, daß ich täglich ein 40 Jahr früher oder später gelebt zu haben wünschte.«[25] Was er dabei nicht sehen konnte: Gerade die Vereitelung all seiner Reisepläne sollte es ihm ermöglichen, in einem einzigartig günstigen Augenblick in das große Abenteuer seines Lebens aufzubrechen. Mit seiner Prognose für die zu erwartende politische Entwicklung in Europa war er jedoch sehr hellsichtig und erahnte den unguten Auftakt zu einem neuen, später »napoleonisch« genannten Zeitalter: »Eine traurige, der Menschenbildung nachteilige Einförmigkeit wird über den ganzen Erdboden verbreitet. Völker, deren physische u. moralische Lage gewiß ein Bedürfnis nach sehr verschiedenartigen Regierungsformen erregen sollte, müssen von einem Direktorium u. zwei Räten beherrscht werden u. die republikanischen Dragonaden sind ebenso empörend, als die religiösen.«[26]

Nach diesem Seitenhieb auf das Frankreich des »Directoire« vermag er auch positive politische Seiten zu sehen: »Nur eine Wohltat, die Ausrottung des Feudalsystems u. aller aristokratischen Vorurteile, unter denen die ärmern u. edlern Menschenklassen so lange geschmachtet, wird schon gegenwärtig genossen – u. dieser Genuß wird bleiben, wenn auch monarchische Verfassungen wieder eben so allgemein werden, als es die republikanischen zu werden scheinen.«[27] In der langen Lebenszeit Humboldts hat sich bezeichnenderweise nur der zweite Teil dieser Erwartungen erfüllt. Sein späteres Schicksal als preußischer Kammerherr wird dafür ein beredtes Beispiel sein.

Besonders bemerkenswert ist die übergangslos anschließende Aussage, aus der man eine Art Weltflucht, einen Rückzug aus den politischen Wirren der Zeit in die Naturwissenschaft herauslesen könnte, ja vielleicht sogar eine Parallele zu Goethes oft gebrauchter Metapher von seinem Rückzug in die »Tonne des Diogenes«[28]: »Unter den mannigfaltigen, meist wehmütigen Empfindungen, welche die Begebenheiten des sinkenden Jahrhunderts in mir erregen, glaube ich meinen Zwecken getreu geblieben zu sein. Ich war anhaltend nie so fleißig u. glücklich im Experimentieren als hier. Ich habe 5 Monate lang täglich den Luftkreis untersucht u. hoffe die Resultate dieser mühseligen Arbeit in Paris, also ehe ich mich einschiffe, auszuarbeiten …«[29] Wenige Tage später reiste er ab, um in Frankreich seine endgültige wissenschaftliche Heimat zu finden.

Auf den Bergen um Salzburg erprobte Humboldt das Vermessen einer Landschaft, das Analysieren der Luft, das Zeichnen von Karten und die barometrische Höhenbestimmung. Hier trainierte er auch seine bergsteigerische Ausdauer.

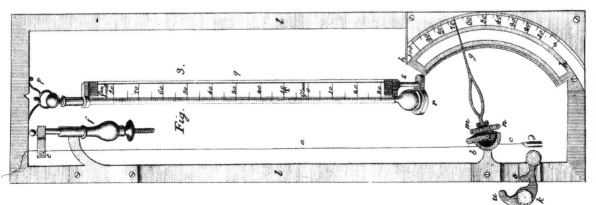

Ein Haarhygrometer, wie es Humboldt mit sich führte. Die Eichung des Instruments war durch das im Laufe der Zeit sich dehnende Haar problematisch. Trotzdem konnte man damit recht gut messen.

53

»Was die Kunst noch zu erwarten hat und worauf ich hindeuten mußte, um an den alten Bund des Naturwissens mit der Poesie und dem Kunstgefühl zu erinnern«

Wie erwirbt man Ruhm? Hamilton und Forster als Vorbilder im Schloßpark von Wörlitz

Georg Forster, Freund, Lehrer und Vorbild, beeinflußte die Kunst seiner Epoche tief. Auf seine Beschreibung der zweiten Weltreise Cooks geht die Mode der Südseepavillons, der »Otahitischen Kabinette«, in damaligen Schlössern und Parkanlagen zurück, von denen sich nur wenige erhalten haben. Dieser Raum, die sogenannte »Bambushütte«, mit Südseelandschaften befindet sich im Nordturm des Schlosses auf der Pfaueninsel bei Berlin. Die Gestaltung der Insel durch Friedrich Wilhelm II. war in hohem Maße dem Vorbild Wörlitz verpflichtet.

Bei aller Fülle seiner Schriften, bei aller Mitteilsamkeit im Detail hat Humboldt uns leider keine eingehenden Darlegungen entscheidender Jugendeindrücke hinterlassen. Welche Vorbilder ihn zu der außerordentlichen Vielfalt seiner Interessen in Naturforschung, Archäologie, Geschichte, Literatur und darstellender Kunst führten, können wir nur vermuten.

Jahre später sollte Humboldt bei Turchi »das berühmte Incapalais, das La Condamine[1] unter dem Namen Festung Cañar beschrieben hat«[2], besuchen. Der Palast, aber insbesondere ein Aussichtspunkt, der ihn an europäische Gartenanlagen erinnerte, hatten es ihm angetan. Er sah »eine Ruhebank, so erlesen, daß sie die Gärten von Wörlitz oder von Kew schmücken könnte. ... man muß zugeben, ... daß der Inca in Hinsicht auf den malerischen Blick beweist, daß er einen für die Schönheiten der Natur empfänglichen Geschmack hatte.«[3]

Diese Reminiszenz an Wörlitz ist bemerkenswert: An keinem anderen Ort, den Goethe[4] öfter besuchte und zu dem er auch in engster Beziehung stand, hätte der junge Humboldt so intensiv erfahren können, welch einzigartiger Ruhm gerade jenem Naturforscher zuteil werden konnte, der es verstand, naturwissenschaftliche Forschung mit stilbildender Kunstbetrachtung zu vereinen und so auf die Kunst seiner Zeit zu wirken. Fürst Franz von Anhalt-Dessau hatte in den Gärten von Wörlitz, einer Art Gesamtkunstwerk der Aufklärung, zwei Naturforschern, die direkt oder indirekt im Leben Humboldts eine entscheidende Rolle spielen sollten, einzigartige Denkmäler gesetzt.[5]

1775 hatte Franz in London die beiden Forster besucht, die eben von ihrer Reise mit Cook zurückgekehrt waren. Diese übergaben dem Fürsten einen Teil ihrer ethnographischen Sammlung nebst einer auf der Weltreise mitgeführten Karte, die die Reiseroute verzeichnete. Die Fürstin Luise erhielt einen »otahitischen« Stoff. Der Aufbau ihrer Sammlung war für die Forster nicht allzu schwierig gewesen, denn die Maori tauschten bereitwillig wunderbar verzierte Beile aus grünem Nephrit und raffiniert geschnitzte Keulen gegen eiserne Äxte und Nägel.[6]

Nach den Plänen seines Freundes, des Architekten Erdmannsdorff, ließ Franz in seinem Park auf einer aus Raseneisenerz gebauten Brücke – daher der Name Eisenhart – einen Pavillon errichten, in dem sich die Forstersche Sammlung noch heute befindet. Im Sommer 1779 verbrachte Georg Forster vierzehn Tage auf Schloß Wörlitz und hielt dem Fürsten in dem ihm und seiner Reise gewidmeten Pavillon privatissime Vorlesungen. Fürst Franz hatte eine neue europäische Parkmode, die der »Südseepavillons«, gestiftet. Allenthalben entstanden in Residenzen und Schlössern »Otahitische Kabinette«. Bis heute hat sich ein solches Kabinett in dem Schlößchen auf der Pfaueninsel bei Berlin erhalten.[7]

Mit dem ersten, 1778 erschienenen Band der »Reise um die Welt« stieg Forster zu einem europäischen Idol auf, dessen Ruhm erst seine spätere Hinneigung zu den Idealen der Französischen Revolution schmälern sollte. Die Bewunderung für ihn ging so weit, daß nach der Lektüre seiner Reisebeschrei-

54

Fürst Franz von Anhalt-Dessau, ein Freund und Bewunderer Hamiltons, ließ die Wände sowohl der Villa Emma als auch des Pompejanischen Zimmers im Luisium – beide im Park von Wörlitz – mit reproduzierten Abbildungen aus Hamiltons Hauptwerk »Campi Phlegraei« schmücken. Auf dieser reitet Sir William am Ufer des Averner Sees, eines alten Vulkankraters. Links neben ihm steht der Maler Pietro Fabris.

bung einige Dichter des »Göttinger Hain« sich zusammen mit dem greisen Klopstock von Cook nach Tahiti bringen lassen wollten – auf der Suche nach einem paradiesischen Erdendasein.[8]

Noch eindrucksvoller war die Ehrung, die Fürst Franz einem anderen Naturwissenschaftler zuteil werden ließ. 1766 war Franz auf seiner »Grand Tour« nach Neapel gekommen und hatte sich dort mit dem englischen Gesandten am Hofe König Ferdinands IV., Sir William Hamilton, angefreundet. Hamilton, einer der führenden Vulkanologen seiner Zeit, hatte in den siebenunddreißig Jahren seines diplomatischen Dienstes in Neapel die vulkanischen Erscheinungen am Vesuv und auf den Phlegräischen Feldern studiert.[9] Seine Forschungen müssen den Fürsten ungeheuer beeindruckt haben, denn er erwarb nicht nur alle Publikationen Hamiltons, sondern ließ auf der Felseninsel »Stein« in Wörlitz einen ziemlich großen künstlichen Vulkan errichten, der mit pyrotechnischen Tricks bei Parkfesten »ausbrechen« konnte. In verkleinertem Maßstab baute er 1792/94 überdies ein Landhaus Hamiltons nach, die »Villa Emma«, benannt nach der skandalträchtigen zweiten Gattin Sir Williams, die ob ihrer unvergleichlichen Schönheit und ihrer Liebesaffäre mit Lord Nelson noch heute einen gewissen Ruhm genießt. Das Innere der Villa Emma wurde mit Reproduktionen der berühmten aquarellierten Kupferstiche aus Hamiltons »Campi

Pietro Fabris, »Die Grotte des Posillipo mit Aussicht auf den Golf von Neapel und den Vesuv«, um 1770. Der große Vulkanologe zur Zeit des jungen Humboldt war der britische Gesandte in Neapel, Sir William Hamilton, der in jahrzehntelangen Studien zur Erkenntnis gelangt war, daß Vulkane eine weit ins Erdinnere reichende Erscheinung sind. Er hatte den Maler Fabris angeworben und geschult, die Landschaften um Neapel gewissermaßen mit seinen geologischen Augen zu sehen.

Die Wertschätzung von Fürst Franz gegenüber Hamilton gebar eine Kuriosität. Er ließ 1788/94 in seinem Park einen kleinen »Vesuv« errichten, der an besonderen Festtagen mit Hilfe von Feuerwerkskörpern ausbrach. Der Teich ist ein eher niedliches Abbild der Bucht von Neapel. Der Pavillon am Ufer soll Hamiltons »Villa Emma« vorstellen, benannt nach dessen überaus schöner, doch skandalumwitterter zweiter Gattin.

Phlegraei. Observations on the Volcanoes of the two Sicilies« (1776) geschmückt.

Hamilton war aber nicht nur ein erfolgreicher Naturforscher, er war auch ein begeisterter Archäologe und Sammler etruskischer Vasen. Seine Sammlung und deren von Goethes Freund Tischbein gezeichneter Katalog wirkten auf Josiah Wedgwood ein, der in seiner 1769 gegründeten Manufaktur »Etruria« Kopien von Vasen aus der Sammlung Hamiltons und an etruskische Formen angelehnte Nachschöpfungen herzustellen begann.

Wedgwood ging so weit, jedem englischen Maler für die Darstellung »etrurischer« Vasen auf seinen Gemälden eine hohe Belohnung zu versprechen. So kreierte er eine ungemein erfolgreiche klassizistische Vasenmode. Auch Fürst Franz zierte mit pseudo-etruskischen Wedgwood-Vasen seine Kaminsimse und erwarb von Wedgwood ein Portrait-Medaillon des Sir William Hamilton in »Black-Basalt«.

Mitte des 18. Jahrhunderts hatte der englische Fabrikant Matthew Boulton, Teilhaber Wedgwoods in Etruria, das aus römischer Zeit stammende Flußspat-Bergwerk in Castleton/Derbyshire mit seinem »Blue-John« genannten, bunt flammenfarbigen Flußspat neu erschlossen und nach Hamiltons Mustern Vasen und Kratere drehen lassen. Auch Fürst Franz besaß eine Sammlung solcher Vasen. Humboldt hatte auf seiner Englandreise gerade dieses Bergwerk in Castleton besucht.[10]

So bot Wörlitz dem jungen Humboldt manche Anregung. Es war ein exzellentes Vorbild, wie man als Naturforscher und Archäologe eine europäische Berühmtheit werden konnte, und sein Einfluß vermag vielleicht Humboldts späteres Eintreten für eine eigenständige südamerikanische Landschaftsmalerei zu erklären.

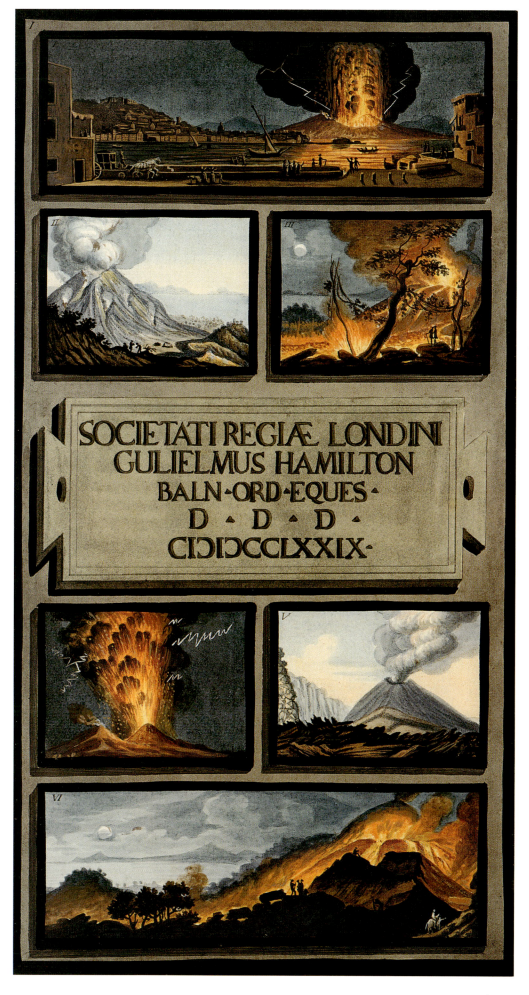

Pietro Fabris, »Campi Phlegraei«, 1779. Widmungsblatt von Sir William Hamiltons Hauptwerk mit der Zueignung an die Royal Society in London, deren »Fellow« er war. Der Zusatz zum Verfassernamen verweist auf Sir Williams Ritterwürde des »Order of the Bath«. Das farbenprächtige Blatt stellt verschiedene Phasen von Vesuvausbrüchen vor. British Library, London.

»Es gibt Stimmungen in unserer Seele, in denen sich ein Schmerzgefühl in alle unsere Empfindungen mischt«

Fernweh und Aufbruch

Das noch heute verwendete Siegel des »Muséum« vermittelt mit seiner krönenden Jakobiner-Mütze über Weinstock und Ähre etwas vom Geist der Revolutionszeit.

Offenbar hatte Humboldt schon vor seinem Aufbruch nach Paris am 24.4.1798 ein Netzwerk von Kontakten zur Elite französischer Forscher geknüpft, denn sofort nach seiner Ankunft am 12. Mai war er in den Wissenschaftsbetrieb voll integriert. »Noch in der Hoffnung, bis Neapel gelangen zu können, brach ich nach Frankreich auf, wo ich fünf Monate lang mit Pariser Chemikern arbeitete. Ich hielt mehrere Vorträge im Nationalinstitut, ... und ich veröffentlichte zwei Werke ...«[1] Eigentlich stand sein Sinn aber nicht nach trockener akademischer Forschung, er wollte reisen! »Ich war so aufgeregt, es verlangte mich so sehr, andere Pflanzen, eine andere Sonne zu sehen, daß ich, falls ich die Herren Berthollet und Monge in Paris gefunden hätte, sie nach Ägypten begleitet haben würde.«[2] Ob er lediglich den Zeitpunkt der Abreise der beiden Forscher – des Chemikers Berthollet und des Mathematikers Monge – verpaßt hatte, wird nicht deutlich. Als allerdings nur wenige Tage später, am 19. Mai, General Bonaparte selbst zu seiner ägyptischen Expedition aufbrach, gehörte Alexander nicht zu den Mitberufenen. Daß General Louis Desaix, mit dem er sich 1794 während einer seiner diplomatischen Missionen als Begleiter Hardenbergs angefreundet hatte, seine Teilnahme wünschte, hatte wohl nichts gefruchtet.
Humboldt tröstete sich auf seine Weise: »Ich ... arbeitete chemisch bei Herrn Vauquelin und machte Bekanntschaft mit allen namhaften Gelehrten, vor allem genoß ich die innigste Freundschaft der Herren Cuvier, Delambre, Laplace, Desfontaines, Vauquelin, Fourcroy, Guyton de Morveau, Jussieu.«[3]
Im Kreise dieser Berühmtheiten hatte er damit in kürzester Zeit seine »scientific community« gefunden, die ihm lebenslang die eigentliche, die wahre Heimat bleiben sollte.
Der Marineoffizier und Mathematiker Borda gab ihm zwar gute Ratschläge für die Vervollständigung seiner nautischen Instrumente, doch: »Ich wollte Europa verlassen und wußte nicht, wie es anzustellen.«[4] Und wieder trog eine Hoffnung. Das Direktorium der Republik wollte Kapitän Baudin mit drei Schiffen auf eine sechsjährige Weltumsegelung schicken. Humboldt sollte ihn im Auftrag des »Muséum national d'histoire naturelle« begleiten, das aus dem altehrwürdigen »Jardin du Roi« – jener berühmten, bereits 1635 gegründeten Stätte botanischer, pharmazeutischer und chemischer Forschung – hervorgegangen war. 1793 benannte man diese Institution zunächst »republikanisch« in »Jardin des Plantes« um. Doch die Ausweitung der Forschung auf zoologische Gebiete – die Umwälzungen der Französischen Revolution hatten die Auflösung von Tiermenagerien in einstmals aristokratischen Schlössern erzwungen, und die exotischen Tiere waren dem »Jardin« zugeführt worden – hatte schließlich die Umbenennung zur Folge. Wie immer war Humboldt Feuer und Flamme.

Im Laboratorium von Nicolas Louis Vauquelin, Professor für Chemie in Paris und Direktor der Ecole de Pharmacie, arbeitete zeitweilig als sein Schüler auch Humboldt.

Antoine François de Fourcroy, Freund Humboldts und ebenfalls Professor für Chemie in Paris, war unter Napoleon Direktor des gesamten französischen Unterrichtswesens.

Claude Louis Comte de Berthollet, Professor für Chemie in Paris, war anfänglich ein Gegner Humboldts, förderte ihn später jedoch.

Zu den Institutionen, die Humboldt in Paris eine wissenschaftliche Heimat boten, gehörte das »Muséum national d'histoire naturelle«, als dessen Abgesandter er in Amerika auftrat und das noch heute von ihm einst mitgebrachte Tierbälge und Herbarien aufbewahrt. Hier erkennt man die »Grande galérie d'ornithologie«, gestochen von Adolphe Roehn.

Jean Antoine Chaptal, Comte de Chanteloup, Chemiker und Industrieller, zeitweilig Minister unter Napoleon, vereitelte die von diesem gewünschte Ausweisung Humboldts aus Frankreich.

Georges Baron de Cuvier, Zoologe und Paläontologe, war mit Humboldt befreundet. Er begründete die vergleichende Zoologie und Anatomie.

Louis Jacques Thenard war Professor für Chemie an der Ecole Polytechnique. Humboldt nutzte zeitweilig dessen Laboratorium.

Das »Muséum national d'histoire naturelle« war während der Französischen Revolution aus dem altehrwürdigen »Jardin du Roi« hervorgegangen, als man durch die Konfiszierung aristokratischer Menagerien dessen Aufgabenstellung zoologisch ausweitete. Bonaparte bereicherte den Tierbestand durch in Italien geraubte Exemplare, zu denen auch dieses 1804 von Nicolas Maréchal gestochene Dromedar gehört. Am 27. Juli 1798 ließ Bonaparte eine Art Triumphzug veranstalten, wobei dieses Dromedar unmittelbar hinter den Pferden von San Marco mitgeführt wurde.

59

General Desaix und Humboldt fühlten sich in enger Freundschaft verbunden. Desaix hatte Humboldt schon früh auf den bevorstehenden Ägyptenfeldzug Bonapartes aufmerksam gemacht. Gemälde von Andrea Appiani d. Ä., 1800. Musée national du Château de Versailles.

André Dutertre, »Versammlung der Savants de la Commission des sciences et des arts 1798/99 im Garten des Instituts de Caire im Palast des Hassan-Kachef«. Humboldt war tief betrübt, daß er an den Unternehmungen dieser jungen Wissenschaftselite nicht teilhaben durfte.

»Während zweier Monate traf ich täglich Kapitän Baudin, um von ihm zu erfahren, wann der ersehnte Tag unserer Abreise kommen werde.«[5] Der sollte zwar nicht kommen, dafür jedoch ein neuer Freund gewonnen werden: »Herr Bonpland sollte diese Expedition als Botaniker begleiten; ich lernte ihn damals kennen, und diese Bekanntschaft war einer der glücklichsten Zufälle meines Lebens.«[6] In dem französischen Arzt und Botaniker Aimé Bonpland hatte Humboldt für seine große Reise den idealen Gefährten gefunden, dessen ausgeglichene Gemütslage und vor allem praktische Fähigkeiten Humboldts eigene Anlagen perfekt ergänzten. Doch zunächst stand scheinbar wieder alles unter einem Unstern: »Der Abbruch der Friedensverhandlungen ... und das Fehlen von Mitteln zwangen das Direktorium zum Aufschub der Baudinschen Expedition. Das war ein Blitzstrahl für Herrn Bonpland und mich.«[7] Humboldt reagierte im wahrsten Sinne des Wortes eigensinnig. »Grausam aus all meinen Hoffnungen gerissen, da ein einziger Tag dem Plane, den ich für mehrere Lebensjahre entworfen, ein Ende gemacht hatte, beschloß ich, baldmöglichst und wie auch immer Europa zu ver-

Auffindung, Vermessung und Abtransport der Granit-Faust einer ägyptischen Kolossalstatue Ramses' II. – sie befindet sich heute im Britischen Museum in London – vor den Ruinen von Memphis. Pastell von André Dutertre, um 1798.

*Seite 61:
Napoleon sah in dem von ihm initiierten und herausgegebenen Expeditionsbericht der »Commission« die große wissenschaftliche Leistung seines Lebens. Entsprechend aufwendig waren die großformatigen Kupferstiche. Dieser zeigt den Tempel auf der Insel Philaea.*

Madrid war zur Zeit Humboldts eine Stadt größter gesellschaftlicher Gegensätze. Prächtige Paläste standen an ungepflasterten, kotigen, aufgewühlten Straßen.

lassen und irgend etwas zu unternehmen, was meinen Kummer trösten könnte.«[8]

Wenn es denn schon nicht gelingen wollte, mit finanzieller Hilfe einer Institution oder eines Staates die große Reise zu unternehmen, mußte dies doch wenigstens unter Einsatz der eigenen beträchtlichen Mittel zu schaffen sein. Damit entschied er – ohne es zu ahnen – schon jetzt über seinen künftigen Lebensweg, denn als eineinhalb Jahrzehnte später sein Kapital durch Reise- und Publikationskosten völlig erschöpft war, sollte er finanzielle Absicherung im wenig geliebten Amt eines preußischen Kammerherrn suchen.

Humboldt, dem es lebenslang äußerst leichtfiel, dauerhaft vertraute Beziehungen zu knüpfen, freundete sich mit dem schwedischen Diplomaten Skjöldebrand an, der in Marseille eine Fregatte erwartete. »Er schickte jedes Jahr ein Schiff nach Tu-

nis, auf dem die Pilger nach Mekka gingen, und er versprach mir, mich auf demselben Wege nach Ägypten zu bringen.«[9] Wie immer war Humboldt von dem neuen Plan fasziniert. »Bis jetzt hatte kein Mineraloge die hohe Bergkette untersucht, die in Marokko bis zur Grenze des ewigen Schnees aufsteigt. Ich konnte darauf rechnen, daß ich, nachdem ich in den alpinen Gebieten der Berberei einiges für die Wissenschaft getan, in Ägypten bei den bedeutenden Gelehrten, die seit einigen Monaten am Institut von Kairo zusammengetreten waren, dasselbe Entgegenkommen finden würde, das mir in Paris in so reichem Maße zuteil geworden war.«[10]

Immer noch hoffte Humboldt, sich doch der ägyptischen Expedition anschließen zu können. Bonaparte hatte zu seinem ebenso unbegreiflichen wie dramatischen Feldzug nach Ägypten die gesamte junge wissenschaftliche Elite Frankreichs mitgenommen. Dieser nicht angehören zu dürfen und von einem solch exorbitanten Abenteuer ausgeschlossen zu sein, mußte Humboldts Ehrgeiz kränken. »Ich ergänzte rasch meine Sammlung von Instrumenten und verschaffte mir die Werke über die zu bereisenden Länder.«[11]

Doch auch in Marseille schien das Schicksal übelgesinnt. »Wir bestiegen mehrmals am Tage den Berg *Notre-Dame de la Garde*, von dem man weit ins Mittelmeer hinaus blickt. Jedes Segel, das am Horizont sichtbar wurde, setzte uns in Aufregung; aber nachdem wir zwei Monate in großer Unruhe vergeblich geharrt, ersahen wir aus den Zeitungen, daß die schwedische Fregatte, die uns überführen sollte, in einem Sturm an den Küsten von Portugal stark gelitten und in den Hafen von Cádiz habe einlaufen müssen.«[12]

Dennoch wollte Humboldt von diesem Plan nicht lassen. »Im Hafen von Marseille lag damals ein kleines ragusanisches Fahrzeug bereit, nach Tunis unter Segel zu gehen.«[13] Ein Teil des Proviants dieses Schiffes bestand aus lebendem Vieh, das der Kapitän in die große Kajüte sperren wollte, wo auch Humboldts wertvolle Instrumente verstaut waren. Durch seinen Protest verzögerte sich glücklicherweise das Auslaufen. »Während dieses Aufschubs erfuhr man in Marseille, daß die tunesische Regierung die in der Berberei niedergelassenen Franzosen verfolge, und daß alle aus französischen Häfen

ankommenden Personen ins Gefängnis geworfen würden.«[14]

Damit war auch dieser Plan gescheitert. Humboldt hoffte, sich im folgenden Frühjahr von Cartagena oder Cádiz nach dem Orient einschiffen zu können. »Wir reisten durch Katalonien und das Königreich Valencia nach Madrid.«[15] Im Verlauf dieser Reise bestieg er den Montserrat, »der durch die Kontraste zwischen einem kräftigen Pflanzenwuchs und nackten öden Felsmassen ein eigentümliches Landschaftsbild bietet«[16]. Er korrigierte die Landkarte Spaniens durch genaue astronomische Ortsbestimmungen einiger Städte, »maß mittels eines Barometers die [bis dahin unbekannte] Höhe des Zentralplateaus und stellte einige Beobachtungen über die Inklination der Magnetnadel und die Intensität der magnetischen Kraft an«[17]. Humboldt praktizierte den für ihn typischen Forschungsstil, wenn dies alles auch nur eine Art Vorübung für ein noch unbekanntes Ziel war.

Die große Chance seines Lebens, die alles entscheidende Wende, ergab sich ohne bewußte Planung: »In Madrid angelangt, fand ich bald Ursache, mir Glück dazu zu wünschen, daß wir uns entschlossen, die Halbinsel zu besuchen.«[18] Fortuna war endlich geneigt und in der Person des mineralogisch besonders interessierten sächsischen Gesandten Forell erschienen, der sich für Humboldt verwandte und ihn dem spanischen Staatsminister Urquijo mit der Bitte empfahl, ihm eine Forschungsreise in die amerikanischen Kolonien Spaniens zu ermöglichen. Dazu muß man sich vergegenwärtigen, daß Spanien damals nach den Worten seiner Königin Maria Luisa von der »irdischen Dreifaltigkeit«[19] – bestehend aus ihr selbst, ihrem gehörnten Gatten Karl IV. und ihrem jugendlichen Liebhaber Manuel Godoy – mehr schlecht als recht regiert wurde. Das Königreich verharrte schon seit über hundert Jahren – lediglich unterbrochen von eher halbherzigen Phasen aufgeklärter Politik in der Regierungszeit Karls III. – in geistiger Erstarrung. Im März 1798 verlor Godoy vorübergehend seine Macht. Es kam zu einem kurzen Zwischenspiel der »illustrados« genannten Aufklärer als Minister in einem für die damaligen Verhältnisse liberal zu nennenden Kabinett. Dessen zwei prominenteste Mitglieder erkrankten bald darauf

Der Reisepaß, den König Karl IV. von Spanien für Alexander v. Humboldt ausstellen ließ.

Das politische Leben Spaniens wurde noch lange nach Humboldts Aufenthalt in Madrid durch eine bedenkliche Rückschrittlichkeit geprägt, wie Goyas 1797/98 – fast zeitgleich mit dem Aufenthalt Humboldts – radierte Darstellungen aus »Los Caprichos« vom brutalen Walten der Inquisition belegen. Es wird einem nicht gleich bewußt, daß Humboldt und Goya Zeitgenossen waren.

63

Das spanische Königspaar Maria Luisa und Karl IV. – hier von Goya 1800 äußerst realistisch zusammen mit ihren Kindern gemalt – gab Humboldt in einer Audienz die äußerst seltene Erlaubnis, die amerikanischen Kolonien Spaniens besuchen zu dürfen. Museo Nacional del Prado, Madrid.

gleichzeitig und traten zurück. Man munkelte, es sei Gift im Spiel gewesen. Urquijo, einem der Nachfolger, den Humboldt bereits in England kennengelernt hatte, schien es nicht mehr sinnvoll, die von Spanien seit alters geübte, einem »eisernen Vorhang« nicht unähnliche Abschottung der spanischen Kolonien aufrechtzuerhalten. So gestattete er Humboldt – wiewohl Ausländer und Protestant – die Einreise. Alexander war also, wie von einem Leitstern gesteuert, präzis zum richtigen Zeitpunkt gekommen, um seine unwiederholbare Chance zu erhalten: »Nie war einem Reisenden eine umfassendere Erlaubnis zugestanden worden, nie hatte die spanische Regierung einem Fremden größeres Vertrauen bewiesen.«[20]

Bereits Ende 1800 übernahm Godoy, mächtiger denn je, wieder die Staatsgeschäfte, und Spanien versank während der Napoleonischen Wirren und danach für Jahrzehnte in Krieg und Bürgerkrieg von apokalyptischer Grausamkeit, die ohne das graphische Werk Goyas heute in Vergessenheit geraten wäre.

»Der Augenblick, wo man zum erstenmal von Europa scheidet, hat etwas Ergreifendes«

Auf See

Der heißersehnte Aufbruch war gekommen: »Wir verließen Madrid Ende Mai [1799]. Wir reisten durch einen Teil von Altkastilien, durch das Königreich León und Galizien nach Coruña, wo wir uns nach der Insel Cuba einschiffen sollten.«[1] Humboldt schwebte als Ziel seiner Reise nichts Geringeres vor als die Begründung einer neuen Disziplin, einer »Physik der Welt« oder »Physikalischen Geographie«[2], die er näher einzugrenzen suchte: »Ich liebte die Botanik und einige Bereiche der Zoologie mit Leidenschaft; ich durfte mir schmeicheln, daß unsere Forschungen die bereits beschriebenen Arten durch einige neue vermehren würden. Da ich aber die Verbindung längst beobachteter der Kenntnis isolierter, wenn auch neuer Tatsachen von jeher vorgezogen hatte, schien mir die Entdeckung einer unbekannten Gattung weit minder wichtig als eine Erforschung der geographischen Verhältnisse in der Pflanzenwelt, als Beobachtungen über die Wanderungen der geselligen Pflanzen und über die Höhenlinie, zu der sich die verschiedenen Arten derselben gegen den Gipfel der Kordilleren erheben.«[3] Doch gilt es dabei, die Basis nicht aus den Augen zu verlieren: »Man schadet der Erweiterung der Wissenschaft, wenn man sich zu allgemeinen Ideen erheben und dabei die einzelnen Tatsachen nicht kennenlernen will.«[4] Man muß also zwischen dem die Grundlage bildenden Faktenmaterial und dem darauf fußenden theoretischen Überbau die Balance halten.

Zunächst bedrohte der Seekrieg zwischen Spanien und England das Unternehmen: »In La Coruña angelangt, fanden wir den Hafen von zwei englischen Fregatten und einem Linienschiff blockiert. Diese Fahrzeuge sollten den Verkehr zwischen dem Mutterland und den Kolonien in Amerika unterbrechen…«[5] Der Brigadier Don Rafael Clavijo, der die spanische Seepost befehligte, empfahl die leichte Fregatte »Pizarro«, ein kleines, nicht besonders schnelles, aber von einem umsichtigen Kommandanten geführtes, sicheres Kriegsschiff, auf dem für den Transport der wertvollen Instrumente besonders gesorgt würde. Nun galt es, ungesehen von der englischen Blockadeflottille den Hafen zu verlassen: »Am fünften [Mai 1799] ging die *Pizarro* wirklich unter Segel, … Die Leute, welche unsere Korvette die Anker lichten sahen, äußerten laut, ehe drei Tage vergingen, seien wir aufgebracht und mit dem Schiffe, dessen Los wir teilen müßten, auf dem Wege nach Lissabon.«[6] Portugal, damals eine Art Kolonie der Engländer, nahm auf deren Seite am Krieg teil. Doch ging alles gut. »Wir brauchten zur Überfahrt von La Coruña zu den Kanarischen Inseln dreizehn Tage, was lange genug war, um uns in so stark befahrenen Bereichen wie den Küsten von Portugal der Gefahr auszusetzen, auf englische Schiffe zu stoßen. Die ersten drei Tage zeigte sich kein Segel am Horizont …«[7] Doch: »Am achten Juni bei Sonnenuntergang wurde von den Masten ein englischer Konvoi signalisiert, … Nun durften wir in der großen Kajüte kein Licht mehr anmachen, um nicht von weitem bemerkt zu werden.«[8] Die Verdunkelung behinderte Humboldts wissenschaftlichen Tatendrang ganz außerordentlich: »Dies war für mich umso verdrießlicher, als ich vermöge meiner Konstitution nie seekrank wurde und an Bord eines Schiffes immer einen starken Trieb zur Arbeit verspürte.«[9] Er übte sich in Navigation und verfolgte unabhängig von der Schiffsführung den Kurs. Zum Verdruß der Steuerleute sollte sich bald herausstellen, daß Humboldt bei größerer Aufmerksamkeit und mit besseren Instrumenten auch zu genaueren Positionsbestimmungen kam, die er wiederum zur Beobachtung von Meeresströmungen nutzte: »Indem ich den Punkt, den mir der Gang der Berthoud'schen Seeuhr angab, mit des Steuermanns Schätzung verglich, konnte ich die kleinsten Änderungen in der Richtung und Geschwindigkeit der Strömungen berechnen. Zwischen dem 37. und 30. Breitengrade wurde das Schiff in vierundzwanzig Stunden zuweilen 18 bis 26 Meilen nach Osten getrieben.«[10] Für Humboldt ist es typisch, daß er nicht nur die Eigenschaften des Golfstromes eingehend beschreibt: »… die hohe Temperatur des Wassers, sein starker Salzgehalt, die indigoblaue Farbe und die schwimmenden Massen Tang, endlich die im Winter sehr deutliche Erhöhung der Lufttemperatur geben den Golfstrom zu erkennen.«[11] Er studiert auch ausführlichst die Geschichte seiner Erforschung und rühmt dessen Entdecker Drake, Franklin und Blagden.

Das von Alexander v. Humboldt benutzte Bordchronometer von Louis Berthoud (wahrscheinlich war es ein Taschenchronometer) ist im Original heute nicht mehr auffindbar. Das Photo zeigt daher ein weiteres Taschenchronometer, das Humboldt verwendete – gefertigt von Heinrich Johannes Kessels, Altona 1828. Es wurde ihm als Geschenk des dänischen Königs Frederik VI. 1830 in Berlin überreicht, nachdem er von seiner asiatischen Reise zurückgekehrt war. Ein interessanter Schriftwechsel zwischen Humboldt und dem Direktor der Sternwarte im damals dänischen Altona, Schumacher, bezeugt, daß der König den Beschenkten zuvor nach seinen Wünschen befragt hatte. Humboldt erbat ein Instrument mit besonders großem Sekundenblatt – und bekam es. 1830 schrieb er dem König dann auch einen begeisterten Dankesbrief. Auf dem beigefügten, leicht beschädigten Zettel ist zu lesen: »Chronometer Des Königs v. Dänemark der mir gehört u auf der Sternwarte bei Prof. Encke liegt. A. Humboldt«.

Robert Cleveley, »Ein englisches Kriegsschiff bringt ein gekapertes Schiff auf«, Aquarell, 1783. Im Zweikampf Schiff gegen Schiff behielten aufgrund der brutalst aufrechterhaltenen Disziplin ihrer Mannschaften die Engländer fast immer die Oberhand. Um das Aufbringen seiner selbst und der Sammlungen zu verhindern, schien es Humboldt geraten, Kontakte zu dem Kommandanten der jeweiligen britischen Blockadeflotte zu suchen. Doch bewahrte ihn das nicht vor Verlusten. Yale Center for British Art, New Haven/USA.

Entsprechend der Brownschen Reiztheorie untersuchte er die Wirkung galvanischer Elektrizität auf Quallen. Daneben wurden Tangproben unter dem Mikroskop betrachtet und, gewissermaßen in Fortführung der einstigen Freiberger Studien über unterirdisches Pflanzenwachstum, die Abhängigkeit der Intensität des Blattgrüns von der Wassertiefe studiert: »Unser Seetang hatte ... 192 Fuß tief am Meeresboden vegetiert, und doch waren seine Blätter so grün wie unsere Gräser. ... Der Tang von Alegranza ist also ein neuer Beweis dafür, daß Gewächse im Dunkeln vegetieren können, ohne farblos zu werden.«[12]

Aus Angst, von der englischen Flotte gekapert zu werden, navigierte man mit äußerster Vorsicht: »Die *Pizarro* hatte Befehl, bei der Insel Lanzarote ... anzulegen, um sich zu erkundigen, ob die Engländer die Reede von Santa Cruz auf Teneriffa blockierten.«[13] Humboldts Navigationskünste begannen allmählich, den Schiffsoffizieren auf die Nerven zu fallen, doch seine Ortsbestimmungen waren nun einmal genauer: »Bis jetzt hatten die Steuerleute, die mit den Seeuhren nicht recht umzugehen wußten, keine großen Stücke auf die Länge gehalten, die ich regelmäßig zweimal des Tags bestimmte, indem ich zum Übertrag der Zeit morgens und abends Stundenwinkel aufnahm.«[14] Die Steuerleute hatten Angst, an Lanzarote vorbeizusegeln, doch Humboldt behielt recht: »Da zeigte sich bald, wie genau Louis Berthouds Chronometer war: Um zwei Uhr nachmittags kam Land in Sicht.«[15]

Humboldt empfand sich stets als Teil der Geschichte. Immer reflektierte er sein Tun anhand der Leistungen seiner Vorgänger. Der nächtliche Anblick der Küste der kleinen Insel Lobos zwischen Lanzarote und Fuerteventura führte zu folgender Reminiszenz: »Wir sahen am Ufer Feuer hin und her tragen. Es waren wahrscheinlich Fischer, die sich zur Fahrt rüsteten. Wir hatten auf der Reise fortwährend in den alten spanischen Reisebeschreibungen gelesen, und diese sich hin und her bewegenden Lichter erinnerten uns an jene, welche Pedro Gutiérrez, ein Page der Königin Isabella, in der denkwürdigen Nacht, da die neue Welt entdeckt wurde, auf der Insel Guanahani sah.«[16]

Man landete aus Versehen auf der Insel Graciosa und wähnte sich auf Lanzarote. »Ganz unbeschreiblich ist das Gefühl des Naturforschers, der zum erstenmal einen außereuropäischen Boden betritt. ... Bei jedem Schritt glaubt man einen neuen Naturkörper vor sich zu haben, und in der Aufregung erkennt man häufig Dinge nicht wieder, die in unseren botanischen Gärten und naturgeschichtlichen Sammlungen zu den gemeinsten gehörten.«[17]

Am Morgen des 19. Juni kam Teneriffa in Sicht. Zum großen Glück war es neblig: »Wir eilten eben aufs Vorderteil der Korvette, um dieses herrlichen Schauspiels zu genießen, da signalisierte man vier englische Schiffe, die ganz nahe an unserem Heck auf der Seite lagen. Wir waren an ihnen vorbeigesegelt, ohne daß sie uns bemerkt hatten, und derselbe Nebel, der uns den Anblick des Pic entzogen, hatte uns der Gefahr entrückt, nach Europa zurückgebracht zu werden. ... Alsbald hoben wir den Anker und die *Pizarro* näherte sich so weit wie möglich dem Fort, um unter dessen Schutz zu kommen. Hier auf dieser Reede, als zwei Jahre vor unserer Ankunft die Engländer zu landen versuchten, riß eine Kanonenkugel Admiral Nelson im Juli 1797 den Arm ab.«[18]

Humboldt bestaunt den ungeheuren Drachenbaum von Orotava, einen »der ältesten Bewohner unseres Erdballs«[19], und beschreibt ihn dann so eindringlich und liebevoll, daß er damit Biologiegeschichte macht, denn gerade die Lektüre dieser Passage wird das unbezähmbare Fernweh des jungen Charles Darwin wecken.

Die Besteigung des Pico de Teide mit Studien über die Abhängigkeit der Vegetation von der Höhe über dem Meer – Humboldt gliedert sie in fünf ausführlichst beschriebene Zonen – war eine Art Etüde für viele ähnliche Unternehmungen. Zum ersten Mal skizziert er am Beispiel der Insel Teneriffa seine sogenannten »Naturgemälde«[20], eine ihm vorschwebende Literaturgattung, die mit poetischen Mitteln in höchster literarischer Qualität versucht, »Genaues über den geologischen Aufbau, über die Pflanzengeographie und die Gruppierung der Pflanzen in verschiedenen Höhen über dem Meeresspiegel auf den Kanaren anzugeben«[21]. Die Besteigung des Vulkans – wiewohl nicht besonders hoch – war nicht einfach: »Wir litten sehr unter dem erstickenden Bimssteinstaub, in den wir fortwährend gehüllt waren. ... Wir hatten noch nie eine Nacht in so bedeutender Höhe zugebracht, und ich ahnte damals nicht, daß wir einst auf dem Rücken der Kordilleren in Städten wohnen würden, die höher liegen als die Spitze des Vulkans ...«[22] Er hat Mühe, seine Gefühle auf dem Gipfel zu beschreiben: »Schwung und Klarheit der Gedanken, innerliche Heiterkeit entsprechen der Transparenz der umgebenden Luft.«[23]

Humboldts Beobachtungen gehen ohne Unterlaß weiter. »Ich nützte die Zeit, um die geographische Länge des Hafendamms von Santa Cruz zu bestimmen und die Inklination der Magnetnadel zu beobachten.«[24] Er interessiert sich für alles, auch für die politischen und sozialen Verhältnisse. Es freut ihn »vor allem das Nichtvorhandensein der Sklaverei, deren Anblick einen in beiden Indien so tief empört, wie überall, wohin europäische Kolonisten ihre sogenannte Aufklärung und ihre Industrie getragen haben«[25]. Alexander gelingt es gut, seine so typische, ewig rastlose Betriebsamkeit zu schildern: »... auf einer Reise wie der, welche ich angetreten, kommt man selten dazu, die Gegenwart zu genießen. Die quälende Besorgnis, nicht ausführen zu können, was man den andern Tag vorhat, erhält einen in beständiger Unruhe.«[26] Er beschäftigt sich mit der Bevölkerungsgeschichte der Kanaren, treibt Studien zur Sprachgeschichte und Bevölkerungsstruktur: »Die Kanarischen Inseln sind noch auf lange vor den Übeln der Übervölkerung bewahrt, deren Ursachen Malthus so sicher und scharfsinnig entwickelt hat.«[27]

Leider bleibt ihm nicht genügend Zeit: »Die bei Teneriffa stationierten englischen Schiffe waren verschwunden, und wir hatten keinen Augenblick zu verlieren .... Am Abend des 25. Juni verließen wir die Reede von Santa Cruz ...«[28] Es war eine glückliche Reise. »Wir schnitten den Wendekreis des Krebses am 27., und obgleich die *Pizarro* eben kein guter Segler war, legten wir doch den neunhundert Meilen langen Weg von der Küste von Afrika zur Küste des neuen Kontinents in zwanzig Tagen zurück. ... Unser Weg war derselbe, den seit Kolumbus' erster Reise alle Fahrzeuge nach den Antillen einschlagen.«[29]

Humboldt beschäftigt sich mit der Theorie der Passatwinde und unternimmt Experimente zur Luftelektrizität. Als die »Pizarro« den Äquator schneidet, wird ihm feierlich zumute: »Ein sonderbares, ganz unbekann-

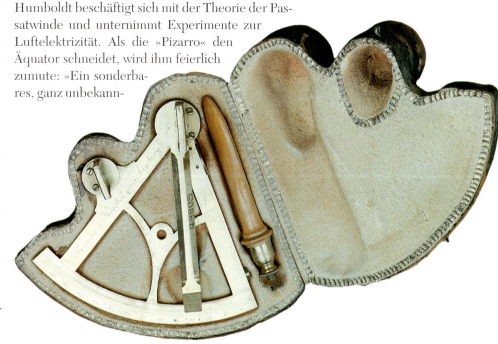

Sextant aus der Werkstatt von Brander und Höschel in Augsburg. Ähnlich dürfte das von Humboldt auf seiner großen Reise verwendete Instrument ausgesehen haben. Deutsches Museum, München.

67

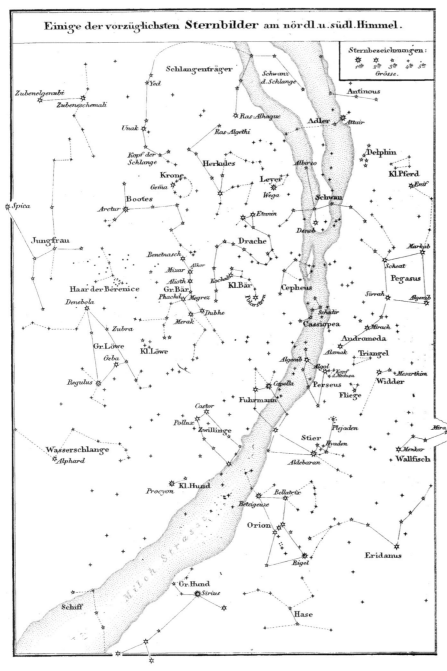

Keinem Sternbild brachte Humboldt ähnlich innige Gefühle entgegen wie dem Kreuz des Südens. Er gedachte seiner gern in der Wiedergabe gefühlvoller Passagen aus dem Roman »Paul et Virginie« von Bernardin de Saint-Pierre.

tes Gefühl wird in einem rege, wenn man bei der Annäherung an den Äquator und namentlich beim Übergang aus der einen Halbkugel in die andere sieht, wie die Sterne, die man von frühester Kindheit an gekannt, immer tiefer hinabrücken … . Zu einer Zeit, da ich mich mit dem Himmel beschäftigte, … nur um die Sterne kennenzulernen, empfand ich eine bange Unruhe, die Menschen, die ein seßhaftes Leben lieben, ganz unbekannt ist. Der Hoffnung entsagen zu sollen, jemals jene herrlichen Sternbilder am Südpol zu erblicken, das schien mir sehr hart.«[30] Die Rührung treibt Humboldt so weit, daß er hier an ein Zitat aus seinem Lieblingsroman »Paul et Virginie« von Bernardin de Saint-Pierre denkt, denn für den Kundigen sind die Arme des Sternbildes »Kreuz des Südens« eine Art Uhr: »Wie oft haben wir unsere Führer in den Savannen von Venezuela oder in der Wüste zwischen Lima und Trujillo sagen hören: ›Mitternacht ist vorüber, das Kreuz beginnt sich zu neigen!‹ Wie oft haben wir uns bei diesen Worten der rührenden Szene erinnert, wo Paul und Virginie an der Quelle des Fächerpalmenflusses zum letzten Male miteinander sprechen und der Greis beim Anblick des Südlichen Kreuzes sie mahnt, daß es Zeit sei zu scheiden!«[31]

Die Überfahrt hätte ohne Dramatik zu Ende gehen können, wäre nicht an Bord eine fiebrige Seuche ausgebrochen, die mehrere Matrosen und Passagiere ergreift und ein Todesopfer fordert. Zur Bestürzung Humboldts »war keine Unze Chinarinde an Bord, und wir hatten vergessen, beim Einschiffen uns selbst damit zu versehen; unsere Instrumente hatten uns mehr Sorgen bereitet als unsere Gesundheit, und wir hatten unbedachterweise vorausgesetzt, daß es an Bord eines spanischen Schiffes nicht an peruanischer Fieberrinde fehlen könne«[32]. Das Ansteuern des ersten südamerikanischen Hafens, des venezolanischen Cumaná, gestaltete sich aufgrund der nachlässigen Navigation der Spanier schwierig; wieder einmal erwiesen sich die Ortsbestimmungen Humboldts als richtiger. Nie erlahmte bei allen Widrigkeiten Humboldts Forschergeist: »Wir benützten eine Windstille, … um die Intensität der magnetischen Kraft beim *Cabo de tres Puntas* genau zu bestimmen.«[33] Wieder maß er die Geschwindigkeit der Meeresströmung.

Die Situation auf der »Pizarro« wurde gefährlich, »das Fieber … hatte seit einigen Tagen einen bösartigen Charakter angenommen«[34]. Alle Passagiere, auch Humboldt und Bonpland, gingen in Cumaná von Bord. Der erste Anblick eines indianischen Kanus begeisterte sie: »Welche Schätze enthielten in unseren Augen die Kähne der armen Indianer!«[35] Einer von ihnen erbot sich, als Lotse an Bord zu kommen, und schloß mit Humboldt sofort Freundschaft: »Ein glücklicher Zufall fügte es, daß der erste Indianer, dem wir bei unserer Landung begegneten, der Mann war, dessen Bekanntschaft unseren Reisezwecken äußerst förderlich wurde. Mit Vergnügen schreibe ich … den Namen Carlos del Pino nieder: so hieß der Mann, der uns sechzehn Monate lang auf unseren Wegen längs der Küsten und im Binnenlande begleitet hat.«[36]

»Starker Wille und Beharrlichkeit reichen nicht immer zur Überwindung aller Hindernisse aus«

Südamerika – die Reiseroute

Es mag überraschen, aber Humboldt hat seine später so berühmte große Forschungsreise nicht wirklich geplant. Die komplizierte Route bestimmten im wesentlichen zwei Gegebenheiten. So nutzte er zwar konsequent die in Madrid zufällig sich bietende Chance, nach Spanisch-Südamerika zu gelangen, eigentlich aber wollte er sich noch immer als Repräsentant des »Muséum« Kapitain Baudins Reise um die Welt anschließen. Der überaus sinnvoll genutzte Aufenthalt in Südamerika sollte ursprünglich nur die Zeit bis zur Weiterreise überbrücken. Ohne Telegraphie und Funk, bei der Langsamkeit des Briefverkehrs angewiesen auf gelegentliche, meist nur auf Gerüchten beruhende Nachrichten, erwies sich indes eine Verabredung mit Baudin, der schließlich eine ganz andere Route wählte, als völlig unmöglich. So konnte Humboldt die von der spanischen Regierung erhaltene Genehmigung nicht voll nutzen: »Der spanische Hof hatte mir 1799 die Erlaubnis erteilt, mich nach vollendeter Reise durch die amerikanischen Kolonien im Hafen von Acapulco einzuschiffen, um auch die Marianen und Philippinen zu besuchen. Ich plante damals, über das große asiatische Inselmeer, den Persischen Golf und Bagdad nach Europa zurückzukehren.«[1] So gesehen blieb Humboldts fünfjährige Reise Stückwerk. Später sollte sich allerdings herausstellen, daß er die wissenschaftlichen und finanziellen Schwierigkeiten bei der Aufarbeitung der Forschungsergebnisse beträchtlich unterschätzt hatte. Die Nachbereitung einer weit größeren Reise hätte wahrscheinlich die Kräfte und die Ausdauer selbst eines Humboldt überfordert.

Humboldt und Bonpland wollten ursprünglich nach Kuba segeln. Doch zunächst kam es anders: »Der Entschluß, den wir in der Nacht vom vierzehnten auf den fünfzehnten Juli [1799] faßten, übte einen glücklichen Einfluß auf den weiteren Verlauf unserer Reisen aus. Statt einiger Wochen verweilten wir ein ganzes Jahr in Tierra Firme; ohne die Seuche an Bord der *Pizarro* wären wir nie an den Orinoco, an den Casiquiare und bis an die Grenze der portugiesischen Besitzungen am Rio Negro gekommen. Vielleicht verdanken wir es auch dieser unserer Reiserichtung, daß wir während eines so langen Aufenthalts in den Äquinoktialländern so gesund blieben.«[2] Mit dem letzten Satz spielt Humboldt auf das »Schwarze Erbrechen« auf Kuba an, dem er so entging.

Zunächst erkundeten die beiden die Ufer des Rio Manzanares, die Gegend zwischen Carupano und Cumaná mit der Halbinsel Araya und den Salzsümpfen der Küstenregion. Dies war wohl eine Art Etüde: »Die ersten Wochen unseres Aufenthalts in Cumaná verwendeten wir dazu, unsere Instrumente zu berichten, in der Umgegend zu botanisieren und die Spuren des Erdbebens vom 14. Dezember 1797 zu untersuchen.«[3] So ein wenig trainiert, wagten sie sich an eine schon größere Aufgabe: »Unserem ersten Ausflug auf die Halbinsel Araya folgte bald ein zweiter längerer und lehrreicherer ins Innere der Gebirge zu den Missionen der Chaymas-Indianer.« Die Reise führte in die Bergwelt von Neu-Andalusien. Die beiden erklommen als erstes Bergmassiv den Imposible. »Wir kamen kurz vor Sonnenuntergang auf dem Gipfel an, und ich konnte eben noch … die Länge des Ortes … bestimmen.«[4] Humboldt bewunderte die herrliche Aussicht, die ihn an eines der großartigsten Werke der Kunstgeschichte gemahnte: »Dieser merkwürdige Anblick erinnert an die phantastische Landschaft, die Leonardo da Vinci auf dem Hintergrund seines berühmten Bildnisses der Gioconda angebracht hat.«[5] Dem Chronisten sei die Bemerkung gestattet, daß er wie alle durchschnittlichen Kunstfreunde dem berühmten Lächeln der Mona Lisa weit mehr Beachtung schenkte als dem Hintergrund. Sicherlich ist es aber diese Konsequenz des Beobachtens, die einen Humboldt über die Masse erhebt.

Noch fiel es ihm schwer, sich im Urwald zu bewegen: »Das Hinabklettern ist ziemlich mühselig, und man darf sich nicht auf die Lianen verlassen, die wie große Stricke von den Baumgipfeln herabhängen. Die Ranken- und Schmarotzergewächse hängen nur locker an den Ästen, … ihre Stengel haben zusammen ein ganz ansehnliches Gewicht, und wenn man auf abschüssigem Boden sich mit dem Körper an Lianen hängt, läuft man Gefahr, eine ganze grüne Laube niederzureißen.«[6]

Nun wurde es ernst: »Die beschlossene Fahrt auf dem Orinoco und Rio Negro erforderte Vorbereitungen aller Art. Wir mußten die Instrumente auswählen, die sich auf engen Kanus am leichtesten

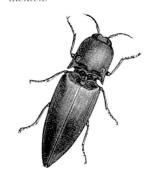

Der Cucujo-Käfer (»Pyrophorus noctilucus«) leuchtet nachts ähnlich wie die Glühwürmchen. Humboldt berichtet, daß ein Dutzend von ihnen in einer Kürbisflasche der armen Landbevölkerung als Nachtlampe dienten.

Ein Titi-Affe, eines jener ängstlichen Tiere, die sich bei Unwettern in den Ärmeln der Franziskaner-Kutte von Pater Zea versteckten.

transportieren ließen … . Da astronomische Ortsbestimmung der Hauptzweck dieser Reise war, so war es mir von großem Belang, daß mir die Beobachtung einer Sonnenfinsternis nicht entging, die Ende Oktober eintreten sollte.«[7] Mit ihr gedachte er die wahre Zeit und damit die genaue geographische Länge der besuchten Orte zu ermitteln, wobei in Cumaná die meteorologischen Bedingungen besonders günstig waren. Ausgangspunkt der Reise zum Orinoco sollte Caracas sein. Doch wie hinkommen? »Der Landweg von Cumaná nach Neu-Barcelona und von da nach Caracas ist so ziemlich im selben Zustand wie vor der Entdeckung von Amerika.«[8] Also schifften sie sich ein. »Als wir zur See von Cumaná nach La Guaira fuhren, war unser Plan der: wir wollten bis zum Ende der Regenzeit in Caracas bleiben, von dort über die großen Ebenen oder *Llanos* in die Missionen am Orinoco reisen, diesen ungeheuren Strom südlich der Katarakte bis zum Rio Negro und zur Grenze von Brasilien hinauffahren und über die Hauptstadt des spanischen Guayana, … Angostura …, nach Cumaná zurückkehren. Wie lange wir zu dieser Reise von 700 Meilen, wovon wir über zwei Drittel im Kanu zu machen hatten, brauchen würden, ließ sich unmöglich bestimmen.«[9]

In Caracas blieben Humboldt und sein Begleiter zwei Monate, die ersterer zum weiteren Ausbau seines Beziehungsnetzes nutzte. Der König von Spanien war weit weg, und die Verwaltungen der Kolonien waren untereinander zerstritten. Eine Empfehlung bedeutender Persönlichkeiten konnte Schwierigkeiten von vornherein aus dem Wege räumen. »Ich habe die Verpflichtung, der edlen Gastfreundschaft zu gedenken, die wir bei dem damaligen Generalkapitän der Provinzen von Venezuela … genossen. Es ward mir das Glück beschieden, das nur wenige Spanier mit mir teilen, hintereinander Caracas, Havanna, Santa Fé de Bogotá, Quito, Lima und Mexico zu besuchen …«[10] Damit gelangte er in alle sechs Hauptstädte des spanischen Amerika. Nach Caracas galt die Reise zunächst der Erkundung der Küstenregion. Man ritt durch die Täler von Aragua zu dem vertrocknenden See von Tacarigua und den heißen Quellen von Mariara. Bei Puerto Cabello erreichten sie noch einmal die Karibische See. Humboldt beschäftigten besonders die Goldbergwerke. »Am 6. März [1800], vor Sonnenaufgang, verließen wir die Täler von Aragua. Wir zogen durch eine vielfältig angebaute Ebene am südwestlichen Gestade des Sees von Valencia entlang …«[11] Villa de Cura wartete mit einer Überraschung auf: »Die ganze Gesellschaft der Stadt fand sich abends zusammen, um in einem Guckkasten die Ansichten der großen europäischen Städte zu bewundern. Wir bekamen die Tuilerien zu sehen und das Standbild des großen Kurfürsten zu Berlin. Es ist ein recht eigenartiges Gefühl, die Stadt, in der man geboren, in einem Guckkasten zu erblicken, wenn man zweitausend Meilen von ihr entfernt ist.«[12] Die Durchquerung der glühenden Llanos erforderte ein Höchstmaß an Ausdauer: »Auf dem Weg über die *Mesa* bei Calabozo litten wir

sehr unter der Hitze. Die Temperatur der Luft stieg merklich, sooft der Wind zu wehen anfing. Die Luft war voller Staub, und während der Windstöße stieg das Thermometer auf 40 bis 41°. Wir kamen nur langsam vorwärts, denn es wäre gefährlich gewesen, die Maultiere, die unsere Instrumente trugen, aus den Augen zu verlieren.«[13] Schließlich erreichten sie die erst 1789 gegründete »Stadt« San Fernando, in Wahrheit eine Missionsstation am Rio Apure, und damit das Flußsystem, das sie erforschen wollten. Von Krokodilen bedroht, ging es jetzt auf dem trägen Apure stromab zum Orinoco. »Wir wählten dazu eine der sehr breiten Pirogen.... Am Heck ... wurde eine ... gedeckte Hütte hergerichtet. ... Wir nahmen ... Lebensmittel für einen Monat mit. In San Fernando gibt es Hühner, Eier, Bananen, Maniokmehl und Kakao im Überfluß. Der gute Pater Kapuziner gab uns Sherry, Orangen und Tamarinden zu kühlender Limonade. ... Im Rio Apure gibt es sehr viele Fische, Seekühe und Schildkröten, deren Eier eine zwar nahrhafte, aber keinesfalls sehr angenehme Speise sind. ... Neben dem Mundvorrat, den Gerätschaften zum Fischfang und den Waffen vergaß man nicht, ein paar Fässer Branntwein zum Tauschhandel mit den Indianern am Orinoco mitzunehmen.«[14] Erst jetzt begann das eigentliche Abenteuer: die Reise in einem schmalen Kanu den Orinoco stromauf mit dem Ziel, dessen Zusammenhang mit dem Flußsystem des Rio Negro zu beweisen, der ja als Nebenfluß des Amazonas in eine andere Richtung fließt. Auch das Land am Orinoco war nicht unbe-

Zeitlebens ließ sich Humboldt gern vor dem Hintergrund des von ihm bis zu einer Höhe von 5760 m bestiegenen Chimborazo malen. Auf diesem Gemälde von F. G. Weitsch 1810 sieht man ihn, europäisch gewandet, 1802 auf dem Hochplateau der Anden beim Hantieren mit einem Sextanten. Bonpland kauert mit einer Botanisiertrommel in einem ärmlichen Zelt, Indianer beladen die Maultiere. Stiftung Preußische Schlösser und Gärten Berlin-Brandenburg, Schloß Bellevue.

Die von Humboldt und Bonpland gezeichnete Karte mit der Bifurkation Orinoco/Rio Negro, der Angabe des Casiquiare und der auf den Rücken von Pferden und Maultieren und in Kanus durchreisten Gebiete.

Straßenleben in Havanna. Humboldt und Bonpland wußten auf ihrer Reise die Vorteile des urbanen Lebens wohl zu schätzen. Sie nahmen ausgiebig an Empfängen teil und besuchten Theater und Stierkämpfe. Humboldt las sich in Archiven in die Geschichte des jeweiligen Landstriches und seiner Bergwerke ein und jagte den Archivaren nicht selten alte Manuskripte ab.

Die kärglichen Waldungen der Insel Kuba wurden von Humboldt ausführlichst beschrieben.

wohnt; es gab Missionare, Indios und Händler, die völlig verständnislos auf die kleine Expedition starrten. »›Wie soll einer glauben, … daß ihr euer Vaterland verlassen habt, um euch auf diesem Flusse von den Moskitos aufzehren zu lassen und Land zu vermessen, das euch nicht gehört!‹«[15] Langsam kam man an die Grenzen der bekannten Welt: »Keiner der Missionare, die vor mir den Orinoco beschrieben haben, … ist über den *Raudal* von Maipures hinausgekommen.«[16] Bei den Raudales handelt es sich um Katarakte, die stromauf unüberwindliche Hindernisse darstellen. Die Pirogen mußten über Land gezerrt werden. Humboldt genoß den Anblick der Stromschnellen: »Eine meilenlange schäumende Fläche bietet sich auf einmal dem Auge dar. Eisenschwarze Felsmassen ragen ruinen- und burgartig aus derselben hervor. Jede Insel, jeder Stein ist mit üppig anstrebenden Waldbäumen geschmückt. Dichter Nebel schwebt ewig über dem Wasserspiegel. Durch die dampfende Schaumwolke dringen die Gipfel der hohen Palmen. Wenn sich im feuchten Dufte der Strahl der glühenden Abendsonne bricht, so beginnt ein optischer Zauber. Farbige Bögen verschwinden und kehren wieder. Ein Spiel der Lüfte, schwankt das ätherische Bild.«[17]

Tatsächlich gelang der Nachweis der bis dahin nur gerüchteweise bekannten Bifurkation beider Flußsysteme. Damit war erwiesen, daß der Orinoco auch dem Flußsystem des Amazonas angehört. Die beiden Reisenden waren aber der Grenze der brasilianischen Besitzungen Portugals gefährlich nahe gekommen. Diese Grenze beruhte auf dem Vertrag von Tordesillas 1494, in dem eine rein geometrische Grenze – etwa 46° w. L. – definiert worden war, die die damaligen nautischen Möglichkeiten der Längenbestimmung weit überforderte. So entsprach die wirkliche Lage der Grenzdörfer und Befestigungen nicht dem Vertragstext, und die portugiesischen Behörden sahen es nicht gern, daß die Spanier einen Fremden zur Nachvermessung schickten. »Es war der Befehl ergangen, sich meiner Person und meiner Instrumente zu versichern, ganz besonders aber der Verzeichnisse astronomischer Beobachtungen …«[18] Beinahe hätte man ihn nach Lissabon verfrachtet. Wohl dank geschickter Verhandlungen Humboldts mit der ihn an der Küste bedrohenden britischen Flotte hatte die portugiesische Regierung zwar längst ihre ablehnende Haltung aufgegeben, doch war diese Kunde noch nicht bis zum Rio Negro gelangt.

Von Gesundheitsproblemen, insbesondere Bonplands, abgesehen, verlief die Rückreise erfolgreich und plangemäß. Wieder störte der Seekrieg: »Der Hafen von Cumaná wurde täglich strenger blockiert, und durch das Ausbleiben der spanischen Postschiffe wurden wir noch dreieinhalb Monate festgehalten.«[19] Am 24.11.1800 schifften sie sich von Nueva Barcelona nach Kuba ein. »Wir ankerten im Hafen von Havanna am 19. Dezember 1800 nach einer fünfundzwanzigtägigen Fahrt bei beständig schlechtem Wetter.«[20] Sie blieben drei Monate bis zum 15. 3. 1801 und reisten nicht allzu viel: »Ich habe mit Herrn Bonpland nur die Umgebun-

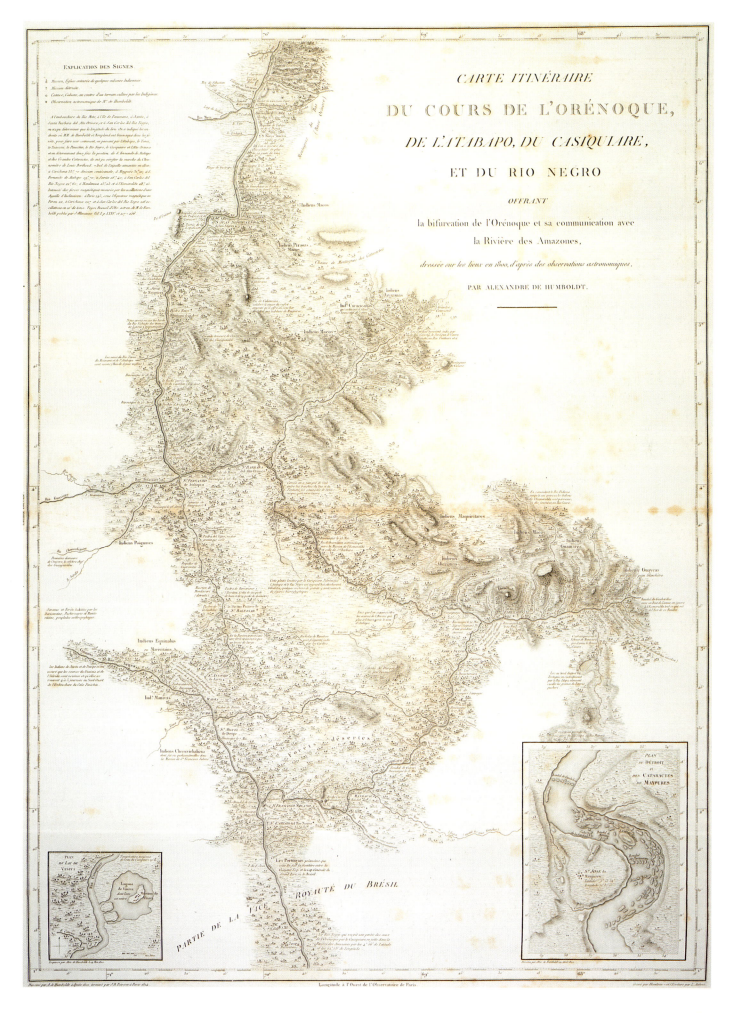

Die Naturbrücke in der Iconozo-Schlucht nahe Bogotá, ein seltenes Naturdenkmal, das Humboldt besonders beeindruckte.

gen Havannas, das schöne Tal von Güines und die Küste zwischen Batabanó und dem Hafen von Trinidad durchstreift.«[21]

Intensive historische und statistische Forschungen in den Archiven Havannas ließen – mit späteren Nachbereitungen bis 1832 – ein heute »Cuba-Werk« genanntes, klassisches Buch der wissenschaftlichen Geographie und Länderkunde entstehen, eine umfassende Monographie der Insel Kuba.[22] Leider sprengt es den Rahmen dieser Biographie, das Werk nach Verdienst zu referieren. Herausgehoben sei jedoch Humboldts stetes Kreisen um Umweltprobleme. Durch den Holzbedarf der Zuckersiedereien kam es zu einer fortschreitenden Zerstörung der ohnehin niederen Wälder: »Die Dürre des Bodens vermehrt sich in dem Verhältnis, wie die Bäume sich vermindern, die ihm Schutz vor den brennenden Sonnenstrahlen gewähren ...«[23] Diese Frage beschäftigte Humboldt dermaßen, daß er sich selbst an den Bau verbesserter Siedeöfen machte: »Ich habe während meines Aufenthalts in Güines ... verschiedene neue Konstruktionen versucht in der Absicht, den Bedarf von Brennstoff zu vermindern, den Herd mit Substanzen, die schlechte Wärmeleiter wären, einzufassen, und den Sklaven, die das Feuer unterhalten müssen, ihr Geschäft minder peinlich zu machen.«[24] Das Los der Sklaven beschäftigte ihn ungemein. Zwar kam er in der Endredaktion des »Cuba-Werkes« zu der erfreulichen Feststellung, daß Leibeigene leichter als anderswo ihre Freiheit erlangten, aber während seines Aufenthaltes vertraute er dem Tagebuch härtere Urteile an: »Die Menschenliebe besteht nicht darin, ein wenig Stockfisch mehr und ein paar Peitschenhiebe weniger auszuteilen; eine wahre Hebung der geknechteten Klasse muß sich auf die ganze moralische und physische Stellung des Menschen erstrecken.«[25]

Die Reise ging weiter: »Am 9. März [1801] befanden wir uns vor Sonnenaufgang unter Segel und waren ein wenig von der Kleinheit unseres Schoners erschreckt.«[26] Auch der Anblick des Meeresufers bedrückte ihn: »Welch öde Küsten! Nicht ein einziges Licht, das eine Fischerhütte verkündet hätte. Alle, alle Bewohner haben die Europäer ausgerottet!«[27] Anfänglich verlief die Reise gut. »Unser kleines Pilotboot (einst ein französischer Korsar) von zwanzig Tonnen machte mit den schwächsten Lüften zwei bis drei Seemeilen ... .«[28] Doch kam Sturm auf: »Wir sahen nichts, fühlten aber, daß das Schiff umkippte, ohne sich wieder aufzurichten. Zugleich hörten wir anhaltendes, wildes Angstgeschrei auf dem Verdeck.«[29] Der Schiffseigner riß dem verwirrten Steuermann das Ruder aus der Hand, und es gelang ihm, das Schiff wieder aufzurichten. Schließlich erreichten sie Cartagena und dann Turbaco. Verfolgt man die Reise entlang der Andenkette auf der Landkarte, so wird man erst der ungeheuren Entfernungen gewahr.

»Nach einem langen, an Beobachtungen, Tieranatomie und Luftchemie unendlich reichen Aufenthalt in Turbaco traten wir endlich am 19. April 1801, nachts um elf Uhr, unsere Reise nach Quito an.«[30] Ab Barranca Nueva ging es zu Schiff, einem viereckigen Champan, den Rio Magdalena stromauf. Die Fahrt war schwierig: Es »gibt ... unstreitig keine muskelanstrengendere Arbeit als die der Ruderer auf dem Magdalenenfluß. ... Unsere Schifffahrt auf dem Magdalenenstrom war in der Tat eine schreckliche Tragödie. Von zwanzig Ruderknechten ließen wir sieben oder acht krankheitshalber auf dem Weg zurück. Fast ebenso viele gelangten mit schändlich stinkenden Fußgeschwüren und bleich in Honda an.«[31] Zu allem Überfluß bekam die ganze Reisegesellschaft Dreitage-Fieber, nur einer nicht: »Welch ein glücklicher Zufall, daß allein meine Natur dem Fieberreiz so wunderbar widersteht.«[32]

In Santa Fé de Bogotá gab es eine Berühmtheit zu besuchen, den schon bejahrten Botaniker, Arzt und Geistlichen José Celestino Mutis. Alexander hatte sich mit einem »sehr künstlichen Schreiben« angekündigt, da »mir Mutis' Ruhmbegierde bekannt war«[33]. Auch um den eigenen Ruhm gegenüber seinen zahlreichen Neidern aufzupolieren – die dortige koloniale Gesellschaft erwies sich als äußerst intrigant –, hatte Mutis einen Triumphzug organisiert: » ... alles, was Repräsentation heißt, ist mir zuwider. Der Einzug sollte möglichst festlich sein, man beredete mich, Uniform anzulegen, mich mit Bonpland in die Kutsche zu setzen, damit die übrige Gesellschaft zu Pferde sie umgebe. ... Man ... hielt von allen Seiten schöne Reden vom Interesse der Menschheit, von Aufopferungen für die Wissenschaften ... . Dies alles war unendlich groß, nur fand man mich selbst sehr klein und jung.«[34] Alexander zählte damals 32 Jahre.

Die Begegnung der beiden Berühmtheiten war nicht frei von Komik: »Der alte Mutis erwartete uns ..., eine ehrwürdige geistreiche Gestalt in priesterlicher Soutane. Er umarmte uns mit vieler Herzlichkeit, lächelte, als er mich mit dem Barometer aussteigen sah und wie ich das Instrument niemandem anvertrauen wollte.«[35] Es folgten Tage voll tiefer botanischer Gespräche. Wegen der Fieberanfälle Bonplands blieben sie acht Wochen in Bogotá, und Humboldt fand Anlaß, den neuen Geist der amerikanischen Jugend zu rühmen: »... überall hört man von der *nueva filosofía* reden; so nennt man den Inbegriff der neueren Physik ... Alles klagt über das Joch und den Unsinn der Peripatetiker und will die Fesseln abschütteln, die die Mönche der Vernunft anlegen.«[36] Mutis, ein Freund der Aufklärung, hatte es gewagt, eine Vor-

lesung über die Newtonsche Physik zu halten: »Die Dominikaner, die auf die Schriften des heiligen Thomas von Aquino schwören, wollten ihn verketzern und der Inquisition denunzieren, aber ohne Erfolg.«[37] Wenigstens an diesem Ort der spanischen Kolonien war es also gelungen, verkrustete Denktraditionen aufzubrechen.

»Am 8. September 1801 traten wir endlich die Reise nach Quito an.«[38] Die Ausrüstung kam Humboldt geradezu luxuriös vor: »Wir hatten elf Gepäckmulas, davon drei mit Speisen, Feldtisch, Nachtstuhl, zwei mit Betten, so sehr stieg unser Luxus, und im Orinoco waren wir mit zwei Koffern.«[39] Ausnahmsweise wurden beide krank: »Bonpland bekam heftiges Fieber, das uns zwang, mit Mühe eine Hütte zu suchen. Ich erhielt eine marternd schringende Hauteruption, beulenartige Geschwüre, steinhart.«[40] Die Wege in den Anden waren grauenvoll: »Von Santa Helena an bis an das Tal de La Vega de San Lorenzo ist der Weg sehr ge-

Dieser kolorierte Stich nach einem Gemälde von F. Keller 1881 zeigt den Aufenthalt von Humboldt und Bonpland am urwaldbestandenen Ufer des Orinoco zusammen mit Pater Zea und den indianischen Helfern. Einige Indios zerren die schlanke Piroge ans Ufer, andere braten ein erlegtes Tier.

Humboldt kaufte in der Mission San Francisco Solano ein Cacajao-Äffchen (lat. Simia melanocephala), von dem er eine Skizze zeichnete, die Nicolas Huet als Vorlage für ein Aquarell diente. Das wiederum fand für einen illuminierten Kupferstich von Louis Bouquet in Humboldts »Recueil d'observations de zoologie et d'anatomie comparée ...« 1833 Verwendung.

fährlich wegen der Abgründe, ein zehn Zoll schmaler Fußsteig dicht an Abstürzen von einhundert Fuß. Das Gestein sehr verwittert und an vielen Punkten herabgestürzt. Und solchen Wegen muß man in den Anden seine Manuskripte, Instrumente, Sammlungen anvertrauen«, um ein wenig später hinzuzufügen: »Die Montaña de Pasto ist kaum anderthalb spanische Meilen lang, ein mit dichtem Wald bewachsenes Gebirge – aber die schrecklichste aller Montañas. Grundloser Kot und dreißig Fuß tiefe Hohlwege, so schmal, daß sich kaum der Leib des Pferdes durchdrängen kann ... . Dazu versperren umgestürzte Bäume den Weg. ... Diese Montaña ist fürchterlich kalt, man sieht an mehreren Punkten Kreuze, die bezeichnen, daß hier von der Nacht überraschte Menschen erfroren. ... Die Wege sind mit den Knochen der Maultiere gepflastert, die hier vor Kälte oder aus Mattigkeit umfielen.«[41]

Nun nahte der Höhepunkt seiner Forschungsreise, die erfolgreiche Besteigung mehrerer Vulkane. Humboldt war begeistert und mit Recht auch stolz: »Ich begann mit dem Antisana, danach kamen der Cayambe und Chimborazo, der höchste Berg der Welt. Diese Expedition war viel erfolgreicher, als ich zu hoffen wagte. Wir sammelten eine riesige Menge von ebenso schönen wie unbekannten Pflanzen ..., wir hatten einen so heiteren Tag, daß wir höher emporgelangen konnten, als jemals ein Mensch auf der Erde gestiegen ist. Ich bestimmte mehrere geographische Punkte nach Länge und Breite, ... ich analysierte die Luft aus 2773 Toisen Höhe, ich trug das Cyanometer und den Inklinationskompaß in Höhen, in welche niemals ein Instrument getragen worden ist ...«[42] Doch die Strapazen waren unsäglich: »Der Hang wurde bald sehr steil. Man mußte sich mit Händen und Füßen festhalten. Wir verletzten sie uns alle, wir bluteten alle, die Steine hatten spitze Kanten. Man wußte nicht, wo man den Fuß hinsetzen sollte ... jeder fühlte sich schlecht, hatte das Bedürfnis, sich zu erbrechen. ... Außerdem bluteten uns das Zahnfleisch und die Lippen. Das Weiße unserer Augen war blutunterlaufen.«[43] Humboldt fehlten zum 6272 m hohen Gipfel des Chimborazo lediglich etwa 500 m. Damit stellte er den Höhenrekord seiner Epoche auf.

Sie reisten weiter. Zwischen Riobamba und Cuenca bedrückten sie die Spuren des letzten großen Erdbebens: »Seit 14 Tagen sehen wir nichts als in Bäumen aufgehängte Glocken aufgrund der Zerstörung aller Kirchen durch das Erdbeben am 4. Februar [1797].«[44] Und wieder mußten sie sich quälen: »Wir machten zwei Tage lang den ganzen Weg zu Fuß, mit Pflanzen beladen und bis zu den Knien im Morast watend. Wir kamen am frühen Morgen des 23. Juli in Loja an.«[45] Humboldt brachte farbige Schilderungen zu Papier: »Wir waren ohne Wasser ... . Wir verbrachten die Nacht auf der Erde auf Fellen, als Kopfstütze unsere Sättel benutzend. Der Himmel war schön gestirnt, die Nacht recht frisch. Die Ameisen, die uns von Zeit zu Zeit stachen, ließen uns alle Muße, den Sternenuntergang zu beobachten. Ich hatte schon viele Nächte wie diese am Orinoco verbracht, wo wir das ›zwischen ›Jaguar und Krokodil‹ nannten ...«[46] Humboldt zeigte wie immer eine fast beängstigende Betriebsamkeit: »Wir waren nicht wenig zufrieden mit unserem Aufenthalt am Río Marañón und in der Provinz Jaén, in welcher wir fast einen Monat zugebracht hatten. Ich hatte einen exakten Plan von der Provinz aufgenommen, eine Anzahl seltener Pflanzen ... gesammelt, die Länge von Tomependa gut bestimmt, ... Zeichnungen von Fischen, Muscheln angefertigt ...«[47]

Als sie am 23.10.1802 endlich in Lima, dem südlichsten Punkt der Reise, angelangt waren, gefielen ihm die Einwohner überhaupt nicht. »Es gibt wenig Orte, wo man mehr redet und weniger handelt«, und wie wir Kaugummi, kauten die Damen eine

Südamerikanische Flußschildkröten krabbeln an Land.

»fünf Zoll lange Wurzel, die aus ihrem Mund hängt … . Es ist ein schrecklicher Anblick.«⁴⁸ Am 9.10.1802 beobachtete er in Callao, dem Hafen von Lima, erfolgreich einen Merkurdurchgang vor der Sonne.

Die beiden Reisenden wollten nach Acapulco, doch da sich kein Schiff auf dieser Route finden ließ, nahmen sie an Heiligabend 1802 die spanische Korvette »La Castora« nach Guayaquil. Es war Humboldts Sache nicht, untätig auf das nächste Schiff zu warten. Auf der Fahrt bestimmte er die genaue Lage einiger Inseln. »Wir waren am 31. Januar von Guayaquil abgereist, um flußaufwärts zu fahren und aus der Nähe den Ausbruch des Cotopaxi zu sehen, … Ich hatte den Plan, den Vulkan … zu umrunden und besonders festzustellen, ob ich einen speziellen Einfluß des Vulkans auf die umgebende Luft bemerken könnte … . Die Nachricht von der Abreise der Orue … ließ uns auf der Stelle umkehren. Wir wollten die Gelegenheit, mit einem so guten … Segler zu reisen, angesichts der kommenden unwirtlichen Jahreszeit von April bis Mai, nicht versäumen.«⁴⁹

Mit Ziel Acapulco stachen sie am 17.2.1803 in See. Humboldt sollte den Boden Südamerikas nicht wieder betreten. Er fand bewegende Worte – und nervte wie immer die Schiffsführung mit einer Art Wettnavigieren: »Der Steuermann lachte über mich, daß ich so sehr in der Nähe des Äquators zu sein glaubte, denn seine Schiffsrechnung ergab 1°40' südlicher Breite. Am 27. mittags schien die Sonne, und ich gewann meinen Streit um die Sterne. Wir hatten nachts den Äquator geschnitten. Wann werden wir die südliche Hemisphäre wiedersehen? Meine südlichen Sternbilder sinken mit jedem Schritt … Die Vorstellung, den Äquator während der Nacht zu passieren, erregte in mir sehr melancholische Gedanken.«⁵⁰

Ein solches malerisches Floß mit Takelage und Hütte, reich mit Früchten beladen, brachte Humboldt und Bonpland, vorbei am Ort Guayaquil, auf dem Rio Guayas bis zu seiner Einmündung in den Orinoco. Nach einer Zeichnung von Humboldt.

*»Diese Peitschen aus Seekuhhaut sind ein schreckliches Werkzeug zur Züchtigung
der unglücklichen Sklaven, ja der Indianer in den Missionen«*

Mönche und Indios, Kolonisten und Sklaven

F. Gérard schuf dieses Frontispiz für Humboldts großes Reisewerk. Die Idee der Allegorie dürfte auf Humboldt zurückgehen. Minerva und Merkur, Handel und Industrie, trösten vor dem Hintergrund des von Humboldt heißgeliebten Chimborazo das gestürzte »Amerika«. Das Bild ist unterschrieben mit »humanitas, litterae et fruges«. Hier zitiert Humboldt Plinius d. J.

Humboldts ethische und moralische Überzeugungen ruhten auf einem hugenottisch-protestantischen Fundament. Dank Georg Forster wie auch seiner Frankreich-Aufenthalte hatte er sich zudem die Grundsätze der Französischen Revolution, insbesondere die »Déclaration des droits de l'homme et du citoyen«, zu eigen gemacht. In Südamerika geriet der »Citoyen« Humboldt in eine völlig andere, durch erstarrte katholisch-spanische Traditionen geprägte Welt, in der riesige Regionen von Mönchen nach – gelinde gesagt – konservativen Gesichtspunkten verwaltet wurden. Indios führten in den Missionen ein unterdrücktes und eintöniges, schwarze Sklaven ein meist jämmerliches Dasein, was den jungen Humboldt zutiefst erschreckte. Sollte seine Forschungsreise jedoch erfolgreich sein, mußte er sich mit den Gegebenheiten abfinden und deren Vorteile zunutze machen. Immerhin gelangte er dank seiner scharfen Beobachtungsgabe bald zu einem differenzierteren Urteil, indem er zwischen dem bedenklichen politisch-religiösen System einerseits und dem dann doch oft sympathischen einzelnen Menschen andererseits unterschied: »Die Mönchszucht innerhalb der Klostermauern entzieht zwar dem Staate nützliche Bürger, indessen mag sie immerhin hie und da Leidenschaften zur Ruhe bringen, große Schmerzen lindern, der geistigen Vertiefung förderlich sein; aber in die Wildnisse der Neuen Welt verpflanzt, auf alle Beziehungen der bürgerlichen Gesellschaft angewendet, muß sie um so verderblicher wirken, je länger sie andauert. Sie hält von Generation zu Generation die geistige Entwicklung nieder, sie hemmt den Verkehr unter den Völkern, sie weist alles ab, was die Seele erhebt und den Vorstellungskreis erweitert. Aus allen diesen Ursachen zusammen verharren die Indianer in den Missionen in einem Zustand der Unkultur …«[1]

Wollte man damals in Südamerika reisen, hieß es sich mit den Mönchen gutstellen. Überrascht mußte Humboldt erkennen, daß von weltlichen spanischen Instanzen ausgestellte Papiere in den Missionsgebieten nahezu wertlos waren. Für einen Nichtkatholiken ziemlich verblüffend war auch die immerwährende Zwietracht der frommen Männer untereinander: »… man muß sich mit Empfehlungen geistlicher Behörden versehen; am wirksamsten sind die Gardians der Klöster und die in Rom residierenden Ordensgenerale, vor denen die Missionare weit mehr Respekt haben als vor den Bischöfen. Die Missionen bilden, ich sage nicht nach ihren ursprünglichen kanonischen Satzungen, aber in der Wirklichkeit eine so ziemlich unabhängige Hierarchie für sich, die in ihren Ansichten selten mit der Weltgeistlichkeit übereinstimmt.«[2]

Die Mönche – Franziskaner, Kapuziner, Dominikaner und Augustiner, die Jesuiten waren kurz vorher vertrieben worden – verwalteten nicht ohne Nutzen für ihre Orden gewaltige Gebiete, die sie nach außen konsequent abschotteten, »denn Hemmung

Diese karikaturhafte Darstellung von Mönchen in Cuzco in ihrer charakteristischen Tracht entstammt der Biographie Humboldts von Hermann Klencke (1876). Zwar stand Humboldt dem spanischen Mönchswesen kritisch gegenüber, freundete sich auf seiner großen Reise aber mit vielen Franziskanern an.

des Verkehrs und Isolierung sind das Hauptziel in der Staatskunst der Missionare«[3]. Außenstehenden gegenüber konnten sie sich sehr abweisend verhalten, »um die mönchische Zucht der zudringlichen Neugier Fremder zu entziehen, oft an einer alten Verordnung festhaltend, nach welcher kein Weißer weltlichen Standes sich länger als eine Nacht in einem indianischen Dorfe aufhalten darf«[4]. Dem diplomatischen Humboldt gelang es selbstredend, dieses System aufzuweichen, wie man überhaupt feststellen muß, daß sich sein Bild von den Missionen immer dann aufhellte, wenn er geistig aufgeschlossene Mönche traf. Besaßen diese moderne wissenschaftliche Literatur und lasen sogar darin, wie die Kapuziner des Klosters Caripe, eroberten sie schnell Alexanders Zuneigung. »Wir wurden von den Mönchen … mit der größten Zuvorkommenheit aufgenommen. … Ich wohnte in der Zelle des Gardians, in der sich eine ziemlich ansehnliche Büchersammlung befand. … Der Fortschritt der Aufklärung ist, sollte man da meinen, sogar in den Wäldern Amerikas zu spüren. Der jüngste Kapuziner … hatte eine spanische Übersetzung von Chaptals *Chemie* mitgebracht.«[5] Nach diesem Erlebnis schwang sich Humboldt zu einer positiven Würdigung auf: »… aber so viel ist sicher und gereicht dem Geist des Jahrhunderts zur Ehre, daß wir bei unserem Aufenthalt in den Klöstern und Missionen Amerikas nie eine Spur von Intoleranz wahrgenommen haben.«[6] Die Feststellung ist deshalb so bemerkenswert, weil die vom Madrider Hof ausgestellten Papiere ausdrücklich auf den Protestantismus Humboldts hinweisen. Oft ließ er sich bei sei-

nen Reisen von Mönchen begleiten und freundete sich in aller Regel bald mit ihnen an. Nur Padres, die sich im Urwald langatmigen religiös-mystischen Betrachtungen hingaben und diese auch noch laut kundtaten, gingen Humboldt auf die Nerven. »Wenn man in der Regenzeit sich durch Wälder durchgearbeitet hat, ist man zu Spekulationen dieser Art wenig aufgelegt.«[7] In seinen, von ihm selbst nicht zum Druck bestimmten Tagebüchern schrieb Humboldt offener und kritischer. Besonders drollig äußerte er sich auf seiner Reise von Quito nach Lima über die Sittenlosigkeit der Weltgeistlichen: »Nichts ist in diesem Land so alltäglich, wie verhei-

»Costumbres de Bahia«. Den Weltgeistlichen in den spanischen Kolonien Südamerikas sagte man – Humboldt bestätigt dies – ein erotisch-zügelloses Herrenleben nach, wie es auch diese 1835 entstandene Lithographie nach einer Zeichnung von J. M. Rugendas, einem von Humboldt besonders geschätzten und geförderten Maler, andeutet. Ibero-Amerikanisches Institut, Berlin.

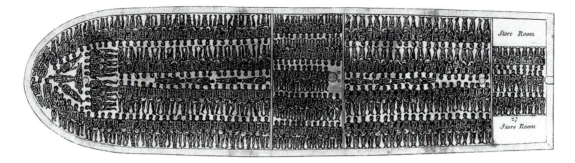 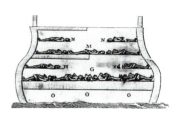

ratete katholische Pfarrer. Sein Vorgänger hatte seine Stelle verloren, weil er aus Meßgewändern Unterröcke für seine Freundin hatte machen lassen; dieser stellte uns unbefangen einen seiner Söhne vor.«[8] Und in Klammern setzte Humboldt hinzu: »Dies nicht zum Druck.«

Man kann nicht sagen, daß Alexander für die spanischen Kolonisten besonders viel übrig gehabt hätte: »Es gibt keine Nichtstuer außer den Weißen.«[9] Gerade die Konquistadoren, die »ersten Abenteurer (rohes Gesindel) ... hinderten ... die Selbsttätigkeit der Indianer und teilten von ihrer eigenen, ohnedies so geringen europäischen Kultur nichts, gar nichts mit – weder Drehscheibe noch Pflug noch Töpferofen führten sie ein.«[10] Besonders erregte ihn deren altspanisches Pochen auf echte oder vermeintliche aristokratische Würden: »Die Einwohner von Riobamba haben den Ruf, außerordentlich adlig zu sein, und dieser aristokratische Familienhaß bringt ihnen mehr Schaden als alles vulkanische Feuer.«[11] Selbst wenn heruntergekommene spanische Kolonisten in äußerster Armut leben mußten, waren sie von ihrem maßlosen Dünkel gegenüber den Indios nicht geheilt: »Welch seltsamen Eindruck machte es, in dieser weiten Einöde bei einem Mann, der von europäischer Abkunft zu sein glaubt und kein anderes Obdach kennt als den Schatten eines Baumes, alle eitle Anmaßung, alle ererbten Vorurteile, alle Verkehrtheiten einer alten Zivilisation anzutreffen.«[12]

Dank seiner humanistischen Bildung irritierte ihn die in den amerikanischen Kolonien Spaniens herrschende Stagnation des kulturellen Lebens. Er erinnerte an den blühenden geistigen Austausch zwi-

Nicht wenige Kapitäne und Sklavenhändler frönten ihren sadistischen Neigungen. Die Auspeitschung weiblicher Sklaven an Deck eines Sklavenschiffes, dargestellt von S. W. Fore, 1792, galt als interessantes Schauspiel.

Die Kapitäne der Schiffe, die schwarze Sklaven von Afrika in die Neue Welt transportierten, sahen in diesen nur eine leichtverderbliche Ware. Um den Gewinn zu maximieren, legte man die Gefangenen dicht an dicht auf Deck, wo sie während der ganzen Überfahrt in ihrem eigenen Dreck ausharren mußten.

schen dem klassischen Griechenland und seinen Kolonien. »Heutzutage dagegen haben die Kolonien weder eine eigene Geschichte noch eine nationale Literatur.«[13] Nicht ohne Bitterkeit formuliert er ein wenig überspitzt: »Die Geschichte der modernen Kolonien hat nur zwei denkwürdige Ereignisse aufzuweisen, ihre Gründung und ihre Trennung vom Mutterlande. … aber statt Bilder des friedlichen Fortschritts, des Gewerbefleißes und der Entwicklung der Gesetzgebung in den Kolonien vorzuführen, erzählt diese Geschichte nur von verübtem Unrecht und von Gewalttaten.«[14] Die Zeitläufte hatten die Beziehungen zur alten Heimat gefährlich ausgedünnt, »drei Jahrhunderte haben hingereicht, die Bande des Blutes aufzulösen«[15]. Humboldt sah viele Ursachen, »aufgrund deren in den modernen Kolonien die nationalen Erinnerungen sich verlieren, ohne daß andere, auf das nunmehr bewohnte Land sich beziehende würdig an ihre Stelle träten. Dieser Umstand … übt einen bedeutenden Einfluß aus auf die ganze Lage der Ansiedler. In der stürmevollen Zeit einer politischen Erneuerung sehen sie sich auf sich selbst gestellt, und es ergeht ihnen wie einem Volke, das es verschmähte, seine Geschichtsbücher zu befragen und aus den Unglücken vergangener Jahrhunderte Lehren der Weisheit zu schöpfen.«[16] Zwar hatte Humboldt bis dahin nur kurze Zeit in Paris gelebt, aber durch die Gedankengänge Georg Forsters geschult, verstand er auch versteckte politische Anspielungen: Wir »bekamen … Klagen zu hören über den gegenwärtigen Zustand, … leidenschaftliche, ungeduldige Wünsche für eine bessere Zukunft. Diese Stimmung mußte einem Reisenden auffallen, der unmittelbarer Zeuge der großen politischen Erschütterungen in Europa gewesen war.«[17]

Schonungslos geißelt Humboldt die verlogenen pseudo-religiösen Triebkräfte der Missionierung der Indios durch die Spanier: »Durch den Schein gewaltigen Religionseifers meinte man diese unersättliche Habsucht in eine höhere Sphäre zu heben.«[18] Daß die Missionierung mit der brutalen Versklavung der Indios einherging, fand er besonders abscheulich: »Der Sklavenhandel mit den kupferfarbigen Eingeborenen führte zu denselben Unmenschlichkeiten wie der Negerhandel; er hatte auch dieselben Folgen, Sieger und Unterworfene verwilderten dadurch.«[19] Die eigentliche Ursache für das Unglück der Indios sah Humboldt darin, daß man sie ihrer historischen und religiösen Identität beraubte: »… durch die Einführung des Christentums … sind die geschichtlichen und religiösen Überlieferungen allmählich untergegangen. Andererseits sieht der Ansiedler von europäischer Abkunft verächtlich auf alles herab, was sich auf die unterworfenen Völker bezieht.«[20]

Der Unterschied zwischen freien Indios – also solchen, die es teils durch Glück, teils durch kriegerisches Gebaren geschafft hatten, sich die Mönche vom Halse zu halten – und jenen, die gezwungen waren, in den Missionen zu leben, fiel Humboldt besonders ins Auge. »Ich war gerade auf einer Insel des Chinchipe …, als die freien Indios kamen. … Dies sind die fröhlichsten freien Indios, die ich jemals gesehen habe. Sie haben lebhafte Gesichtszüge, die die sehr große Lebhaftigkeit ihres Charakters anzeigen…«[21] Die in den Missionen lebenden schienen ihm dagegen abgestumpft: »Welcher Unterschied zwischen dem freien Indio und dem der Missionen, der Sklave der priesterlichen Ansichten und Unterdrückung ist! Welche Lebhaftigkeit, welche Wißbegierde, welches Gedächtnis, welch leidenschaftlicher Drang, die spanische Sprache lernen zu wollen und sich in ihrer eigenen verständlich zu machen!«[22] Allerdings befremdete Humboldt

Die hohe Sterblichkeit der schwarzen Sklaven während der Überfahrt erforderte äußerst schnelle Segelschiffe, die leicht an ihren schlanken Rümpfen und überhohen Takelagen zu erkennen waren.

81

Humboldt sollte die volle Abschaffung der Sklaverei nicht mehr erleben. Um das Entlaufen während des Transportes zu Lande zu verhindern, bediente man sich ebenso sicherer wie brutaler Methoden.

Um auf Sklavenmärkten die Flucht der Gefangenen zu vereiteln, hielt man sie im »Stock« – eine besonders sichere Methode der »Verwahrung«.

gerade bei diesen freien Indios die erstaunliche Begabung zum Nichtstun: »Die gleichen Leute, bei denen wir einen so großen geistigen Adel, so viele intellektuelle Fähigkeiten sehen, sind die gleichgültigsten und faulsten, was die Arbeit anbetrifft. Sie liegen Tag und Nacht herum, wenn die Jagd oder der Feind sie nicht zum Aufbruch zwingen. ... Und dieselben Leute, die eines so großen Kraftaufwands fähig sind, bleiben zwei bis drei Monate in der Hängematte liegen, wobei sie Bananen ..., welche sie am Feuer rösten, mit den Zehen umwenden und sie auf die gleiche Weise zum Munde führen, um nicht die Hände gebrauchen und sich aus der Hängematte erheben zu müssen.«[23] Humboldt bekümmerte angesichts solch maskuliner Faulheit zutiefst, »daß das andere Geschlecht in Südamerika durch Ungerechtigkeit und Mißbrauch der Gewalt von seiten der Männer so tief herabgewürdigt und zu Sklavendiensten verurteilt ist«[24]. Diese für das beginnende 19. Jahrhundert keineswegs selbstverständliche Feststellung wurde immerhin von einem männlichen Beobachter niedergeschrieben! Nicht alle Indianerstämme machten einen günstigen Eindruck. Viele fand er trübselig, schweigsam und teilnahmslos. Und selbst ein Humboldt war nicht frei von typisch europäischen Vorurteilen. Es gefiel ihm gar nicht, wenn sich die Indios, »den Leib mit Erde und Fett beschmiert, um ihr Feuer hocken oder auf großen Schildkrötenpanzern sitzen und stundenlang mit dummen Gesichtern auf das Getränk glotzen, das sie bereiten«[25]. Trotzdem sah er, daß sie von den Mönchen schamlos ausgenutzt wurden: »Die Produkte vom Orinoco werden den Indianern, die unter der Herrschaft der Mönche leben, zu niedrigstem Preise abgekauft, und dieselben Indianer kaufen dann von den Mönchen, aber zu sehr hohen Preisen ...«[26]

Die militärische, dabei plumpe Strategie zur Eroberung der Seelen – »*conquista de almas*« – erfüllte Humboldt mit Abscheu: »Die Soldaten, durch die ausgesetzten Geldbelohnungen angefeuert, machten mit bewaffneter Hand Einfälle oder *Entradas* auf das Gebiet unabhängiger Indianer. Man brachte um, was Widerstand zu leisten wagte ...«[27] Wie immer pflegte er historische Studien und fand in den 1757 von einem Jesuitenpater publizierten »*Cartas edificantes de la Compagna de Jesus*«, daß die Ordensoberen diese offiziell von der Regierung verbotenen Methoden höchlichst priesen: »›Die Stimme des Evangeliums‹, sagt ein Jesuit vom Orinoco in den *erbaulichen Briefen* äußerst naiv, ›wird nur da vernommen, wo die Indianer Pulver haben knallen hören (*el eco de la pólvora*). Sanftmut ist ein gar langsames Mittel.‹«[28]

Während all der Jahre in Amerika beschäftigte sich Humboldt mit dem Problem der Sklaverei. Schon bald nach der Landung hielt er fest: »... so mußten wir ... etwas mitansehen, was uns empörte. ... Hier wurden die Schwarzen verkauft, die von der afrikanischen Küste herübergebracht werden. Unter allen europäischen Regierungen war die von Dänemark die erste, und lange die einzige, die den Sklavenhandel abgeschafft hat, und dennoch waren die ersten Sklaven, die wir ausgestellt sahen, auf einem dänischen Sklavenschiff gekommen. Der gemeine Eigennutz, der mit den Pflichten der Menschlichkeit, Nationalehre und den Gesetzen des Vaterlandes im Streite liegt, läßt sich durch nichts in seinen Spekulationen stören.«[29] Als besonders abstoßend und entwürdigend empfand er das Verkaufsritual: »Die zum Verkauf ausgesetzten Sklaven waren junge Leute von fünfzehn bis zwanzig Jahren. Man gab ihnen jeden Morgen Kokosöl, um sich den Körper damit einzureiben und die Haut glänzend schwarz zu machen. Jeden Augenblick erschienen Käufer und schätzten nach der Beschaffenheit der Zähne Alter und Gesundheit der Sklaven; sie rissen ihnen den Mund gewaltsam auf, ganz wie es auf dem Pferdemarkt geschieht. ... Man stöhnt auf bei dem Gedanken, daß es noch heutigen Tages auf den Antillen europäische Kolonisten gibt, die ihre Sklaven mit dem Glüheisen zeichnen, um sie wieder zu erkennen, wenn sie entlaufen.«[30] Typisch für Humboldt ist sein Bestreben, das Phänomen des Sklavenhandels historisch und auch statistisch zu erfassen. Er fand als älteste ihm zugängliche Quelle eine 1542 von dem Mailänder Girolamo Benzoni aufgezeichnete Sklavenjagd in den afrikanischen Küstenländern. Wie immer studierte Humboldt die Probleme seiner eigenen Zeit vor einem minutiös rekonstruierten historischen Hintergrund.

Geschult an seinen literarischen Vorbildern Bernardin de Saint-Pierre und Chateaubriand, beschrieb Humboldt in eindringlicher, empfindsamer Sprache das Leben der Sklaven und ihre für Weiße unverständliche Gabe, in fröhlichen Festen das düstere Schicksal zu vergessen: »Als wir flußabwärts an die Pflanzungen ... kamen, sahen wir Freudenfeuer, die Neger angezündet hatten. Leichter, gekräuselter Rauch stieg zu den Gipfeln der Palmen auf und gab der Mondscheibe einen rötlichen Schein. Es war Sonntag Nacht und die Sklaven tanzten zur rauschenden, eintönigen Musik einer

Im ausgehenden 18. Jahrhundert liebte man es, die eher seltenen und halbherzigen menschenfreundlichen Taten der weißen Rasse in allegorischen Darstellungen zu verherrlichen. Frontispiz von »La Cause des Esclaves nègres ... Portée au Tribunal de la Justice, de la Religion, de la Politique«, Lyon 1789, dem Hauptwerk des französischen Abolitionisten Frossard. Man beachte das dankbare Aufblicken der Befreiten.

Gitarre. Im Charakter der afrikanischen Völker von schwarzer Rasse ist ein unerschöpflicher Grund von Bewegung und Frohsinn. Nachdem er die Woche über hart gearbeitet, tanzt und musiziert der Sklave am Feiertage dennoch lieber, als daß er ausschläft. Hüten wir uns, über diese Sorglosigkeit, diesen Leichtsinn hart zu urteilen; wird ja dadurch ein Leben voll Entbehrung und Schmerz versüßt.«[31] Die hier beobachtete physikalische Erkenntnis, daß Rauch das bläuliche Mondlicht rot erscheinen läßt, verdankte Humboldt der Farbenlehre Goethes.

»Die Natur ist eine unerschöpfliche Quelle der Forschung«

Lohn der Ausdauer: eine reiche Ernte

Zur Bestimmung der »Höhe« eines Gestirns über dem Horizont verwendet man ein Winkelmeßinstrument – zur See meist einen Sextanten, zu Lande einen Theodoliten.

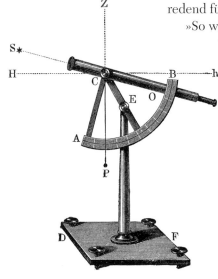

»Infolge einer falschen Zeitungsnachricht haben Bonpland und ich über achthundert Meilen in einem Lande zurückgelegt, das wir gar nicht hatten bereisen wollen.«[1] Lange Zeit gab Humboldt die Hoffnung nicht auf, sich doch noch Baudin anschließen zu können, was nie glückte, aber zu einer eher seltsamen Reiseroute führte. Gleichwohl hatte er das unerwartete Anerbieten der spanischen Regierung genutzt, nicht ahnend, daß bald nach seinem Aufenthalt in Südamerika ein Bürgerkrieg ausbrechen sollte, der Forschungen in seiner Nachfolge zunächst vereitelte. Ihm jedoch war es vergönnt, spanische Kolonien zu durchreisen, »die seit Jahrhunderten den meisten Völkern Europas, ja ich möchte sagen, selbst Spaniern unbekannt geblieben waren«[2]. Dennoch, warum wurde gerade diese zufällig zustande gekommene Reise der große wissenschaftliche Erfolg schlechthin? Die Antwort fällt nicht schwer: Die Grundidee der Forschungen Humboldts war so global, daß die dazugehörigen Arbeiten in jedem tropischen Erdteil mit genügend weiten Ebenen und hohen Gebirgsketten hätten ausgeführt werden können. Er selbst formulierte seine Zielsetzung so: »... ich wollte Tatsachen zur Erweiterung einer Wissenschaft sammeln, die noch kaum skizziert ist und ziemlich unbestimmt bald *Physik der Welt*, bald *Theorie der Erde*, bald *Physikalische Geographie* genannt wird.«[3] Wie immer man diese Begriffe im einzelnen definieren mag, die »Theorie der Erde« ist naturgemäß nicht auf einen bestimmten Erdteil fixiert, wiewohl sie selbstredend für jeden Kontinent Gültigkeit haben muß.

»So wie sich in jedem Wesen, für sich betrachtet, ein gewisser eigentümlicher Typus erkennen läßt, so wird ein solcher auch in der Lagerung des Gesteines, in der Verteilung und in den wechselseitigen Beziehungen zwischen Pflanzen und Tieren bemerkbar. Die Form dieser Typen, die Gesetze dieser Beziehungen und die ewigen Bande zu bestimmen, durch welche die Erscheinungen des Lebens mit den Phänomenen der unbelebten Natur verknüpft sind: das ist das zentrale Problem für eine Physik der Erde.«[4] Infolgedessen gilt es zunächst einmal, für jeden »Typus«, für jedes Phänomen den Ort seiner Erscheinung festzuhalten. Grundlage ist eine möglichst genaue Kartierung der bereisten Regionen. Da die riesigen Flächen eine klassische Landvermessung durch Triangulation mit dem Theodoliten unmöglich machten, »navigierte« Humboldt wie ein Seemann zu Lande, das heißt, er übertrug die Technik der nautischen Navigation auf die Reisebedingungen einer mit Kanus und Maultieren dahinziehenden Karawane. Wie auf einem Schiff galt es, den geographischen Ort mit Chronometer und Sextanten nach Länge und Breite zu ermitteln. Am schwierigsten war die Bestimmung der geographischen Länge. In der Theorie ist dies einfach. Man stellt zu Beginn der Reise eine genau gehende Uhr, das Chronometer, auf die Ortszeit eines definierten Meridians. Für Humboldt war dies entsprechend der damaligen französischen Weltkartierung der Meridian »Null«, der Paris durchschnitt. Am Zielort mißt man möglichst genau den mittäglichen Sonnenhöchststand, oder anders ausgedrückt, man bestimmt die Ortszeit. Aus der Differenz Chronometer- und Ortszeit läßt sich relativ leicht die geographische Länge berechnen. So einfach dies klingt, so schwierig ist es auszuführen. Heute kann man die Chronometerzeit an jedem Punkt der Erde mühelos über Funk erfahren, damals mußte man sie entweder durch das oder die Chronometer – es empfahl sich, stets mehrere mitzuführen – gewissermaßen transportieren oder mit Hilfe von Himmelserscheinungen unterwegs neu bestimmen. Als Chronometer diente Humboldt ein Meisterwerk der Firma Louis Berthoud in Paris mit höchster Ganggenauigkeit. Drastische Temperaturstürze und mechanische Erschütterungen, die bei tagelangen Ritten auf Maultieren unvermeidlich waren, minderten allerdings die Präzision der Uhr. So war Humboldt auf zusätzliche astronomische Bestimmungen angewiesen. Er beobachtete mit höchstem apparativem Aufwand. Meßfehler minimierte er durch Vergleich von Daten, die er bei identischen Messungen mit verschiedenen Instrumenten erhalten hatte. Grundprinzip waren die sorgfältigste Auswahl der Gerätschaften und die konsequente Anwendung der mathematischen Fehlerrechnung. »Da ich zu verschiedenen Zeiten mit Instrumenten verschiedener Bauart arbeitete,

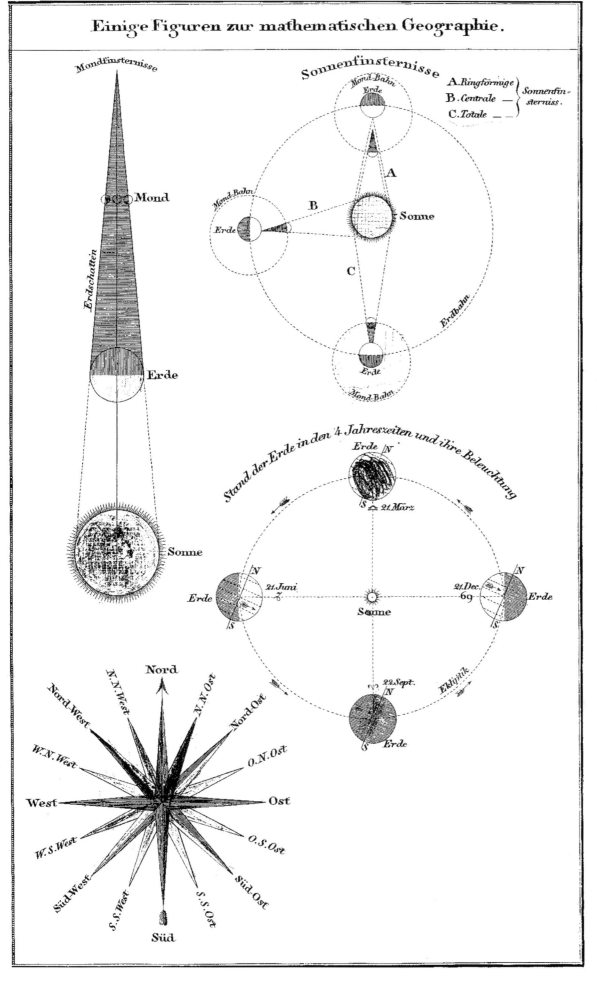

Sonnen- und Mondfinsternisse, bei denen entweder der Mond die Sonnenscheibe verdeckt oder aber die Erde zwischen Sonne und Mond tritt, dienten Humboldt zur Zeitkorrektur.

Die Mondphasen hängen von der jeweiligen Stellung des Mondes gegenüber Erde und Sonne ab.

Schiebt sich der Mond zwischen Sonne und Erde, kommt es zur Sonnenfinsternis, die sich als seltenes und vorausberechenbares astronomisches Ereignis zur Zeitkorrektur verwenden läßt.

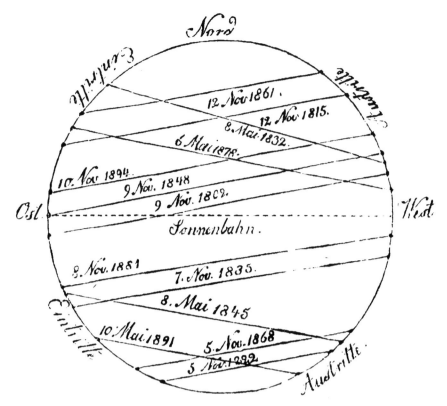

Humboldt verwendete viel Zeit und Scharfsinn auf die Beobachtung von Planetendurchgängen, mit deren Hilfe er die »wahre« Zeit bestimmte. Da die Sonnenscheibe ziemlich groß, der Merkur aber recht klein ist, durchschneidet die Merkurbahn die Sonnenscheibe in unterschiedlichen Höhen und durchläuft sie in unterschiedlichen Zeiten, was bei der Zeitkorrektur die Berechnung kompliziert.

wählte ich am Ende diejenigen, die mir als die genauesten und zudem beim Transport stabilsten erschienen; ich fand Gelegenheit, Messungen, die nach den strengsten Methoden vorgenommen wurden, zu wiederholen, und lernte so selbständig die Grenzen der Irrtümer kennen, auf die ich gefaßt sein mußte.«[5]

Humboldt bestimmte die Ortszeit durch »Meridiandurchgänge der Sonne und der Sterne«. Die Chronometerzeit wurde durch »Trabantenbedeckungen; Sonnen- und Mondfinsternisse; Durchgänge des Merkurs durch die Sonnenscheibe; Azimutalpeilungen; Circummeridianhöhen des Mondes, um die Länge durch die Verschiedenheit der Deklinationen zu finden«[6], gemessen. Einige dieser Methoden seien kurz erläutert. 1610 hatte Galileo Galilei die vier Monde des Jupiter entdeckt. Oft sind sie nicht alle gleichzeitig sichtbar, weil der Planet einen seiner »Trabanten« bedeckt, der sich also auf seiner Rückseite befindet. Durch ihre unterschiedlichen Umlauf- und die »Bedeckungszeiten« stellen die Monde des Jupiter eine am Himmel ewig ablaufende Uhr dar, die sich mit einem guten Fernrohr und astronomischen Tabellen ablesen läßt. Für Sonnen- und Mondfinsternisse errechnen Astronomen im vorhinein Tabellen, die aussagen, von welchem Ort der Erdkugel, wann, wie lange und in welcher Himmelsposition diese recht seltenen Erscheinungen zu sehen sind. Daher eignen sie sich gut zur Zeitkorrektur. Azimut ist der Winkel, den der Höhenkreis eines Gestirns mit dem Meridian bildet und der durch ein Winkelmeßinstrument, etwa einen Sextanten, bestimmt werden kann. Es hört sich merkwürdig an, wenn man sagt, eine Expedition richte sich nach dem Mond; tatsächlich aber ist er durch seine stetigen täglichen Umläufe mit wechselnder Bahn und seine ziemlich schnelle Bewegung über den nächtlichen Himmel unter Zuhilfenahme astronomischer Tabellenwerke zur Zeitkorrektur sehr geeignet. Unter Deklination versteht man den Winkelabstand eines Gestirns zum Himmelsäquator. Diese Erscheinungen sowie die Mittagshöhe der Sonne maß Humboldt mit einem zwölfzölligen Quadranten mit Nonius und Mikrometerschraube von Bird in London mit einer Genauigkeit von zwei Bogensekunden. Die 12 Zoll beziehen sich auf den Radius des dem Instrument zugrundeliegenden Kreises, von dem der Oktant einen Ausschnitt von 45 Grad darstellt. Für kleinere Kontrollmessungen und Höhenbestimmungen der Berge vom Pferde- oder Maultierrücken benutzte Humboldt einen »Sextant à tabatière«, einen »Tabaksdosen-Sextanten«, von Troughton in London, »dessen Gebrauch übrigens den Reisenden sehr zu empfehlen ist«[7]. Er hatte einen Radius von nur zwei Zoll und einen »künstlichen« Horizont, eine Flüssigkeitswaage, mit der man das Instrument genau in die Waagerechte bringen konnte. Gebraucht wurde er meist zur Kartierung von Flußbiegungen.[8] Der Oktant wie die weiteren großen Sextanten – mit einem Kreissegment von 60° – benötigten zur Bestimmung der Waagerechten einen echten Horizont, der angepeilt werden mußte. In baumbestandenen tropischen Flußlandschaften oder von Myriaden von

Die vier Monde des Jupiter stellen mit ihren verschiedenen Positionen bei genauer Beobachtung und Vergleich mit vorausberechneten Tabellen eine am Himmel ewig exakt gehende Uhr und einen leicht ablesbaren Kalender dar.

86

Typische, stets variierende Schleifenbahn des Planeten Venus am nächtlichen Himmelsgewölbe.

Moskitos verschleiert, war dieser nicht immer sichtbar. All die Messungen gelangen nur bei klarem Wetter: »Leider war der bedeckte Himmel in einem Tal, wo die Wälder ungeheure Wassermassen an die Luft abgeben, astronomischen Beobachtungen nicht günstig. Ich blieb nachts oft lange auf, um den Augenblick zu nutzen, wo sich ein Stern vor seinem Durchgang durch den Meridian zwischen den Wolken zeigen würde. Oft zitterte ich vor Kälte, obgleich das Thermometer nie unter 16 Grad fiel.«[9] Leider durchläuft ein Lichtstrahl, bedingt durch die verschiedenen Temperaturen der Luftschichten über der Erde, keine gerade Linie, sondern eine astronomische Messungen erschwerende Kurve. Die in den Tropen besonders großen Temperaturunterschiede der übereinandergelagerten Luftschichten unterschiedlicher Dichte bedingen eine Refraktion, eine Brechung des Lichtstrahls. So unternahm Humboldt Untersuchungen »über die astronomischen Refraktionen in der heißen Zone, als Folge der Abnahme des Wärmestoffes in den Luftschichten«[10]. Eine genaue geographische Ortsbestimmung charakterisierte den Höhepunkt der Reise an den Orinoco, »der darin bestand, den Punkt, wo sich der Orinoco mit dem Rio Negro und dem Amazonas verbindet, durch astronomische Beobachtungen festzustellen«[11].

Um eine genaue Karte zur Beschreibung geologischer Fundstellen zeichnen und Höhenregionen des Pflanzenwachstums definieren zu können, benötigt man die jeweilige Höhe eines bestimmten Ortes über dem Meeresspiegel. Sie bestimmte Humboldt mit der barometrischen Höhenformel aus dem nach oben abnehmenden Luftdruck. In vielen Erdregionen erschweren meteorologische Erscheinungen wie Hoch- und Tiefdruckgebiete diese Messungen. In Südamerika sind barometrische Höhenmessungen dagegen sehr leicht auszuführen. Fast nichts stört »den regelmäßigen Gang des Barometers in seiner stündlichen Schwankung«[12]. Die wiederum sind abhängig von der Tageserwärmung und lassen sich rechnerisch eliminieren. So entstanden »barometrische Höhenbestimmungen der Andenkette, der Kordilleren von Mexico, der Provinz Venezuela, des Königreiches Quito und von Neu-Granada, gefolgt von geologischen Bemerkungen und der Angabe von 459 Höhenbestimmungen, die nach Laplace's Formel, und nach Ramonds neuem Koeffizienten berechnet worden sind«[13]. Sie bildeten die Grundlage von »Karten vom Orinoco, vom Casiquiare, vom Magdalenenflusse«[14], und so »können wir für jede Pflanzengruppe und jedes vulkanische Gestein die Höhe angeben, wo sie über dem Spiegel des Meeres zu finden sind«[15]. In seiner Lehrzeit unter Tage hatte Humboldt gelernt, bergmännisches Zeichnen auf die Querschnittdarstellung von Landschaften und ganzen Kontinenten zu übertragen. Dies, kombiniert mit genauen Standortbetrachtungen, wird später in Gestalt der Pflanzengeographie einen guten Teil seines großen Ruhms ausmachen.

Technisch waren barometrische Bestimmungen leicht durchzuführen. Man ließ die mit Quecksilber gefüllte lange Glasröhre von einem Indio zum Meßort tragen, öffnete die Luftseite des Barometers und maß die Verschiebung der Quecksilbersäule. Doch das Instrument war extrem empfindlich. Leicht zerbrach beim Transport das Glasrohr, und das Quecksilber lief aus, oder die feuchte Luft ließ das Holzgestell aufquellen, und der so entstehende Druck zerquetschte das Glas. Humboldt schrieb später, so preiswert Barometer in der Anschaffung wären, so teuer sei der Unterhalt im Gelände. Der Trägerlohn habe schließlich ein Mehrfaches der Gestehungskosten ausgemacht. In kleineren Regionen erhöhte er den geodätischen Aufwand: »Ebenso sind auch die topographischen

Durch die unterschiedliche Lichtbrechung in Luftschichten verschiedener Temperatur durchläuft ein Lichtstrahl keine Gerade, sondern eine Kurve, was geodätische und astronomische Beobachtungen erschwert, und zwar um so mehr, je größer die Temperaturunterschiede zwischen den Luftschichten sind. Diesem Problem widmete Humboldt eine eigene Abhandlung.

Als Humboldt 1804 durch Mexiko reiste, war der Vulkan Jorullo nicht einmal ein halbes Jahrhundert alt und noch tätig. Er hatte sich in einer einzigen Nacht im September 1759 gebildet. Diese auf einer Skizze Humboldts basierende Darstellung vereint eine bizarre Landschaft mit geologischer Genauigkeit, wie Gmelins Zeichnung der Lavaschichten im Vordergrund belegt.

»Basaltfelsen und Kaskade von Regla« von W. F. Gmelin nach einer Skizze Humboldts. Der Kampf zwischen Plutonismus und Neptunismus ließ Basaltformationen für Humboldt besonders wichtig werden.

Aufrisse und die geologischen Profile dieser Berge zum Teil auf Messungen vertikaler Basen und auf Höhenwinkel gegründet …«[16] Das Ausmessen und Ausstecken der Basislinien in größten Höhen zur Vermessung von Vulkanen gehörten zu Humboldts herausragenden sportlichen Leistungen. War der Transport des kostbaren Barometers zu gefährlich, bestimmte er die Höhe eines erklommenen Bergmassivs durch die Siedepunkterniedrigung von kochendem Wasser.

Humboldts Aktivitäten waren damit noch lange nicht erschöpft: »Gleichzeitig untersuchten wir die Inklination der Magnetnadel und die Intensität der magnetischen Kräfte.«[17] Im Detail bedeutet dies, daß er die Richtung des Erdmagnetfeldes in der Horizontalen mit einem Inklinationskompaß und in der Vertikalen mit einem Deklinatorium sowie die jeweilige Stärke dieses Magnetfeldes durch die Schwingungszeiten einer definierten Magnetnadel bestimmte. Aufzeichnungen einer typischen Messung lesen sich so: »Die Neigung der Magnetnadel fand ich gleich 42°,60 und die Intensität der magnetischen Kraft gleich 228 Schwingungen in zehn Zeitminuten; die Intensität war demnach um neun Schwingungen oder 1/25 geringer als in El Ferrol.«[18] Auch bei magnetischen Messungen störten zuweilen Insekten: »Während ich, auf dem Gestein sitzend, die Inklination der Magnetnadel beobachtete, sah ich, daß sich eine Menge behaarter Bienen, etwas kleiner als die Honigbiene des nördlichen Europa, auf meine Hände gesetzt hatten.«[19] In späteren Jahren wird Humboldt den Herzog von Sussex erfolgreich darum bitten, daß britische Expeditionen und die Navy diese Studien im Großen vollendeten. Frucht dieser Mühen wird eine berühmte Weltkarte des Erdmagnetismus sein.[20]

Zur Beschreibung des Klimas von Regenwäldern mußten Thermometer und Hygrometer mitgeführt werden. Humboldt verwendete ein Haarhygrometer nach Saussure. Dieser hatte 1783 die Fähigkeit von Haar genutzt, sich je nach dem Wasserdampfgehalt der Luft verschieden auszudehnen, um ein genaues Hygrometer zu konstruieren. Humboldts klimatologische Betrachtungen zeichnen sich durch beachtliche Gediegenheit aus. Damit nicht genug, bestimmte er von Zeit zu Zeit die Stärke der

Als besonders praktisch schätzte Humboldt den kleinen vierzölligen Dosensextanten von E. Troughton in London. Während des Transports war das winzige, aber genaue Instrument im Innern einer Messingdose verborgen und überdies durch ein Lederetui geschützt. Schraubte man den Deckel auf die Rückseite der Dose und zog das kleine Fernrohr heraus – auf unserem Foto noch verborgen –, war der Minisextant gebrauchsfähig. Beide Abbildungen Deutsches Museum, München.

Großer Theodolit von Brander und Höschel in Augsburg. Wie das Gemälde auf Seite 94/95 von Ender belegt, führte Humboldt ein nahezu baugleiches Instrument mit sich.

89

Bonpland benutzte ein kleines, nicht besonders leistungsfähiges, aber transportsicheres Mikroskop, das auf dem Gemälde von Ender auf Seite 94/95 auf dem Tisch steht. Deutsches Museum, München

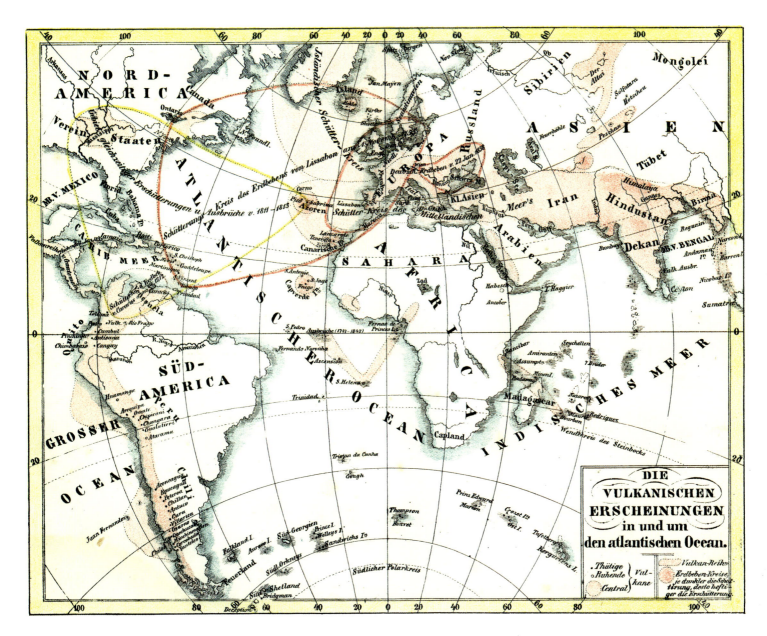

Erdgravitation durch Beobachtung der Schwingungsdauer eines »nichtveränderbaren Pendels«, dessen Länge durch geschickte Konstruktion auch bei großen Temperaturschwankungen gleich blieb, dessen Schwingungsdauer also nur von der Stärke der Gravitation abhängig war.

Über einige der Forschungen Humboldts ist mittlerweile die Zeit hinweggegangen. Dies gilt in hohem Maße für seine Bestimmungen des elektrischen Feldes, nicht zuletzt, weil seine Instrumente noch viel zu roh und völlig ungeeicht waren: »Ich hatte verschiedene Elektrometer bei mir, mit Stroh, mit Korkkügelchen, mit Goldblättchen …«[21] Einige Male beschreibt er elektrometrische Experimente. »Mitten im Nebel machte ich den Versuch mit dem dochtbestückten Voltaschen Elektrometer.«[22] Dabei wird an einer langen Stange ein Metalldraht, dessen oberes Ende eine kleine Ölflamme glühend hält, in eine definierte Höhe gebracht. Der Draht führt zu einem geerdeten Elektrometer am Boden. Mit einem guten, geeichten Instrument hätte man mit dieser Versuchsanordnung tatsächlich messen können, wohingegen Humboldt nur wenig aussagekräftige qualitative

Diese auf Humboldt zurückgehende Karte aus F. G. L. Greßler, »Die Erde …« belegt seine Ansicht, daß der Vulkanismus keine nebensächliche Erscheinung ist, wie Werner und in dessen Gefolge auch Goethe behaupteten, sondern insbesondere die charakteristische Häufung von Vulkanen ganz wesentlich zum Aufbau der Erdrinde beiträgt.

91

Während seiner Seereisen maß Humboldt unentwegt die Wassertemperatur wie auch die Geschwindigkeit der Meeresströmungen und er hielt andere Reisende dazu an, es ebenfalls zu tun. So entstand schließlich die hier gezeigte Karte. Später wurde ihm zu Ehren der »Peruanische Küstenstrom kalten Wassers« in »Humboldt-Strom« umbenannt. Den »Warmen Strom des Atlantischen Ozeans« bezeichnen wir heute kurz als »Golf-Strom«.

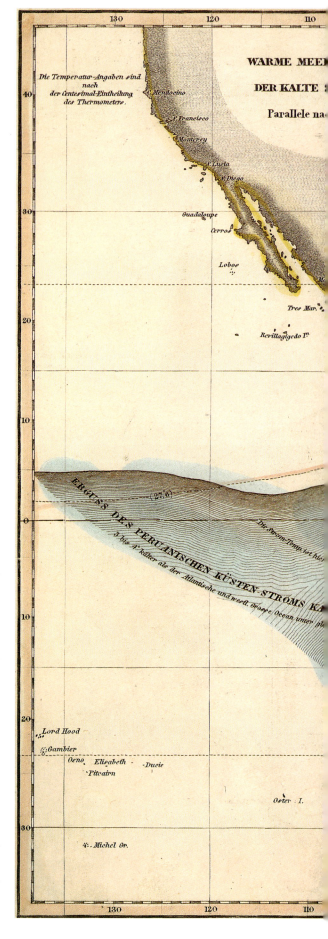

Experimente gelangen. Ähnlich verhielt es sich mit seinen Versuchen zur Chemie der Luft. Er führte ein Eudiometer mit sich, in dem der Sauerstoffanteil der zu untersuchenden Luft durch Umsetzung mit Stickstoffmonoxid und anschließendes Schütteln mit Wasser unter Bildung von Salpetersäure weggefangen wurde. Dieses vom Abbate Felice Fontana erfundene damalige Standard-Instrument der Luftanalyse wurde aber, wie sich wenige Jahre später herausstellte, durch Nebenreaktionen derart gestört, daß die erhaltenen Daten ausnahmslos Meßfehler waren. Humboldt hätte sein Eudiometer besser zu Hause gelassen. Erst durch verfeinerte Messungen, dann allerdings mit Hilfe eines Knallgas-Eudiometers nach Volta, in dem der Luftsauerstoff mit einer definierten Menge Wasserstoff durch elektrische Zündung zur Explosion gebracht wurde, sollte Humboldt zusammen mit Gay-Lussac 1805 den tatsächlichen, nahezu konstanten Sauerstoffgehalt der Luft messen und jenen Wert bestimmen, der noch heute in jedem Anfängerlehrbuch der Chemie nachzulesen ist.

Kleinere Ausflüge, bei denen die Hauptmenge des Gepäcks und ein Teil der Begleiter in einem Lager zurückblieben, wurden so beschrieben: »Zwei Lasttiere reichten auch hin, unsern Mundvorrat, unsere Instrumente und das nötige Papier zum Pflanzentrocknen zu tragen. In der selben Kiste war ein Sextant, ein Inklinationskompaß, ein Apparat zur Ermittlung der magnetischen Deklination, ein Thermometer und ein Saussure'sches Hygrometer. Auf diese Instrumente beschränkten wir uns bei kleineren Ausflügen immer. [Der große Oktant, die großen Fernrohre, der große Theodolit blieben somit zurück.] Mit dem Barometer mußte noch vorsichtiger umgegangen werden als mit dem Chronometer, und ich bemerke hier, daß kein Instrument … mehr Last und Sorge macht. Wir ließen es in den fünf Jahren von einem Führer tragen, der uns zu Fuß begleitete [es durfte also nicht auf ein Maultier oder Pferd geladen werden], aber selbst diese ziemlich kostspielige Vorsicht schützte es nicht immer vor Beschädigung.«[23]

Insbesondere bei Bergbesteigungen wurde noch eine Art Farbskala, ein sogenanntes Cyanometer, mitgeführt, um die Intensität des Himmelsblaus, somit den Durchsichtigkeitsgrad der Luft, zu mes-

Eduard Ender schuf nach Skizzen Humboldts diese einzigartige Darstellung des »Urwaldlaboratoriums am Orinoco«. Versonnen blickt Bonpland auf den erschöpften Humboldt, der seinen fransigen Strohhut und recht leichtsinnig auch seinen Gürtel mit den beiden Chronometern von sich geworfen hat. Neben zahlreichen Pflanzen und Tierbälgen erkennt man (nach H. Nobis) am linken Bildrand einen Sextanten von Troughton, in der Mitte einen Theodoliten, wahrscheinlich nach Borda, davor einen Sextanten von J. Ramsden, rechts davor eine Deklinationsbussole und daneben ein Mikroskop. Unten rechts steht eine Kiste für die Instrumente, die im Kanu oder auf dem Rücken eines Maultieres transportiert werden mußte; daran lehnt eine Hucke, aus der ein Barometer nach Ramsden herausragt. An einem Baumstamm links hängt ein Teleskop von N. S. Caraché mit einer Vorrichtung zum Festschrauben. Bonpland war der ideale Reisebegleiter. Später sollte sich allerdings zeigen, daß sein Fleiß als wissenschaftlicher Schriftsteller hinter den Hoffnungen Humboldts zurückblieb. Dieser verschaffte ihm eine Anstellung als Hofgärtner der Kaiserin Josephine. Nach deren Tod übersiedelte Bonpland 1817 nach Buenos Aires. Bei dieser Reise brachte er europäische Pflanzen nach Brasilien. Der Diktator Francia ließ ihn verhaften. Erst 1831 kam er wieder frei, nachdem Humboldt und König Louis Philippe sich für ihn eingesetzt hatten. Er wirkte als Arzt und trieb noch einige botanische Forschungen. 1858 starb er in ärmlichen Verhältnissen in Restauracion.

94

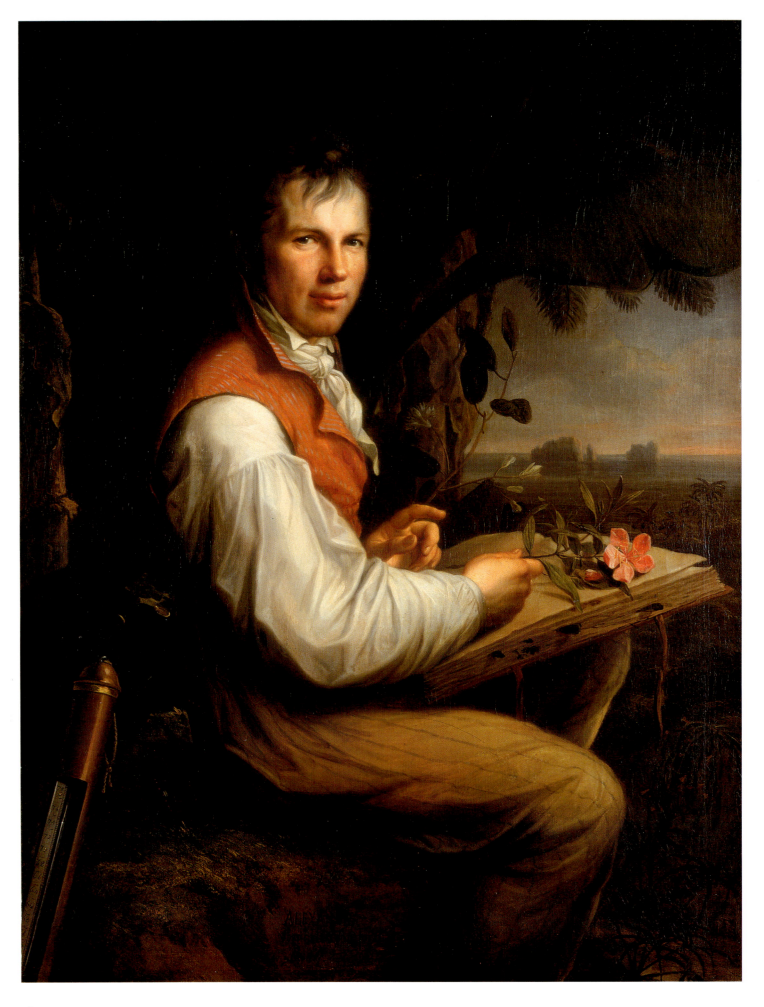

F. G. Weitsch malte 1806 dieses Portrait des herbarisierenden Humboldt unter Bananenstauden in einer idealisierten Urwaldlandschaft mit Blick auf das Meer. Links unten ragt Humboldts wichtigstes Instrument ins Bild, sein großes Reisebarometer, das er nie aus den Augen ließ. Es mußte von einem Begleiter getragen werden, damit es bei Stürzen der Maultiere nicht zerbrach.

sen. Das Forschungsprogramm liest sich sehr eindrucksvoll: »… die Vegetation, die Tiere, die geologischen Verhältnisse, [der] Anbau des Bodens, die Temperatur der Luft, die Schneegrenze, die chemische Beschaffenheit, die Elektrizität und [der] Druck der Luft, die Abnahme der Schwerkraft, die Intensität des Himmelsblaus, die Schwächung der Lichtstrahlen während ihres Durchganges durch die Luftschichten, die horizontalen Refraktionen und [der] Siedepunkt des Wassers in verschiedenen Höhen.«[24]

Unermüdlich legten Humboldt und Bonpland eine riesige geologische Sammlung der charakteristischen Gesteine und Mineralien der durchreisten Regionen an, die bald Gewichtsprobleme und damit einen großen logistischen Aufwand verursachen sollte: »Unsere Reise wurde dadurch verlangsamt, daß wir oft während fünf bis sechs Monaten zwölf, fünfzehn, ja dann und wann über zwanzig Maultiere mitführen mußten, die alle acht bis zehn Tage zu wechseln waren; außerdem mußten wir auf die Indianer aufpassen, die bei einer so ansehnlichen Karawane nötig waren.«[25] Die begrenzte Tragleistung der Maultiere wie auch der schrumpfende Inhalt von Humboldts Börse machten es unmöglich, die Zahl der Indios und der Maultiere unbeschränkt zu erhöhen: »Wenn wir einige neue Mineralsubstanzen mitnehmen wollten, mußten wir oft andere längst gesammelte zurücklassen.«[26] Besonders beeindruckte den sich endgültig zum Plu-

Nach einer Skizze Humboldts fertigte Turpin das Aquarell einer »Rhexia holosericea«, das Bouquet als Vorlage für ein illuminiertes Kupfer in Humboldts »Monographie des Melastomacées« diente. Mit freundl. Genehmigung von Prof. Wolfgang-Hagen Hein, Bad Soden.

»Hibiscus Lambertianus«, farbiger Kupferstich nach einer Skizze von Bonpland und einem Aquarell von P. J. F. Turpin.

ÉCHELLE en MÈTRES	TEMPÉRATURE de l'Air à diverses hauteurs, exprimée en maximum et minimum du Thermomètre centigrade.	COMPOSITION CHIMIQUE de l'Air atmosphérique.	HAUTEUR de la limite inférieure de la Neige perpétuelle sous différentes latitudes.	ÉCHELLE des Animaux selon la hauteur du sol qu'ils habitent.	DEGRÉS de l'eau bouillante à différentes hauteurs. Thermomètre centigrade.	VUES Géologiques	INTENSITÉ de la Lumière dans l'air à diverses hauteurs en prenant pour unité son intensité dans le Vuide.	ÉCHELLE en TOISES.
6500					Eau bouillante à 77°.0 (61°.6 R) Bar. 0".320.		0,9164	3500
6000	Régions trop peu fréquentées pour connaître la Température moyenne, qui cependant y paraît être au dessous de zéro à 34°3 le Thermomètre monte quelquefois à 7°8.			Pas d'Êtres organisés fixés au Sol.				
5500		La quantité d'oxygène atmosphérique paraît la même dans les hautes régions et dans les plaines.	L'air retiré de l'eau de Neige contient 0,287. d'Oxigène.	Le Condor des Andes. Quelques mouches et Sphinx voltigeant dans les airs, peut-être élevés en ces Régions par les courans ascendans.	Eau bouillante à 81°.0 (64°.8 R) Bar. 0".367.		0,9047	3000
5000	de -7°.5 à 18°.7 Température moyenne 3°.7 (3°.R.) Il tombe de la neige jusqu'à 4100.m	Mais la proximité des Volcans peut quelquefois sur les hautes Cimes des Andes, modifier la composition de l'air.	Neige perpét sous l'Equateur à 3°. lat. australe 4800.m (2464.t) Pas de variations à 30°. Neige perpétuelle sous le 20° latit. à 4600.m (2360.t) mais elle y descend en hiver à 3800.m	Des Vigognes des Guanaco, des Alpaca en bandes nombreuses. Quelques Ours. Condor. Faucons Caprimulgus. Plus de poissons dans les lacs.	Eau bouillante à 84°.7 (67°.7 R) Bar. 0".418.		0,8922	2500
4500								
4000	de 0°. à 20° Température moyenne 9° (7°.2 R.) Abondance de grêle, même quelquefois de nuit.		Neige perpétuelle sous les 35° de latitude à 3500.m (1800.t) de hauteur.	Des Lama devenus sauvages à la pente occidentale du Chimborazo. Le petit Ours à front blanc. Grands Cerfs. Le petit Lion. Quelques Colibri. Plus de plex pénétrans.	Eau bouillante à 88° (70°.8 R) Bar. 0".474.		0,8787	2000
3500		La quantité d'hydrogène contenue dans l'air atmosphérique est au maximum de deux millièmes. On ne trouve pas plus d'hydrogène à 7000.m d'élévation qu'au niveau de la mer.	Neige perpétuelle sous le 40° de lat. à 3100.m (1600.t) de hauteur.					
3000	de 1°.2 à 23°.7 Température moyenne 18°.7 (15°.R.) Grêle très abondance Bruine fréquente et peu élevée.			Viverra mapurito. Felis tigrina. Grands Cerfs. Palameda bispinosa. Abondance de Canards et de Plongeays. Beautoup de poux. (Ped. Hum.)	Eau bouillante à 91°.3 (73°.0 R) Bar. 0".536.		0,8640.	1500
2500			Neige perpétuelle sous les 45° de latitude bor. à 2500.m (1282.t) Aux Pyrénées à 2448.t En Suisse à 2700.m sur les Cimes isolées à 2530.m à la cime des Montagnes de passe 3100.m Phénomène peu constant dans les Zones variables.					
2000	de 12°.5 à 30° Température moyenne 22°.2 (17°.R.) Grêle assez rare. Ciel souvent brumeux.	L'air atmosphérique contient 0,210. d'oxygène, 0,787. d'azote et environ 0,003 d'Acide carbonique. Le maximum de ses variations ne paraît pas excéder un millième d'oxygène.		Petits Cerfs (Cervus mexic.) Tapir. Sus Tayassu. Felis pardalis. Quelques Singes Alouates Troupial (Oriolus) Coluber coccin. Pas de Boa, pas de Crocodile. Beaucoup de Chiques (Pul. penetr)	Eau bouillante à 94°.3 (75°.4 R) Bar. 0".605.		0,8478.	1000
1500			Sous l'Equateur on voit tomber de la neige à 4700.m (2400.t) de hauteur					
1000	de 18°.5 à 36°.4 Température moyenne 25°.3 (20°.2 R.) Pas de Grêle Le Sable souvent à 52°.		Au Mexique sous le 19° de latitude elle tombe jusqu'à 1800.m de hauteur.	Singes Sapajou et Alouates Jaguar (Felis onca) Tigre noir Lion (Felis concolor) Gavia capibara. Paresseux. Fourmiller. Cervus mexic. Armadille Aptenodytes. Crax. Ampelis. Boa. Crocodile. Lamentin. Elater nocti. Mosquito. (Oest. Human.)	Eau bouillante à 97°.1 (77°.7 R) Bar. 0".679.		0,8309	500
500			Neige perpétuelle sous les 75° de latitude bor.					
0					Eau bouillante à 100°.(80 R) Bar. 0".782.		0,8123.	0
500	Limite de mer près de la surface près de l'Equateur hors des courans à 28°, mais le thermomètre descend à la profondeur de 400.m au sein de la mer à 7°.6. La Température de l'intérieur du Globe paraît sous l'Equat. de 22°.3.		Dans l'intérieur du Globe de nouvelles espèces de Dermestes qui rongent les plantes souterraines.					500

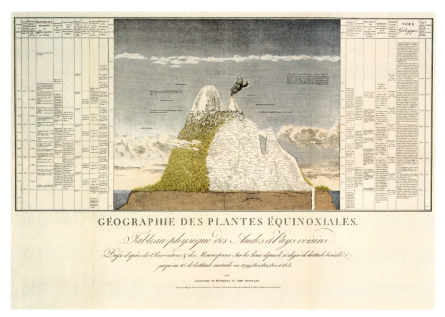

*Rechts:
Viele spätere Illustratoren waren von Humboldts lyrisch-brutaler Schilderung der Jagd auf elektrische Aale mit Hilfe von Pferden fasziniert.*

Diese Landschaft schuf Frederick E. Church 1864 als Hommage an Humboldt: »Der Chimborazo erhebt sich über dem Fluß Guayaquil«. Henry E. Huntington Library & Art Gallery, San Marino, CAL/USA.

*Seite 98/99 u. 100:
Für seinen berühmten »Tableau physique des Andes et pays voisins«, Paris 1807, zeichnete Humboldt diesen Querschnitt durch Südamerika und trug die für bestimmte Höhen charakteristischen Pflanzen und Tiere, die durchschnittliche Wärme der Luft, die chemische Natur des Luftkreises, den geologischen Charakter der jeweiligen Landschaften sowie die durchschnittliche Schwächung des Himmelslichtes ein. Mit dieser Darstellung begründete er die »Geographie der Pflanzen und Tiere«.*

tonisten wandelnden Humboldt die umfassende Bedeutung des Vulkanismus für die Geologie Südamerikas, denn er erkannte, daß »der ganze gebirgige Teil des Königreichs Quito anzusehen ist als ein ungeheurer Vulkan von 700 Quadratmeilen Oberfläche«[27]. Sehr im Gegensatz zu seinen einstigen Lehrern Werner und Goethe, die den Vulkanismus für eine regional begrenzte Randerscheinung hielten, war Humboldt zweierlei bewußt geworden: daß sich die Vulkane Süd- und Mittelamerikas wie Perlen an einer riesigen Schnur entlang des westlichen Saumes des Kontinents reihten und daß der Vulkanismus offenbar die Ursache für zahlreiche Erdbeben war, die zeitgleich entlang der Vulkankette mit gewaltigen Zerstörungen den Boden erschütterten. »Im Innern des Erdballs hausen die geheimnisvollen Kräfte, deren Wirkungen an der Oberfläche zutage treten als Ausbrüche von Dämpfen, glühenden Schlacken, neuen vulkanischen Gesteinen und heißen Quellen, als Auftreibungen zu Inseln und Bergen, als Erschütterungen, die sich so schnell wie der elektrische Schlag fortpflanzen, endlich als unterirdischer Donner, den man monatelang, und ohne Erschütterung des Bodens, in großen Entfernungen von tätigen Vulkanen hört.«[28] Damit war der Vulkanismus keine marginale Erscheinung mehr, sondern seine Ursachen reichten tief ins Erdinnere und hatten offenbar etwas mit der Struktur des Erdkörpers zu tun. Humboldt beschrieb den geologischen Aufbau der verschiedenen Vulkane, so des Antisane, des Pichincha, des Chimborazo und Jorullo. »Nichts ist für den Geologen anziehender als die Beobachtung, wie sich an einem selben Orte die vulkanischen Bildungen zu den Urgebirgen und den sekundären Gebirgen verhalten.«[29]

Die zoologischen Untersuchungen litten ebenfalls unter speziellen Problemen. Auch hier hatten die

Der bis zu zweieinhalb Meter lange, schuppenlose Zitteraal, »Electrophorus electricus«, gibt Stromstöße bis zu 550 Volt und 2 Ampere ab, die einem Menschen gefährlich werden können. Das mußte auch Humboldt an sich selbst erfahren. Zur Orientierung im trüben Gewässer baut der Zitteraal ein nur schwaches elektrisches Feld auf.

101

Humboldt und Bonpland entdeckten diese wildwachsende Rose der Andenregion, die dann von P. J. Redouté den Namen »Rosier de Montezuma« erhielt und von ihm für sein berühmtes »Rosenwerk« gestochen wurde.

beiden Reisenden die Gefahren des Klimas und die Beschwerlichkeit des Weges weit unterschätzt: »Nur zu spät erfuhren wir zu unserm Verdrusse, daß es bei der Hitze des Klimas und den häufigen Stürzen der Maultiere durchaus unmöglich war, Fische und Reptilien in Spiritus, und in der Eile präparierte Tierhäute zu erhalten.«[30] Trotzdem gelang die »Beschreibung mehrerer neuer Arten von Reptilien«.[31] Schon während der Überfahrt hatte Humboldt zu experimentieren begonnen, wobei die einst von Girtanner vermittelte »brownianistische« Grundidee bestimmend blieb, nach der jede Lebensäußerung das Produkt aus der dem Organismus innewohnenden Reizbarkeit und dem äußeren Reiz ist.[32] »Legt man eine sehr reizbare Meduse [Qualle] auf einen Zinnteller und schlägt mit irgendeinem Metall an den Teller, so wird das Tier schon durch die leichte Schwingung des Zinns leuchtend. Galvanisiert man Medusen, so zeigt sich zuweilen der phosphorische Schein im Moment, wo man die Kette schließt ...«[33] Hierzu benutzte er »eine kleine Leidner Flasche, die nach der Methode von Ingenhousz durch Reibung geladen wurde und mir zu physiologischen Versuchen diente«.[34] Der niederländische Arzt Jan Ingenhousz, den Humboldt noch selbst kennengelernt hatte, entwickelte 1774 eine zerlegbare Reise-Elektrisiermaschine, deren wichtigstes Konstruktionsmerkmal ein zu reibendes langes Seidenband darstellte.[35]

Humboldt verwendete »Browns System« auch bei der ihrer »Reizkraft« entsprechenden Einteilung von amerikanischen Arzneipflanzen in »sthenische« und »asthenische«, beginnend mit jenen Chiles bis hinauf zu den kalifornischen. Browns Reiztheorie bedingte überdies sein großes Interesse an der Anatomie der Gymnoten, der Zitteraale. Auf dem Weg zum Orinoco sollten ihm die Indios in der Nähe von Calabazo lebende Gymnoten fangen. Sie wollten es sich zunächst bequem machen und die Tiere in einem Wassertümpel mit Barbasco, einem indianischen Wurzelgift, betäuben. Dies mißfiel Humboldt, denn er wähnte, daß vergiftete Gymnoten sich anders als gesunde verhalten würden. »Da sagten die Indianer, sie wollten *mit Pferden fischen, embarbascar con caballos*. ... nicht lange, so kamen unsere Führer aus der Savanne zurück, wo sie ungezähmte Pferde und Maultiere zusammengetrieben. Sie brachten ihrer etwa dreißig und trieben sie ins Wasser.«[36] Nun folgt die ob ihrer Brutalität und ihrer sprachlichen Gewalt wohl berühmteste Passage im Reisebericht Humboldts: »Der ungewohnte Lärm vom Stampfen der Rosse treibt die Fische aus dem Schlamm hervor und reizt sie zum Angriff. Die schwärzlich und gelb gefärbten, großen Wasserschlangen gleichenden Aale schwimmen an der Wasseroberfläche hin und drängen sich unter den Bauch der Pferde ... . Der Kampf zwischen so ganz verschieden gestalteten Tieren gibt das malerischste Bild. ... Durch ihr wildes Geschrei und mit ihren langen Rohren scheuchen sie [die Indios] die Pferde zurück, wenn sie sich ans Ufer flüchten wol-

In seinem »Recueil d'observations de zoologie et d'anatomie comparée …« stellte Humboldt von einer Vielzahl von Schmetterlingen jeweils die Ober- und Unterseite der Flügel vor.

103

Alligatoren – von Humboldt stets Krokodile genannt – waren eine ständige Bedrohung der ranken Piroge und gefährdeten das Badevergnügen der beiden Reisenden.

len. Die Aale, betäubt vom Lärm, verteidigen sich durch wiederholte Entladung ihrer elektrischen Batterien. Lange scheint es, als solle ihnen der Sieg verbleiben. Mehrere Pferde erliegen den unsichtbaren Schlägen, ... gehen ... unter. Andere, schnaubend, mit gesträubter Mähne, wilde Angst im starren Auge, raffen sich wieder auf und suchen dem um sie tobenden Ungewitter zu entkommen; sie werden von den Indianern ins Wasser zurückgetrieben. ... Ehe fünf Minuten vergingen, waren zwei Pferde ertrunken. Der fünf Fuß lange Aal drängt sich dem Pferd an den Bauch und gibt ihm nach der ganzen Länge seines elektrischen Organs einen Schlag. ... ganz allmählich nimmt die Hitze des ungleichen Kampfes ab und die erschöpften Gymnoten zerstreuen sich. ... Die Gymnoten kamen scheu ans Ufer des Teichs geschwommen, und hier fing man sie mit kleinen, an langen Stricken befestigten Harpunen. ... In wenigen Minuten hatten wir fünf große Aale, die zumeist nur leicht verletzt waren.«[37] Dem vielleicht befremdeten Leser dieser Bernardin de Saint-Pierre und Chateaubriand verpflichteten Zeilen sei mitgeteilt, daß Humboldt auch ein Freund von Stierkämpfen war, ein eher seltsamer Zug seines sonst so liebenswürdigen Charakters.

Unter den tieranatomischen Studien sei als Beispiel für viele ähnliche die Untersuchung des Luftröhrenkopfes der Krokodile herausgegriffen. »Der den Araguatos eigene schauerliche Ton entsteht, wenn die Luft gewaltsam in die knöcherne Trommel einströmt. Ich habe diese den Anatomen nur sehr unvollständig bekannten Organe an Ort und Stelle gezeichnet...«[38] Berühmt wurde auch Humboldts romantische Schilderung der Höhle des Fettvogels, der Cueva del Guácharo.[39] »Schwer macht man sich einen Begriff von dem furchtbaren Lärm, den Tausende dieser Vögel im dunklen Innern der Höhle machen.«[40] Zwar stahlen die Indianer gelegentlich Eier des ewig im Dunkeln lebenden Fettvogels, doch sie getrauten sich nicht tief in die Höhle hinein; erst »nach mehreren fruchtlosen Versuchen gelang es Bonpland, zwei Guácharos zu schießen, die, vom Fackelschein geblendet, uns nachflatterten. Damit fand ich Gelegenheit, den Vogel zu zeichnen, der bis dahin den Naturforschern ganz unbekannt gewesen war.«[41] Spezielle Probleme wurden an Freunde weitergereicht. Cuvier »fand unter den fossilen Knochen von Quadrupeden, die wir aus Nord- und Südamerika mitbrachten, zwei neue Arten von Mastodonten und einen wirklichen Elephanten«[42].

Die Erfolge beim Sammeln von Pflanzen waren ebenfalls enorm. So wird triumphierend berichtet, sie hätten »über vierzig neue Pflanzengattungen aus der heißen Zone auf ihre natürlichen Familien zurückgeführt«[43] und mehrere hundert »Pflanzenumrisse meist neu entdeckter Pflanzen«[44] gezeichnet. Besonders stolz waren sie auf die »mehr als 150 Arten von Melastomaceen, die wir während unserer Reise sammelten, und die eine der schönsten Zierden der Vegetation unter den Tropen sind«[45]. Die myrtenartigen »Schwarzmundgewächse« verdanken ihren merkwürdigen Namen der Tatsache, daß die eßbaren Früchte einiger Arten beim Verzehr Mund und Zähne schwarz färben. Für botanische Detailstudien, so an Seetang, führten die beiden Reisenden ein Mikroskop mit sich: »Allerdings zeigte das Blatt, als es frisch aus der See unter dem Mikroskop untersucht wurde, nicht die drüsigen Körper in Häufchen..., welche bei den Gattungen Ulva und Fucus die Fruktifikationen enthalten...«[46] Auch durch das Mikroskop betrachtete Holz-Querschnitte vermochten Humboldt zu begeistern und zu sprachlichen Höchstleistungen anzuspornen: »Welch wundervolle Verflechtung von Zellen und Gefäßen in diesen vegetabilischen Massen, in diesen Riesenbäumen der heißen Zone, die vielleicht tausend Jahre lang ohne Unterbrechung

Eingang der Guácharo-Höhle, der Höhle des Fettvogels, der durch Humboldts Beschreibung erstmals in Europa bekannt wurde. Photographie von Philipp Heidemann, Berlin.

Der heute Fettschwalm genannte Guácharo mit einer Flügelspannweite von über einem Meter bewohnt dunkle Höhlen, in denen er sich – wie wir heute wissen – durch Echolotpeilung orientiert. Hierzu gibt er Kicklaute mit einer Frequenz von etwa 7 Kilohertz ab. Er nährt sich von Efeu-, Palm- und Lorbeer-Früchten.

Nahrungssaft bereiten, der bis zu 180 Fuß hoch aufsteigt und wieder zum Boden zurückfließt, und wo hinter einer rauhen, harten Rinde, unter dicken Schichten lebloser Holzfasern, sich alle Regungen organischen Lebens bergen!«[47]

Humboldt gelang es als erstem Europäer, die Indios bei der Herstellung des geheimnisvollen Pflanzengiftes Curare zu beobachten. Auch diese Passage seines Berichtes wurde berühmt: »Das Glück wollte, daß wir einen alten Indianer trafen, der weniger betrunken als die andern und eben damit beschäftigt war, das *Curare*gift aus den frischen Pflanzen zu bereiten. Der Mann war der Chemiker des Orts. Wir fanden bei ihm große tönerne Pfannen zum Kochen der Pflanzensäfte, flachere Gefäße, die durch ihre große Oberfläche die Verdunstung beförderten, trichterförmig aufgerollte Bananenblätter zum Durchseien der mehr oder weniger faserige Substanzen enthaltenden Flüssigkeiten. Die größte Ordnung und Reinlichkeit herrschten in dieser als chemisches Laboratorium eingerichteten Hütte. Der Indianer, der uns Auskunft erteilen sollte, heißt in der Mission der *Giftmeister (amo del Curare)*; er hatte das steife Wesen und den pedantischen Ton, den man früher in Europa den Apothekern zum Vorwurf machte.«[48] Die eigentliche Zubereitung erwies sich als eher harmlos. Von einem Schlinggewächs, dem Bejuco de Navacure aus der Familie der Strychneen, wird die Rinde abgeschabt und auf einem Stein zerstoßen. Dabei tritt der giftige, gelbe Saft aus, den man abfiltriert und eindickt. Da er immer noch zu dünnflüssig ist, um an einer Pfeilspitze zu haften, setzt man ungiftige, zähe Pflanzensäfte zu, die ihn klebriger machen.

Humboldt gelang es als erstem Europäer, dem Geheimnis der Curare-Bereitung auf die Spur zu kommen. Seine Beschreibung erhitzte die Phantasie der Zeichner, und so entstand für Klenckes Humboldt-Biographie von 1876 diese etwas hexenhafte Darstellung.

Die Ausbeute der Reise war derart gigantisch, daß die Verschiffung der Sammlungen nach Europa, wegen des Seekrieges zwischen England und Frankreich, für weitere Probleme sorgte. Humboldt versuchte zwar in seiner diplomatischen Art, die Gefahren zu minimieren, indem er zu beiden Seiten gleichzeitig Kontakte knüpfte, doch dies nützte nicht viel. »Da der Seekrieg während unseres Aufenthaltes in Amerika die Verbindung mit Europa äußerst erschwerte, sahen wir uns, um die Möglichkeiten des Verlustes zu mindern, genötigt, drei verschiedene Sammlungen anzulegen. Die erste schickten wir nach Spanien und Frankreich, die zweite nach den Vereinigten Staaten … und England, die dritte behielten wir fast beständig bei uns. Sie war die beträchtlichste von allen und bestand am Ende unserer Reise aus 42 Kisten, worunter sich ein Herbarium von sechstausend Äquinoktialpflanzen, Sämereien, Muscheln, Insekten und – was noch niemals nach Europa gekommen war – geologische Darstellungen vom Chimborazo, von Neu-Granada und von den Ufern des Amazonenflusses befanden. [Ein Teil dieser Sammlungen wurde auf Kuba hinterlegt. Diese wieder abzuholen, war der Anlaß des zweiten Kuba-Aufenthaltes.] Den Rest führten wir fünf Jahre lang beständig bei uns …«[49]

Diese Hauptsammlung war die Basis für die spätere wissenschaftliche Bearbeitung. »Wenn die Meere mit Kriegsschiffen bedeckt sind, darf der Reisende nur auf das zählen, was er mit sich führt.«[50] Denn die meisten der verschickten Doubletten gelangten nie nach Europa. Eine Sendung – einem Franziskaner anvertraut – ging durch Schiffbruch verloren. Der Pater ertrank. »Der größte Teil fiel in die Hände von Personen, denen die Wissenschaften fremd sind.«[51] Zivile Hafenbehörden konnten häufig nicht einsehen, wozu man dieses seltsame Zeug überhaupt weiterschicken sollte. Merkwürdigerweise erging es den Gesteinen und Mineralien besser: »Einige unserer geologischen Sammlungen, die in der Südsee gekapert wurden, hatten indessen ein besseres Schicksal. Wir verdanken ihre Erhaltung der edlen Verwendung des Ritters Banks, des Präsidenten der Königlichen Societät der Wissenschaften zu London …«[52] Die englische Flotte, ungleich erfolgreicher als die der Spanier und Franzosen, brachte eine Unmenge feindlicher Handelsschiffe auf. In der Royal Navy gab es in Erinnerung an Zeiten, als sie fast ausschließlich aus von der Krone gedungenen Seeräubern bestand, den für die Mannschaften schönen Brauch, daß ein von der Navy gekapertes Handelsschiff der Besatzung des Kaperers gehörte und durch ein »Prisengericht« vom Vereinigten Königreich angekauft werden mußte. Dieses bot seinerseits die schwer verkäuflichen fremden wissenschaftlichen Sammlungen der Royal Society an, die sie häufig – aber keineswegs immer – an die Eigentümer zurückgab.

Wenden wir uns zuletzt jenen Bemühungen Humboldts zu, die »über die alten Kulturen der Amerikaner durch das Studium ihrer architektonischen Monumente, ihrer Hieroglyphen, ihres religiösen Kultes und ihrer astrologischen Träumereien Licht zu verbreiten«[53] trachteten und in denen Humboldt die Beschreibung mexikanischer Pyramiden, Idole und symbolischer Gemälde lieferte. Sein berühmtes Buch, die »Vues des Cordillères et monuments des Peuples indigènes du nouveau Continent«[54], war die Frucht dieser Bemühungen. Auch sie waren von einem wahrhaft weltumspannenden, vom Geist der Romantik beeinflußten Gedanken getragen: »Ich bin bemüht gewesen, die auffallenden Analogien zu zeigen, die teils der Toltekische Kalender und die Catasterismen des Toltekischen Tierkreises mit der Zeitrechnung der tartarischen und tibetanischen Völker, teils die mexikanischen Traditionen bezüglich der vier Erdgenerationen mit den Pralayas der Hindus und den vier Weltaltern des Hesiodus haben. Endlich teile ich außer den hieroglyphischen Gemälden, die ich mit nach Europa brachte, auch Fragmente von den mexikanischen Handschriften mit, die sich in Rom, Velletri, Wien und Dresden befinden, und wovon das letztere durch Linearsymbole an die Kouas der Chinesen erinnert.«[55]

Alexander und sein Bruder Wilhelm teilten ein tiefes Interesse an fremden Sprachen und deren Geschichte. »Tatsächlich habe ich über die amerikanischen Sprachen sehr viele Materialien gesammelt, die von Fr. Schlegel und Vater … benutzt worden sind. Diese Unterlagen befinden sich gegenwärtig in den Händen meines Bruders, Wilhelm von Humboldt, der auf seinen Reisen in Spanien und während eines langen Aufenthalts zu Rom die bislang reichhaltigste Sammlung von Wörterbüchern amerikanischer Sprachen zusammenbrachte.«[56]

Alexander investierte in seine Sprachforschungen viel Arbeit: »Nur mit großer Mühe konnte ich in den Missionen und Klöstern die Grammatiken amerikanischer Sprachen zusammenbringen …«[57] Infolgedessen mußten die beiden Reisenden selbst vor Ort forschen: »Während unseres Aufenthalts im Kapuzinerkloster haben Bonpland und ich ein kleines Verzeichnis von Chaymasworten angelegt. Ich weiß wohl, daß der Bau und die grammatischen Formen für die Sprachen weit bezeichnender sind als die Analogie der Laute und der Wurzeln …«[58] Humboldt verglich mehrere Indianersprachen durch Gegenüberstellung von Wörtern gleicher Bedeutung, wobei ihn die indianische Satzstellung befremdete: »Das Objekt kommt vor das Zeitwort zu stehen, das Zeitwort vor das persönliche Fürwort. … Der Amerikaner würde sagen: ›Freiheit völlige lieben wir‹, statt: wir lieben völlige Freiheit; ›dir mit glücklich bin ich‹ …«[59] Es ist bezeichnend für Humboldt, daß er vehement der Legende entgegentrat, angeblich »primitive«, »wilde« Völker müßten auch eine »primitive« Sprache haben, in der sich ihr »geistiges Zurückgebliebensein« gegenüber den »kulturtragenden« Völkern Europas deutlich ausdrückt. Und er definiert den Unterschied der europäischen Sprachen gegenüber jenen der Indios: »Die amerikanischen Sprachen … gleichen verwickelten Maschinen mit offen zutage liegendem Räderwerk.«[60]

Am Ende dieser bei weitem nicht vollständigen Auflistung der Früchte des nie erlahmenden Forschungseifers Alexander von Humboldts – noch nicht erwähnt wurden z. B. seine Bemühungen, die Helligkeiten der Gestirne auf dem südlichen Himmelsgewölbe zu messen, oder seine umfänglichen Beschreibungen von Kulturpflanzen und deren Migration – drängt es den Chronisten, einen Ausspruch des Dichters August Graf von Platen auf Humboldt zu übertragen, den er dem von Alexander so sehr geförderten Justus Liebig gewidmet hatte: »Unmöglich scheint immer die Rose, / unbegreiflich die Nachtigall.«[61]

Diesen mexikanischen Kalenderstein stellt Humboldt in seinem »Atlas pittoresque du voyage« vor. Er zeigt in seinem Zentrum den Sonnengott Tonatiuh.

»Zerstört man die Wälder, wie die europäischen Ansiedler aller Orten in Amerika mit unvorsichtiger Hast tun«

Umweltprobleme und Zukunftsvisionen

Bei der Lektüre von Humboldts Aufzeichnungen fallen gewisse Widersprüchlichkeiten seiner Ansichten ins Auge. Zum einen waren ihm in einer für seine Epoche bemerkenswerten Weise die durch Menschen verursachten Umweltprobleme bewußt. Andererseits träumte auch er hemmungslos von der Eroberung und völligen Besiedlung Südamerikas durch die Europäer.

Schon zu seiner Zeit erkannte ein aufmerksamer Beobachter wie Humboldt, daß Eingriffe des Menschen in das Gleichgewicht der Natur bedenkliche Folgen hatten. Damals bereits wurde in Südamerika neues Weide- und Ackerland durch Brandrodung des Urwaldes gewonnen, wobei diese Brände häufig außer Kontrolle gerieten und deshalb mehr Wald als benötigt zerstört wurde: »Durch diese Unfälle [Zündelei der Indios] sind auf dem Wege von Cumaná nach Cumanacoa die alten Bäume seltener geworden, und die Einwohner machen die richtige Beobachtung, daß an verschiedenen Orten der Provinz die Trockenheit zugenommen hat, nicht allein, weil der Boden durch die vielen Erdbeben von Jahr zu Jahr zerklüfteter wird, sondern auch weil er nicht mehr so stark bewaldet ist als zur Zeit der Eroberung.«[1] Schmerzlich wurde Humboldt bewußt, daß die Konsequenzen der Brandrodung irreversibel waren. Offenkundig stellten die Bergsavannen keine ursprüngliche Natur dar; ihre botanische Ausprägung hatten ausschließlich Eingriffe des Menschen bestimmt: Man »muß … annehmen, daß die Bergsavannen des Cocollar und Turimiquiri ihre Entstehung nur der verderblichen Sitte der Eingeborenen verdanken, die Wälder anzuzünden, die sie in Weideland verwandeln wollen. Jetzt, da Gräser und alpine Kräuter seit dreihundert Jahren den Boden mit einem dicken Filz überzogen ha-

Humboldt blieb es – wie auch anderen großen Forschern – nicht erspart, daß seine Erkenntnisse sich verselbständigten und zum Allgemeingut der Wissenschaft und der Schulbuchliteratur entwickelten. Er sah dies mit gemischten Gefühlen und hatte den Eindruck, daß mit seinem geistigen Eigentum zuweilen ein wenig großzügig verfahren wurde. 1853 gab F. G. L. Greßler sein Werk »Die Erde …« in Druck, in dem er in kolorierten Kupfern nicht nur einen Großteil der Abbildungen Humboldts übernahm, sondern sie z.T. graphisch veränderte – ohne besonders auf Humboldt hinzuweisen.

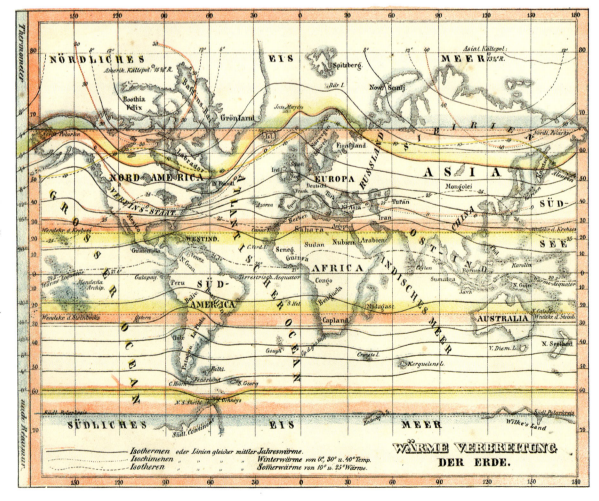

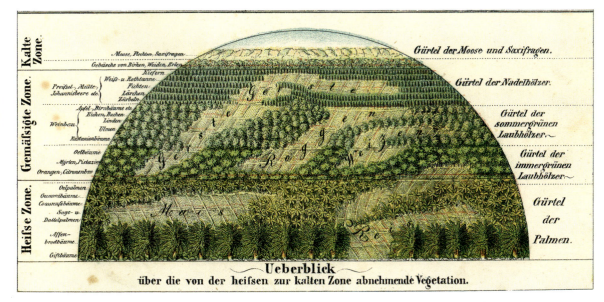

Verteilung der Pflanzen auf der nördlichen Erdhalbkugel, nach Humboldt von Greßler.

ben, können die Baumsamen sich nicht mehr im Boden befestigen …«[2]

Aber nicht nur die Indios veränderten durch Rodung das Klima, auch die »ersten Ansiedler haben unvorsichtigerweise die Wälder abgeholzt. Auf einem steinigen Boden, wo Felsen ringsum Wärme abstrahlen, ist die Verdunstung ungemein stark«[3], schreibt Humboldt bei der Schilderung seiner Abreise von Caracas, um später über den austrocknenden See von Tacarigua noch ausführlicher zu werden: »Zerstört man die Wälder, wie die europäischen Ansiedler aller Orten in Amerika mit unvorsichtiger Hast tun, so versiegen die Quellen oder nehmen doch stark ab. Die Flußbetten liegen einen Teil des Jahres über trocken und werden zu Strömen, sooft im Gebirge starker Regen fällt. Da mit dem Holzwuchs auch Rasen und Moos auf den Bergkuppen verschwinden, wird das Regenwasser in seinem Ablauf nicht mehr aufgehalten; statt langsam durch allmähliches Einsickern die Bäche zu speisen, zerfurcht es in der Jahreszeit der starken Regenniederschläge die Berghänge, schwemmt das losgerissene Erdreich fort und verursacht plötzliche Hochwässer, welche nun die Felder verwüsten. Daraus geht hervor, daß die Zerstörung der Wälder, der Mangel an fortwährend fließenden Quellen und die Existenz von Torrenten [Sturzbächen] drei Erscheinungen sind, die in ursächlichem Zusammenhang stehen. Länder in entgegengesetzten Hemisphären, die Lombardei … und Nieder-Peru …, liefern einleuchtende Beweise für die Richtigkeit dieses Satzes. Bis zur Mitte des vorigen Jahrhunderts waren die Berge, in denen die Täler von Aragua liegen, bewaldet.«[4] Auch der Ertrag von Kulturpflanzen nahm, bedingt durch Umweltveränderungen, bereits ab: »Ja man bemerkt, daß je nachdem … die Wälder vermindert, Boden und Klima trockener werden: auch die Cacao-Pflanzungen weniger gedeihen.«[5]

Nicht nur der Wald war damals schon bedroht, auch bestimmte Tierarten, und so erfährt man mit Erstaunen, daß die kurz vor Humboldts Eintreffen in Südamerika vertriebenen Jesuitenmissionare das »Ernten« der Eier der Arrau-Schildkröten gesteuert hatten, um deren befürchtetem Aussterben entgegenzuwirken: »Den Jesuiten gebührt das Verdienst, daß sie die Ausbeutung *geregelt* haben; die Franziskaner, welche die Jesuiten in den Missionen am Orinoco abgelöst haben, … gehen aber leider keineswegs mit der gehörigen Vorsicht zu Werke. Die Jesuiten erlaubten nicht, daß das ganze Ufer ausgebeutet wurde; sie ließen ein Stück unberührt, weil sie befürchteten, die *Arrau*-Schildkröten möchten, wenn nicht ausgerottet werden, so doch bedeutend abnehmen. Jetzt wühlt man das ganze Ufer rücksichtslos um, und man meint auch zu bemerken, daß die Ernten von Jahr zu Jahr geringer werden.«[6]

Trotzdem gilt es festzuhalten, daß diese Beobachtungen Humboldt keineswegs zu der Überlegung führen, daß es vielleicht der beste Weg sei, die Natur einfach so zu lassen, wie sie ist. Der naheliegende Gedanke, den Europäer von den Schätzen Südamerikas fernzuhalten, kommt ihm nicht. Im Gegenteil, er kann sich sehr wohl gezielte Umweltveränderungen vorstellen, wenn es gilt, einem Ausgreifen des europäischen Wirtschaftssystems den Boden zu bereiten: »Die Ufer des oberen Guainía werden mehr produzieren, wenn einmal durch Rodung der Wälder die übermäßige Feuchtigkeit der Luft und des Bodens abnimmt und die Insekten, welche Wurzeln und Blätter der krautartigen Gewächse vernichten, sich vermindern.«[7] Die Indios am Orinoco träumten von einer Welt ohne Insekten: »›Wie gut muß auf dem Mond zu wohnen sein!‹ sagte ein Saliva-Indianer zu Pater Gumilla. ›Er ist so schön und hell, daß es dort gewiß keine Moskitos gibt.‹«[8] Humboldt mußte eine Verminderung der

109

Die Bananenform.

Die Palmenform.

Die Nadelholzform.
Die Grasform.

Angeregt durch die Betrachtungsweise Goethes, entwarf Humboldt fünf Grundtypen der Vegetation.

Die Orchideenform.

Moskitoplage als eine zivilisatorisch sinnvolle Tat erscheinen. Auch glaubte er, daß die Gewächse der Tropen die europäische Wirtschaft wesentlich bereichern würden: »Je genauer man die chemischen Verhältnisse der Gewächse der heißen Zone kennenlernt, desto mehr wird man … an abgelegenen, aber dem europäischen Handel zugänglichen Orten in den Organen gewisser Gewächse halbfertige Stoffe entdecken, … die wir auf … langem und mühsamem Weg hervorbringen.«[9] Er wähnt, die Natur sei in erster Linie für den – europäischen – Menschen da: »Dieser Anblick der lebendigen Natur, in der der Mensch nichts ist, hat etwas Befremdendes und Tristes.«[10] So träumt er – und dies eben ist die andere Seite seiner Betrachtungen – vom kommenden Siegeszug von Dampfmaschine und -boot, der zu einem munteren Leben auf den Strömen Südamerikas führen wird: » …es steht zu erwarten, daß die lange Fahrt auf dem unteren Orinoco, dem Apure, …durch Dampfschiffe abgekürzt wird. Man könnte … an den Ufern gefälltes Holz unter Schuppen lagern. Diese Vorkehrungen wären um so notwendiger, als man sich … nicht leicht trockenes Holz verschafft, wie man es zum starken Feuer unter dem Kessel einer Dampfmaschine braucht.«[11]

Zwar ist Humboldt von den Katarakten von Quittuna ganz hingerissen – » … noch der Anblick der Kordilleren und der Aufenthalt in den gemäßigten Tälern von Mexiko haben den tiefen Eindruck verwischt, den das Schauspiel der Katarakte auf mich gemacht«[12] –, doch zögert er keinen Augenblick, der spanischen Regierung den Bau eines Kanals vorzuschlagen, mit dessen Hilfe Schiffe diese Hindernisse umfahren könnten, und das mit ungeheurem wirtschaftlichem Erfolg. Würde man darüber hinaus die von Humboldt entdeckte Verbindung zwischen den Flußsystemen von Orinoco und Rio Negro für den Verkehr nutzen, so ergäben sich phantastische Perspektiven: »Da wird denn die europäische Handelswelt jene Gabelteilung des Orinoco, jene Landenge am Tuamini, durch die so leicht ein künstlicher Kanal zu ziehen ist, ins Auge fassen. Da wird der Casiquiare, ein Strom, so breit wie der Rhein und 180 Seemeilen lang, nicht mehr umsonst eine schiffbare Linie zwischen zwei Strombecken bilden, die 190000 Quadratmeilen Oberfläche haben. Das Getreide aus Neu-Granada wird an die Ufer des Rio Negro kommen, von den Quellen des Napo und des Ucayali, von den Anden von Quito und Hoch-Peru wird man zur Mündung des Orinoco hinabfahren, eine Distanz, die der zwischen Timbuktu und Marseille entspricht.«[13] Nach Humboldt würden nicht nur die Moskitos vertrieben, auch die Zudringlichkeit von Alligatoren und Leoparden ließe sich eindämmen; die Gefahr der Ausrottung scheint für ihn nicht gegeben: »Mit dem Fortschritt der Zivilisation wird man es nur dahin bringen, daß die Tiere scheuer werden und leichter zu verscheuchen sind.«[14]

Stets entwickelt Humboldt für Südamerika eine Zukunftsperspektive nach europäischem Vorbild. Die Kultivierung der Savannen ist ihm ganz selbstverständlich: » … daß man der Steppe Boden abgewinnen könnte, wenn man sie in kleinen Bereichen angriffe, sie nach und nach von der Masse abschlösse, sie durch Einschnitte und Bewässerungskanäle aufgliederte. … Ich bin weit entfernt zu glauben, daß der Mensch je die Savannen ganz austilgen wird …«[15]

So prophezeit Humboldt Südamerika eine glänzende Zukunft. Er wünscht eine drastische Erhöhung der Bevölkerungszahlen, ohne dabei an die zu erwartende Bedrohung der Natur zu denken: »Ohne der Zukunft allzuviel zuzutrauen, läßt sich annehmen, daß in weniger als anderthalb Jahrhunderten Amerika ebenso dicht bevölkert sein wird wie Europa.«[16] Er hält diese Prognose für günstig und wähnt, daß aus solcher Entwicklung Europa nur Vorteile erwachsen können: »Dieser schöne Wetteifer in der Kultur, in den Künsten, der Industrie und des Handels wird keineswegs, wie man so oft prophezeien hört, den alten Kontinent auf Kosten des neuen ärmer machen; es wird nur die Konsumgüter und die Nachfrage danach, die Masse der produktiven Arbeit und die Lebhaftigkeit des Austausches steigern.«[17]

Humboldts Prognosen haben sich nur zum Teil erfüllt. Zwar sind seine Erwartungen zur Bevölkerungsentwicklung in etwa eingetroffen, nicht jedoch seine Hoffnungen hinsichtlich der Prosperität, wohingegen die Umweltzerstörung nicht zuletzt in der Vernichtung des Regenwaldes apokalyptische Ausmaße angenommen hat.

»wie ja der Irrtum oder gewagte Theorien nicht selten zur Wahrheit führen«

Die »Lagunas de Oro« und der »vergoldete König«

Im Blick zurück von den moskitoverseuchten Ufern des Orinoco auf die Göttinger Studentenzeit mögen Humboldts philologisch-historische Studien im Lichte reiner Geistesübungen erscheinen, gewissermaßen als geistesgeschichtlicher Bildungsballast im Gepäck eines naturwissenschaftlichen Reisenden, der im späteren Leben des großen Forschers keine Rolle mehr spielen sollte. Doch ganz im Gegenteil erweist sich gerade die geistesgeschichtliche Prägung seiner Denkungsart und Methodik als von herausragender Bedeutung. Ein nur scheinbar am Rande liegender Gegenstand seiner Betrachtungen zeigt dies besonders exemplarisch.

Die Beschreibung der Gesteinsschichten, die das amerikanische Festland aufbauen, schließt naturgemäß die Frage ein, ob und in welchem Umfang diese goldhaltig seien – für Humboldt nicht nur eine geologische, sondern auch eine historische Fragestellung. Es war ihm selbstverständlich, *vor*, *während* und *nach* einer Forschungsreise alle nur erdenklichen historischen Quellen zu befragen und, wenn möglich, alle – und dies ist durchaus wörtlich zu verstehen – zur Verfügung stehenden Archive aufzusuchen und Quellenmaterial sogar selbst zu sammeln.

Nicht ohne Rührung liest man die immer wiederkehrende Trauer Humboldts über die Bedrohung südamerikanischer Archive durch unablässig nagende Termiten: »Wegen der großen Feuchtigkeit und der Gefräßigkeit der Insekten lassen sich in diesen heißen Ländern Bücher fast gar nicht aufbewahren.«[1]

Daß die Zukunft nicht ausschließlich durch das Meistern der Gegenwart zu gewinnen sei, sondern überhaupt erst durch die Kenntnis der Geschichte begreifbar wird, war für Humboldt ganz offenkundig. So sind vergleichende historische Studien indianischer Sprachen auch deshalb zu treiben, »weil ihre Untersuchung für die Geschichte unserer Gattung und den stetigen Entwicklungsgang unserer Geisteskräfte nicht ohne Belang ist«[2].

Die alten Legenden von südamerikanischen Goldfunden haben für ihn nicht nur eine geologische Aussage, sondern eben auch ihren volkskundlichen, philologischen und historischen Gehalt. Der Mythos vom sagenhaften Goldland irgendwo zwischen Amazonas, Rio Negro und Orinoco mußte also mit der Methodik entwicklungsgeschichtlicher Erforschung europäischer Sagen und Märchen angegangen werden. Zwangsläufig gerät diese Untersuchung darüber hinaus zu einer wissenschaftshistorischen Betrachtung: »Um Wahrheit und Irrtum zu unterscheiden, braucht man in den Wissenschaften meistens nur die Geschichte der Vorstellungen und ihrer allgemeinen Entwicklung zu verfolgen.«[3] Und so untersucht er »die Vorgänge bei der *Conquista*« und beschreibt »die lange Reihe unglücklicher Expeditionen, … um den *Dorado* zu suchen«[4]. Mehrfach schildert Humboldt, wie er unermüdlich alte und neue Unterlagen sammelt: »Ich glaube, durch genauere Kenntnis der Örtlichkeiten, durch langes, mühsames Studium der spanischen Schriftsteller, die vom *Dorado* handeln, besonders aber durch Vergleichung sehr vieler alter, chronologisch geordneter Karten den Quellen dieses Irrtums auf die Spur gekommen zu sein. Allen Märchen liegt etwas Wirkliches zugrunde; das vom *Dorado* gleicht den *Mythen* des Altertums, die bei ihrer Wanderung von Land zu Land immer den verschiedenen Örtlichkeiten angepaßt wurden.«[5] Bis hin zu etymologischen Studien der Indiosprachen weitet er seine

Humboldt hatte tiefreichende historische Neigungen und hegte lange den Plan zu einem Werk über Kolumbus. Illustration aus dem Bericht von de Bry über die Landung des Kolumbus 1542 in »Indien«. Die damalige Bildunterschrift steht in einem gewissen Gegensatz zur Darstellung: »Als Columbus in seiner ersten Schiffahrt zu Land gefahren, hat er an den Gestaden des Meers ein hölzlin Cruzifix lassen aufrichten.« Beim Studium der alten Berichte schlug Humboldts Herz stets auf Seiten der unterdrückten Indios.

Humboldt empörten die brutalen Methoden, mit denen einst die Spanier den Indios das letzte Gold abnahmen, sie mit den goldenen Idolen ihrer religiösen Identität beraubten und so zusätzlich entwurzelten.

Diese Karte aus dem Jahre 1820 belegt eindrücklich, daß noch Jahre nach Humboldts großer Reise zwar die Küsten- und Flußregionen recht gut bekannt, weite Landschaften im Landesinneren dagegen noch immer nicht kartographiert waren.

Beweisführungen aus und legt mit der Entwicklungsgeschichte des Dorado-Mythos auch ein Gutteil der Geographiegeschichte Südamerikas dar: »In Europa glaubt kein Mensch mehr an die Schätze in Guayana und an das Reich des *Großen Patiti*. Die Stadt Manoa und ihre mit massiven Goldplatten bedeckten Paläste sind längst verschwunden; aber der geographische Apparat, mit dem die Sage vom *Dorado* aufgeputzt war, der See Parima, in dem sich, wie im See von Mexico, so viele herrliche Gebäude spiegelten, wurde von den Geographen als etwas Unantastbares beibehalten.«[6]

Entsprechend seiner aristokratischen, noch aus dem 18. Jahrhundert stammenden Erziehung wahrte Humboldt stets eine gepflegte Contenance, doch der Starrsinn älterer Kartographen konnte ihn fast in Rage versetzen: »Astronomische Beobachtungen, topographische Informationen häufen sich viele Jahre lang an, ohne daß sie benützt werden, und aus sonst sehr lobenswertem Konservativismus wollen die Kartenzeichner oft lieber nichts Neues bringen, als einen See, eine Bergkette oder eine Flußverzweigung opfern, die man nun einmal seit Jahrhunderten eingezeichnet hat.«[7] Die Arbeiten der frühen spanischen Kartographen in Süd- und Mittelamerika waren nicht übertrieben zuverlässig: »Man ließ nicht gerne einen leeren Raum auf den Karten, damit sie recht genau aussehen möchten, und so erschuf man Flüsse und legte ihnen Namen bei, ohne zu wissen, daß dieselben nur Synonyme waren.«[8]

Humboldt zufolge war das sagenhafte Goldland in den verschiedensten Gegenden vermutet worden – so der Dorado de la Parima irgendwo am Oberlauf des Orinoco ebenso wie zweihundertsechzig Meilen weiter westlich, am Ostabhang der Kordilleren der Anden, der Dorado der Omagua-Indianer, und dann wieder in der Laguna de Oro der Guanes, wo gegen Ende des 17. Jahrhunderts der von Humboldt besonders geschätzte Pater Fritz tatsächlich Goldbleche erhalten haben soll. Auch die Expedition in den Valle del Dorado, die Sebastián de Belalcázar 1535 nach der rätselhaften Kunde durch einen Indio von den unermeßlichen Schätzen des Königs von Cundirumarca machte, gehört zu Humboldts gesammelten Beschreibungen der Dorado-Erkundungen. All die farbigen Schilderungen der

Expeditionen des 16. Jahrhunderts auf der Suche nach dem »vergoldeten König«, dem »Großen Patiti«, dem »Großen Moxo«, »Paru« oder »Enim« hier auch nur aufzuzählen, würde den gegebenen Rahmen sprengen.

Doch nie wurde das Goldland gefunden, was nach Humboldt auch ganz einleuchtend ist: »Die Eingeborenen, um ihre unbequemen Gäste los zu werden, versicherten aller Orten, zum *Dorado* sei leicht zu kommen, er befände sich ganz in der Nähe. Es war wie ein Phantom, das vor den Spaniern zurückwich und sie gleichzeitig beständig rief. ... Der *Dorado*, gleich dem Atlas und den Hesperischen Inseln, rückte allgemach vom Gebiete der Geographie auf das der Mythendichtung hinüber.«[9] Besonders erfindungsreich zeigte sich der englische Seefahrer Sir Walter Raleigh – nach dem Scheitern seiner letzten Guayana-Expedition 1618 hingerichtet –, um »die Aufmerksamkeit der Königin Elisabeth auf das große *Reich von Guayana* zu lenken, das nach seinem Dafürhalten von England erobert werden sollte. Er beschrieb die Morgentoilette des *vergoldeten Königs (el dorado)*, wie ihn jeden Tag seine Kammerherren mit wohlriechenden Ölen salben und ihm dann aus langen Blaserohren den Goldstaub auf den Leib blasen; nichts mußte aber die Einbildungskraft Elisabeths mehr ansprechen als die kriegerische Republik der Frauen ohne Männer, die sich der kastilischen Helden erwehrten.«[10] Tatsächlich war bei Raleigh 1594 der König von Morequito mit einer »großen Menge massiver Goldbilder«[11] erschienen und hatte seine Phantasie mächtig überschäumen lassen: »Jeder Berg, jeder Stein in den Wäldern am Orinoco glänzt gleich edlen Metallen; ist das kein Gold, so ist es doch madre del oro.«[12] Mit diesem, heute etwas rätselhaften alchemistischen Ausdruck »madre del oro« – Mutter des Goldes – wollte Raleigh offenbar darlegen, daß die aufgefundenen Mineralien vielleicht doch kein echtes Gold enthielten, aber Substanzen, aus denen die Alchemisten Gold zu machen verstünden.

Dabei hatte der große Seefahrer den Orinoco nur in einer Länge von sechzig Meilen befahren, sehr im Gegensatz zu Alexander von Humboldt, der diese unzulängliche Erkundung zwar bemäkelt, aber dennoch schließt: »Trotz seiner Übertreibungen, die sich für einen Staatsmann wenig ziemen, bieten Raleighs Berichte wichtiges Material zur Geschichte der Geographie.«[13] Humboldt legt dar, daß »der *Mythos vom Dorado*, gleich den berühmtesten Mythen der Völker der alten Welt, nach und nach auf verschiedene Örtlichkeiten bezogen worden ist. Wir haben ihn von Südwesten nach Nordosten, vom Ostabhang der Anden gegen die Ebenen am Rio Branco und Essequibo vorrücken sehen, ganz in der Richtung, in der die Kariben seit Jahrhunderten ihre Kriegs- und Handelszüge machten.«[14] Nach Humboldt ist dies auch der Weg von den Fundstellen des Goldes in den Anden entlang der Handelswege der Indios zur atlantischen Küste.

Als Kern der Sage sah er kultische Zeremonien, wie sie von den Indios teilweise noch zu seiner Zeit geübt wurden: »Am Rio Caura und in anderen wilden Landstrichen von Guayana, wo der Körper *bemalt* statt *tätowiert* wird, reiben sich die Eingeborenen mit Schildkrötenfett ein und kleben sich metallisch glänzende, silberweiße und kupferrote Glimmerblättchen auf die Haut. ...Dem Mythos vom *vergoldeten Mann* liegt vielleicht ein ähnlicher Brauch zugrunde ...«[15]

Zwar fand sich zur Zeit Humboldts wenig Gold an Amazonas und Orinoco, aber: »Nichts streitet wider die Annahme, daß angeschwemmtes goldhaltiges Land weit von den Kordilleren der Anden nördlich vom Amazonenstrom vorkommt, wie südlich desselben in den Gebirgen Brasiliens.«[16] Sehr zum Schaden der Indios und zum Verderben des von der Menschheit gequälten, nach und nach völlig verschwindenden Regenwaldes hat sich diese vage Annahme Humboldts in katastrophaler Weise erfüllt.

Die Legende vom »vergoldeten König«, der sich angeblich jeden Morgen mit Goldpartikeln überstäuben ließ, regte Humboldt zu einer ausführlichen Studie an.

»mehr Mücken als Luft«

Krokodile, Tiger und Moskitos
Abenteuer der Reise

Aus Lianen geknüpfte Hängebrücke der Indios in der Nähe von Penipé, südlich von Quito. Nach einer Skizze Humboldts von P. A. Marchais gezeichnet und von Louis Bouquet gestochen. Abbildung aus Humboldts »Atlas pittoresque du voyage«.

Heute weiß eigentlich jeder, wie man sich auf einen Abenteuer-Urlaub vorbereitet. In jeder Stadt gibt es Sportgeschäfte, die passende Kleidung, Gerätschaften, Literatur und manchmal sogar Überlebenstraining anbieten, gleichgültig, ob man nach Grönland will oder an den Amazonas. Zu Humboldts Zeit gab es das alles nicht. Auch existierten so gut wie keine brauchbaren Vorstellungen, welche Kleidung und Ausrüstung überhaupt von Nutzen sein könnten. Dies hatte eine Reihe von Ursachen. So war damals der Alpinismus als Frucht der heraufdämmernden Romantik gerade erst im Entstehen. In den Jahrzehnten zuvor hatte kaum jemand Sehnsucht verspürt, die »wüsten« Alpengipfel zu erklettern. Nützliche Dinge wie Eispickel, Kletterseil, Haken und Karabiner, Kletterschuhe und Schlafsack waren unbekannt. So unternahm Humboldt seine Vulkanbesteigungen in dem Schuhwerk und der Kleidung, die er sonst auch trug – mit dem Erfolg, daß er zuweilen gewaltig fror, oft barfuß zu Tal steigen und sich lange mit verletzten Füßen quälen mußte. Über seinen Abstieg vom Chimborazo – die größte bergsteigerische Leistung seiner Zeit – schreibt er: »Wir trugen kleine Stiefel, einfache Kleidung, waren ohne Handschuhe…. Die Hände blutig, in jedem Augenblick mit einem kranken, mit Geschwüren bedeckten Fuß gegen spitze Felsen stoßend, gezwungen, jeden Schritt zu berechnen…«[1] Seiner vollen sportlichen Leistung wird man sich erst bewußt, wenn man die Unzulänglichkeit der Ausrüstung in Rechnung stellt.

Eine weitere Eigenheit dieser Epoche war eine verblüffende Arroganz gegenüber Menschen anderer Kulturkreise, denen man sich als Europäer haushoch überlegen glaubte. Sie zeigte sich im völligen Unverständnis gegenüber Kleidungs- und Lebensgewohnheiten fremder Völker. Daß »Wilde« nackt gehen, lag nach Meinung der Europäer nicht etwa daran, daß dies bei bestimmten Klimaten von Vorteil war, sondern daran, daß die »Eingeborenen« im Stand der »Sünde« lebten und also von Missionaren zu erziehen waren. Kleider bedeuteten Kultur und Zivilisation, die den »Wilden« fehlten. Nachgerade tragisch ging diese Überheblichkeit bei den Expeditionen der britischen Royal Navy zur Erforschung der Nord-West-Passage aus.[2] Bis zur Mitte des vorigen Jahrhunderts weigerte man sich hartnäckig, die doch naheliegenden Vorteile der Eskimo-Kleidung zu nutzen. So gab es tatsächlich englische Seeoffiziere, die den Inuit in Uniform-Frack mit Ordensspange und Degen gegenübertraten. Auch Humboldt führte selbstverständlich auf seiner großen Reise die kleidsame Uniform eines kgl. preußischen Oberbergrates mit, die er bei seinem Einzug in Santa Fé de Bogotá tatsächlich anlegte und in der man ihn auch portraitierte.[3] Ein englischer Matrose dieser Epoche trug im arktischen Winter keineswegs die Fellmütze der so sehr verachteten Eskimos, sondern fror lieber unter einem Wachstuchzylinder der Royal Navy. Erst grauenhafte Verluste mußten die Forscher davon überzeugen, daß vermeintlich befremdliche Dinge wie Pelzkleidung, Iglu, Kajak und nicht zuletzt die Schneebrille oder gar selbst gefangenes Wild nicht nur exotische Accessoires geistig zurückgebliebener »Fischfresser« waren. In diesem Punkt verhielt sich Humboldt ebenfalls zeittypisch. Auch er schleppte auf dem Orinoco Unmengen von Proviant mit sich, den die Indios für völlig überflüssig hielten: »Die Indianer zählten weniger auf die Lebensmittel, die wir angeschafft, als auf ihre Angeln und Netze.«[4]

Nichts fiel den Europäern schwerer als die Anerkennung von Leistungen fremder Völker. Es war offenbar schwierig zu begreifen, daß die Welt anderswo tatsächlich anders ist. In den gleichen Uniformen, in denen die Truppen Napoleons in Paris paradierten, schwitzten sie sich in Ägypten zu Tode, um später in Rußland darin zu erfrieren. Durch die zahlreichen, auf Alexanders Skizzen zurückgehenden Abbildungen wissen wir, welche Kleidung Humboldt und Bonpland auf ihrer großen Reise in etwa trugen. Zwar staken sie nicht gerade in Gesellschaftsanzügen, doch waren sie sehr europäisch gewandet. Auf keinem der Bilder bedienen sie sich auch nur annähernd indianischer Kleidung: kurze Jacken – offenbar Leinen – zu langen, meist gestreiften Leinenhosen, dazu Stiefeletten oder auch Halbschuhe. Das Ganze krönten zylinderähnliche Kopfbedeckungen, die in Urwald und Savanne durch Schlapphüte aus Stroh ersetzt wurden, in die sie zuweilen auch noch Laubblätter steckten.[5] Optimal kann dies alles nicht gewesen sein, denn Humboldt brachte von seiner Reise ein rheumatisches Leiden in der rechten Schulter zurück, das ihn bis an sein Lebensende Briefe nicht anders als auf übereinandergeschlagenen Oberschenkeln schreiben ließ. Die Schmerzen machten es ihm unmöglich, den Arm weit genug abzuwinkeln, um eine Tischplatte zu verwenden.

Humboldts Ruhm und die ihm entgegengebrachte Verehrung führten dazu, daß seine Reiseberichte stets recht ehrfürchtig gelesen wurden, und verhinderten damit, sie als das zu sehen, was sie *auch* sind, nämlich meisterliche Darstellung von Reiseabenteuern. Für seine Begeisterung fand er häufig bewegende Worte: »… mit unsäglicher Lust untersuchten wir die Gewächse dieser Region.«[6] Doch manchmal hatte auch diese Lust ihre Grenzen, so, als er und Bonpland in der Umgebung Cumanás speziell dort wachsende Kakteen erforschten: »Zuweilen wurden wir von der Nacht überrascht, denn in diesem Klima gibt es fast keine Dämmerung. Unsere Lage war dann desto bedenklicher, da der Cas-

»Die österreichischen Kammerherren auf der Reise nach St. Paul« von Th. Ender, 1818. Es scheint keine Darstellung des reitenden Humboldt zu geben, doch vermittelt diese Zeichnung von der Brasilien-Expedition der Botaniker J. B. v. Spix und C. F. Ph. v. Martius einen guten Eindruck von damaligen europäischen Reisenden inmitten von Urwaldriesen.

cabel oder die Klapperschlange, der *Coral* und andere Schlangen mit Giftzähnen zur Legezeit solche heiße, trockene Orte aufsuchen, um ihre Eier in den Sand zu legen.«[7] Der Umgang mit wilden Tieren konnte recht gefährlich werden; so mußten sie erfahren, »daß am Orinoco der ... Jaguar sich zuweilen ins Wasser stürzt, um die Indianer in ihren Pirogen anzugreifen«[8]. Humboldt hatte in den Urwald eine große Deutsche Dogge mitgenommen, die eines Nachts trotz rundum brennender Lagerfeuer spurlos verschwand und wahrscheinlich einem »indianischen Tiger« zur Beute wurde[9]. Einem Jaguar Aug in Aug zu begegnen, war auch nicht gerade lustig: Ich »bemerkte ... die frische Fährte eines Tigers, die an ihrer Form und Größe so leicht zu erkennen ist. Das Tier war dem Walde zugegangen, und als ich nun dorthin blickte, sah ich achtzig Schritte vor mir einen Jaguar unter dem dichten Laub einer Ceiba liegen. Niemals war mir ein Tier so riesig vorgekommen.«[10]

Der Gefährlichkeit wilder Bestien standen bemerkenswerte Fähigkeiten von Nutztieren gegenüber:

»Wenn man in den Anden sechs, sieben Monate auf entsetzlichen Wegen durch die von den Bergwassern zerrissenen Gebirge zieht, dann entwickelt sich die Intelligenz der Reitpferde und Lasttiere auf wahrhaft erstaunliche Weise. Man kann auch die Gebirgsbewohner sagen hören: ›Ich gebe Ihnen nicht das Maultier, das den bequemsten Schritt hat, sondern das vernünftigste, *la más racional*.‹«[11] Humboldt hat die für den über gefährliche Andenhöhen reitenden Reisenden lebenserhaltende Trittsicherheit von Pferden und Maultieren so beeindruckt, daß er daran eine philosophische Betrachtung knüpft: »Dieses Wort aus dem Munde des Volks, die Frucht langer Erfahrung, widerlegt das System, das in den Tieren nur belebte Maschinen sieht, wohl besser als alle Beweisführung der spekulativen Philosophie.«[12]

Manchmal wurden auch halbwilde Tiere, wie die recht frei durch die weiten Graslandschaften streifenden Rinderherden der Viehzüchter, zur Bedrohung: »In diesen heißen Landstrichen sind die Stiere, obgleich von spanischer Rasse ... von sanf-

In der Xylographischen Anstalt von O. Roth entstand diese Zeichnung vom »Urwaldlaboratorium am Orinoco«. Erlegte und noch zu präparierende Tiere sowie zu herbarisierende Pflanzen umgeben Bonpland. Aus Humboldts Aufzeichnungen wissen wir, daß die in Spiritusgläsern aufbewahrten präparierten Tiere weder dem Klima noch den Stürzen der Maultiere gewachsen waren.

Leoparden, von Humboldt »indianische Tiger« genannt, trugen wesentlich zur spannungsgeladenen Stimmung seiner Reisebeschreibung bei. Eines dieser Tiere verzehrte nächtens Humboldts Deutsche Dogge.

terem Temperament. Der Reisende läuft nie Gefahr, angefallen und verfolgt zu werden, was uns bei unsern Wanderungen auf dem Rücken der Kordilleren oft widerfahren ist.«[13] Aber auch von Menschen gingen Gefahren aus, wenn auch seltener. Nur ein einziges Mal wurden die beiden Opfer eines tätlichen Angriffs, und zwar bei ihrem zweiten Aufenthalt in Cumaná: »Fast hätte ein unseliger Unfall mich genötigt, die Reise an den Orinoco aufzugeben … . Am 27. Oktober [1800], dem Tag vor der Sonnenfinsternis, gingen wir wie gewöhnlich am Ufer des Meerbusens spazieren, … Ich hörte hinter mir gehen, und wie ich mich umwandte, sah ich einen hochgewachsenen Mann von der Farbe der *Zambos,* nackt bis zum Gürtel. Er hielt fast über meinem Kopf eine *Macana,* einen dicken, unten keulenförmig dicker werdenden Stock aus Palmholz. Ich wich dem Schlage aus, indem ich links zur Seite sprang. Bonpland, der mir zur Rechten ging, war weniger glücklich; er hatte den Zambo später bemerkt als ich, und erhielt über die Schläfe einen Schlag, der ihn zu Boden streckte.«[14] Zum Glück erholte sich Bonpland bald wieder. Für Humboldt ist es äußerst bezeichnend, daß er dergleichen Vorkommnisse den trostlosen sozialen Verhältnissen zuschrieb. Auch war er der Meinung, selbst einem gewalttätigen Zambo könne man den Aufenthalt in einem spanischen Gefängnis nicht zumuten: »Da der Rechtsgang hierzulande so langsam ist, daß die Verhafteten, von denen die Gefängnisse wimmeln, sieben, acht Jahre auf ihr Urteil warten müssen, so hörten wir wenige Tage nach unserer Abreise von Cumaná nicht ohne Befriedigung, der Zambo sei aus dem Schlosse San Antonio entsprungen.«[15]

Humboldt und Bonpland blieb nichts erspart. Doch kann man aus Alexanders Aufzeichnungen den Stolz über ihre wissenschaftliche Kaltblütigkeit angesichts von Naturkatastrophen herauslesen. Bei ihrem zweiten Aufenthalt in Cumaná ereilte sie am 4.11.1800 ein Gewitter: »Gegen vier Uhr fing es an, über uns zu donnern, aber ungemein hoch, ohne Rollen, trockene, oft kurz abgebrochene Schläge. Im Moment, wo die stärkste elektrische Entladung stattfand, um 4 Uhr 12 Minuten, erfolgten zwei Erdstöße … . Das Volk schrie laut auf der Straße. Bonpland, der über einen Tisch gebeugt Pflanzen untersuchte, wurde beinahe zu Boden geworfen. Ich selbst spürte den Stoß sehr stark, obgleich ich in einer Hängematte lag.«[16] Doch dieses Bild eines vor sich hin dösenden Humboldt täuscht. »Einige Minuten vor dem ersten Stoß trat ein heftiger Sturm ein, dem ein elektrischer Regen mit großen Tropfen folgte. Ich beobachtete sogleich die Elektrizität der Luft mit einem Voltaschen Elektrometer.«[17] Erdbeben ereigneten sich auf der Reise dermaßen häufig, daß Humboldt damit ein wenig prahlte: »Ich hätte damals nicht geglaubt, daß ich nach langem Aufenthalt auf den Hochebenen von Quito und an den Küsten von Peru mich selbst an ziemlich starke Bewegungen des Bodens so sehr gewöhnen würde, wie wir in Europa an das Donnern gewöhnt sind.«[18]

Bei Aufenthalten in größeren Städten genossen beide Reisenden die Segnungen urbaner Kultur: »Man zählt in Caracas acht Kirchen, fünf Klöster und ein Theater, … Zu meiner Zeit war das Parterre, in dem Männer und Frauen getrennt sind, nicht bedeckt. Man sah zugleich die Schauspieler und die Sterne. Da das neblige Wetter mich um viele Trabantenbeobachtungen brachte, konnte ich von einer Loge im Theater aus feststellen, ob Jupiter in der Nacht zu sehen sein würde.«[19] Erstaunlich oft erwähnt Humboldt in seinen Tagebüchern, daß er bei Stierkämpfen zugesehen habe.[20]

Ab und an klappte es mit der Logistik nicht: »…aber unsere Mahlzeit dauerte nicht lang. Sei es nun, daß der Pater Kapuziner nicht an unsere vielen Begleiter gedacht, oder daß die Sklaven sich über den Vorrat hergemacht hatten, wir fanden nichts als Oliven und fast kein Brot. … Wir hatten die vergangene Nacht fast ganz durchwacht, und waren jetzt seit neun Stunden auf den Beinen, ohne Wasser angetroffen zu haben. Unsere Führer hatten den Mut verloren, sie wollten durchaus umkehren, und Bonpland und ich hielten sie nur mit Mühe zurück.«[21]

Manche Objekte widerstanden selbst dem Forschungsdrang eines Humboldt: »Am Ufer lag ein totes Krokodil; es war über neun Fuß lang. Wir hätten gerne seine Zähne und seine Mundhöhle untersucht; aber es lag schon mehrere Wochen in der Sonne und stank so furchtbar, daß wir dieses Vorhaben aufgeben und wieder zu Pferde steigen mußten.«[22] Gerade tote Krokodile konnten zum Pro-

In der Nachfolge Humboldts veränderte sich der Stil zoologischer Darstellungen. Einerseits wurden die Tiere mit wissenschaftlicher Genauigkeit wiedergegeben, nun aber liebevoll in stimmungsvolle Landschaften eingefügt, die genauestens ihren Lebensraum charakterisieren, jedoch den Regeln akademischer Landschaftsmalerei genügten. Höchst dramatisch tummeln sich in Meyers Konversationslexikon (1882) Leguane auf einem bizarren Baum auf einer Lichtung.

blem werden; bei der Durchquerung der Llanos, der Steppen, gab es Schwierigkeiten bei der Beschaffung von Trinkwasser. »Man reichte uns in Tutumofrüchten gelbes, schlammiges, stinkendes Wasser: es war aus einem Sumpf in der Nähe geschöpft. …Der alte Neger riet uns, das Gefäß mit einem Stück Leinwand zu bedecken und so gleichsam durch einen Filter zu trinken, damit uns der üble Geruch nicht belästige und wir vom feinen, gelblichen Ton, der im Wasser suspendiert ist, nicht soviel zu verschlucken hätten. Wir ahnten nicht, daß wir von nun an monatelang auf dieses Hilfsmittel angewiesen sein würden. Auch das Wasser des Orinoco hat sehr viele erdige Bestandteile; es ist sogar stinkend, wo in Flußschlingen tote Krokodile auf den Sandbänken liegen oder halb im Schlamm stecken.«[23]

Mit lebenden Krokodilen gab es nicht weniger Ärger: »Auf unserer langen Reise gewöhnt, zu baden, sooft sich Gelegenheit dazu bot, oft mehrmals am Tage, besannen wir uns nicht lange und sprangen in den Teich. Kaum war das behagliche Gefühl der Kühlung über uns gekommen, als ein Geräusch am entgegengesetzten Ufer uns schnell wieder aus dem Wasser trieb. Es war ein Krokodil, das sich in den Schlamm grub.«[24] Auch Zitteraale verhalfen Humboldt zu unvergeßlichen Erlebnissen: »Ich erinnere mich nicht, je durch die Entladung einer großen Leidner Flasche eine so furchtbare Erschütterung erlitten zu haben wie die, als ich unvorsichtigerweise beide Füße auf einen Gymnotus setzte, der eben aus dem Wasser gezogen worden war. Ich empfand den ganzen Tag heftigen Schmerz in den Knien und fast in allen Gelenken.«[25]

Während der 75 Tage in einem schwankenden Kanu auf dem Orinoco lernte Humboldt neue Gegner fürchten, die Moskitos: »Auf meiner ganzen Reise … war ich bemüht, Tag für Tag, sei es im Kanu, sei es im Nachtlager, aufzuschreiben, was mir Bemerkenswertes vorgekommen. Durch den starken Regen und die ungeheure Menge von Moskitos, von denen die Luft am Orinoco und Casiquiare wimmelt, hat diese Arbeit notwendig Lücken bekommen, die ich aber wenige Tage später gefüllt habe.«[26]

Moskito ist aber nicht gleich Moskito; sie sehen nicht nur verschieden aus, auch gefühlsmäßig vermochte Humboldt sie zu unterscheiden: »…wo alles mit so bewunderungswürdiger Regelmäßigkeit aufeinander folgt, könnte man beinahe am Summen der Insekten und an den Stichen, die je nach der Art des Giftes, das jedes Insekt in der Wunde zurückläßt, wieder anders schmerzen, Tag und Nacht mit verbundenen Augen erraten, wieviel Uhr es ist.«[27] Unter diesen Umständen wissenschaftlich zu arbeiten, erwies sich als äußerst beschwerlich. So mußte Bonpland, um vor Mücken geschützt seine Pflanzen zu trocknen, im Schein einer rauchenden Kopalfackel in mit offenem Feuer von feuchtem Holz beheizten, geschlossenen Räumen arbeiten: den sogenannten »Öfchen«, eine Schutztechnik der Indios, die die Moskitoqualen durch jene der Hitze ersetzte.[28]

Doch nicht genug der Moskitos, es gab noch andere Insekten: »Ich gestehe, daß ich oft während astronomischer Beobachtungen beinahe die Instrumente hätte fallen lassen, wenn ich spürte, daß mir

Gesicht und Hände voll dieser haarigen Bienen saßen. Unsere Führer versicherten, sie setzen sich nur zur Wehr, wenn man sie durch Anfassen ihrer Beinchen reize. Ich fühlte mich nicht aufgelegt, den Versuch an mir selbst zu machen.«[29] Um so mehr verdient die Genauigkeit von Humboldts wissenschaftlichen Arbeiten unsere Hochachtung.

Beinahe wäre die Flußreise schon zu Beginn gescheitert: Es »fuhr der Wind so heftig in das Segel, daß wir beinahe gesunken wären. Ein Schiffsbord kam unter Wasser, und dasselbe stürzte mit solcher Gewalt herein, daß wir bis zu den Knien darin standen. Es lief über ein Tischchen weg, an dem ich im Heck des Fahrzeugs eben schrieb. Kaum rettete ich mein Tagebuch, und im nächsten Augenblick sahen wir unsere Bücher, Papiere und getrockneten Pflanzen umherschwimmen. Bonpland schlief mitten auf der Piroge. Vom eindringenden Wasser und dem Geschrei der Indianer aufgeschreckt, übersah er unsere Lage sogleich.... Sollte man es [das Boot] auch verlassen müssen, so konnte man sich, glaubte er, durch Schwimmen retten, da sich kein Krokodil blicken ließ.«[30] Ein günstiger Windstoß half die gekenterte Piroge wieder aufrichten. Der indianische Steuermann zeigte größte Ruhe: »›... es werde hier herum den weißen Leuten nicht an Sonne fehlen, um *ihre Papiere* zu trocknen.‹«[31] Viel war nicht verlorengegangen, aber dieses Wenige begleitete Humboldt mit für ihn typischen Worten der Trauer: »Wir hatten nur ein einziges Buch eingebüßt, und zwar den ersten Band von Schrebers *Genera plantarum*, der ins Wasser gefallen war. Dergleichen Verluste tun weh, wenn man auf so wenige wissenschaftliche Werke beschränkt ist.«[32] Als der Flußlauf auf der Fahrt stromauf sich weiter verengte, mußte man auf ein wesentlich kleineres Gefährt umsteigen: »Auf der überfüllten, keine drei Fuß breiten Piroge blieb für die getrockneten Pflanzen, die Koffer, einen Sextanten, den Inklinationskompaß und die meteorologischen Instrumente kein anderer Platz als der Raum unter dem Gitter aus Zweigen, auf dem wir den größten Teil des Tages ausgestreckt liegen mußten. Wollte man irgend etwas aus einem Koffer holen oder ein Instrument gebrauchen, mußte man ans Ufer fahren und aussteigen.«[33] Diese indianischen Pirogen waren dermaßen rank, daß außer den paddelnden In-

dianern niemand sitzen durfte. Um den Schwerpunkt tiefer zu verlagern, mußten die Passagiere liegen!

Im Laufe der Fahrt war die Piroge stark gefährdet, denn bei jeder Stromschnelle zerrten die Indios sie über Geröll und Steine, und von Mal zu Mal wurde der hölzerne Schiffsboden dünner und dünner. Dank des zoologischen Interesses und der Tierliebe Humboldts nahm die Zahl der Passagiere aber stetig zu. »In einer Hütte der Pacimonales kauften wir zwei schöne, große Vögel, einen Tucan ..., und den *Ana*, ... 17 Zoll lang mit überall purpurrotem Gefieder.... Wir hatten in unserer Piroge bereits sieben Papageien, zwei Felshühner ..., einen Motmot, zwei Guans oder *Pavas de Monte*, zwei Manaviris und acht Affen.... Pater Zea beklagte sich auch im stillen darüber, daß sich unsere wandernde Menagerie mit jedem Tag vermehrte.«[34] Der Franziskaner, ein des Weges und der Indianersprachen kun-

Diese munteren Papageien lohnen eine genaue Betrachtung. Nicht nur werden charakteristische Bewegungsabläufe vorgestellt, man erfährt auch, daß sie gemeinsam mit Reihern an Sumpfufern leben. Zwar scheint die volle Sonne, doch die feuchtigkeitsgesättigte Luft des tropischen Urwalds hüllt die Landschaft in ein unheimliches Gelbgrün.

Der Andenkondor, der größte heute lebende Flugvogel mit einer Flügelspannweite bis zu drei Metern, wird inzwischen, da er weder eine Greifklaue noch einen Stimmapparat besitzt, nicht mehr zu den Greifvögeln, sondern zu den Störchen gerechnet.

diger Missionar, der Humboldts Expedition begleitete, hatte wohl angesichts der vielen Käfige und einiger frei herumlaufender Tiere auf dem knapp 90 cm breiten Boot jede Bewegungsfreiheit eingebüßt. Besonders liebte Humboldt intelligente Tiere: »Der Tucan gleicht nach Lebensweise und geistiger Anlage dem Raben; er ist ein mutiges, leicht zu zähmendes Tier. Sein langer Schnabel dient ihm dazu, seinen Gegner auf Distanz zu halten. Er macht sich zum Herrn im Hause, stiehlt, was er erreichen kann, badet sich oft und fischt gern am Ufer des Stroms. Der Tucan, den wir gekauft, war sehr jung, dennoch neckte er auf der ganzen Fahrt mit sichtbarer Lust die Cusicusis, die trübseligen, zornmütigen Nachtaffen.«[35] Vermutlich teilte Humboldt die Abneigung des Tukans, denn: »Ich habe ... die Beobachtung gemacht, daß die Affen umso trübseliger sind, je mehr Menschenähnlichkeit sie haben.«[36] Bei plötzlichem Wetterwechsel geriet die Menagerie in Bewegung: »Wenn Regen drohte, erhoben die Aras ein furchtbares Geschrei, und der Tucan wollte ans Ufer, um Fische zu fangen, die kleinen Titiaffen liefen Pater Zea zu und krochen in die ziemlich weiten Ärmel seiner Franziskanerkutte.«[37]

Bei der Durchquerung der Steppen Venezuelas mußten Humboldt und Bonpland erkennen, daß sich die Ausbeute ihrer Reise auch im Gewicht bemerkbar machte: »Durch die Pflanzensammlungen und die *geologischen Suiten*, die wir seit Esmeralda und dem Rio Negro mit uns führten, hatte unser Gepäck bedeutend an Umfang zugenommen. Da es gefährlich gewesen wäre, uns von unsern Herbarien zu trennen, so mußten wir uns auf eine sehr langsame Reise durch die *Llanos* gefaßt machen.«[38] Humboldts Karawane muß auf beobachtende Spanier und Indios eher befremdlich gewirkt haben. Wieder waren es die Tiere, die für Unterhaltung sorgten. Am Wegrand standen Sagobäume: »Unsere Affen waren sehr gierig nach diesen Früchten, deren gelbes Fleisch wie überreife Äpfel schmeckt. Die Tiere saßen zwischen unserem Gepäck auf dem Rücken der Maultiere und strengten sich gewaltig an, um der über ihren Köpfen hängenden Büschel habhaft zu werden.«[39]

Nicht nur die allgegenwärtige Natur bedrohte den Reisenden, auch seine eigene Nachlässigkeit konnte zur tödlichen Falle werden. »Das *Curare* hatte Feuchtigkeit angezogen, war flüssig geworden und aus dem schlecht verschlossenen Gefäß über unsere Wäsche gelaufen. Beim Waschen vergaß man einen Strumpf innen zu untersuchen, der voll *Curare* war, und erst als ich den klebrigen Stoff mit der Hand berührte, merkte ich, daß ich einen vergifteten Strumpf angezogen hätte. Die Gefahr war um so größer, als ich gerade an den Zehen blutete, weil mir Sandflöhe ... schlecht entfernt worden waren.«[40]

Der Gefahr stand jedoch die Faszination einer fast menschenleeren Landschaft gegenüber: »Hat man einmal in Amerika ein paar Jahre in den Wäldern der Niederungen oder auf dem Rücken der Kordilleren gelebt, hat man in Ländern von der Größe Frankreichs nur eine Handvoll zerstreuter Hütten stehen sehen, so hat eine weite Einöde nichts Schreckendes mehr für unsere Einbildungskraft. Man wird vertraut mit der Vorstellung einer Welt, die nur Pflanzen und Tiere ernährt, und wo niemals der wilde Mensch seinen Jubelschrei oder die Klagelaute seines Schmerzes hören ließ.«[41] Zwar war das Land durchaus besiedelt, aber eben nur dünn. Gerade die seltenen Begegnungen mit der Zivilisation waren es, die das Heimweh schürten: »Und wenn nun, inmitten dieser exotischen Natur, aus einer Schlucht herauf das Schellengeläute einer Kuh oder das Brüllen eines Stieres an unsere Ohren drang, dann sprang mit einemmal der Gedanke an die Heimat in uns auf. Es war, als hörten wir aus weiter, weiter Ferne Stimmen, die über das Weltmeer herüberriefen und uns mit Zauberkraft aus einer Hemisphäre in die andere versetzten.«[42]

Auf der Höhe der Anden gab es zwar keine Moskitos mehr, doch auch hier hatten die Reisenden zu leiden: »Der Wind nahm auf jenem Bergrücken so stark zu, daß, wenn man erst einmal den Fuß auf die Erde gesetzt hatte, um einige Pflanzen zu sammeln oder Steine zu prüfen, es fast unmöglich war, wieder auf das Maultier zu steigen. Man hatte Mühe, sich aufrecht zu halten. ... Außerdem flogen Eisnadeln in der Luft, vollkommener kristallisiert und daher schneidender als in Europa. Ich hatte gewöhnlich das Gesicht unbedeckt; ich trug Risse an Kinn und Wangen davon.«[43]

Humboldt erkämpfte sich den wissenschaftlichen

Ruhm unter vollem Einsatz seiner Person. Am 14. 4. 1802 wagte er in der Nähe von Quito einen Aufstieg auf den Gipfel des Guaguapichincha. Er versuchte, durch die Beobachtung der Siedepunkterniedrigung von Wasser eine Höhenbestimmung durchzuführen. Dazu erhitzte er Schmelzwasser von Schnee über einem kleinen Kohlefeuer. Vom Bergsteigen und Reiten völlig erschöpft, kam er der Glut und dem von ihr aufsteigenden Kohlenmonoxid zu nahe: »Von diesem Augenblick an fühlte ich ein Schwindelgefühl. ... Ich war allein. Der Schwindel verstärkte sich. Mir wurde gelb vor den Augen. ... [dann] fiel ich in Ohnmacht. ... [Die zurückgebliebenen Indios nahten zur Rettung.] Man brachte mir Wein. Das gab mir das Bewußtsein wieder. Niemals war mir ein solcher Unfall auf freiem Felde zugestoßen. Aber ich war auch 8 Stunden hintereinander gelaufen.... Es waren also doch mehr die Kohlenabgase als die Erschöpfung.... Ich stieg wieder aufs Pferd...«[44] Zusammen mit einem Indio versuchte er am 26. 5 . 1802, einen weiteren Krater des Vulkanmassivs Pichincha zu erreichen. Der Kraterrand war teilweise verschneit: »Wir gingen über diesen Schnee. ... Er trug uns vollkommen. Wir machten zwei bis drei Schritte, der Indio voran.... Ich war ein wenig an seiner Linken hinter ihm, als ich mit Schaudern sah, daß wir auf einer Schneebrücke über dem Krater selbst gingen. ... Wir wären also in 200 Toisen Tiefe gefallen und zwar in den am stärksten entzündeten Teil des Kraters.... Ich fühle beim Schreiben dieser Zeilen Beklemmung. Ich sehe mich wieder über diesem entsetzlichen Schlund hängen.«[45]

Mehr als einmal hatte Humboldt das Gefühl, alles sei umsonst. Der Erfolg der Expedition hing ja daran, daß möglichst alle Forschungsergebnisse Europa tatsächlich erreichten. Der vollständige Verlust der Journale wäre die Katastrophe schlechthin gewesen: »Es ist ein recht unangenehmes Gefühl, den Koffer mit seinen Manuskripten, der Frucht vieler Mühe, auf dem Rücken eines schwankenden Maultieres zu sehen, wie es mitten im Fluß schwimmt, der reißend und tief genug ist, um das Gepäck hinunterzuziehen und zu verschlingen, sobald das Maultier die seichte Stelle verläßt, die als Furt dient.«[46]

Eine große Piroge auf dem Rio Magdalena.

Beim Lesen von Humboldts Aufzeichnungen hat man das Gefühl, daß sein brennender Ehrgeiz ihn nach überstandenen Ängsten und Mißgeschicken aufrichtete und immer weiter trieb. Doch manchmal zeigte auch er Anzeichen von Ermüdung und Überdruß. Anfang September 1803 beschrieb er einen »der anstrengendsten Zeitabschnitte meines Lebens. Ich bin mit dem Barometer auf alle Berge geklettert, ich bin in Valenciana dreimal bis auf die Sohle eingefahren... ich bin im Bergwerk von Villalpando gewesen.... Ich habe in Faustros einen sehr gefährlichen Sturz getan, indem ich auf den Rücken gefallen bin, wovon ich 14 Tage lang danach wegen einer Verstauchung des Steißbeins stärkste Schmerzen verspürt habe!«[47]

Was konnte es für einen Naturforscher Schlimmeres geben, als ein – noch dazu unheimliches – Naturphänomen nicht erklären zu können. Im Februar 1804 zwang Gegenwind das Segelschiff, das Humboldt von Guayaquil nach Acapulco bringen sollte, zum Ankern: »Gegen 7 Uhr war jeder in Bewegung und sogar in Furcht wegen eines sehr seltsamen Phänomens. Wir hörten ein Trommelgeräusch in der Luft. ... Die Nacht war sehr schwarz, und wir wären nicht das erste Fahrzeug gewesen, das dort Schiffbruch erlitt: Bald darauf entdeckte man, daß das Geräusch in dem Schiff selbst entstand ... .«[48] Zunächst glaubte er, daß sich die Geräusche eines nahen Vulkans auf das Segelschiff übertragen hätten, dessen Rumpf als eine Art Resonanzkörper die empfangenen Töne verstärkte, neigte dann aber zu der Annahme, daß ein Schwarm Trommelfische die Besatzung und ihn geneckt hatte.

In den Abenteuern der Reise erweist sich Humboldt als fühlender Mensch mit viel Humor, nicht als entrückter Halbgott, wie er zuweilen gezeichnet wurde.

»Ich bin niemals stärker mit meinem unmittelbar bevorstehenden Tod beschäftigt gewesen, als am frühen Morgen des 9. Mai.«

Die Rückkehr

Diese »aztekische Bilderhandschrift aus Mexico«, die die kriegerischen Auseinandersetzungen, Wanderungen und Niederlassungen der Otomie-Indianer vorstellt, schenkte Humboldt der Königlichen Bibliothek in Berlin.

122

Am 22.3.1803 gingen sie in Acapulco an Land. Humboldt war voller Unruhe, denn bis jetzt war die Ernte nicht eingebracht, noch konnte alles schiefgehen: »Aus Acapulco abgereist am 29. [3. 1803] morgens. Wir hatten alle unsere Bücher und einen großen Teil der Wäsche auf dem Weg am Chimborazo vorbei verloren. ... Dieser Verlust hatte uns sehr vorsichtig gemacht.«[1] Die meisten nach Europa vorausgeschickten Sendungen waren verschwunden. »Wir haben niemals das geringste von ihrer Ankunft erfahren. Das war Grund genug, um die letzten Früchte meiner Arbeiten nicht im Stich zu lassen. Ich werde mich nicht davon trennen, und sollte ich die allergrößten finanziellen Opfer bringen müssen.«[2]

Wie immer empörten ihn die sozialen Verhältnisse, über die er sich im Tagebuch offen äußert: »Auf den meisten Zuckerrohr-Haciendas Mexicos sieht man gewölbte Kapellen, welche 20–40000 Pesos kosten, und die armen, kranken Sklaven liegen auf Fellen an der Erde. Das höchste Wesen hat dieses Mauerwerk nicht nötig, das im Mißverhältnis zur Kleinheit der Hütten ringsum steht, und man würde ihm besser dienen, wenn man das Beispiel seiner Wohltätigkeit nachahmen würde. Aber die Eitelkeit der Menschen liebt sichtbarere und dauerhaftere Denkmäler!«[3]

Von Stadt und Land Mexiko, wo er vom 12.4.1803 bis zum 20.1.1804 blieb, war Humboldt begeistert: »Es gibt vielleicht keine Stadt in ganz Europa, die insgesamt gesehen schöner wäre als Mexico. Sie hat die Eleganz, die Regelmäßigkeit, die Einheitlichkeit der schönen Gebäude Turins, Mailands, der vornehmen Viertel von Paris, von Berlin.«[4] Wieder war Humboldt voll Wißbegier und Unruhe und machte sich sofort an historische Studien: »Der Palast des Moctezuma stand, wie ich in den Manuskripten Gamas, welche Pater Don José Pichardo von San Felipe Neri aufbewahrt, gelesen habe, dort, wo heute der ... Palast des Herzogs von Monteleone steht.«[5] Die Archivalien des Klosters San Felipe Neri waren ein Quell historischer Erkenntnis: »Eines der ältesten Manuskripte, welches in Mexico existiert, ist das Stadtbuch, welches am 8. März 1524 beginnt. Es geht bis 1529.«[6]

Im Juli 1803 beschäftigte er sich intensiv mit dem Studium altmexikanischer Bilderschriften. Seinem stets wachen diplomatischen Geschick verdankte er die vom Vizekönig selten gewährte Erlaubnis zur Benutzung des staatlichen Archivs. Die alten Texte bereiteten ihm allerdings wenig Vergnügen, »denn das ist schrecklich, daß man bei der Durchsicht der mexikanischen chronologischen Bilderschriften sicher ist, Spanier anzutreffen, sobald man erhängte Indios sieht«[7].

Ebenso empörte ihn die Intoleranz der Sieger gegenüber der Kunst der Ureinwohner zutiefst: »Ich habe aus den Handschriften Don Antonio Gamas erfahren, daß der Chapultepec-Berg mit einem

Diese Mineralien, deren Fundstellen Humboldt auf den Etiketten festhielt, brachte er aus Mexiko mit. Er bediente sich auch hier seiner »Muttersprache«, des Französischen, wie das obere Etikett belegt, auf dem »a analyser!« – »zu analysieren« – festgehalten wurde. Es war wohl eine chemische Analyse gemeint. Museum für Naturkunde, Berlin.

Humboldt, der ausgeprägte archäologische Neigungen hatte, war einer der ersten, die auf die eindrucksvollen Bauwerke untergegangener Indianerkulturen hinwiesen und sie ins Bewußtsein der Öffentlichkeit rückten. Frederick Catherwood, »The mouth of the Wells of Itza«, 1843.

Relief geschmückt war, das die mexikanischen Helden darstellte. Man sah dort noch zu Beginn des 18. Jahrhunderts die Kolossalreliefs des Königs Axayácatl ... und seines Sohnes Moctezuma ..., die auf die Stadt Mexico schauten, in den nackten Felsen gehauen. Das erstere wurde auf Befehl des Vizekönigs 1706 zerstört, das letztere Relief existierte noch 1754, als man es auch demolierte. Der Mensch, dessen Fanatismus die meisten Altertümer zu Schanden machte, war der Erzbischof und Mönch García de Santa Maria ...«[8]

Immer beschäftigte er sich mit den unterschiedlichsten Problemen gleichzeitig; so analysierte er das Trinkwasser von Mexiko-Stadt, untersuchte die Geologie der Umgebung, fuhr in Bergwerke ein, vermaß die Höhen der umgebenden Vulkane, prüfte das Kanalsystem und war unzufrieden: »Aber die Spanier haben das Wasser als Feind behandelt. Sie wollen anscheinend, daß dieses Neu-Spanien genau so trocken wie die Innenbezirke ihres alten Spaniens ist. Sie wollen, daß die Natur ihrer Moral ähnlich wird, und das gelingt ihnen nicht schlecht«, und er fährt fort: »Man hält diesen Graben in Mexico-Stadt für eine bewundernswerte Sache. Ich kann daran nichts bewundern als die Dummheit, dieses Werk unternommen, und die

Diese Darstellung aus der Zeit Humboldts mit Indios, die im Schatten einer Ruine rasten, belegt die Trockenheit Mexikos. Humboldt ging mit den Bewässerungsanlagen der Spanier hart ins Gericht.

Beständigkeit, es vollendet zu haben.«[9] Er half bei der Aufstellung des bronzenen Reiterstandbildes Karls IV., fragte aber angesichts spürbarer politischer Unzufriedenheit: »Wird die Statue von langer Dauer sein?«[10] Für einen Monat reiste er nach Guanajuato, untersuchte dort chemisch die heißen Quellen von Comanjillas und belehrte die Indios: »Wir zeigten ihnen die Scoparia, die um ihre Hütte wuchs und deren fiebervertreibende Wirkung sie nicht kannten.«[11] Und wie immer faszinierten ihn Vulkane: »Wir sind die ersten, die in den Krater des Jorullo herabgestiegen sind, und vielleicht ist niemals ein Mensch in einem so entflammten Krater gewesen.«[12] Die Hitze war unerträglich: »Wir hatten alle ein verbranntes Gesicht. Ich hatte Husten und schrecklichen Rheumatismus, … ich bildete mir ein, in diesem Schwitzbad zu genesen.«[13] Ein Indio schleppte das Barometer, ein anderer die wassergefüllte Flasche, in die durch Auslaufen des Wassers Vulkanluft gefüllt wurde: »Wir fingen die Luft auf, und das war das interessanteste Experiment, weshalb ich vor allem in den Krater hinuntersteigen wollte. Mangel an Sauerstoff, ein Übermaß an Kohlensäure.«[14]

Wissenschaftliche Frucht des Mexiko-Aufenthaltes war eine dem König von Spanien gewidmete, durch ein Kartenwerk ergänzte geographisch-länderkundliche Monographie von nahezu tausend Seiten Umfang: »Essai politique sur le royaume de La Nouvelle Espagne«.

Humboldt und Bonpland wollten nach Cádiz, doch die »Furcht vor dem Gelben Fieber … hielt uns bis Januar in Mexico-Stadt fest«[15]. Mit der Fregatte »La O« segelten sie nach Havanna, um den während des ersten Aufenthalts dort deponierten Teil ihrer naturwissenschaftlichen Sammlungen abzuholen. Sie reisten bald weiter, »alle sehr wenig zufrieden mit unserem zweiten Aufenthalt …«[16]. Zwar meinte Humboldt, daß die Gedankenfreiheit auf Kuba ein wenig größer sei als in Mexiko, schränkte aber bitter ein: » … wenn man es wagen kann, jenseits des ›unendlich Kleinen‹ Unterschiede anzuerkennen«, um voller Abscheu fortzufahren, »in Havanna drehen sich alle Gespräche um das große Problem, wie man an einem Tag mit der

»Ich lege die Skizze bei, weil darin der Umriß deutlicher ist. Man sieht die hintere Crater Wand und die Altarform des Crater Randes nicht deutlich genug in colorirten Bildern«, schrieb Humboldt Schinkel an den Rand und fügte hinzu, daß der Vulkan »El Altar« 16 380 Fuß hoch sei. Humboldt bestimmte die Höhe der Basislinie über dem Meeresspiegel barometrisch, um dann den Gipfel, aber auch die oberen und unteren Wachstumsgrenzen mit Hilfe des Sextanten zu messen.

Ernst Sigmund von Sallwürk kopierte 1944 dieses von José Cortès 1802 in Quito geschaffene Portrait Humboldts in der Uniform eines preußischen Bergbeamten. Es zeigt auch das von Humboldt selten verwendete Familienwappen.

Ein ähnliches Portrait malte Rafael Jimenéo 1803 in Mexiko. Humboldts Tagebuch belegt, daß er bei seinem Empfang in Santa Fé de Bogotá tatsächlich in dieser Uniform und mit seinem Barometer im Arm der Kutsche entstieg.

geringsten Zahl an Schwarzen die größte Menge Zuckerhüte produzieren kann.«[17] Am 29.4.1804 gingen sie mit der Fregatte »Concepcion« in See und gerieten prompt in einem siebentägigen Sturm in Seenot. »Ich bin niemals stärker mit meinem unmittelbar bevorstehenden Tod beschäftigt gewesen, als am frühen Morgen des 9. Mai. ... Mich untergehen zu sehen am Vorabend so vieler Freuden, mit mir alle Früchte meiner Arbeiten zugrundegehen zu sehen ... unterzugehen auf einer Reise nach Philadelphia, die überhaupt nicht notwendig erschien (obgleich sie unternommen wurde, um unsere Manuskripte und Sammlungen vor der perfiden spanischen Politik zu retten) ... Auf der anderen Seite tröstete ich mich damit, ein glücklicheres Leben geführt zu haben als die meisten Sterblichen.«[18] Die Fregatte ging nicht unter, sie landete am 19. Mai in Philadelphia. Es lag noch über ein halbes Jahrhundert eines erfüllten Lebens vor Humboldt, in dem er die Früchte seiner großen Reise in vollen Zügen genießen sollte.

Zwar war der Abstecher nach Philadelphia nicht geplant – Humboldt wollte wegen des Regierungs-

Vier bewaffnete Forts schützten den Hafen von Havanna vor den Angriffen der britischen Flotte.

wechsels eine Landung in Spanien vermeiden –, aber wie immer nutzte er die Gunst der Stunde. Er meldete prompt seine Ankunft keinem Geringeren als Thomas Jefferson, dem Präsidenten der USA, und verbrachte drei Wochen als dessen Gast in Washington und auf dessen Landsitz Monticello. Seither hält sich die Annahme, Humboldt habe Jefferson in dessen außenpolitischen Zielen hinsichtlich der Landverteilung unter den Staaten Süd- und Nordamerikas wesentlich beeinflußt.

Am 9. Juli 1804 verließen Humboldt und Bonpland Philadelphia und trafen am 3. 8. in Bordeaux ein. Humboldts Heimkehr war das Gerücht vorausgegangen, er sei auf Kuba dem Gelben Fieber erlegen; um so theatralischer war die Wirkung, als der Chappesche optische Telegraph dem Institut de France die plötzliche Rückkunft nach Paris signalisierte.

Thomas Jefferson, dritter Präsident der USA, war ein überaus kultivierter Grandseigneur, der Humboldt in Washington und auf George Washingtons Landsitz Mount Vernon empfing. Im Gegensatz zu heutigen Touristenströmen bekam Humboldt Jeffersons berühmten eigenen Landsitz Monticello (Abb.) nie zu sehen.

»Der Kaiser Napoleon war ... voll Haß gegen mich«

Feinde und Freunde

Die nächsten zwei Jahrzehnte waren durch Humboldts feste Verankerung in der Gemeinschaft der französischen Naturwissenschaftler geprägt. Jedoch stand ihm ein gefährlicher Feind gegenüber, »Napoléon Le Grand, Empereur De France«[1]. Über den Ursprung von dessen tiefgehender Antipathie ist viel gerätselt worden; er könnte in einer von Humboldts diplomatischen Missionen zu finden sein. Im Auftrag Hardenbergs mußte er sich im Juli 1796, begleitet nur von einem Offizier und einem Trompeter, bei Sindelfingen durch die kämpfenden österreichischen Truppen auf die Gegenseite schlagen. »In dem französischen Hauptquartier hatte ich die Freude, den General Desaix zu finden, der schon damals, 14 Monate vor dem Frieden von Campo-Formio, mit Bonaparte's ägyptischen Plänen bekannt war, ja mehrmals mich aufforderte, ... mich einer französischen Expedition nach dem Orient anzuschließen.«[2] Obwohl die offizielle Geschichtsschreibung den Beginn der Ägyptenpläne erst auf Sommer 1797 datiert, hätte also Humboldt bereits Mitte 1796 von dem bevorstehenden Feldzug gewußt und wäre der erste Eingeweihte außerhalb des engsten Vertrautenkreises Napoleons gewesen. Sollte er tatsächlich mit seinem sprichwörtlichen diplomatischen Geschick General Desaix ein großes Geheimnis entlockt und sich damit das Mißtrauen Bonapartes eingehandelt haben? Jedenfalls gelangte er nicht nach Ägypten, wenngleich er schon erwogen hatte, als Begleiter des exzentrischen Earl of Bristol zu reisen. Vermutlich war dieser Plan Humboldts entscheidender Fehler, denn England war schließlich jene Nation, die durch die Eroberung Ägyptens getroffen werden sollte. Bonaparte verdächtigte sie beide der Spionage und unterband die Reise.

Auch als sich Humboldt 1804 in Paris niederließ, hielt ihn Napoleon weiterhin für einen preußischen Spion, obwohl oder gerade weil Humboldt in kostbarster Hofkleidung an der Krönung Bonapartes

Keine Stadt der Welt liebte Humboldt mehr als Paris, in dessen elegantem Gesellschaftsleben er sich außerordentlich heimisch fühlte.

teilnahm. Die für ihn charakteristische Begründung findet sich in einem Brief an seinen Bruder Wilhelm: »Ich bin gezwungen gewesen, mir für 70 Louisdor samtene gestickte Kleider machen zu lassen, um in aller Pracht zu erscheinen. Man muß nach solcher Reise nicht scheinen, auf den Hund gekommen zu sein.«[3]

Trotzdem: »Der Kaiser Napoleon war von eisiger Kälte gegen Bonpland, voll Haß gegen mich«[4], schreibt Humboldt nach einer Audienz. Dieser Haß ging so weit, daß Napoleon seine Ausweisung verlangte, die Innenminister Chaptal, ein prominenter Chemiker, allerdings zu hintertreiben wußte. Mit einiger Sicherheit hätte sie Humboldts Publikationsvorhaben zum Erliegen gebracht, da die Erstellung der Tafeln zu seinem großen Werk »Voyage aux régions équinoxiales du Nouveau Continent, fait en 1799, 1800, 1801, 1802, 1803 et 1804…« und dessen Drucklegung in dieser Qualität nur in Paris möglich waren.

Die Anfeindung hatte aber ein wohl noch tiefgründigeres Motiv, das hier erstmals diskutiert werden soll. Napoleons ganzer Stolz, die intellektuelle Leistung seines Lebens schlechthin, war die von ihm inaugurierte Herausgabe der »Description de l'Egypte«. Der Abschlußbericht seines während des Feldzuges in Kairo gegründeten »Institut d'Egypte« erschien in zehn Text- und zwei Illustrationsbänden in Folio mit 837 Tafeln und über 3000 Abbildungen.[5] Dieses einzigartige, mit Recht berühmte Werk war unter ungewöhnlichen, doch eher monströs zu nennenden Bedingungen entstanden. An der Spitze von 35000 Soldaten, zu deren Beförderung 200 Schiffe eingesetzt waren, überfiel Bonaparte im Sommer 1798 Ägypten – begleitet von 167 Wissenschaftlern, die über einen Etat von 220000 Francs verfügten. 400 Kupferstecher arbeiteten fast zwanzig Jahre an der Illustration des Werkes.[6] Die Gesamtkosten der Drucklegung beliefen sich auf etwas über 3 Millionen Francs – die von Humboldts Reisewerk auf die Hälfte. Vergleicht man die ab 1809 herausgegebene »Beschreibung Ägyptens«, eine überaus gelungene Synthese aus Archäologie, Ethnographie, Geographie und Naturkunde, mit dem bereits ab 1805 erscheinenden Reisebericht Humboldts in 30[!] Bänden, so wird man in Stil, Aufbau und Betrachtungs-

Und keine Stadt der Welt verfügte damals über ähnlich prachtvolle, den Wissenschaften geweihte Bauten. Hier die Fassade der Sorbonne, der Universität von Paris.

weise erstaunliche Ähnlichkeiten entdecken, wenn man davon absieht, daß in beiden Werken recht verschiedene Weltgegenden beschrieben werden. Die bemerkenswerteste, jedoch eher vom Zufall diktierte Parallele ist die in beiden Publikationen ausführlich erörterte Projektierung zukünftiger gewaltiger Kanalbauten. Napoleon und sein Stab diskutierten den Durchstich der Landenge bei Suez, Humboldt den späteren Panamakanal. Es mußte dem in Situationsbeurteilungen geübten Napoleon sicher schon früh aufgefallen sein, daß ein Privatmann sich darangemacht hatte, nur vermöge seiner vielfältigen Talente und Geistesgaben, aus eigenen finanziellen Mitteln und mit nur wenigen Begleitern ein Werk zu schaffen, das des Kaisers ehrgeiziges Lieblingskind zwar nicht gänzlich in den Schatten stellen, aber vielleicht doch ein wenig lächerlich erscheinen lassen konnte.

Bei Humboldts allbekanntem Lästermaul dürfte sich sein Vergleich in Unmaß und Unmenschlichkeit wohl herumgesprochen haben. Bonapartes Werk war unter Gewalt und Blutvergießen entstanden – in der Schlacht bei den Pyramiden hatte er bedenkenlos 20000 Mamelucken in den Sand beißen lassen –, wohingegen Humboldt »nur« sein privates Vermögen – gleichwohl benötigte er später

»Serre chaud« im Schloßgarten von Malmaison, 1812. Bonpland, nun Chefgärtner der Kaiserin Josephine, verfaßte 1812/17 seine »Description des plantes rares cultivées à Malmaison …«, während Humboldt sich über dessen mangelnde Begeisterung bei der Ausarbeitung des Reisewerks beklagte. Klatschmäuler meinten, daß Bonpland Josephine wichtiger gewesen sei. Museé de Malmaison, Paris.

die finanzielle Hilfe des preußischen Königs – und die Kraft seines Intellekts eingesetzt hatte.

Eine fast schon rührende Legende berichtet übrigens, Napoleon habe am Vorabend der alles entscheidenden Schlacht von Waterloo ausgerechnet in Humboldts Reisewerk gelesen. Wie häufig bei großen Geistern, siegte letztlich jedenfalls die Vernunft über die Abneigung. Es gelang Humboldt, Bonpland finanziell zu versorgen, indem er ihm trotz der Ablehnung durch den Kaiser die Stelle eines Chef-Hofgärtners bei dessen Gattin, der Kaiserin Josephine, in Malmaison verschaffte. Die begeisterte Amateurbotanikerin Josephine und Bonpland – Gerüchte behaupteten, sie seien sich bei der Kultivierung ihrer Rosen auch menschlich nähergekommen – schufen im Park von Malmaison eine Art Rosen-Museum, in dem alle bekannten Arten gezogen wurden, darunter auch der »Rosier de Montezuma«[7], eine von Humboldt und Bonpland in den Anden entdeckte Wildform. Spätere revolutionäre Zeiten haben den Park Josephines etwas verkommen lassen, doch die Rosen von Malmaison hat Pierre Joseph Redouté, botanischer Illustrator des »Muséum«, in einem heute noch häufig nachgedruckten Werk unsterblich werden lassen.

Der wissenschaftliche Erfolg war beträchtlich. Am 14.10.1804 berichtet Humboldt triumphierend dem Bruder Wilhelm: »Der Ruhm ist größer als je. Es ist eine Art von Enthusiasmus, auch geht den Leuten fürchterlich das Mühlrad im Kopfe umher, denn oft in einer Sitzung [des Institut national] habe ich astronomische, chemische, botanische

Die von Humboldt so geschätzten Sitzungen des Institut national de France – er selbst trug hier häufig vor – waren nicht nur wissenschaftliche, sondern auch gesellschaftliche Ereignisse. Das Gemälde von Ph. A. Hennequin zeigt eine Sitzung zur Zeit Ludwigs XVIII.

*Links unten:
Dieses Titelblatt der »Géographie des Plantes …« zeigt zwei Besonderheiten: zunächst die doppelte Jahresangabe, einmal das Jahr XIII des Revolutionskalenders und dann 1805 der üblichen Zeitrechnung. Da Bonpland bei der Ausarbeitung reichlich zögerlich war, sah sich Humboldt veranlaßt, ihn zwar als Mitverfasser zu nennen, doch ein tadelndes »Rédigé par Al. de Humboldt« hinzuzusetzen.*

Titel eines Humboldt-Werkes zur Schriftforschung. Ibero-Amerikanisches Institut, Berlin.

und astrologische Dinge im größten Detail vorgebracht. Alle Mitglieder des Instituts haben meine Manuskript-Zeichnungen und -Sammlungen durchgesehen, und es ist eine Stimme darüber gewesen, daß jeder Teil so gründlich behandelt worden ist, als wenn ich mich mit diesem allein abgegeben hätte. Gerade Berthollet und Laplace, die sonst meine Gegner waren, sind jetzt die Enthusiastischsten. Berthollet rief neulich aus: ›Cet homme réunit toute une Académie en lui‹. Das Bureau des longitudes berechnet meine astronomischen Beobachtungen und findet sie sehr, sehr genau. Im Cadastre von Prony werden meine fünfhundert barometrischen Messungen berechnet. Massard sticht schon meine mexikanischen Altertümer, Sellier fängt diese Woche an, die Pflanzen zu stechen. … Das

Einer der großen Freunde Humboldts war Louis Joseph Gay-Lussac, der ihn 1805 auf seiner Italienreise und dann nach Berlin begleitete. 1809 wurde Gay-Lussac Professor der Chemie an der Ecole Polytechnique und gleichzeitig Professor der Physik an der Sorbonne.

National-Institut ist vollgepfropft, so oft ich lese.«[8] Man muß Humboldts organisatorisches Geschick bewundern. Aber ebenso groß war seine Begabung, Freunde fürs Leben zu gewinnen. Louis Joseph Gay-Lussac hatte die Qualität von Humboldts eudiometrischen Messungen attackiert, und merkwürdigerweise war dies der Beginn einer lebenslangen Freundschaft. Zur Zeit ihrer ersten Begegnung stand der damals 23jährige Gay-Lussac am Beginn seiner großen Laufbahn, war aber nur »Répétiteur« der Vorlesungen Fourcroys. Es war ihm dank Chaptals Protektion gelungen, zusammen mit Biot in einem Wasserstoffballon einen Aufstieg in höchste Höhen zu unternehmen. Am 24. 8. 1804 erreichten sie 4000 m. Am 16. September desselben Jahres stieg Gay-Lussac allein im offenen Ballonkorb und ohne Sauerstoffvorrat in die ungeheure Höhe von 7000 m auf. Dabei bestätigte er die Behauptung Humboldts, daß die Intensität des Erdmagnetfeldes sich mit zunehmender Höhe nicht verändert. »Mit Herrn Gay-Lussac besprach

Humboldt entdeckte als erster die Bedeutung des Guano, des Seevogelmistes, der sich auf kleinen, felsigen Inseln vor der Westküste Südamerikas zu abbauwürdigen Lagerstätten auftürmt. Guano wurde bald ein gesuchter Dünger und ein wichtiges Handelsprodukt. Diese Inseln hatten keine brauchbaren Häfen, so waren die Verladeeinrichtungen von abenteuerlicher Primitivität.

ich im Augenblicke meiner Rückkunft insbesondere die meteorologischen und physikogeologischen Beobachtungen, die ich auf meinen Reisen gesammelt hatte. Acht Jahre lang wohnten wir ... fast immer unter demselben Dache; ... wir stellten mehrere gemeinschaftliche Versuche über die ... Atmosphäre ... an.«[9] Gay-Lussac hatte von seinem Aufstieg Luftproben mitgebracht, die er gemeinsam mit Humboldt eudiometrisch untersuchte. Dabei zeigte sich, daß die Luftzusammensetzung mit zunehmender Höhe sich ebenfalls nicht verändert. Auf der Suche nach immer genaueren Bestimmungen des Sauerstoffgehaltes der Luft stellten beide gemeinsam fest, daß genaue Werte nur mit einem Knallgas-Eudiometer zu erhalten waren, und sie ermittelten 1805 den noch heute gültigen Wert für den Anteil des Sauerstoffs in der Luft.

Von März bis September 1805 reisten die beiden nach Italien, zunächst nach Rom, wo Bruder Wilhelm den König von Preußen beim Heiligen Stuhl vertrat. Mit einem dort verfaßten Brief an den Erfurter Akademiepräsidenten begründete Humboldt eine neue Industrie: »... ich habe ... eine Abhandlung angefangen.... Sie betrifft eine geognostische und chemische Merkwürdigkeit, über die noch nichts gedruckt worden ist, den Guano, eine Erde, welche an den Küsten der Südsee 40 Fuß hohe Hügel bildet und in welcher Vauquelin über 40/100 Harnsäure entdeckt hat.«[10] Humboldt waren auf seiner Reise die riesigen Lager Seevogelmist aufgefallen, die noch zu seinen Lebzeiten als Stickstoff- und Phosphatdünger abgebaut werden sollten. Sie reisten weiter nach Neapel, wo sie mehrfach – in Begleitung von Leopold von Buch und einmal mit dem jungen Simon Bolivar – den gerade unruhigen Vesuv bestiegen: »Kurz vor dem großen Ausbruch des Vesuv im Jahre 1805 beobachteten Gay-Lussac und ich, daß das Wasser, das in Dampfform aus dem Innern des Kraters kommt, Lackmuspapier nicht rötete.«[11] Humboldts Untersuchungen begannen eine Richtung zu nehmen, die in den folgenden Jahren dominieren sollte, die Erforschung des Erdmagnetismus: »Ich habe mit Gay-Lussac die Beobachtung gemacht, daß am Abhang des Vesuvs und im Innern des Kraters die Intensität der magnetischen Kraft durch die Nähe der Laven modifiziert wird.«[12] Am 17. September verließen Humboldt, Gay-Lussac und von Buch Rom und erreichten am 16. November Berlin.

Drei Tage nach der Ankunft ernannte Friedrich Wilhelm III. Humboldt zum Kammerherrn und ordentlichen Mitglied der Akademie der Wissenschaften – ohne weitere Verpflichtungen und mit einem Gehalt von 2500 Talern, das später verdoppelt wurde. Der Krieg mit Frankreich und die preußische Niederlage von Jena und Auerstedt vereitelten die baldige Rückkehr nach Paris. Humboldt nutzte die Zeit zur Abfassung eines seiner bemerkenswertesten Bücher, der »Ansichten der Natur«.

Der Privatgelehrte Leopold v. Buch, Freiherr von Gellmersdorf, war ein guter Freund Humboldts. Er leistete als Geologe und Paläontologe Bedeutendes und verhalf zusammen mit Humboldt dem Plutonismus zum Durchbruch. Lithographie nach einem Gemälde von Carl Begas, 1850.

Auch in der Malerei war die Darstellung von Vulkanausbrüchen zur Zeit Humboldts die ganz große Mode. Johann Christian Dahl, »Ausbruch des Vesuv«, 1826. Städelsches Kunstinstitut, Frankfurt.

»›Wer sich herausgerettet aus der stürmischen Lebenswelle‹, folgt mir gern in das Dickicht der Wälder«

»Ansichten der Natur«

Aus einer bislang nicht beachteten, skurrilen Tee-Legende über Honoré de Balzac, die dem Romancier Léon Gozlan zu danken ist, erfährt man, daß Humboldts Bekanntschaft mit dem französischen Dichter über das Unverbindliche reiner Salonbegegnung hinausging: »Nur bei Gelegenheit hoher Feste holte er das Kästchen aus Ganghadar hervor…. Dann begann Balzac…, die Geschichte dieses Goldtees zu erzählen. Die Sonne reifte ihn einzig für den Kaiser von China…. Jungfrauen pflückten ihn vor Sonnenaufgang und trugen ihn singend bis vor die Füße des Kaisers…. Als besondere Gnade sandte … er, wenn er eben großherzig aufgelegt war, mit Karawanen ein paar Handvoll an den Kaiser von Rußland. … Die letzte Sendung, die … Herr von Humboldt Balzac zum Geschenk gemacht hatte, wäre unterwegs beinahe verlorengegangen.«[1]

Humboldt und Balzac verkehrten in denselben Pariser Salons: Die Herzogin Laure d'Abrantès hatte Balzac bei Humboldts Zeichenlehrer, dem Maler François Gérard, und im ärmlichen, doch einflußreichen Salon der Madame Récamier in der ferngelegenen Abbaye-aux-Bois eingeführt. Als »Löwe« herrschte dort der mit Humboldt befreundete Literat, Politiker und Diplomat François René Vicomte de Chateaubriand. Nichts kann den heiteren »naturwissenschaftlichen« Stil des Salons der Récamier besser beleuchten als die Tatsache, daß einer seiner eifrigsten Besucher, ihr Neffe Brillat-Savarin, 1825 anonym eine hinreißende Parodie auf die damaligen Lehrbücher der physiologischen Chemie verfaßte, ein in jeder Hinsicht kulinarisches Werk der Weltliteratur, das trotz der Anonymität seinen Namen unsterblich machen sollte: »Physiologie des Geschmacks oder Gedanken zur transzendenten Kochkunst … von einem Professor, Mitglied mehrerer gelehrter Gesellschaften«[2]. Brillat-Savarin war Richter am Kassationshof, Feinschmecker aus Leidenschaft und natürlich weder Physiologe noch Professor.

Die so wesensverschiedenen Schriftsteller Balzac und Humboldt mit ihren völlig andersgearteten Werken zeigen im Vergleich der Traditionen, denen sie sich verpflichtet sahen, überraschende Parallelen. Humboldt hat seine literarischen Anreger immer wieder benannt. Aus den Aufzeichnungen

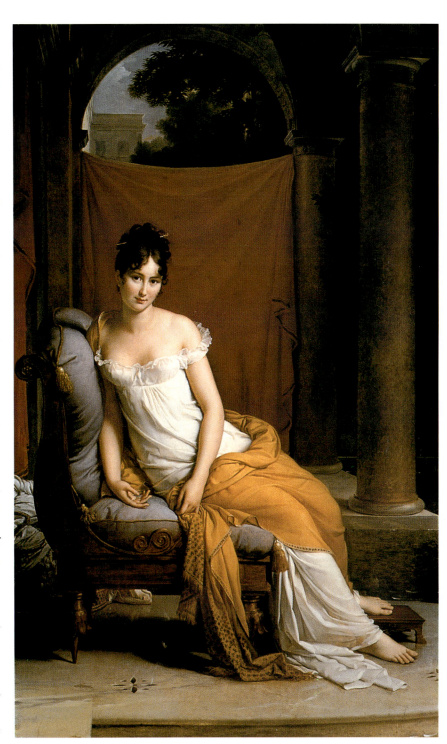

Humboldts Freund F. Gérard schuf 1805 dieses Portrait der Salonière Madame Récamier. In deren Salon, den Humboldt gern besuchte, herrschte der Dichter und Politiker Chateaubriand als »Löwe«. Museé Carnavalet, Paris.

Der Naturforscher, Reisende, Politiker und Dichter J. H. Bernardin de Saint-Pierre schrieb Humboldts – von ihm häufig zitierten – Lieblingsroman »Paul et Virginie« und war eines seiner großen literarischen Vorbilder. Zeichnung von L. Lafitte, gestochen von J. F. Ribault, 1805. Die übersteigerte Frömmigkeit Bernardin de Saint-Pierres irritierte ihn allerdings ebenso wie später Gustave Flaubert, der einigen besonders herausragenden Beispielen, die Bernardin für das Walten Gottes in der »Harmonie der Natur« gefunden hatte, einen Ehrenplatz in seinem »Wörterbuch der Gemeinplätze« einräumte.

seiner »Kosmos«-Vorträge 1827/28 durch einen Unbekannten seien sie hier zitiert: »Zuerst nennen wir *Buffon*, der obgleich großartig in seinen Ansichten, doch mehr pomphaft malt als individuell, u. dessen Schilderungen eine gewisse Kälte haben, weil ihm die eigne Ansicht der exotischen Natur abgeht.«[3] Tatsächlich hatte Buffon selbst nie tropische Länder bereist. Seine 36 Bände umfassende »Histoire de la Nature« ist ein auch sprachliches Meisterwerk, das bis heute zur klassischen französischen Literatur zählt. Hinter dem »Pomphaften« und der »gewissen Kälte« seines Sprachstils dürfte sich ein Gutteil Diplomatie verborgen haben: Der wohlhabende Großgrundbesitzer, Industrielle und vielseitige Mathematiker, Physiker und Chemiker, der 1739 zum Intendanten des »Jardin du Roi« berufen und in diesem Amt einer der großen Biologen seiner Zeit wurde, hatte als erster die Konstanz der Arten geleugnet und die Grundzüge einer völlig neuen Deszendenztheorie dargelegt: » ... wir würden nicht im Unrecht sein, anzunehmen, daß sie [die Natur] mit ausreichender Zeit von einem einzigen Wesen hätte alle anderen ziehen können.«[4] Damit hatte er kühn der biblischen Schöpfungsgeschichte widersprochen, wurde prompt von der theologischen Fakultät der Sorbonne zurechtgewiesen und widerrief – vielleicht nicht besonders heroisch, doch vernünftig – im nächsten Band: » ... ich sage mich von alledem los, was in meinem Buche über die Bildung der Erde gesagt ist und im allgemeinen von dem, was der Erzählung des Moses entgegen ist.«[5]

»An Wahrheit und Anmut übertrifft ihn der jüngere *Forster*. Er entwirft ein sehr geschmackvolles Naturbild, in dieser Art das erste, u. schildert nicht nur lebhaft den Anblick der Tropenwelt, sondern berücksichtigt auch die verschiedenen Sitten u. Rassen der Völker.«[6] Humboldts Freund und Lehrmeister Georg Forster gilt noch heute als Begründer der klassischen literarischen Reisebeschreibung. Seine Schilderungen sind von tiefer Empfindsamkeit und haben die Ideenwelt Herders und den Einfluß der frühen Romantik zum Hintergrund.

»Später als *G. Forster* liefert *Bernardin de St. Pierre* gelungene Naturschilderungen, die gewissermaßen dramatisch sind, insofern historische Figuren sich vom landschaftlichen Hintergrunde sondern. *Paul et Virginie* sowohl als die *Etudes de la nature* enthalten schöne Bilder, die jedoch mit Vorsicht zu betrachten sind, da falsche Axiome hin und wieder den Verfasser verleiten, der Wahrheit Abbruch zu tun.«[7] Der Ingenieur und Schriftsteller Bernardin de Saint-Pierre veröffentlichte, beeinflußt durch den befreundeten Philosophen Rousseau, 1784 seine »Betrachtungen über die Natur«. Der als Anhang vorgesehene vierte Band »Paul et Virginie« wurde erst vier Jahre später als Teil der dritten Auflage publiziert und erschien 1789 mit ungeheurem Erfolg als Einzelausgabe. Besonders bemerkenswert an diesem, einem wissenschaftlichen Werk gewissermaßen zur Illustration beigegebenen Roman ist die Tatsache, daß er seinerseits ausführlichste botanische Erläuterungen der im Handlungsverlauf erwähnten tropischen Pflanzenwelt enthält. Bernardin de Saint-Pierre wurde 1792 als letzter Inhaber dieses Amtes zur Zeit der Monarchie zum Direktor des »Jardin royal des Plantes médicinales« berufen – wie der eigentliche, eher ungebräuchliche Name des »Jardin du Roi« lautete. Seine Wahl in den Nationalkonvent sowie die Umorganisation des »Jardin« beendeten seine Amtszeit. Er wurde Professor für »Republikanische Moral« an der »Ecole Normale Supérieure«, dann Mitglied am »Institut de France«, schließlich der »Académie Française« und ab 1807 deren Präsident. Der blendende Stilist kannte die von ihm beschriebenen Naturereignisse aus eigener Anschauung, denn in seinem dramatisch verlaufenen Leben unternahm er ausgedehnte Reisen nach Rußland, Finnland und auf die Inseln Malta und Mauritius. Seine umfassende, die Geduld des Lesers zuweilen überfordernde Mischung von Handlung und Wissensvermittlung hat im schriftstellerischen Schaffen Humboldts tiefe Spuren hinterlassen. »Paul et Virginie« war sein Lieblingsroman, den er auf der großen Reise stets mit sich führte und in stimmungsvollen Augenblicken immer wieder las. Allerdings kritisierte Humboldt Bernardin de Saint-Pierres romantisch übersteigerten Optimismus, der jegliches Naturphänomen als eine Offenbarung des gütigen Schöpfers ausschließlich zum Wohle der Menschen ansieht. Bei aller Bewunderung, eine dermaßen vordergründige Religiosität war Humboldts Sache nicht. Doch die überzeugende Konsequenz, mit der Bernardin de Saint-Pierre einen rein literarischen Anhang als unmittelbar zum wissenschaftlichen Hauptwerk gehörig und naturwissenschaftliche Literatur als Literatur schlechthin betrachtete, war für Humboldt prägend. Zwei Direktoren des »Jardin«, Buffon und Bernardin de Saint-Pierre, waren somit für den Forscher und Schriftsteller Humboldt von entscheidendem Einfluß.

»*Chateaubriand* stellt in der *Atala* ein ebenso reizendes Bild der südlichen Natur auf, als er im ›Génie du Christianisme‹ die Missionen mit Wahrheit u. der Natur getreu schildert. So malt er mit eigentlichen Lokalfarben das südliche Italien, Ägypten, Jerusalem, das gelobte Land…«[8] Humboldt war mit dem aus alter aristokratischer Familie stammenden Chateaubriand befreundet. Nach André Maurois beruhte Chateaubriands Ruhm darauf, daß er ein seiner Zeit intellektuell entsprechendes Christentum und einen zukunftsorientierten Katholizismus vertrat, und Maurois sah dessen Kernsatz in der Feststellung: »In den Schönheiten der Erde, der Natur und der Liebe werdet ihr die Kraft- und Lebenselemente finden, um Gott zu rühmen.«[9] »Die Zauberwirkung des Geistes und die Empfänglichkeit des Herzens«[10] waren für Chateaubriand die Grundlagen wahren Christentums. Was immer man von dem romantischen, betont emotionale Werte in den Vordergrund stellenden Chateaubriand halten mag – er erweist sich in seinen »Erinnerungen von jenseits des Grabes, ein autobiographisches Fragment«[11] als virtuoser Meister der Feder, die er flink und tödlich wie ein Florett handhabt. Mit ihm als weiterem literarischen

Der zeitgenössische Stich zeigt den Dichter, Diplomaten und Politiker F. R. de Chateaubriand, dessen in meisterlicher Prosa abgefaßten Naturschilderungen Humboldt begeisterten. Beide waren eng befreundet. Auch Chateaubriands religiös-naturkundlichen Betrachtungen in dessen »Geist des Christentums« fanden den Spott des wissenschafts- und technikbegeisterten Flaubert, während Heinrich Mann die Behauptung aufstellte, Chateaubriand habe das »moderne Naturgefühl erfunden« und den »Schmerz des nach Auflösung der alten Gesellschaft an seiner Einsamkeit Tragenden entdeckt«.

Anreger waren Humboldts Ansprüche an sich selbst sehr hoch.

Auch bei Chateaubriand – übrigens der Taufpate des gleichnamigen Filets – findet sich die eigenartige Ergänzung einer wissenschaftlichen Arbeit durch einen literarischen Anhang: Seinem philosophischen Essay »Génie du Christianisme« fügte er die autobiographische Novelle »René« an. Sie sollte – ähnlich wie »Werthers Leiden« in Deutschland – eine von Weltschmerz erfüllte Lebenshaltung begründen und als »Renéismus« in die Literaturgeschichte eingehen.[12] Da zumindest der späte Humboldt des »Renéismus« völlig unverdächtig ist, muß es über die reine Vorbildfunktion literarischer Qualität hinaus eine essentiell gemeinsame Grundeinstellung gegeben haben, die ihn mit den Werken Bernardin de Saint-Pierres und Chateaubriands verband. Bei genauer Betrachtung zeigt sich denn auch die übereinstimmende Thematik: der beim Zusammentreffen von Menschen verschiedener Kulturen offenbar unvermeidliche Konflikt und die Spiegelung der Frage nach Eigenwert und Bedeutung des mehr oder weniger »edlen« Wilden sowohl aus dessen als auch aus der Sicht seines europäischen Betrachters und zivilisatorischen Widerparts. Die bei Bernardin de Saint-Pierre und Chateaubriand eher literarische Problematik erweitert Humboldt zur Frage nach der Berechtigung von Mission, Kolonialismus und Sklaverei überhaupt. Das Verhältnis von Kolonisator zu Kolonisierten schien ihm offenbar für eine literarisch überzeugende, ausdrucksstarke Darstellung wichtig genug – wichtiger, als es viele eher nationalistisch gesinnte Biographen später zu sehen beliebten.

137

In seinem 1788 erschienenen Roman »Paul et Virginie« feierte der mit Rousseau befreundete Bernardin de Saint-Pierre die natürliche Bildung des Herzens und warnte vor den Gefahren der Zivilisation. Die gesellschaftlichen Konventionen verursachen Virginiens Tod: Bei einem Schiffbruch wagt sie aus Schamgefühl nicht, sich zu entkleiden, wird so beim Schwimmen behindert und ertrinkt. Paul stirbt vor Trauer. Kolorierte Aquatinta 1790 von Ch. M. Descourtis nach einer Zeichnung von F. Schall.

Der Indianer Chactas und ein Eremit tragen die schöne Atala zu Grabe. Gemälde von Anne-Louis Girodet de Roussy-Trioson. Ähnlich tragisch wie bei Paul und Virginie erfüllt sich im Roman »Atala« von Chateaubriand das Schicksal der Heldin: Sie liebt Chactas, hat jedoch am Totenbett ihrer Mutter gelobt, Jungfrau zu bleiben. Als einzigen Ausweg sieht sie den Selbstmord mit langsam wirkendem Gift. Musée du Louvre, Paris.

Entgegen der Chronologie der Begegnungen erhält Goethe in der Reihe von Humboldt benannter zeitgenössischer Anreger und Vorbilder sozusagen den Schlußakkord, als bewußt gesetztes Verehrungszeichen für den Dichterfürsten: »Vor allen aber erwähnen wir hier den hohen Meister, dessen Werke ein so tiefes Gefühl für die Natur durchdringt. Wie im *Werther*, so in der *[Italienischen] Reise*, in der *Metamorphose der Pflanzen*, überall klingt dies begeisterte Gefühl an und berührt uns gleich wie ›ein sanfter Wind vom blauen Himmel weht‹.«[13] Für den von der Romantik beeinflußten Humboldt hatten scheinbar ausgerechnet die Naturschilderungen im »Werther« ihren besonderen Akzent.

Aber auch Goethe war schon früh von Humboldt tief beeindruckt gewesen. Am 5.10.1809 sandte er ihm einen Band seines soeben erschienenen Romans »Die Wahlverwandtschaften« mit der Bemerkung: »Sie werden gewiß freundlich aufnehmen, daß darin Ihr Name von schönen Lippen ausgesprochen wird.«[14] Tatsächlich findet er sich als Eintragung in Ottiliens Tagebuch: »Nur der Naturforscher ist verehrenswert, der uns das Fremdeste, Seltsamste mit seiner Lokalität, mit aller Nachbarschaft, jedesmal in dem eigensten Elemente zu schildern und darzustellen weiß. Wie gern möchte ich nur einmal Humboldten erzählen hören!«[15] Da Goethe sonst Ehrungen solcher Art nie vergab, stellte diese eine wahrhaft einzigartige Hommage an den Naturforscher, aber auch an den Stilisten Humboldt dar.

Kehren wir zu Balzac zurück. Das Netz gemeinsamer Bekannter war noch wesentlich dichter geknüpft. Ein naher Freund Balzacs wie auch guter Bekannter Humboldts – er soll ersteren während einer schweren Depression vom Selbstmord zurückgehalten haben[16] – war der Schriftsteller und Politiker Etienne Arago, der jüngere Bruder von François Arago – dem vielleicht engsten Freund Humboldts –, »Carbonaro« und angebliches Mitglied der als revolutionär verschrieenen »Blauen Venta«.

Auch Balzac begeisterte sich in seiner Jugend für die Werke Chateaubriands.[17] Mit dem Zoologen und Anatomen Etienne Geoffroy Saint-Hilaire stand er in Verbindung, als er während seines Jurastudiums 1816/18 dessen Vorlesungen im »Muséum

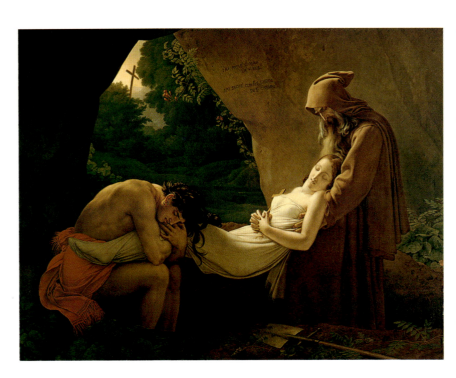

Robert Dodd schuf 1790 diese Darstellung des Höhepunkts der Meuterei auf der »Bounty«. National Maritime Museum, London. Die »Bounty« war auf Anregung ihres Kapitäns William Bligh in die Südsee gesegelt, um Brotfruchtschößlinge zur Anpflanzung in anderen tropischen englischen Kolonien zu holen. Der Brotfruchtbaum kann bis zu 20 Meter hoch werden. Aus Hunderten von Blüten entwickelt sich der kopfgroße Fruchtstand, die Brotfrucht, deren gekochtes oder gebackenes Fleisch in Polynesien ein wichtiges Nahrungsmittel darstellt. Die Wanderung oder Migration von Kulturpflanzen, vor allem die von Menschen geplante, interessierte Humboldt ganz besonders. Er hatte Bligh, der es noch zum Adelspatent (Sir) und zum Admiral brachte, in London kennengelernt.

national d'histoire naturelle« – wie der »Jardin« mittlerweile hieß – hörte. Geoffroy Saint-Hilaires Lehre, alles organische Leben gehe auf eine einzige Grundstruktur zurück, faszinierte Balzac. Als Hörer des »Muséum« erlebte er Geoffroy Saint-Hilaires ewigwährenden, berühmten Streit mit dem Zoologen und Paläontologen Georges de Cuvier um dessen »Katastrophentheorie«, die eine unentwegte Abfolge von Untergängen und Neuschöpfungen postulierte. Cuvier – wie Geoffroy Saint-Hilaire mit Humboldt sehr gut bekannt – ging als Begründer der vergleichenden Anatomie und Osteologie in die Geschichte ein. Den Zeitgenossen galt Balzac – anders als der Nachwelt – ein wenig abwertend als »naturwissenschaftlicher Dichter«[18]. Im umfangreichen, ziemlich »zoologisch« akzentuierten Vorwort zu seiner vielbändigen »Comédie humaine« bekennt er selbst 1842, daß ihm der Impuls zu diesem gigantischen Vorhaben aus den Vorlesungen des »Muséum« erwachsen sei.[19] Wie Cuvier und Geoffroy Saint-Hilaire die verschiedenen Tierarten erforscht und beschrieben hatten, so wollte er Menschentypen darstellen. Wenig später versichert er – übertriebene Bescheidenheit war sein Problem nicht –: »Vier Männer werden (im 19. Jahrhundert) ein unermeßliches Leben gekannt haben: Napoléon, Cuvier, O'Connell, und ich will der vierte sein.«[20] Die entscheidende Voraussetzung für die Balzacsche »Comédie humaine« war also die Existenz des »Muséum« – und sie wiederum ist Alexander von Humboldt zu verdanken. Als nämlich 1814 und dann nochmals nach den »Hundert Tagen« Napoleons 1815 die alliierten Truppen in Paris einrückten und sich preußische Soldaten im Siegesrausch daranmachten, im »Jardin« die seltenen Bäume umzuhacken, um die exotischen Tiere zu braten, erreichte Humboldt mit seinem sprichwörtlichen diplomatischen Geschick und seinen nahezu immer funktionierenden guten Beziehungen wiederholt die Schonung des »Muséum«. Am Rande sei erwähnt, daß Balzac in seinem Roman »César Birotteau« Humboldts Lehrer, den Chemiker Vauquelin, als äußerst sympathisch, wenn auch etwas vertrottelt darstellt.[21]

In selbstgewählter literarischer Tradition verfaßte Humboldt 1807 ein von ihm später sehr geliebtes Werk von höchst ausgeprägter Eigenart: »Ansichten der Natur, mit wissenschaftlichen Erläuterungen«. Angesichts seiner Vorbilder kann es nicht verwundern, daß die »wissenschaftlichen Erläuterungen« die »Ansichten« förmlich zuwuchern. »Über die Steppen und Wüsten«, das erste, sehr malerisch und stimmungsvoll auf 21 Seiten geschilderte »Naturbild«, hat schließlich in der dritten Auflage von 1849 nicht weniger als 131 Seiten »Erläuterungen und Zusätze«![22] Es folgen die »Ideen zu einer Physiognomik der Gewächse«. In der Erstausgabe bildet das Kapitel »Über die Wasserfälle des Orinoco, bei Atures und Maypures« den Abschluß des »ersten« Bandes. Ein zweiter erschien nicht. Welche Stücke er hätte enthalten sollen, scheint unbekannt. Der zweiten Ausgabe gab Humboldt 1826 weitere Kapitel bei, den neuen Aufsatz »Über den Bau und die Wirkungsart der Vulkane …«, der dem alten Goethe nicht besonders gefallen haben dürfte, sodann seine schon 1795 für Schillers »Horen« verfaßte Jugendsünde »Die Lebenskraft oder

Humboldt war ein glühender Befürworter eines Kanals durch Mittelamerika. Unablässig bewog er Simon Bolivar, die Vermessungsarbeiten voranzutreiben. Er selbst sah den Isthmus von Tehuantepec als günstigste Stelle an.

der rhodische Genius, eine Erzählung«. Die dritte Ausgabe erweiterte Humboldt 1849 um Betrachtungen über »Das Hochland von Caxamarca, der alten Residenzstadt des Inka Atahuallpa, und erster Anblick der Südsee von dem Rücken der Andeskette«.

Er hatte sich ein hohes Ziel gesteckt: »Überblick der Natur im großen, Beweis von dem Zusammenwirken der Kräfte, Erneuerung des Genusses, welchen die unmittelbare Ansicht der Tropenländer ... gewährt: sind die Zwecke, nach denen ich strebe.«[23]

Die eher elegische Lebensanleitung in der Vorrede der ersten Auflage ist aus der politischen Situation des Jahres 1807 zu verstehen: Mitten im Napoleonischen Zeitalter, auf dem Höhepunkt der Unterjochung Deutschlands, empfiehlt Humboldt – und zitiert Schiller zur Bestätigung –, das seelische Glück in Naturbetrachtung und bewußter Abkehr von den politischen Zeitläuften zu suchen: »Überall habe ich auf den ewigen Einfluß hingewiesen, welchen die physische Natur auf die moralische Stimmung der Menschheit und auf ihre Schicksale ausübt. *Bedrängten Gemütern* sind diese Blätter vorzugsweise gewidmet. ›Wer sich herausgerettet aus der stürmischen Lebenswelle‹, folgt mir gern in das Dickicht der Wälder, durch die unabsehbare Steppe und auf die hohe Andeskette. Zu ihm spricht der weltrichtende Chor: Auf den Bergen ist Freiheit! Der Hauch der Grüfte / Steigt nicht hinauf in die reinen Lüfte; / Die Welt ist vollkommen überall, / Wo der Mensch nicht hinkommt mit seiner Qual.«[24]

Der Rückzug aus den Händeln der Menschen ist die konsequente Antwort auf eine nationale, ja na-

Schon Napoleon träumte von einem Kanal durch die Landenge von Suez. Später favorisierten die Engländer diesen Plan, um den Weg nach Indien zu verkürzen. Lange vor dem Bau gab es eine Kamelreiterpost und mit vier Pferden bespannte, zweirädrige Postkutschen, die durch die Wüste rasten. Die meist ungünstigen Windverhältnisse im Roten Meer behinderten Segelschiffe auf ihrem Weg nach Indien und China. So siegten britische Dampfer auf dem Roten Meer schon lange vor dem Bau des Suezkanals über die Segler.

tionenübergreifende Resignation. Auch Goethes häufig verwendete Metapher vom Weiterrollen seiner »Tonne des Diogenes«[25] gehört in diesen Zeitzusammenhang. Daß sich hinter solchen Betrachtungen Humboldts politische Aussagen verbergen, bestätigt sich 1849, als im Jahr des Scheiterns der Revolution der alte Humboldt für die dritte Auflage seiner »Ansichten der Natur« die »wissenschaftlichen Erläuterungen« und damit den Hauptteil des Werkes nahezu neu verfaßt: »Es ist mir noch im achtzigsten Jahre die Freude geworden, eine dritte Ausgabe meiner Schrift zu vollenden und dieselbe nach den Bedürfnissen der Zeit ganz umzuschmelzen. Fast alle wissenschaftlichen Erläuterungen sind ergänzt oder durch neue, inhaltsreichere ersetzt worden.«[26] Mit dieser Aussage könnte es sein Bewenden haben, doch Humboldt schiebt einen Angriff auf die herrschende Gesellschaftsschicht nach: »Ich habe gehofft, den Trieb zum Studium der Natur dadurch zu beleben, daß in dem kleinsten Raume die mannigfaltigsten Resultate gründlicher Beobachtung zusammengedrängt, die Wichtigkeit genauer numerischer Angaben und ihrer sinnigen Vergleichung untereinander erkannt, und dem dogmatischen Halbwissen wie der vornehmen Zweifelsucht gesteuert werde, welche in den sogenannten höheren Kreisen des geselligen Lebens einen langen Besitz haben.«[27] Betrachtet man die Kämpfe, die Humboldt zu dieser Zeit mit der Hofkamarilla auszufechten hatte – insbesondere mit deren geistlichen Repräsentanten –, so ahnt man wohl, wessen dogmatisches Halbwissen hier angeprangert wird. Humboldt selbst glaubte, daß von seinem Werk eine beträchtliche Anregung zu forschender Naturbetrachtung ausgegangen sei, die weniger auf der wissenschaftlichen Aussage und mehr auf der Stimulierung der Gefühle beruht habe. Der wohl bedeutendste unter Humboldts jungen Lesern dürfte Charles Darwin gewesen sein. Er schrieb 1859 über seine Lektüre der »Ansichten der Natur«: »Diese weckten in mir das brennende Verlangen, wenigstens einen kleinen Beitrag zum noblen Bauwerk der Naturwissenschaften zu leisten.«[28]

In der dritten Auflage der »Ansichten« weist Humboldt energisch auf seinen großen Traum hin, den Bau des heute sogenannten »Panamakanals«: »Seit mehr als vierzig Jahren mit den Kommunikations-Mitteln zwischen beiden Meeren beschäftigt, habe ich in meinen gedruckten Schriften sowohl als in den verschiedenen Mémoires, welche mir in ehrenvollem Vertrauen von den Freistaaten im spanischen Amerika abgefordert worden sind, immer darauf gedrungen: den Isthmus *in seiner ganzen Länge hypsometrisch zu untersuchen* …. Der General Bolivar hat auf meine Bitte in den Jahren 1828 und 1829 … die Landenge zwischen Panama und der Mündung des Rio Chagres genau nivellieren lassen.«[29] Doch die hierbei gewonnenen Erkenntnisse genügten Humboldt nicht. Es hatten keine durchgehenden barometrischen Vermessungen stattgefunden, insbesondere war verabsäumt worden, »auf einige Monate zwei fixe *korrespondierende Barometerstationen* an beiden Meeren zu gründen«[30]. Zuweilen konnte der alte Humboldt auch ungehalten werden: » … aber nie ist der einfache Rat, welchen ich gegeben, befolgt worden.«[31] Und er mahnte: »Bei der Wichtigkeit, welche der Gegenstand für den großen Welthandel hat, darf man nicht, wie bisher, in einen engen Kreis gebannt bleiben.«[32]

Humboldts stets wiederholte Empfehlung, Atlantik und Pazifik per Schiene oder Kanal zu verbinden, sollte zwar zunächst zu diplomatischen Verwicklungen führen, doch schließlich befolgt werden. Nach dem schleusenlosen Suezkanal (1869/79), den schon Napoleon auf seiner Ägypten-Expedition diskutiert hatte, begann Ferdinand de Lesseps erst 1879, also 30 Jahre nach Humboldts Rat, mit dem Bau des Panamakanals. Die Großmächte USA und Großbritannien hatten sich schon im 1850 geschlossenen »Clayton-Bulwer-Vertrag« darauf festgelegt, den Wasserweg nicht im Alleingang zu bauen. Ein Dezennium nach Beginn erzwangen technische und finanzielle Schwierigkeiten den Abbruch der Arbeiten. Etwa 20 000 Arbeiter – meist Indios – waren ums Leben gekommen. Erst 1906 führte man den Bau der Wasserstraße endgültig durch, die 1914 dem Schiffsverkehr übergeben wurde.

Ferdinand de Lesseps baute erfolgreich den Suezkanal, während er am Panamakanal – der später den Seeweg von New York nach San Francisco um 14 581 km verkürzen sollte – scheiterte. Photographie von Nadar, Paris.

»Es kostet mich viel, die Hoffnung aufzugeben, die Ufer des Ganges mit ihren Bananenbäumen und Palmen zu sehen«

Politik

Der russische Zar Nikolaus I. erbat Humboldts Gutachten über eine Platinwährung und ermöglichte seine asiatische Reise. Lithographie nach einem Gemälde von Franz Krüger, 1839.

Unablässig bewegte Humboldt der Wunsch, seiner Südamerika-Reise eine nach Asien gegenüberzustellen. Es gelang ihm jahrzehntelang nicht, insbesondere weil die britische Regierung und die Englisch-Ostindische Kompanie den Besuch ihrer Kolonien nicht wünschten. Vermutlich waren Humboldts antikolonialistische Einstellung und seine Gutachtertätigkeit im Auftrag verschiedener Regierungen der Grund. Andererseits war es gerade eines seiner Gutachten, das ihm eine Reisemöglichkeit zumindest in den asiatischen Teil Rußlands eröffnete. Während des Wiener Kongresses holte die spanische Regierung Humboldts Meinung über eine südamerikanische Platinwährung ein. 1827 wünschte die russische Regierung Humboldts Ansicht über eine Einführung des Platinrubels zu erfahren. Es war naheliegend, seinem Urteil eine Untersuchung der Edelmetallvorkommen im asiatischen Rußland vorausgehen zu lassen. Sie wurde großzügig finanziert, nachdem er die eigene pekuniäre Situation dargelegt hatte. Sein Brief an das Ministerium ist ein einzigartiges Dokument finanzieller Sorglosigkeit, aber auch liebevoller Fürsorge für junge Talente: »Ich habe Alles, was ich ererbt (100000 Thlr.), aufgezehrt, und da ich es wissenschaftlichen Zwecken geopfert, sage ich es ohne Furcht des Tadels. Der König, bei dem ich eine bloß persönliche Lage habe, bezahlt mich großmütiger, als ich es als Gelehrter und in einigen Administrationsgeschäften als ratgebende Person bei Sr. Majestät verdienen kann, 5000 Thlr. jährlich. Bis jetzt, da ich ziemlich ungeschickt in meinem Haushalt bin und gern junge Studierende unterstütze, gebe ich jährlich immer etwas mehr aus, als ich besitze.«[1]

Humboldt erhielt für die Fahrt nach St. Petersburg und zurück 1200 Dukaten und für die Unkosten der Reise selbst 20000 Papierrubel. Die russische Regierung sorgte überdies für Wagen, Postpferde, Feldjäger, eingerichtete Wohnungen und militärische Bedeckung an den Grenzen. Am 12.4.1829 verließ Humboldt mit zwei Begleitern, Gustav Rose und Christian Gottfried Ehrenberg, Berlin und brachte in neuneinhalb Monaten bis zum 28. Dezember die gewaltige Strecke von 3500 Meilen zu Lande hinter sich.[2] Die Reisestatistik beeindruckt: »Zu Wasser wurden 690 Werst, außerdem auf dem Kaspischen Meere 100 Werst zurückgelegt; 658 Poststationen hatten 12244 Pferde in Bewegung gesetzt; 53mal wurden Flüsse überschritten – die Wolga 10mal, der Irtysch 8mal, der Ob und die Kama je 2mal.«[3] Allein diese Bilanz verbietet einen Vergleich mit den Abenteuern des jungen Humboldt. Schon die Zeitgenossen meinten, es sei nicht die Reise eines Naturforschers, sondern die eines inkognito reisenden Fürsten gewesen. Man bestellte nicht nur Dolmetscher, sondern auch vor-

Humboldt brachte von seiner asiatischen Reise eine Reihe von Mineralien mit, die – wie dieser Topas aus dem Ural – noch heute im Berliner Museum für Naturkunde aufbewahrt werden.

Auch diesen Smaragd aus Tokomaja im Ural brachte Humboldt nach Berlin. Museum für Naturkunde, Berlin.

Die Stadt Kasan. Humboldt bestimmte auf astronomischem Wege ihre Lage und maß ihre Höhe; er durchforschte die Sammlungen der dortigen Universität und lernte das Leben der Tataren näher kennen.

Rechts oben und unten: Humboldts Karawane durchquert die Barabinskische Steppe, die von den Flüssen Irtysch und Ob begrenzt wird.

Goldwaschwerk im Ural. Die Beurteilung der Edelmetallvorkommen war eines der Ziele von Humboldts asiatischer Reise.

Ein holzbefeuerter Dampfer auf dem »Kaspi-See«, wie ihn auch Humboldt benutzte.

ausreitende Boten, denen es mühelos gelang, angesichts der beispiellosen Langweiligkeit russischen Landlebens die gesamte Bevölkerung der besuchten Städtchen auf die Beine zu bringen. »Ein ewiges Begrüßen, Vorreiten und Vorsorgen von Polizeileuten, Administraten, Kosaken, Ehrenwachen. Leider aber auch fast kein Augenblick des Alleinseins; kein Schritt, ohne daß man wie Kranke unter der Achsel geführt wird.«[4]

Die Route sei grob skizziert: Die Anreise führte über Königsberg und Dorpat nach St. Petersburg. Der allgegenwärtige Sand der Kurischen Nehrung – Humboldt fand die Landschaft trostlos – inspirierte ihn zu einer recht persönlichen Würdigung Berlins. »Wenn Schinkel dort einige Backsteine zusammenklopfen ließe, wenn ein Montagsclub, ein Cirkel von kunstliebenden Judendemoiselles und eine Akademie auf jenen mit Gestrüpp bewachsenen Sandsteppen eingerichtet würde, so fehlte nichts, um ein neues Berlin zu bilden … .«[5]

Von St. Petersburg ging es nach Moskau und weiter über Kasan in den Ural und nach Jekaterinburg. Es schlossen sich ein Aufenthalt in Tobolsk und ein von Mückenplagen und sibirischer Pest bedrohter Abstecher zum Altai an. Von Ust-Kamenogorsk ging es zur chinesischen Grenze und schließlich nach Miask und Ohrenburg.

Es folgten der Elton-See und Astrachan, und nach einer Fahrt auf dem Kaspischen Meer kehrten sie nach Moskau und Petersburg zurück.

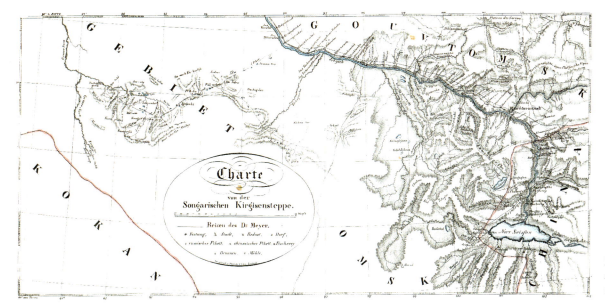

Zwei Karten, die die asiatische Reiseroute Humboldts zeigen.

Granitfels am Kolywan-See. Die Reisegruppe stellt möglicherweise A. v. Humboldt, Rose, Ehrenberg und Begleiter dar oder aber v. Bunge und v. Ledebour nebst Begleitern, die den Altai bereits 1826 bereist hatten. Aus »Atlas zur Reise durch das Altaigebirge und die Kirgisensteppe« von K. F. v. Ledebour, Berlin 1829.

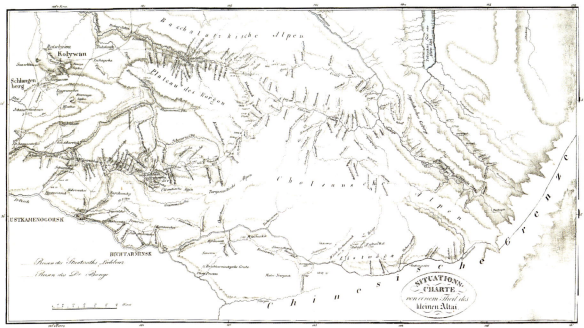

Humboldt war der politische Berater der Prinzessin Helene von Mecklenburg-Schwerin, die mit dem französischen Thronfolger Ferdinand-Philippe Duc d'Orléans, dem ältesten Sohn des Bürgerkönigs Louis Philippe, verheiratet war. Diese Aufgabe führte Humboldt alle Jahre für mehrere Monate nach Paris.

Fürst Metternich war der einzige Politiker, der von Humboldt in die Friedensklasse des »Pour le mérite« aufgenommen wurde. Tatsächlich war der Fürst ein Freund der Naturwissenschaften. Unter anderem förderte er Liebigs Kunstdünger. Während Humboldts Studienzeit in Göttingen hatten er und ein Verwandter Metternichs im selben Haus gewohnt.

Der wissenschaftliche Erfolg dieser Reise ist oft diskutiert worden. Zwar brachte sie nicht die spektakulären Ergebnisse der Südamerika-Expedition, aber das vielfältige Faktenmaterial trug wesentlich zum späteren Erfolg des »Kosmos« bei. Mit dem ihm eigenen Sinn für Dramatik hatte Humboldt vor der Zarin geprahlt, daß geologische Analogieschlüsse mit brasilianischen Diamantengruben auch Diamantenfunde in Sibirien erwarten ließen. Noch während der Reise fand ein zeitweiliger russischer Begleiter kurz nach der Trennung von Humboldt die ersten russischen Diamanten. Wieder einmal war es ihm gelungen, Aufsehen zu erregen.

Humboldts betont bürgerlich-liberale Einstellung hatte es ihm leichtgemacht, sich mit zwei herausragenden französischen Politikern anzufreunden, die beide auch bedeutende Historiker waren, Adolphe Thiers und François Guizot. Letzterer spielte bei der Machtergreifung des Herzogs von Orléans als König Louis Philippe nach der Julirevolution 1830 eine entscheidende Rolle. Dementsprechend bekleideten Guizot und Thiers in den Jahren danach höchste Staatsämter, was Humboldt zu einer Art grauen Eminenz werden ließ. Der »Bürgerkönig«, so genannt nach seinem volksnahen Auftreten – er ging stets mit einem Regenschirm in der Hand zu Fuß durch Paris, und sein hamsterbäckiges Gesicht brachte ihm den Spitznamen »die Birne« ein –, war weder der rechtmäßige Thronprätendent, noch besaß er die Legitimation durch eine Volksabstimmung. Das übrige Europa war mißtrauisch. Friedrich Wilhelm III. schickte Humboldt als Beobachter; Metternich trachtete den Bürgerkönig zu isolieren und entwickelte die Doktrin, daß kein Herrscherhaus Nachkommen Louis Philippes heiraten dürfe. Diese Doktrin reizte aber dazu, gerade das zu tun. Es kam zur Annäherung an England und damit zur »Entente cordiale« zwischen beiden Ländern. Preußen wollte nicht abseits stehen, und so verheiratete man die Prinzessin Helene von Mecklenburg-Schwerin mit dem ältesten Sohn des Bürgerkönigs. Die jugendliche Prinzessin bedurfte eines diplomatischen Beraters. Der König von Preußen wählte Humboldt, dem dieser Auftrag willkommene Gelegenheit bot, dem ungeliebten Berlin regelmäßig für Monate zu entfliehen. Leider erlitt am 13. 6. 1842 der junge Herzog von Orléans einen tödlichen Reitunfall. Sein weitaus konservativerer jüngerer Bruder wurde Thronfolger. Die liberale Phase des »Orléanismus« war damit zu Ende.[6]

Humboldt blühte auf, wenn er sich in Paris aufhalten konnte. Eine überaus realistische, von freundlichem Spott getragene und doch liebevolle Beschreibung von dessen Leben in Frankreich verdanken wir Carl Vogt. Dieser hatte schon lange vor 1848/49 Kontakte zu sozialistisch-revolutionären Kreisen in Paris gesucht und war dabei Humboldt begegnet: »Morgens von Acht bis Elf sind seine Dachstuben-Stunden. Da kriecht er in allen Winkeln von Paris herum, klettert in alle Dachstuben

Humboldt legte in seinem Leben – meist klaglos – gewaltige Strecken mit der Postkutsche zurück. Hier der Posthof von Frankfurt am Main.

des *Quartier latin*, wo etwa ein junger Forscher oder einer jener verkommenen Gelehrten haust, die sich mit einer Spezialität beschäftigen, und zieht diesen die Würmer aus der Nase. Was er so ergattert, weiß er dann trefflich zu benutzen – entweder in seinen Schriften, oder in seinen Gesprächen. ... Er ist auch dankbar für das Mitgeteilte, und wenn ihn einer dieser Dachstuben-Gelehrten interessiert, so unterstützt er ihn auch wohl, wenn nicht mit Geld, so doch jedenfalls mit seinem Einfluß. Schon mancher hat ihm seine Stelle verdankt. ... Im Café Procope, in der Nähe des Odéon, da pflegt er zu frühstücken. Links in der Ecke am Fenster. Es drängt sich da immer ein solcher Schwarm von Menschen um ihn herum, daß man gar nicht an ihn kommen kann. ... Nachmittags ist er im Kabinett *Mignet* in der *Bibliothèque Richelieu*. Da Mignet nie arbeitet, Humboldt aber viel, so tritt ihm Ersterer sein Kabinett während seines Hierseins ab. Er hat dort Bibliothek und Diener zu seiner Verfügung. Er speist täglich woanders, immer bei Freunden, niemals in einem Hotel oder Restaurant. Unter uns gesagt, er plaudert außerordentlich gern. ... Niemand anders kann zum Worte kommen. Da er ordentlich, aber geistreich, witzig und schön erzählt, so hört man ihm gern zu. ... Niemand ist vor seinen Malicen sicher. Kein Franzose hat mehr Esprit als er. ... Er bleibt nicht lange nach dem Essen. Eine halbe Stunde höchstens – dann geht er fort. ... Jeden Abend besucht er wenigstens fünf Salons und erzählt in jedem dieselbe Geschichte mit Varianten. ... dann zieht er die Schleusen seiner Beredsamkeit auf und läßt die Wasser fließen. Hat er eine halbe Stunde lang gesprochen, so steht er auf, macht eine Verbeugung, zieht allenfalls noch Einen oder den Anderen in eine Fensterbrüstung, um ihm etwas ins Ohr zu plauschen, und huscht dann geräuschlos aus der Tür. Unten erwartet ihn sein Wagen, der ihn in einen anderen Salon bringt, wo sich dieselbe Szene wiederholt, und so fort mit Grazie *in infinitum!* bis er nach Mitternacht nach Hause fährt.«[7]

Leider wissen wir nicht, wie Carl Vogt, später ein bedeutender Physiologe und Politiker, Humboldt kennenlernte. War er selbst einer jener jungen Gelehrten, denen Humboldt die Würmer aus der Nase zog oder nur einer unter dem »wissenschaftlichen Kleinzeug«, das im Café Procope gern »einen Kratzfuß« anbrachte?[8]

Die Eröffnung der Eisenbahnstrecke Straßburg-Paris am 18. Juli 1845 verkürzte die Reisezeit beträchtlich.

147

Auf diesem Portrait sitzt Humboldt, das Manuskript des Kosmos in den Händen haltend, vor einem großen Globus, der so gedreht wurde, daß Amerika zu sehen ist. Die Küste Panamas spiegelt sich in der polierten Seitenlehne des Lehnsessels.

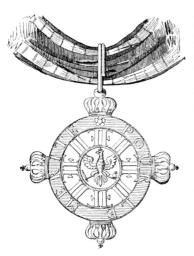

Das Ordenszeichen der Friedensklasse des »Pour le mérite« für Verdienste um Wissenschaft und Kunst.

Doch auch Humboldts Wirken in Berlin führte zu Höhepunkten. Es ist heute nicht mehr genau feststellbar, ob Humboldt oder doch Friedrich Wilhelm IV. den Plan faßten, den Militärorden Friedrichs II. »Pour le mérite« um eine Friedensklasse mit dreißig wahlberechtigten deutschen und maximal dreißig nicht wahlberechtigten ausländischen Rittern zu erweitern. Die Stiftungsurkunde vom 31.5.1842 verkündete in § 4, daß der König aus den Rittern deutscher Nation einen Kanzler wählen werde. In Wahrheit verlief die Gründung anders. Friedrich Wilhelm hatte Humboldt schon zuvor zum ersten Kanzler des Ordens bestellt und dieser mit ihm die Wahl der ersten Ritter beraten, deren Namen zusammen mit der Stiftungsurkunde publiziert wurden. Der Presse fielen in den Statuten drei ungewöhnliche Punkte auf. Die Frankfurter Oberpostamtszeitung bejubelte am 8.7.1842 »die zum großen Teil demokratische Verfassung dieser Ordensklasse«[9]. Zwar waren Neubesetzungen letztlich dem König vorbehalten, vorausgehen aber sollte eine für die damalige Zeit fast unerhörte Abstimmung durch die Ordensritter. Zum zweiten besaß der Orden nur eine einzige Klasse, und drittens freute sich die Zeitung darüber, daß die Ritter nicht auf Preußen beschränkt, sondern aus den Geistesgrößen des ganzen Deutschland auszuwählen seien. So gesehen war die Ordensgründung ein Akt intellektueller deutscher Einigung. Aber am meisten begeisterte den Redakteur die deutliche Handschrift Humboldts – dessen Name nicht fällt – bei der Auswahl der Geehrten: »Wo ein Jude zum ›stimmfähigen Ritter aus der deutschen Nation‹, wo ein Mitglied der äußersten Linken der französischen Deputiertenkammer zum ausländischen Ritter ernannt wird, da hat es keine Not mehr!«[10] Der aufmerksame Leser wird erraten, daß es sich bei den jüdischen Rittern um Humboldts musikalische Schützlinge Mendelssohn-Bartholdy und Meyerbeer und bei dem Franzosen der äußersten Linken um seinen großen Freund François Arago handelte. Überhaupt wird man beim Lesen der Liste gewahr, daß Humboldt im »Pour le mérite« eine Apotheose seines Freundeskreises inszeniert hat. So überrascht es nicht, den Vicomte de Chateaubriand darauf zu finden, ebenso Gay-Lussac, Biot, Daguerre neben Oersted und Berzelius. Auch unter den deutschen Ausgezeichneten tauchen viele Weggefährten wie der Physiker Gauß und der Germanist Jacob Grimm auf. Einzig die Wahl des konservativen Fürsten Metternich verwundert ein wenig.

Die Ritter konnten frei wählen. Aber nicht ganz frei, denn Humboldt versuchte, die Wahl der Mitglieder in seiner charmant-deutlichen Art zu steuern. In einem Brief an seinen chemischen Berater Eilhard Mitscherlich – ebenfalls 1842 ausgezeichnet – hieß es: »Auch Wünsche gelten oft für Einfluß. Eine solche Betrachtung hält mich nicht ab, da ich besonders über den Glanz des Ordens wachen muß, Aufmerksamkeit auf folgende Namen zu erbitten.«[11] Die Liste nennt unter anderem die französischen Chemiker Dumas und Boussingault. Tatsächlich wurde Dumas 1855 gewählt, Boussingault aber erst lange nach Humboldts Tod 1882. Humboldts Wunsch: »Nennen Sie unseren Freunden diese Namen«[12], hatte wohl nicht alle überzeugt.

»Kosmos, Entwurf einer physischen Weltbeschreibung«

»Die Natur aber ist das Reich der Freiheit«

Der Sieg Napoleons bei Jena und Auerstedt lastete schwer auf Preußen. Humboldt erlebte die schlimmsten Jahre der Niederlage 1806/07 in Berlin. Im Frühjahr 1808 sandte man den Prinzen Wilhelm als Unterhändler nach Paris, und Humboldt wurde befohlen, sich seiner Gesandtschaft anzuschließen. Zwar scheiterte die Mission, aber als der Prinz im Herbst 1809 zurückkehrte, erlaubte König Friedrich Wilhelm III. Humboldt, in Frankreich zu bleiben, und dieser lebte – von einigen Reisen als Begleiter des Königs abgesehen – fast zwei Jahrzehnte von 1808 bis 1827 in Paris. Nach außen war er Privatmann, wirkte in Wahrheit aber als eine Art Kulturattaché. Er beteiligte sich an den Forschungen Aragos und Gay-Lussacs, das Hauptaugenmerk galt jedoch der wissenschaftlichen Auswertung seiner Reise nach Süd- und Mittelamerika. Insbesondere beschäftigte ihn sein dreißigbändiges Hauptwerk »Voyage aux régions équinoxiales du Nouveau Continent … Grande Edition 1805–1834«. Parallel dazu erschien nebst zahlreichen anderen Werken eine ebenfalls dreißigbändige »Petite Edition, Paris 1816–1839«. Doch der letztlich frankophobe König, der Humboldts Editionen mit beträchtlichen Summen unterstützt hatte, bestand schließlich auf dessen Rückkehr nach Berlin. Etwas verfrüht verlieh bereits im Dezember 1826 Fürst Pückler seiner Genugtuung Ausdruck: »Es muß für jeden Patrioten eine Freude sein, einen Mann wie ihn endlich im Vaterland fixiert zu sehen, das mit so viel Recht auf seinen Ruhm in allen Weltteilen stolz ist. Nebenbei muß es auch zu einem glücklichen Ereignis für manche dortigen Zirkel gereichen, denen nun endlich das Salz beigemischt werden wird, dessen Mangel sie so lange ganz ungenießbar machte.«[1] Natürlich war es nicht für jeden eine ungetrübte Freude, daß die »enzyklopädische Katze«, der »Revolutionär in der Hofgunst«[2] auf Geheiß des Königs im Mai 1827 tatsächlich nach Berlin zurückkam. Und bald machte er auch von sich reden.
Die Jahrzehnte um 1800 waren die große Epoche privater und halbprivater Wissenschaftsvermittlung. Lavoisier quälte seine Gäste vor dem Diner mit einer Experimentalvorlesung über Chemie.[3] Goethe initiierte in Weimar seine Freitags- und Mittwochsgesellschaften, bei denen unter anderem er selbst einer ausgewählten Schar begeisterter Damen seine Farbenlehre erläuterte.[4] Humboldt hatte in seiner Jugend im Salon des Ehepaares Herz seine ersten Experimentalvorlesungen erlebt. So blieb er ganz in der Tradition, als er 1825/27 vierzehn Monate lang im Pariser Salon der Marquise de Montauban »physikalische Geographie« las. 1837 wird er unter anderem bei der Fürstin Pückler vortragen. Vom 3.11.1827 bis zum 26.4.1828 hielt er in der Berliner Universität einundsechzig »Vorträge über physische Weltbeschreibung«, die er im nachhinein seine »Kosmos-Vorlesung« nannte. Der Andrang war derart, daß er sie vom 6.12.1827 bis 26.4.1828 komprimiert und allgemeinverständlich vor großem Publikum in der Singakademie wiederholte. Auch dies ist nicht außergewöhnlich; Akademiemitgliedern war in Berlin die Abhaltung von Universitäts- und öffentlichen Vorlesungen gestattet, und einige machten vor und neben Humboldt von diesem Recht Gebrauch. Es entsprach der Tradition so gut wie aller europäischer Wissenschafts-Akademien, öffentliche Vorlesungen für Hörer aller Stände anzubieten.[5] Humboldts Erfolg war überwältigend. In jede Singakademie-Veranstaltung – der Raum verfügte über eine einzigartige Akustik – strömten achthundert Besucher, darunter

Humboldt diente lange Jahre König Friedrich Wilhelm III. als Berater und Reisebegleiter. Nach der Niederlage Napoleons durchstreifte Friedrich Wilhelm unter Führung Humboldts Paris und besuchte französische Wissenschaftler in ihren Observatorien und Laboratorien. Humboldts diplomatischem Geschick gelang es sogar, ein Treffen mit dem antipreußisch-patriotischen Arago zu arrangieren. Der König unterstützte großzügig Humboldts Reisewerk.

149

Der alte Humboldt wurde zum Gegenstand einer zuweilen recht kitschigen bürgerlichen Verklärung, wie in dieser »Kosmos«-Apotheose aus Klenckes Humboldt-Biographie. Der mit dem Kopf ausbrechende »Vulkan« links außen zeichnet sich durch besondere Originalität aus.

zahlreiche Frauen, worüber viele, auch Humboldt selbst, nicht eben ihre geschmackvollsten Scherze machten. Wohlwollende Zeitgenossen hielten fest, daß vom König bis zum Maurermeister alle Stände vertreten seien. Tatsächlich kamen Friedrich Wilhelm III., der Kronprinz, viele Aristokraten und Offiziere; ob tatsächlich auch Handwerker anwesend waren, ist unbekannt. Wirklich ausmachen läßt sich nur der seinerzeit berühmte Komponist Carl Friedrich Zelter, Leiter des kgl. Instituts für Kirchenmusik und Freund Goethes, der zuvor immerhin Maurermeister gewesen war.[6] Einig sind sich alle Quellen über den ungeheuren Erfolg. Humboldt muß begeisternd gewirkt und offenkundig eine einzigartige Ausstrahlung gehabt haben. Die Hörer bildeten ein Komitee, als dessen Vertreter ihm Herzog Carl von Mecklenburg nach der letzten Vorlesung eine Denkmünze mit dem Abbild der Sonne und der beziehungsreichen Umschrift »Erleuchtend den ganzen Erdkreis durch leuchtende Strahlen« überreichte.

Liest man heute eine Vorlesungsmitschrift, so läßt sich die Begeisterung des Publikums keineswegs immer nachvollziehen.[7] Selbst einem Humboldt müßte es schwergefallen sein, einen komplizierten Apparat wie »Schweiggers electromagnetischen Multiplikator«[8] anschaulich zu vermitteln. Wahrscheinlich lebte die Vorlesung zum einen tatsächlich von Humboldts Persönlichkeit, genauer, vom Spiegeln der Naturwissenschaften an seinen eigenen Erfahrungen, so, wenn er über den »transitorischen Magnetismus« sagte: »Zufällig bin ich bei dem Versuche gegenwärtig gewesen, welcher zu dieser Entdeckung Veranlassung gab.«[9] Stets vermittelte er seinem Publikum Authentizität. Auch baute er Vergleiche dramatisch auf: »Das berühmte Rennpferd *Eclipse* legte 58' [Fuß] in 1 Sek. zurück, was schon einem starken Sturme vergleichbar ist. Dagegen ergibt das Resultat der Versuche, welche ich im Jahre 1823 in Gemeinschaft mit den Herren *Arago, Bouvard, Gay-Lussac* und *Prony*, zwischen *Ville-Juif* und *Montthery* bei *Paris*, über die Geschwindigkeit des Schalles angestellt habe, daß derselbe 1038 Fuß in der Sek. durchläuft.«[10]

Natürlich gab es auch Kritiker. So soll General von Witzleben die schädliche Wirkung auf die Religionsüberlieferung bemängelt haben, ein Beleg dafür, daß Zustimmung und Kritik an Humboldts Kosmos-Vorträgen durchaus ähnlich strukturiert waren wie an den unzähligen zeitgleichen Unternehmungen in England. Humboldts Experimentalvorlesungen waren nicht die ersten; in London gab es eine Fülle von Institutionen, die regelmäßig umfangreiche populäre Vorlesungszyklen von beträchtlichem Niveau anboten: die Royal, die London, Surrey und Russell Institution sowie die City Philosophical Society, um nur einige zu nennen.[11] Dabei gab die Royal Institution mit ihren legendären Penny-Vorlesungen – benannt nach dem symbolischen Eintrittspreis, der von tausenden Arbeitern erhoben wurde – und den Vorlesungen für Kinder hohe Qualitätsmaßstäbe vor.[12] Alle diese Vorlesungen wurden von keinem Geringeren als Michael Faraday gehalten. Angesichts der in Großbritannien äußerst kontrovers ausgetragenen Diskussion über die politische Bedeutung des öffentlichen naturwissenschaftlichen Vortragswesens[13] darf man als sicher unterstellen, daß König, Kronprinz und zumindest ein Teil der Zuhörer durchaus wußten, daß in der Singakademie nicht irgendeine Vorlesung ablief, sondern in Wahrheit ein bildungspolitisches Experiment. Vielleicht war dies der wesentlichste Grund für den Erfolg Humboldts.

Schließlich hatte Henry Peter Brougham – einer der prominentesten Politiker Großbritanniens, Freund und Förderer des Physikers Brewster, Gründer der Universität London und Parteigänger

In der Berliner Singakademie – hier eine politische Versammlung – fand Humboldts große Kosmos-Vorlesung statt.

der utilitaristischen »Philosophical Radicals« – nahezu zeitgleich mit Humboldts Kosmos-Vorlesung 1826 seine kämpferische »Society for the Diffusion of Useful Knowledge« in die Reformdebatte geschickt, um das Credo »of the greatest good of the greatest number« zu verkünden.[14] Brougham und die Utilitaristen lehrten ihren Glauben an praktische Anwendbarkeit der Vernunft, die Unbesiegbarkeit der Ratio und die Notwendigkeit einer rationalistischen Askese. Zumindest im Vereinigten Königreich war jedem Politiker bewußt: Wissen wie auch die Möglichkeit seiner Vermittlung an weite Bevölkerungsschichten waren – und sind übrigens noch! – politische Macht.

Der Stil des britischen Wissenschaftsbetriebes ließ es bei Vorträgen nicht bewenden. Zu populären Vorlesungen gehörte das Buch für alle. So hatte Brougham die Herausgabe der ebenso berühmten wie preiswerten »Penny Cyclopaedia« initiiert. Humboldts Verleger Cotta dachte an die schnelle Veröffentlichung einer stenographierten Mitschrift der Kosmos-Vorlesung. Humboldt dagegen bestand auf einer völligen Überarbeitung, wobei er sich von einer Unzahl Gelehrter zuarbeiten ließ. So konnte der Cottasche Verlag erst 1845 den ersten Band des »Kosmos, Entwurf einer physischen Weltbeschreibung« vorlegen, der ein einzigartiger Bucherfolg wurde. Die Vollendung des fünften und letzten Bandes sollte Humboldt nicht mehr erleben. Die Ausgabe lehnte sich an die Einteilung der großen Kosmos-Vorlesung in 61 Vorträge an, deren Gliederung sie in der Einleitung in Erinnerung rief: »Wesen und Begrenzung der physischen Weltbeschreibung, allgemeines Naturgemälde … / Geschichte der Weltanschauung … / Anregungen zum Naturstudium … / Himmelsräume … / Gestalt, Dichte, innere Wärme, Magnetismus der Erde und Polarlicht … / Natur der starren Erdrinde, heiße Quellen, Erdbeben, Vulkanismus … / Gebirgsarten, Typen der Formationen … / Gestalt der Erdoberfläche, Gliederung der Kontinente, Hebung der Spalten … / tropfbar-flüssige Umhüllung: Meer … / elastisch-flüssige Umhüllung, Atmosphäre, Wärmeverteilung … / geographische Verteilung der Organismen im allgemeinen … / Geographie der Pflanzen … / Geographie der Tiere … / Menschenrassen …«[15]

Die wohl erfolgreichsten geophysikalischen Bemühungen Humboldts galten der Vermessung von Richtung und Stärke des Erdmagnetfeldes. Freimütig gab er in der Kosmos-Vorlesung zu, daß die Idee nicht von ihm selbst stammte: »Als ich mich 1798 der Expedition des Kapitän Baudin zu einer Erdumseglung anschließen wollte, wurde ich von

Der Physiker und Politiker Dominique François Arago war ein sehr enger Freund Humboldts. Er leitete die Pariser Sternwarte, wo er häufig zusammen mit Humboldt astronomische Forschungen unternahm.

Karte des ewigen Schnees aus »Die Erde ...« zusammen mit vielgestaltigen Schnee- und Eiskristallen. Schon als junger Naturforscher hatte sich Humboldt mit der Farbe des Schnees auseinandergesetzt und erkannt, daß sie sich durch Mikroorganismen verändern kann.

Eine Rettungsexpedition durchsegelt auf der Suche nach dem 1845 verschollenen Polarforscher Sir John Franklin den Lancastersund. Franklin war aber mit allen Begleitern bei der vergeblichen Suche nach der Nord-West-Passage umgekommen, möglicherweise durch giftiges Bleilot der mitgeführten Konserven. Auch er hatte Anweisungen Humboldts für magnetische Messungen an Bord.

Seite 153 unten: Der Polarforscher Sir James Clark Ross entdeckte 1831 zusammen mit seinem Onkel Sir John, nach dem das Ross-Meer vor der Küste der Antarktis benannt ist, den magnetischen Nordpol. Alle britischen Polar-Expeditionen dieser Zeit hatten Instruktionen Humboldts für einheitliche magnetische Messungen an Bord.

152

Borda … aufgefordert, unter verschiedenen Breiten in beiden Hemisphären eine senkrechte Nadel im magnetischen Meridian schwingen zu lassen, um zu ergründen, ob die Intensität der Kräfte dieselbe oder verschieden sei.«[16] Mit 246 Schwingungen in 10 Minuten bewegte sich die Nadel am schnellsten in Havanna, während in Peru in der gleichen Zeit nur deren 216 zu beobachten waren.[17] Am 17. 12. 1804 verlas Humboldt – die mathematischen Berechnungen hatte Biot ausgeführt – im Institut de France sein »Gesetz der veränderlichen Intensität der tellurischen Magnetkraft«. Nachträglich stellte sich heraus, daß dieses ohne sein Wissen zwar schon beobachtet, aber nicht publiziert worden war. Bald erkannte Humboldt, daß die Stärke des Feldes an ein und demselben Ort ebenfalls variierte. »Ich hatte in den Jahren 1806 und 1807 zu Berlin … besonders zur Zeit der Solstitien und Äquinoktien 5–6 Tage und ebensoviel Nächte ununterbrochen von Stunde zu Stunde, oft von halber zu halber Stunde, den Gang der Nadel beobachtet.«[18] Seine Apparatur war aufwendig, wenn sie auch später einem Gauß nicht genügen sollte. »Der Apparat, ein Pronysches magnetisches Fernrohr, in einem Glaskasten an einem Faden ohne Torsion aufgehangen, gab an einem fern aufgestellten, fein geteilten, bei Nacht durch Lampen erleuchteten Signal Winkel von 7 bis 8 Sekunden.«[19] Dabei gelang es ihm, regelrechte »magnetische Perturbationen (Ungewitter)« zu beobachten, »die bisweilen in mehreren aufeinanderfolgenden Nächten zu denselben Stunden wiederkehrten«[20]. Ähnliche Messungen hatte Arago mit verbessertem Instrumentarium unternommen; er hatte zeitgleiche Parallelmessungen mit den gleichen Instrumenten in Kasan durchführen lassen. Bald nach seiner

153

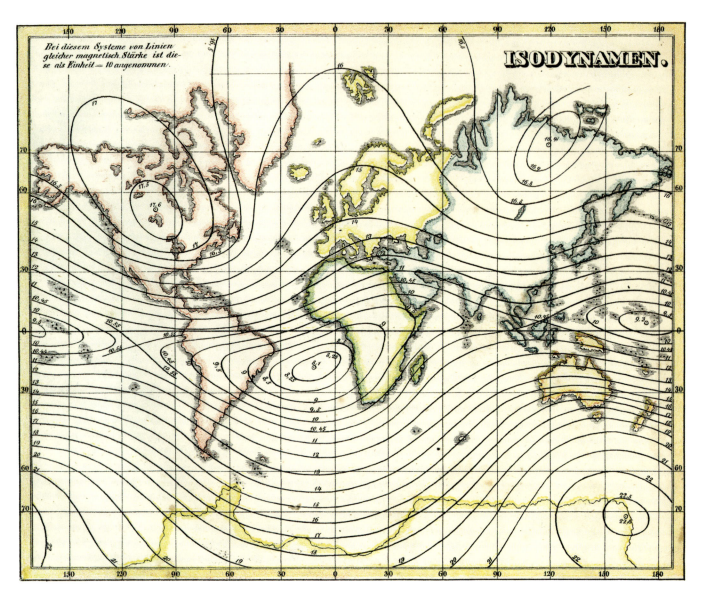

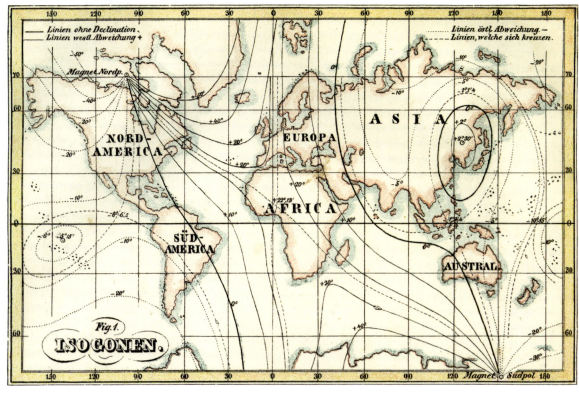

Der von H. Berghaus herausgegebene Atlas zum »Kosmos« wurde von Greßler geplündert, der daraus ein hübsches Lehrbuch machte. Auf dieser Karte werden die von Humboldt ersonnenen »Isogonen« vorgestellt, Linien gleicher Abweichung der Magnetnadel von der Nord-Süd-Richtung.

Karte der »Isodynamen« nach Humboldt. Isodynamen sind Linien gleicher Stärke des Magnetfeldes. Zu ihrer Bestimmung läßt man eine definierte Magnetnadel mit definierter Dämpfung im magnetischen Feld der Erde schwingen und beobachtet die Schwingungsfrequenz. Erstaunt erkannten die Naturforscher zur Zeit Humboldts, daß das magnetische Erdfeld nicht konstant ist, sondern daß die magnetischen Pole wandern und auch die Intensitäten zeitlich variieren. In »Die Erde …« von Greßler heißt es in blumiger Sprache, daß Nordlichter die Magnetnadel »freudig erregen« und daß bei »Erdbeben und Ausbrüchen von Feuerbergen die Magnetnadel erschrickt«.

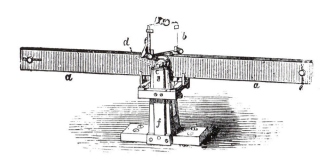

Rückkehr aus Frankreich ließ sich Humboldt im Herbst 1828 in Berlin aus Kupfer ein völlig eisenfreies Beobachtungshäuschen bauen, »damit zu verabredeten Stunden gleichzeitig in Berlin, Paris und Freiberg (in einer Teufe von 35 Lachtern unter Tage) beobachtet werden könne«. Mehrere Kollegen bestätigten so »die Gleichzeitigkeit der Perturbationen« sowie den »Parallelismus der Bewegungen«[21]. 1832 bis 1838 formulierte Friedrich Gauß in Göttingen, unterstützt von Wilhelm Weber, eine neue Theorie des Erdmagnetismus und entwickelte verbesserte Instrumente, was zu einer – vorübergehenden – Trübung der Beziehung Humboldt/Gauß führte. 1834 vollendete Gauß sein magnetisches Observatorium. Im »magnetischen Verein« fand er Parallel-Beobachter in Schweden und Italien, deren Resultate 1828 publiziert wurden. Zunächst stagnierte die weitere Entwicklung. Daher wandte sich Humboldt im April 1836 an den Präsidenten der Royal Society zu London, den ihm wohlbekannten Herzog von Sussex, Bruder des englischen Königs und sein einstiger Studienfreund in Göttingen. »Ich drang … auf permanente Stationen in Kanada, auf St. Helena, dem Vorgebirge der Guten Hoffnung, Ile de France, Ceylon und Neu-Holland …«[22] Die Royal Society folgte Humboldt und ernannte ein »Joint Physical and Meteorological Committee«, das überdies insbesondere alle Arktis- und Antarktis-Expeditionen mit Instrumenten auszurüsten empfahl und mit der Suche nach den magnetischen Polen beauftragte. Das »Committee« erbat Humboldts Rat: »Auch habe ich 1839 in einem der Nachträge zu der Instruktion, welche dem Kapitän Ross für die antarktische Expedition erteilt wurde, darauf gedrungen, daß überall an Felsen in der südlichen Hemisphäre, wo sich dazu Gelegenheit fände, Marken wie in Schweden und am Kaspischen Meer eingegraben werden möchten.«[23] Außerdem ging es um die Frage, wie konstant der Meeresspiegel sei oder ob sich Senkungs- bzw. Hebungsvorgänge der Kontinente beobachten ließen. Kapitän James Clark Ross brachte bedeutende geographische Entdeckungen aus der

Beobachtungsmagnete des Magnetischen Observatoriums in Greenwich.

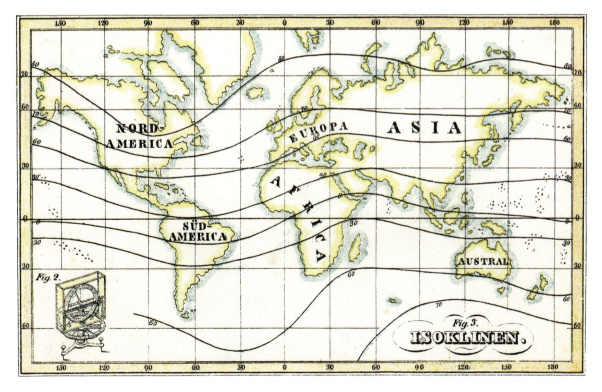

Die Karte der »Isoklinen« stellt Linien gleicher Neigung der Magnetnadel in der Horizontalen des Erdmagnetfeldes vor. Links unten ist ein »Inklinatorium« gezeichnet, das für diese Messungen erforderliche Instrument aus Messing, dessen stählerne Magnetnadel in der Vertikalen schwingen kann.

155

Bestimmungen des »Gewichtes der Erde« durch Messung der Erdgravitation hatten ergeben, daß die Dichte zum Erdmittelpunkt hin deutlich zunimmt, und Beobachtungen in immer tieferen Bergwerksschächten zusammen mit dem Studium des Vulkanismus führten zur Erkenntnis, daß das Erdinnere glühend sein müsse und die Erdoberfläche nur eine Art erkalteter Kruste sei. Ungelöst war hingegen zu Humboldts Zeit die Frage, ob die Massen des Erdinneren flüssig oder fest sind. Man neigte aber zu ersterer Annahme.

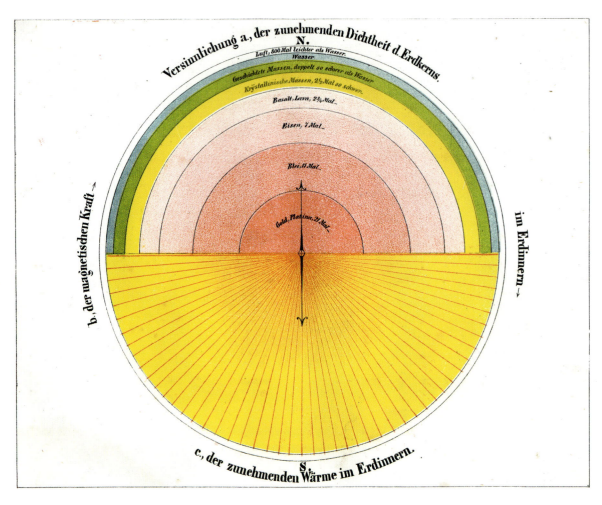

Dieser »ideale Durchschnitt der Erdrinde in Gebirgen« – eine damals in unzähligen Lehrbüchern nachgedruckte Abbildung – belegt den Sieg der Vulkanismus-Theorie Humboldts und v. Buchs. Heute wissen wir allerdings, daß die Magmen-Herde der Vulkane räumlich begrenzt sind.

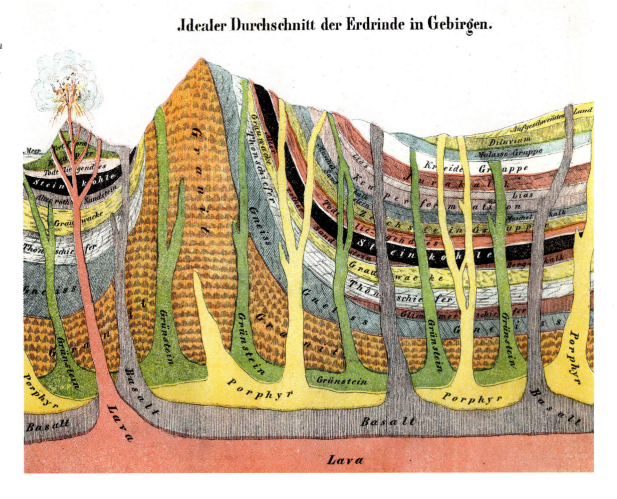

Die Karte der »Berghöhen der Erde« verewigt eine vermeintliche Niederlage Humboldts, die ihm eine Weile zu schaffen machte. Lange wähnte er, daß der von ihm bestiegene Chimborazo der höchste Berg der Erde sei. Doch wie diese Graphik zeigt, sind die höchsten Berge Amerikas deutlich niedriger als jene Asiens. Die Entdeckung des Himalaya war für Humboldt ein schwerer Schlag.

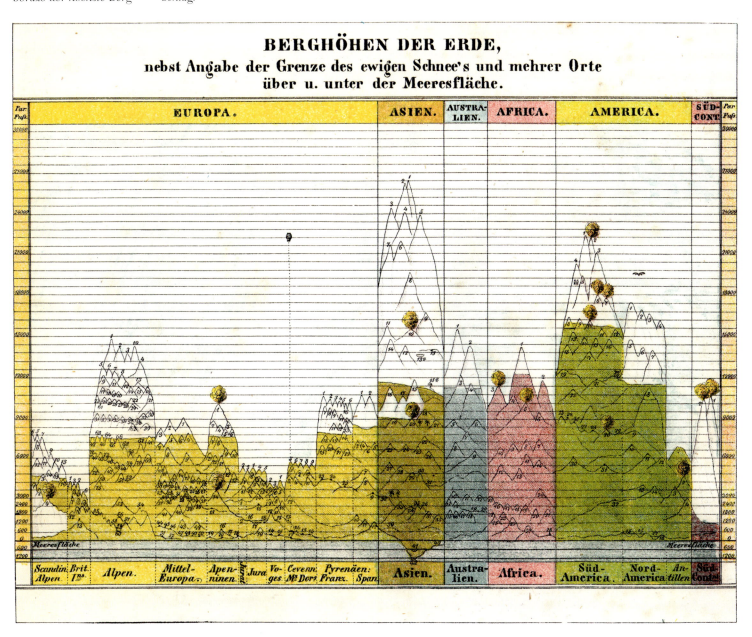

Antarktis zurück, und die Reise führte zur Gründung einiger magnetischer Stationen. Bald tauchte die Überlegung auf, ob magnetische Gewitter von Nordlichtern und diese von echten Gewittern begleitet würden. Die etwas unklaren Ergebnisse kommentierte Humboldt mit stillem Humor: »Ob das magnetische Gewitter ... mit dem elektrischen Gewitter außer dem Licht auch das Geräusch gemein habe, ist überaus zweifelhaft geworden, da man nicht mehr unbedingt den Erzählungen der Grönlandfahrer und sibirischen Fuchsjäger traut. Die Nordlichter sind schweigsamer geworden, seitdem man sie genauer zu beobachten und zu belauschen versteht.«[24]

Humboldts asiatische Reise führte ebenfalls zur Gründung einiger Stationen in Rußland. Sein diplomatisches Geschick ermöglichte Beobachtungen auch an exotischen Plätzen. Der Astronom Georg Fuß und der Botaniker Alexander von Bunge »begleiteten im Jahr 1832 die Mission griechischer Mönche nach Peking, um dort eine der vielen von mir empfohlenen magnetischen Stationen einzurichten«[25]. So gelang es, nach und nach den ganzen Globus magnetisch zu vermessen.

In den beiden oberen Skizzen wird die Bedeutung des abschmelzenden Polareises und der Erdrotation für das Zustandekommen von kalten Meeresströmungen diskutiert, die Humboldt allerdings überschätzte.

Auf seiner großen Reise maß Humboldt stets die Meeresströmungen und versuchte, ihrem Geheimnis auf die Spur zu kommen. Später wurde er nicht müde, andere Naturforscher zu Messungen anzuhalten. Frucht dieser Mühen war eine berühmte Karte, die wir heute in nicht mehr allen Punkten als zutreffend erachten. Die kalte Meeresströmung an der Westküste Südamerikas wurde später nach Humboldt benannt.

Die von Humboldt entwickelte Technik graphischer Darstellung der Erdphysik ermöglichte es, komplizierte Vorgänge wie die Wanderung der Flutwellen um den Erdball zu zeichnen. Die Skizzen am Rand zeigen die Abhängigkeit der Höchst- und Nippflut von der jeweigen Sonnen- und Mondstellung. Alle Abbildungen aus Greßler, »Die Erde …«

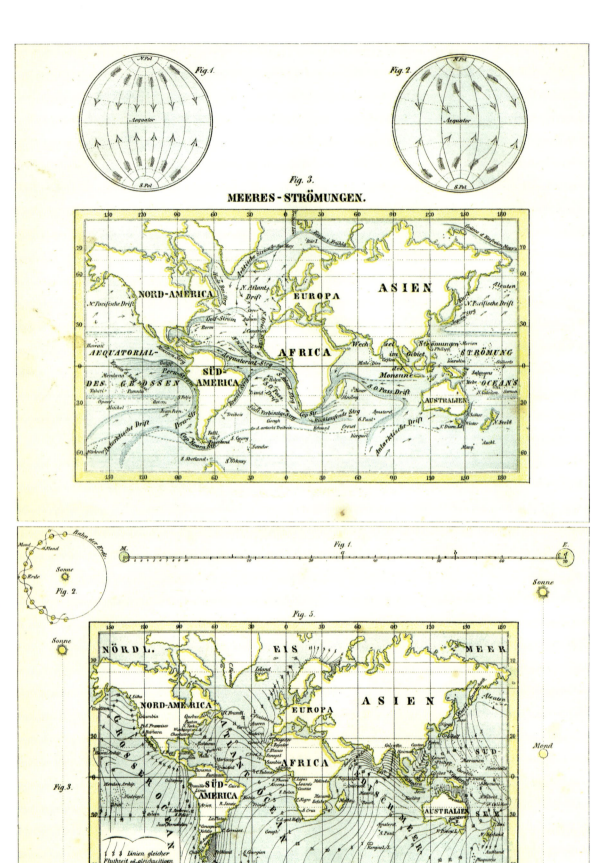

158

Auch einem großen Forscher gelingt nicht immer die Klärung aller Fragen. Erst Charles Darwin entwickelte eine richtige Theorie der Bildung von Korallenbänken. Abbildung aus F. G. L. Greßler, »Die Erde, ihr Kleid, ihre Rinde und ihr Inneres durch Karten und Zeichnungen zur Anschauung gebracht«, Langensalza 1853.

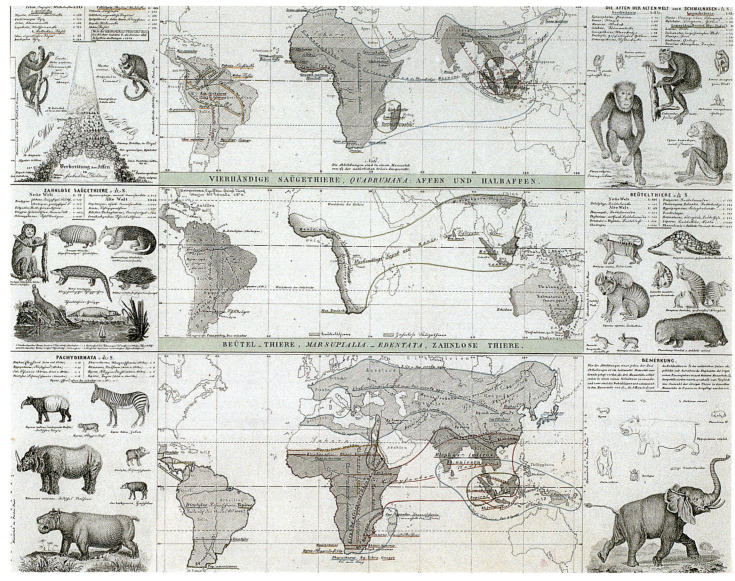

Diese Tafel zur Geographie der Tiere belegt abermals die Leistungsfähigkeit der graphischen Methodik Humboldts. Aus: Kosmos, 2. Auflage, Gotha 1852, Band II, 6. Abtlg., No. 1, Tafel 5.

Schon Humboldts Lehrmeister Goethe hatte sich, angeregt von J. H. Merck, intensiv mit Paläontologie beschäftigt. Auch Humboldt brachte von seiner großen Reise Funde mit, die dann von Cuvier bearbeitet wurden. Nicht allen Rekonstruktionen und Datierungen würden wir heute zustimmen, auch hat sich die Nomenklatur geändert. Doch entwickelte sich die Vorstellung von Erdzeitaltern und von typischen Tieren, die in diesen Zeiträumen lebten. Insbesondere wurde die kirchliche Vorstellung von einem aus der Bibel ableitbaren Alter der Erde von nur rund 5000 Jahren widerlegt. Aus: Greßler »Die Erde …«.

»Auf der Weltkarte von 1508 finde ich noch keine Spur vom Orinoco«

Ein Forscherleben
vor dem Hintergrund der Geschichte

Seltsamerweise wird in den wenigsten Biographien Humboldts sein ungewöhnliches Interesse an der Geschichte erwähnt. Dabei sah er sich wie kaum ein Naturwissenschaftler vor oder nach ihm in deren Strom eingebettet und erwarb sich im Laufe der Jahre einzigartige historische Kenntnisse.

Mit nie nachlassender Ausdauer spürte er in ältesten und entlegensten Werken der Entwicklung von Natur-Gefühl und -Erkenntnis nach. So entstand eine einmalige Sammlung von Fundstellen, die seinen Werken ein unverwechselbares Gepräge verleihen, ohne daß er sich scheut, älteste, nahezu unbekannte Zitate zu diskutieren. Seine Veröffentlichungen enthalten damit bemerkenswerte Ehrungen zahlloser, beinahe vergessener Kirchenväter, antiker Bischöfe und klassischer Schriftsteller. Nur ein Humboldt kommt auf den Gedanken, die Heiligsprechungsakten eines karthagischen Bischofs auf antike Theorien heißer Quellen abzusuchen. Die folgende Stelle sei ein Beispiel für unzählige ähnliche: »Es ist überaus merkwürdig, daß der heilige Patricius, welcher Bischof zu Pertusa war, durch die bei Carthago ausbrechenden heißen Quellen schon im 3ten Jahrhundert auf eine sehr richtige Ansicht der Ursache solcher Wärmezunahme geleitet wurde.«[1] Der ebenso scharfsinnige wie heiligmäßige Kleriker hatte zutreffend angenommen, daß die Erde nach unten immer wärmer würde. Wo Humboldt das hier benutzte Werk gefunden hat, ist unbekannt; aber es gilt herauszustellen, daß er über Jahrhunderte der wohl einzige Naturwissenschaftler gewesen sein dürfte, der unter vielen anderen auch die Archive des Vatikans besuchte und auswertete.

Für Humboldt wie auch seinen Lehrmeister Goethe war es eine Selbstverständlichkeit, daß Natur, Klima, Pflanzenwelt, ja sogar geologische Gegebenheiten auf den Duktus der Literatur einwirken: »Die Dichterwerke der Griechen und die rauheren Gesänge der nordischen Urvölker verdanken größtenteils ihren eigentümlichen Charakter der Gestalt der Pflanzen und Tiere, den Gebirgstälern, die den Dichter umgaben, und der Luft, die ihn umwehte.«[2] So legte Humboldt eine gewaltige Studie über die historische Entwicklung des Naturempfindens an – gewissermaßen aller Völker und aller Zeiten: »Die Werke des Basilius und des Gregorius von Nazianz hatten schon früh, seitdem ich anfing, Naturschilderungen zu sammeln, meine Aufmerksamkeit gefesselt; aber alle angeführten trefflichen Übersetzungen von Gregorius von Nyssa, Chrysostomus und Thalassius verdanke ich meinem vieljährigen, mir immer so hilfreichen Kollegen und Freund, Herrn Hase, Mitglied des Instituts und Konservator der Königl. Bibliothek zu Paris.«[3]

Karl Benedikt Hase galt schon damals als einer der bedeutendsten Altphilologen seiner Epoche. A. Crafton würdigte ihn 1990 einerseits als einen seriösen, unglaublich hart arbeitenden Gelehrten, der mit Geschick, Hingabe und unendlicher Detailtreue byzantinische Texte aus den verworrensten und fragmentarischsten Handschriften heraus redigierte und maßgeblich am »Thesaurus Linguae Graecae« mitarbeitete.[4] Sein Witz und seine Hilfsbereitschaft trugen ihm den Spitznamen »Vater« Hase ein. Was Humboldt aber wohl nicht wußte: Hase war ein Nachtschwärmer, eine Figur mit Doppelleben, wie einem Roman Balzacs entsprungen. Sein in nicht immer klassischem Griechisch abgefaßtes Tagebuch, das in der Bibliothèque nationale in Paris bewahrt wird, verrät, daß er die Stadt allnächtlich auf einer immerwährenden Suche nach kulinarischen Freuden jeglicher Art in Begleitung zweier Damen der Halbwelt zu durchstreifen pflegte. Hase hatte sich durch den vorgetäuschten Fund des griechischen Pseudo-Urtextes einer von ihm selbst gefälschten Urgeschichte Rußlands, des »Toparcha Gothicus«, einen einzigartigen wissenschaftlichen Scherz geleistet, der ihm zu Lebzeiten beträchtlichen Ruhm einbrachte. Erst ein Jahrhundert später kam dieser Schwindel auf. Ob er den Kirchenvätern eigene Sentenzen unterschob, wie wir es von Casanova kennen[5], und diese vielleicht gar an Humboldt weiterreichte, wissen wir nicht, da die Kenntnisse der Kirchenväter von Humboldt-Interpreten allemal hinter denen von »Vater« Hase zurückbleiben dürften. Wie auch immer, noch der alternde Humboldt saß andächtig zu Hases Füßen und hörte dessen Vorlesungen über Alt- und Neu-Griechisch.

Humboldt unterscheidet scharf zwischen »Natur-Gefühl« und »Natur-Erkenntnis«: »Wenn diese mannigfaltigen mythischen Einkleidungen uns nun auch bei den meisten wilden Völkern das *Gefühl* von der Einheit der Natur voraussetzen lassen, so dürfen wir ihnen doch keineswegs eine bewußte *Erkenntnis* derselben zutrauen, die eine begreifende Einsicht der Natur voraussetzt. Diese Kenntnis ist nicht bloßes Produkt der Intelligenz: sie kann nicht ausbrechen wie die Sprache, die in ihrer frühesten Entwicklung der epischen Poesie ihren Ursprung gab; langsam nur, im Laufe der Jahrhunderte, bei stets wachsender Erkenntnis, konnte der große Gedanke der *Natureinheit* heranreifen, und als feststehende Überzeugung Wurzeln fassen.«[6]

Diese Aussage ist deshalb so bemerkenswert, weil sich Humboldt meist von Philosophie und Naturphilosophie distanzierte, aber eben doch nicht ganz. Die »Einheit der Natur« war vor allem in der Romantik eine die naturwissenschaftliche Forschung beherrschende Leitidee. Dahinter verbarg sich die Vorstellung, daß die Natur keine einfache Addition verschiedenartigster physikalischer und chemischer Gesetze und Gegebenheiten sein könne, die ein launischer Schöpfergott aus einer Anwandlung heraus mal eben so geschaffen habe. Vielmehr müsse sie ein systematisches Ganzes mit Querbeziehungen zwischen den einzelnen Naturerscheinungen sein, die zu entdecken Aufgabe der Forschung sei. Die »Einheit der Natur« legte Annahmen über innere Zusammenhänge nahe und aktivierte insbesondere die Suche nach Möglichkeiten einer Umwandlung von »Naturkräften« ineinander, so von Elektrizität und Magnetismus, Licht und Wärme. Zwar war Humboldt einem der Hauptvertreter der romantischen Naturphilosophie, dem Philosophen Schelling, nicht besonders wohlgesonnen, weil ihm dessen Philosophie zu unbestimmt und zu weit vom naturwissenschaftlichen Experiment entfernt schien. Doch offenkundig konnte auch er sich der Faszination der Naturphilosophie nicht gänzlich entziehen. Tatsächlich war diese in ihrem Analogie- und Symmetriedenken durchaus erfolgreich. So suchte, ausgehend von den Lehren Schellings, der dänische Naturforscher Hans Christian Oersted zwanzig Jahre lang – und 1820 letztendlich erfolgreich – nach den Zusammenhängen zwischen Magnetismus und Elektrizität. Anzumerken bliebe, daß Oersted wie Humboldt neben naturwissenschaftlichen auch literari-

sche Ambitionen hatte, über »Die Naturwissenschaft in ihrem Verhältnis zur Dichtkunst und Religion«[7] schrieb und ein gegen Friedrich Schiller gerichtetes Epos in Hexametern »Das Luftschiff«[8] verfaßte. Er fühlte sich von Humboldt bestätigt, insbesondere von dessen »Kosmos«, den er begeistert aufnahm.[9]

Entsprechend Humboldts Geschichtsverständnis lag es nahe, eine Periodisierung aufzustellen, die gleichermaßen auch für die Entwicklung der Literatur gelten sollte. Dieses Schema ist besonders wichtig, weil Humboldt sich selbst darin einen – und zwar krönenden – Platz einräumt, wenn er dies auch nicht explizit ausführt: »Wir unterscheiden 6 Epochen, welche als Hauptmomente die allmähliche Verbreitung dieser Erkenntnis [der »Einheit der Natur«] bezeichnen: 1, die Ionische Naturphilosophie, und die Dorisch-Pythagoräische Schule. 2, die Züge *Alexanders* nach dem Osten. 3, die Züge der Araber nach Osten und Westen. 4, die Entdeckung von *Amerika*. 5, die Erfindung neuer Organe zur Naturbeobachtung, d. h. Fernrohr, Wärmemesser, Barometer von 1591–1643. 6, Cook's Weltreisen, die ersten nicht bloß geographischen Entdeckungsreisen, die den Grund legten, zu späteren physikalischen Expeditionen.«[10]

An der zweiten der drei Reisen Cooks hatten die beiden Forster teilgenommen. Humboldts eigene Amerikareise war *die* »physikalische Expedition« schlechthin und der Höhepunkt seines Lebens. Aus seiner Erläuterung dieses Schemas läßt sich herauslesen, daß sich die Geschichte von Thales, Anaximander, Empedokles und Diogenes von Apollonia über Aristophanes, Pythagoras, Pherekydes, Philolaos hin zu den Gnostikern und Neuplatonikern entwickelte, um schließlich in Cook, den beiden Forster und Humboldt selbst zu gipfeln.

Ganz selbstverständlich denkt er immer wissenschaftshistorisch und erkennt dabei durchaus die Leistungen ältester Schriftsteller an: »Ich bemerke bei dieser Gelegenheit, daß die Erklärung, die *Seneca* von den Erdbeben gibt …, den Keim alles dessen enthält, was in unserer Zeit über die Wirkung elastischer, im Inneren des Erdballs eingeschlossener Dämpfe gesagt worden ist.«[11]

Bezeichnend für Humboldts Neigung, einen naturhistorischen Gegenstand sowohl anhand antiker,

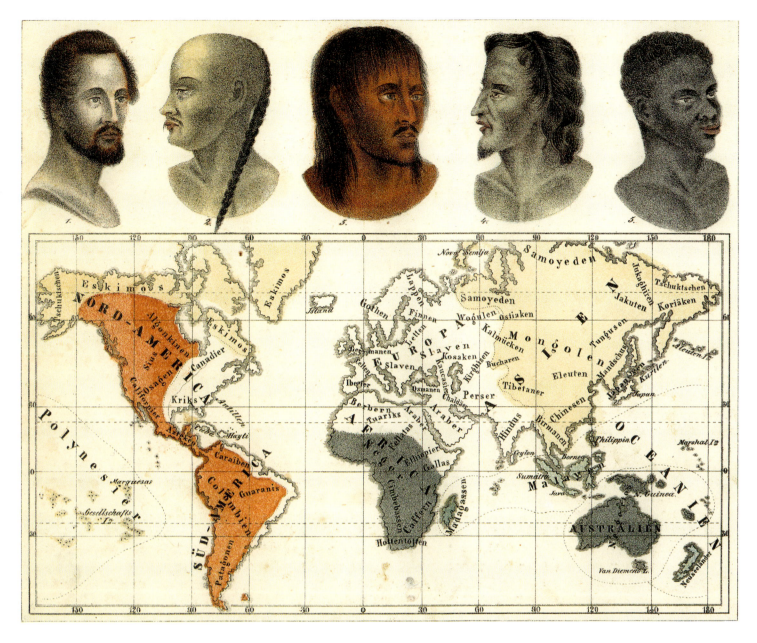

frühneuzeitlicher und Quellen des 18. Jahrhunderts zu diskutieren und eigene Beobachtungen gegenüberzustellen, ist seine Untersuchung des »Grasmeeres«. In ihr vergleicht er den »Mar de Zargasso« der Spanier und Portugiesen des 15. und 16. Jahrhunderts mit ähnlichen Beschreibungen bei Aristoteles und einer Stelle im »Periplus« des Scylax, prüft nautische Berechnungen von Kolumbus und dessen Nachfolgern und befragt emsig gedruckte und ungedruckte Quellen: »Durch den Vergleich vieler Schiffstagebücher [die er Kapitänswitwen häufig selbst abjagte] habe ich mich davon überzeugt, daß es im Becken des nördlichen Atlantischen Ozeans zwei solche mit Algen bedeckte Stellen gibt, die nichts miteinander zu tun haben.«[12]

Ganz besonders interessierte sich Humboldt für die Entdeckungsgeschichte Amerikas. Bei früheren Würdigungen ist oft übersehen worden, daß er nicht nur Urwälder und Savannen durchstreifte, sondern auch und gerade Archive auf der unermüdlichen Suche nach Originalquellen, wobei ihm allerdings manchmal die Termiten zuvorgekommen waren. »Don Apollinario de la Fuente, dessen Tagebücher ich aus den Archiven der Provinz Quizos erhalten, sammelte ohne Kritik aus den lügenhaften Erzählungen der Indianer alles«[13], lautet eine seiner typischen Angaben. Ganz unbefangen und selbstverständlich vergleicht Humboldt Naturbeschreibungen der Konquistadoren mit eigenen Beobachtungen. So sucht er Reisebeschreibungen des ausgehenden 15. und des 16. Jahrhunderts nach Schilderungen von Baumfarnen ab: »Ich finde die erste Beschreibung baumartiger Farren in *Oviedo, Historia de las Indias 1535 fol. XC.* ›Unter den vielen Farrenkräutern‹, sagt der vielgereiste Mann, von Ferdinand dem Katholischen als Direktor der Goldwäschen in Haiti angestellt, ›gibt es auch solche, die ich zu den Bäumen zähle, weil sie dick und hoch wie Tannenbäume sind.‹«[14] Allerdings bemän-

Verteilung der Menschenrassen auf der Erde mit besonders »typischen« Einzelexemplaren aus »Die Erde …« von Greßler. Der »Weiße« – Nr. 1 – kommt uns heute etwas spanisch vor. Es sollte herausgestellt werden, daß starker Bartwuchs der Männer für die weiße Rasse besonders typisch sei. Humboldt ging es stets um nüchterne Beschreibungen, nicht etwa um eine Bewertung der Rassen. Rassismus in jeder Form war ihm völlig fremd!

Der von Humboldt so eindringlich geschilderte Drachenbaum auf Teneriffa, hier in einem etwas späteren, beschädigten Stadium aus Greßler, weckte in Charles Darwin den Wunsch, als Naturforscher in ferne Gegenden zu reisen.

gelt Humboldt aus eigener Anschauung, daß Oviedo bei seiner Höhenangabe der Farne doch wohl ein wenig übertreibt.

Humboldt sieht ganz fraglos in spanischen Entdeckungsreisenden oder wißbegierigen Klerikern des 15. und 16. Jahrhunderts Kollegen, die, wenn sie denn nach kritischer Betrachtung glaubwürdig scheinen, ernsthaft zu diskutieren sind. Im folgenden, als besonders charakteristisch ausgewählten Beispiel geht es um die Frage der Konstanz des Klimas im nördlichen Südamerika. Es sei darauf hingewiesen, daß »Klimageschichte« heute als eher »junge« Disziplin gilt. »Der Regen scheint zu Beginn des 16. Jhs. nicht so selten gewesen zu sein. Wenigstens erwähnt der Chorherr von Granada, *Petrus Martyr d'Anghiera (de reb. Ocean. Coloniae, 1574, S. 93)*, wo er von den … Salinen von Araya … spricht, Regengüsse *(cadentes imbres)* als eine sehr häufige Erscheinung. Derselbe Autor, im Jahre 1526 verstorben *(Cancelieri, Notizie di Colombo, S. 212)*, versichert, die Salinen seien von den Indianern vor der Ankunft der Spanier betrieben worden … und Petrus Martyr behandelt bereits die geologische Frage, ob die Tonerde von Araya Salzquellen enthalte, oder ob ihr Salz von den jahrhundertelangen periodischen Überschwemmungen des Ozeans herrühre.«[15]

Humboldt gesteht den Reisebeschreibungen der Entdeckungszeit literarische Qualitäten zu, die er auch von Reiseschriftstellern seiner eigenen Epoche und vor allem von sich selbst fordert: »Das Charakterbild einer wilden oder einer kultivierten Natur entsteht durch die Darstellung sowohl der Hindernisse, die sich dem Reisenden entgegenstellen, als auch seiner eigenen Empfindungen. Er selbst ist es, den man unaufhörlich mit den Gegenständen, die ihn umgeben, in Berührung sehen will, und je mehr seine Landschafts- und Sittengemälde ein Lokalkolorit haben, desto mehr ziehen sie uns an. Hierin liegt der Grund des großen Interesses, das die Geschichte jener ersten Seefahrer einflößt, die weniger von ihrem Wissen als von edler Unerschrockenheit geleitet, in beständigem Kampfe mit den Elementen, in unbekannten Meeren eine neue Welt suchten.«[16] Humboldt beurteilte die wissenschaftlichen Leistungen des 16. Jahrhunderts außerordentlich hoch: »Der Keim sehr vieler physikalischer Wahrheiten ist in den Schriften des 16. Jahrhunderts niedergelegt, und dieser Keim hätte Früchte getragen, wäre er nicht durch Fanatismus und Aberglauben erstickt worden.«[17]

Auch bei der Untersuchung der Entdeckungsfahrten des 18. Jahrhunderts und seiner eigenen Zeit versuchte Humboldt, sich so weit wie irgend möglich auf Originaldokumente zu stützen. Mit nie erlahmendem Eifer durchstöberte er die Nachlässe berühmter Seefahrer: »In den Manuskripten d'Anville's, dessen Erben mir die Durchsicht derselben gütigst gestatteten, habe ich gefunden …«[18], lautet ein typischer Hinweis. Auch Behördenarchive wurden durchsucht. Im folgenden geht es um die Frage, in welchen Zeiträumen sich das Aussehen des berühmten Drachenbaumes auf Teneriffa veränderte: »Ich habe … den Drachenbaum von Orotava nach einer schon im Jahr 1766 … angefertigten Zeichnung abbilden lassen. Ich fand dieselbe in dem handschriftlichen Nachlaß des berühmten Borda, in dem noch ungedruckten Reisejournale, welches mir das *Dépôt de la Marine* anvertraute und welchem ich wichtige astronomisch-geographische, wie auch barometrische und trigonometrische Notizen entlehnt habe … .«[19]

»Warum sollte unsere Hoffnung nicht begründet sein, daß die Landschaftsmalerei zu einer neuen, nie gesehenen Herrlichkeit erblühen werde«

Landschaftsmalerei als »Anregungsmittel zum Naturstudium«

Frans Post, »Das São Francisco-Tal in Nordost-Brasilien«. In dem Wunsch, eine Art wissenschaftliche Schule der tropischen Landschaftsmalerei zu begründen, beschäftigte sich Humboldt intensiv mit deren Geschichte. Insbesondere die brasilianischen Landschaften von Frans Post, denen er eine große botanische Genauigkeit bescheinigte, faszinierten ihn. Historisches Museum, Frankfurt/M.

Humboldt stellte seine historische Methodik auch in den höchst originellen Kunstbetrachtungen unter Beweis. Seit der Jugendzeit war er selbst ein begeisterter Zeichner. In späteren Jahrzehnten nahm er Zeichenunterricht bei Gérard in Paris und besuchte eifrig Gemäldegalerien. »Ich habe das Glück gehabt, viele Jahre lang im Pariser Museum das Gemälde des Tizian bewundern zu können, welches den Tod des von einem Albigenser im Wald überfallenen Petrus Märtyr ... darstellt.«[1]

Malerei war ihm nicht Selbstzweck, sondern Teil seines Naturerlebens: »Wie eine lebensfrische Naturbeschreibung, so ist auch die Landschaftsmalerei geeignet, die Liebe zum Naturstudium zu erhöhen. ... beide sind fähig, ... das Sinnliche an das Unsinnliche anzuknüpfen. Das Streben nach einer solchen Verknüpfung bezeichnet das letzte und erhabenste Ziel der darstellenden Künste.«[2] Humboldt mißt demnach der Landschaftsmalerei einen besonders hohen Wert bei, und folgerichtig setzt er sich mit ihrer Geschichte auseinander. Die Antike erweist sich als wenig ergiebig: »Im Altertum ... diente die Landschaftsmalerei lange nur als Hintergrund historischer Kompositionen oder als zufälliges Ornament in Wandgemälden.«[3] Zwar lobt er, daß Philostrat ein verschollenes Gemälde von einem Vulkanausbruch beschreibt, doch kommt er zu dem Schluß, daß »das Gefühl für die landschaftliche Schönheit, welche der Pinsel wiedergeben soll, kein antikes, sondern ein modernes Gefühl ist«[4].

»Modern« will heißen »neuzeitlich« und reicht also bis ins 15. Jahrhundert zurück: »Sorgfältige Ausbildung des Landschaftlichen findet sich nämlich zuerst in den historischen Bildern dieser Brüder van Eyck.«[5] Humboldt hebt hervor, daß Jan van Eyck 1428 die südländische Flora um Lissabon kennenzulernen Gelegenheit hatte und so den Hintergrund einer frommen Szene auf einem Flügelaltar »durch Orangenbäume, Dattelpalmen und Zypressen«[6] schmückte. Ein Schüler der beiden van Eyck, Antonello da Messina, hat dann »den Hang zu landschaftlicher Auffassung nach Venedig«[7] verpflanzt. Bald kam jene Epoche, die nach Humboldt das »große Jahrhundert der Landschaftsmalerei« und »eine glückliche Entwicklungsperiode der Kunst«[8] werden sollte: »In einem Jahrhundert finden wir

165

Humboldts Forderung nach botanischer Genauigkeit und tropischer Stimmung zeitigte durchaus Erfolg: Diese Darstellung einer Cattleya-Orchidee mit Kolibris im brasilianischen Urwald malte Martin Johnson Heade 1871. National Gallery of Art, Washington.

Johann Moritz Rugendas, »Lianenbrücke« aus dessen Hauptwerk, der »Voyage pittoresque dans le Brésil«, Paris 1827–35. Württembergische Landesbibliothek, Stuttgart. Nur um südamerikanische Landschaften von Rugendas zu betrachten, besuchte Humboldt häufig Gemäldegalerien.

zusammengedrängt Claude Lorrain, den idyllischen Maler des Lichts und der duftigen Ferne, Ruysdaels dunkle Waldmassen und sein drohendes Gewölk, die heroischen Baumgestalten von Gaspard und Nicolaus Poussin, die naturwahren Darstellungen von Everdingen, Hobbema und Cuyp.«[9]

Diese kunsthistorischen Betrachtungen bewegen sich in einem durchaus konventionellen Rahmen, um dann aber abrupt eine sozusagen humboldtianische Wendung zu nehmen: Seiner Ansicht nach stellen die Folgen der Entdeckung Amerikas den entscheidenden Umschwung dar. »Die Entdeckungen von Columbus, Vasco da Gama, und Alvarez Cabral in Mittelamerika, Südasien und Brasilien, der ausgebreitete Spezerei- und Drogenhandel der Spanier, Portugiesen, Italiener und Niederländer, die Gründung botanischer, aber noch nicht mit eigentlichen Treibhäusern versehener Gärten in Pisa, Padua und Bologna zwischen 1544 und 1568 machten die Maler allerdings mit vielen wunderbaren Formen exotischer Produkte, selbst mit denen der Tropenwelt, bekannt.«[10] Tatsächlich wurde dergleichen zumeist nur in Stilleben abgebildet, wie Humboldt bedauernd bestätigt:

»Einzelne Früchte, Blüten und Zweige wurden von Johann Breughel, dessen Ruhm schon am Ende des 16. Jahrhunderts begann, mit anmutiger Naturtreue dargestellt.«[11]

Kunsthistorikern muß dieser spezifisch humboldtianische Ansatz einer Würdigung der Landschaftsmalerei und ihrer Aufgabenstellung ein wenig befremdlich erscheinen. Humboldt geht es in erster Linie um eine naturgetreue, dabei aber stimmungsvolle Darstellung der Landschaften ferner und fernster Länder, insbesondere der Tropen. Folgerichtig stellt er einen damals wie heute weniger bekannten Maler heraus: »... es fehlte bis kurz vor der Mitte des 17. Jahrhunderts an Landschaften, welche den individuellen Charakter der heißen Zone, von dem Künstler selbst an Ort und Stelle aufgefaßt, wiedergeben konnten. Das erste Verdienst einer solchen Darstellung gehört wahrscheinlich ... dem niederländischen Maler Franz Post aus Harlem, der den Prinzen Moritz von Nassau nach Brasilien begleitete, wo dieser ... in den Jahren 1637 bis 1644 holländischer Statthalter in den eroberten portugiesischen Besitzungen war.«[12] Humboldt macht einen weiteren frühen Meister tropischer Landschaftsmalerei aus: »Zu derselben Zeit gehören die in Dänemark ... aufbewahrten, sehr ausgezeichneten großen Ölbilder des Malers Eckhout, der 1641 sich ebenfalls mit Prinz Moritz von Nassau an der brasilianischen Küste befand. Palmen, Melonenbäume, Bananen und Helikonien sind überaus charakteristisch abgebildet, auch die Gestalten der Eingeborenen, buntgefiederte Vögel und kleine Quadrupeden.«[13] Doch Post und Eckhout fanden lange keine Nachfolger. »Solchen Beispielen physiognomischer Naturdarstellung sind bis zu Cooks zweiter Weltumseglung wenige begabte Künstler gefolgt.«[14] Im Geschichtsverständnis Humboldts waren die drei Weltreisen Cooks krönende Höhepunkte der wissenschaftlichen Entwicklung der Menschheit, aber eben nicht nur der wissenschaftlichen. Humboldt durfte als junger Mann bei seinem ersten Aufenthalt in London die Werke jener Maler kennenlernen, die Kapitän Cook als wissenschaftliche Illustratoren auf seinen gefahrvollen Fahrten begleitet hatten. Völlig zu Recht hatten es ihm insbesondere die Werke von

Lithographie von L. Deroy nach einer Zeichnung von Johann Moritz Rugendas »Brasilianischer Urwald«, aus der »Voyage pittoresque dans le Brésil«. Der von Humboldt geförderte Rugendas entwickelte sich zu dessen Lieblingsmaler. Ibero-Amerikanisches Institut, Berlin.

1863 schuf der von Humboldt nachhaltig geförderte Ferdinand Bellermann diese »Landschaft in Venezuela«. Mit einem von Humboldt vermittelten Reisestipendium war Bellermann 1844 zu einer Orinoco-Reise aufgebrochen und hatte im Jahr darauf das Hochgebirge von Merida besucht.

Maximilian Prinz zu Wied-Neuwied folgte dem Vorbild Humboldts und bereiste 1815/17 die brasilianische Küste und ihr Hinterland. Dann unternahm er eine Forschungsreise durch Nordamerika, die er 1833/34 beschrieb und in einem wundervollen Tafelwerk edierte. J. C. Bodmer schuf nach einer Skizze des Prinzen dieses Aquarell der »Mündung des Fox River«. Württembergische Landesbibliothek, Stuttgart.

William Hodges angetan, der während der zweiten Reise Cooks Offizieren Zeichenunterricht gegeben hatte und, beeinflußt durch seine eher nüchternen Schüler – so sagt man –, einen Stil entwickelte, der eine frühromantische Landschaftsauffassung mit einem Höchstmaß an nautischem und naturwissenschaftlichem Realismus verband und damit eine neue Epoche einleitete: »Was Hodges für die westlichen Inseln der Südsee, was unser verewigter Landsmann Ferdinand Bauer für Neu-Holland und Van Diemens-Land leisteten, haben in den neuesten Zeiten in viel größerem Stil und mit höherer Meisterschaft für die amerikanische Tropenwelt Moritz Rugendas, der Graf Clarac, Ferdinand Bellermann und Eduard Hildebrandt, für viele andere Teile der Erde Heinrich von Kittlitz, der Begleiter des russischen Admirals Lütke, auf dessen Weltumseglung getan.«[15] In einer ausführlichen Fußnote fügt Humboldt hinzu: »Von einer großen Naturwahrheit zeugen auch die Zeichnungen von Carl Bodmer, welche, meisterhaft gestochen, eine Zierde des großen Reisewerks des Prinzen Maximilian zu Wied in das Innere von Nordamerika sind.«[16] Was Humboldt an dieser Stelle nicht verrät, ist die Tatsache, daß er selbst an diesem Aufblühen der tropischen Landschaftsmalerei durch

F. Bellermann, »Jagd auf den Jaguar«, 1866. Der »indianische Tiger« trug nicht unwesentlich zur Spannung von Humboldts Reisebeschreibung bei. Ibero-Amerikanisches Institut, Berlin.

171

Rechts:
Schinkel baute 1831 für Friedrich Wilhelm III. das Palmenhaus auf der Pfaueninsel bei Berlin, dessen Anlage und Bepflanzung von Humboldt beraten wurden. Später stieg er gern auf die links oben erkennbare Galerie, um von dort auf die Palmengipfel herabzusehen und von seiner einstigen Reise zu träumen. C. Blechen malte dieses Bild 1834 und fügte zur Erhöhung der Wirkung drei Haremsdamen hinzu. Stiftung Preußische Schlösser und Gärten, Berlin-Brandenburg.

»Ansicht einer brasilianischen Plantage an der Reede von Rio, 1830«, Lithographie nach einer Vorlage von J. M. Rugendas.

ideelle und organisatorische Hilfe wesentlichen Anteil hatte.

Allen Glanz seiner Beredsamkeit wendet Humboldt daran, für dieses große Ziel, das Aufblühen der Landschaftsmalerei in den Tropen, zu werben: »Warum sollte unsere Hoffnung nicht begründet sein, daß die Landschaftsmalerei zu einer neuen, nie gesehenen Herrlichkeit erblühen werde, wenn hochbegabte Künstler öfter die engen Grenzen des Mittelmeers überschreiten können; wenn es ihnen gegeben sein wird, fern von der Küste, mit der ursprünglichen Frische eines reinen jugendlichen Gemüts, die vielgestaltete Natur in den feuchten Gebirgstälern der Tropenwelt lebendig aufzufassen?«[17] Doch was soll die tropische Landschaftsmalerei leisten? »Himmelsbläue, Wolkengestaltung, Duft, der auf der Ferne ruht, Saftfülle der Kräuter, Glanz des Laubes, Umriß der Berge sind die Elemente, welche den Totaleindruck einer Gegend bestimmen. Diesen aufzufassen und anschaulich wiederzugeben, ist die Aufgabe der Landschaftsmalerei. Dem Künstler ist es verliehen, die Gruppen zu zergliedern, und unter feiner Hand löst sich (wenn ich den figürlichen Ausdruck wagen darf) das große Zauberbild der Natur gleich den geschriebenen Werken der Menschen in wenige einfache Züge auf.«[18]

Humboldt war es durchaus vergönnt, eine Vielzahl von Talenten zu fördern und in seinem Sinne zu beeinflussen. Doch begann sich die Kunst – und insbesondere die heute geschätzten Stilrichtungen – von Humboldts Vorstellungen einer gewissermaßen supernaturalistischen, naturwissenschaftlich fundierten Landschaftsmalerei wegzubewegen. Sein Vorschlag, von Botanikern mit beispielhaften Pflanzenabbildungen versehene Nachschlagewerke speziell für Landschaftsmaler herausgeben zu lassen, wurde nicht realisiert.[19]

»Ungleich ist der Teppich gewebt, den die blütenreiche Flora über den nackten Erdkörper ausbreitet«

Vom Nutzen der Gewächshäuser

In der Tapetenfabrik von Jean Zuber in Rixheim im Elsaß entstand 1848 diese Tapete »Eldorado«, die mit 1540 Modeln auf 24 Papierbahnen gedruckt wurde und eine tropische Phantasielandschaft zeigt. Die ausführenden Künstler konnten sich aber unter »El Dorado« nichts Genaues vorstellen, darum zeichneten sie vor dem nahezu unvermeidlichen Chimborazo eine recht orientalisch-muselmanisch wirkende Stadt. Deutsches Tapetenmuseum, Kassel.

Dichtung und Malerei sind nicht die einzigen Möglichkeiten, seine Mitmenschen an den Schönheiten tropischer Vegetation teilhaben zu lassen: »Die Wirkung der Landschaftsmalerei ist trotz der Vervielfältigung ihrer Erzeugnisse durch Kupferstiche und durch die neueste Vervollkommnung der Lithographie doch beschränkter und minder anregend als der Eindruck, welchen der unmittelbare Anblick exotischer Pflanzengruppen in Gewächshäusern und freien Anlagen auf die für Natur-

schönheit empfänglichen Gemüter macht.«[1] Daß diese Behauptung nicht aus der Luft gegriffen ist, beweist Humboldt umgehend an einem besonders guten Beispiel, nämlich an sich selbst: »…ich habe mich daran erinnert, wie der Anblick eines kolossalen Drachenbaums und einer Fächerpalme in einem alten Turm des Botanischen Gartens bei Berlin den ersten Keim unwiderstehlicher Sehnsucht nach fernen Reisen in mich gelegt hatte.«[2] Zwar erlebt der Betrachter die Pflanzen im Gewächshaus real und nicht nur ihr zweidimensionales Abbild auf der Leinwand des Malers, doch muß Humboldt zugestehen, daß das Gemälde zumindest in der Darstellung der Raumtiefe dem ja allemal beengten Gewächshaus überlegen ist. »Der Landschaftsmalerei ist es allerdings gegeben, ein reicheres, vollständigeres Naturbild zu liefern, als die künstlichste Gruppierung kultivierter Gewächse es zu tun vermag. Die Landschaftsmalerei gebietet zauberisch über Masse und Form. Fast unbeschränkt im Raum, verfolgt sie den Saum des Waldes bis in den Duft der Ferne … Die Beleuchtung und die Färbung, welche das Licht des dünnverschleierten oder reinen Himmels unter den Wendekreisen über alle irdischen Gegenstände verbreitet, gibt der Landschaftsmalerei, wenn es dem Pinsel gelingt, diesen milden Lichteffekt nachzuahmen, eine eigentümliche, geheimnisvolle Macht.«[3]

Trotzdem hat das Gewächshaus seine Berechtigung, es »entschädigt … im einzelnen durch die Herrschaft, welche überall die Wirklichkeit über die Sinne ausübt«[4]. Humboldt gerät förmlich ins Schwärmen: »Wenn man im Palmenhaus von Loddiges oder in dem der Pfaueninsel bei Potsdam …

In der Manufaktur J. Dufour in Paris entstand 1818 auf 25 Papierbahnen in farbigem Holzdruck die Großtapete »Präsentation der Frauen vor Pizarro«. Durch die damaligen Forschungsreisen waren Szenen aus der Geschichte Südamerikas sehr beliebt. Diese ist nicht ohne Pikanterie. Die Konquistadoren hatten aus Spanien keine Frauen mitgebracht. Da aber ihr Aufenthalt in Südamerika länger währte als gedacht, wurde bald ein gewisser Mangel fühlbar. Daher waren die Spanier gezwungen, indianische Frauen zu wählen, die sich hier in hellen Scharen bei Pizarro einfinden. Münchner Stadtmuseum.

Mit gutem Grund nimmt man an, daß der Entwurf zu diesem Porzellanservice mit außereuropäischen Pflanzen der Königl. Preußischen Porzellanmanufaktur auf A. v. Humboldt zurückgeht. Auf der Unterseite der Stücke sind bevorzugt Gattungsnamen verzeichnet, die an englische Botaniker erinnern. Vermutlich sollte dieses Service ursprünglich von W. v. Humboldt während seiner Amtszeit als preußischer Gesandter in England an einen englischen Naturforscher verschenkt werden. Als junger Bergbeamter war Alexander v. Humboldt zeitweilig bei der »Farbencommission« der KPM angestellt. Stiftung Preußische Schlösser und Gärten, Berlin-Brandenburg.

vom hohen Altan bei heller Mittagssonne auf die Fülle schilf- und baumartiger Palmen herabblickt, so ist man auf Augenblicke über die Örtlichkeit, in der man sich befindet, vollkommen getäuscht. Man glaubt unter dem Tropenklima selbst, vom Gipfel eines Hügels herab ein kleines Palmengebüsch zu sehen. … Man entbehrt freilich den Anblick der tiefen Himmelsbläue, … dennoch ist die Einbildungskraft hier noch tätiger, die Illusion größer als beim vollkommensten Gemälde.«[5]

Und da sich Humboldt immer als Teil der Geschichte begreift – ein nie rastender, kenntnisreicher Wanderer durch eine emsig studierte Vergangenheit und eine sehr bewußt erlebte Gegenwart hin in eine stets als Fortschritt erwartete Zukunft –, setzt er sich umgehend mit der Geschichte der Gärten und Treibhäuser auseinander. Die von ihm stets hochgeschätzte Antike bot leider reichlich wenig: »Obgleich die Alten, wie einzelne Beispiele aus den Pompejanischen Ausgrabungen lehren, Glasscheiben in Gebäuden anwendeten, so ist bisher doch wohl nichts aufgefunden worden, was in der antiken Kunstgärtnerei den Gebrauch von erwärmten Glas- und Treibhäusern bezeugte. Die Wärmeleitung der *caldaria* in Bädern hätte auf Anlegung solcher Treibereien und Gewächshäuser leiten können, aber bei der Kürze des griechischen und italienischen Winters wurde das Bedürfnis der künstlichen Wärme … weniger gefühlt.«[6] Humboldt bemerkt jedoch, daß die römischen Frauen zu den »Adonien«, einem »jener Feste, durch welche das Altertum die hinsterbende Natur betrauerte«[7], Pflanzungen in kleinen Töpfen anlegten. »Die Pflanzen, nicht vielfarbige Blumen, nur Lattich, Fenchel, Gerste und Weizen, wurden mit emsiger Pflege zu schnellem Wachstum gebracht, auch nicht im Winter, sondern im vollen Sommer, und in einer Zeit von acht Tagen.«[8] Da erfreut es Humboldt schon wesentlich mehr, »daß der für die Belebung der aristotelischen Philosophie und der Naturkunde gleich verdiente Albertus Magnus im 13. Jahrhundert im Dominikanerkloster zu Köln wahrscheinlich ein warmes Treibhaus besaß«[9]. Den äußerst belesenen Humboldt erinnert dies an ein zweites Beispiel für mönchische Wintergartenkultur aus einer problematischen altvenezianischen Quelle, »an ein grönländisches oder isländisches Kloster des heil. Thomas, dessen immer schneeloser Garten durch natürliche heiße Quellen erwärmt war, wie die *fratelli Zeni* in ihren, freilich der geographischen Örtlichkeit nach sehr problematischen Reisen (1388–1404) berichten«[10].

Es gelingt Humboldt nicht, das wirklich erste Gewächshaus oder die älteste Orangerie zu ermitteln: »In unseren botanischen Gärten scheint die Anlage eigentlicher Treibhäuser viel neuer zu sein, als man gewöhnlich glaubt. Reife Ananas wurden erst am Ende des 17. Jahrhunderts erzielt; ja Linné behauptet sogar …, daß man Pisang [Banane] in Europa zum ersten Mal zu Wien im Garten des Prinzen Eugen 1731 habe blühen sehen.«[11]

Auch mit der Geschichte der Ziergärten überhaupt setzt sich Humboldt auseinander, beginnend mit den »Hängenden Gärten« der Semiramis bis zu den Arabern. Besonders angetan ist er von dem alten chinesischen Schriftsteller Lieu-tscheu (mod.: Lieh-tzu), der einstens schrieb: »Die Kunst, den Garten anzulegen, besteht also im Bestreben, Heiterkeit (der Aussicht), Üppigkeit des Wachstums, Schatten, Einsamkeit und Ruhe so zu vereinigen, daß durch den ländlichen Anblick die Sinne getäuscht werden.«[12]

Humboldt fährt fort, dies seien Ansichten, »denen einer unserer geistreichen Zeitgenossen, der Schöpfer des anmutigen Parks von Muskau, seinen Beifall nicht versagen wird«[13], womit er den reisenden Lebemann und Gartenfreund Hermann Fürst

Pückler meint. Einen eigenen Garten besaß der Junggeselle Humboldt nie. Trotzdem war es ihm vergönnt – wenn auch eher unauffällig –, in die Geschichte der Gartenarchitektur einzugehen. Schon früh hatte er zu dem Architekten Karl Friedrich Schinkel engere Beziehungen geknüpft. Wie Humboldt war dieser Ende 1804 kurz vor Napoleons Krönung nach Paris gekommen, wo er die Gründung des Louvre als öffentliches Kunstmuseum und die ersten Panoramen erlebte. Zu Beginn seiner Laufbahn arbeitete Schinkel auch als Bühnenbildner. So stattete er 1816 eine berühmt gewordene Inszenierung der Zauberflöte Mozarts aus, wobei er bei der Gestaltung der Urwaldszenen auf Abbildungen Humboldts zurückgriff. In Berlin entwarf er überdies einige Dioramen – im Innern begehbare zylindrische Rundgemälde –, deren Naturdarstellungen auf Vorschläge Humboldts zurückgingen. Als dieser 1828 die Naturforscherversammlung im Konzertsaal des Berliner Schauspielhauses ausrichtete, malte Schinkel die Wanddekorationen, wobei er – wohl einer Anregung Humboldts folgend – sein berühmtes Bühnenbild für die Arie der Königin der Nacht neu gestaltete und in den gestirnten Himmel die Namen hervorragender Naturwissenschaftler einfügte. Diese Unternehmungen begründeten eine über Jahre dauernde enge Zusammenarbeit. Einer ihrer Höhepunkte waren der gemeinsam erarbeitete Entwurf sowie Bau und Ausgestaltung des schon erwähnten Pal-

»Gartenseite von Schloß Charlottenhof mit Terrasse« in Potsdam, Aquarell von Ferdinand v. Arnim, um 1855. Humboldt wohnte dort während seiner Aufenthalte und beteiligte sich mit botanischen Ratschlägen an der Ausgestaltung der Parkanlagen. Stiftung Preußische Schlösser und Gärten, Berlin-Brandenburg.

Karl Friedrich Schinkel entwarf 1816 diesen Sternenhimmel als Bühnenbild für die Arie der Königin der Nacht in Mozarts Zauberflöte. Humboldt beriet in derselben Inszenierung die Gestaltung der Urwaldszenen. Als 1828 die »Deutschen Naturforscher und Ärzte« unter Humboldts Leitung in Berlin tagten, wurde der Entwurf von Schinkel erneut verwendet, aber zwischen den Sternen die Namen prominenter Naturwissenschaftler eingefügt. Farbige Aquatinta von C. F. Thiele nach Schinkel.

Das Berliner Opernhaus, in dem auf Betreiben Humboldts Giacomo Meyerbeers Oper »Die Hugenotten« 1842 nach anfänglichem Verbot ihre Berliner Erstaufführung erlebte. Meyerbeer hatte Humboldt auch seine Ernennung zum kgl. preußischen Musikdirektor zu verdanken. Humboldt war es gelungen, antisemitische Vorurteile zu entkräften.

menhauses auf der Pfaueninsel. Es hat den Anschein, daß das historische und mythologische Bildprogramm des 1822/33 von Schinkel für den späteren König Friedrich Wilhelm IV. entworfenen Schlosses Charlottenhof in Potsdam auf Humboldt, insbesondere Gedankengänge aus dessen »Kosmos«, zurückgeht und daß er alle von Schinkel geplanten Gärten und Parkanlagen botanisch beraten hat. Beider Begeisterung für botanische Panoramen bescherte dem König eine einzigartige künstlerische Monstrosität. Das Schlafzimmer des Königspaares wurde mit einem 180 Grad-Panorama des das Schloß ohnedies umgebenden Parks ausgestattet – mit dem Doppelbett genau im Zentrum –, so daß ihre Majestäten den Park vom Bett aus bewundern konnten, ohne ihn wirklich betreten zu müssen. Schloß Charlottenhof besaß auch ein »Zeltzimmer«, das an Humboldts Orinoco-Reise erinnern sollte und von ihm und Schinkel als Gästen des Königs benutzt wurde. Später war für Humboldt in der zweiten Etage des Gärtnerhauses – erbaut 1829/40 und einer antiken Villa nachempfunden – stets ein Zimmer reserviert, wo er in einer von ihm mitgestalteten Landschaft in Ruhe schreiben konnte. Man nimmt an, daß in die Planung dieser Villa Humboldts archäologischen Kenntnisse antiker Architektur eingeflossen sind. Humboldt beriet auch die eigene Familie; so gehen die Anlage der Begräbnisstätte derer von Humboldt im Park von Schloß Tegel und ihre architektonische Ausgestaltung mit Schinkels Säule und Exedra auf ihn zurück.[14]

»Schenken Sie ihm Ihren Beistand, Ihren Rat, Ihr Wohlwollen«

Förderer junger Talente

Im September 1824 gelang dem französischen Privatgelehrten Joseph Nicéphore Niépce mit etwa zehnstündiger Belichtungszeit die erste Photographie. Als Platte diente ihm ein mit lichtempfindlichem Asphalt bestrichener planer Stein. 1826 lernte er den Maler Jacques Mandé Daguerre kennen, mit dem er 1829 einen Vertrag schloß, um »ohne Mitwirkung eines Zeichners die Ansichten, die die Natur bietet, festzuhalten«[1]. Daguerre war Humboldt kein Unbekannter, sondern bereits als Erfinder von Panoramen aufgefallen. Dabei handelte es sich um große, transparente Gemälde, die von hinten erhellt wurden. Durch variierende Beleuchtung – auch mit pyrotechnischen Effekten, entsprechenden Geräuschen und dem Einführen zusätzlicher transparenter Teile – ergab sich für den vor dem Gemälde stehenden Betrachter der Eindruck eines belebten Bildes. Die Panoramen waren somit Vorläufer des Kinos. Humboldt war beeindruckt: »Die Vervollkommnung der Landschaftsmalerei in großen Dimensionen (… als Panorama, Diorama …) hat in neueren Zeiten … die Stärke des Eindrucks vermehrt.«[2] Entsprechend seinem historischen Vorgehen suchte er nach den Wurzeln der neuen Entwicklung. »Was Vitruvius und der Ägypter Julius Pollux als ›ländliche (satyrische) Verzierungen der Bühne‹ schildern, was in der Mitte des 16. Jahrhunderts durch Serlios Kulisseneinrichtungen die Sinnestäuschung vermehrte, kann jetzt seit

… Daguerres Meisterwerken … die Wanderung durch verschiedenartige Klimate fast ersetzen.«[3] Humboldt berichtet aus eigener Erfahrung: »Die Rundgemälde leisten mehr als die Bühnentechnik, weil der Beschauer, wie in einen magischen Kreis gebannt und aller störenden Realität entzogen, sich in der fremden Natur selbst umgeben wähnt. Sie lassen Erinnerungen zurück, die nach Jahren sich vor der Seele mit den wirklich gesehenen Naturszenen wundersam täuschend vermengen.«[4]

Im Gegensatz zur Daguerreotypie konnten die Talbotschen Negative der Photographien im Sonnenlicht beliebig oft als Positive kopiert werden. Ein zukunftweisender Vorteil, der von Humboldt nicht erkannt wurde.

Die Weltsensation schlechthin war die Erfindung der Photographie durch Daguerre und Niépce. Hier die erste von Daguerre nach Deutschland verkaufte Kamera aus dem Besitz des Deutschen Museums in München.

Er wird nicht müde, die Panoramen zu loben: »Physiognomische Studien, an den schroffen Berghängen des Himalaya und der Cordilleren oder im Inneren der indischen und südamerikanischen Flußwelt entworfen, ja durch Lichtbilder berichtigt,

Barrikadensturm Unter den Linden in Berlin. In Nr. 2 des »Kladderadatsch« vom 14. Mai 1848 wurde ein Ausspruch Humboldts kolportiert, der sich auf konservative Presseangriffe gegen F. Hecker und G. v. Struve, die republikanischen Anführer der Revolution, bezieht. »Humboldt soll gesagt haben: Die Hecker-Struvel-Peterwitze der ›deutschen Zeitung‹ über die Niederlage der badischen Republikaner sind die rohen Späße alter Professoren bei dem Leichnam eines jungen Mädchens auf der Anatomie.« Neuruppiner Bilderbogen von Gustav Kühn.

… würden einen magischen Effekt hervorbringen.«[5] Damit berührt Humboldt ein Grundproblem. Es handelte sich ja bei Dioramen und Panoramen um supernaturalistische Riesengemälde, die den Anspruch treuester Wiedergabe der Wirklichkeit erhoben. Also bedurfte es einer unendlichen Vielzahl zeichnerischer Vorstudien, die einen Panoramen-Unternehmer wie Daguerre zeitlich und personell weit überforderten. Deshalb begab er sich auf die Suche nach Bildern, die sich selber zeichnen. Zunächst gelang es ihm zwar, auf silberbeschichteten Kupferplatten, die er Joddämpfen ausgesetzt und in seiner Kamera belichtet hatte, ein Bild zu erhalten, doch die Belichtungszeit von mehreren Stunden blieb viel zu lang. Ein glücklicher Zufall kam ihm im Herbst 1835 zu Hilfe. Er beobachtete die Entstehung des »latenten Bildes« durch Einwirkung von Quecksilberdampf auf die Silberjodidschicht. Die Belichtungszeit verkürzte sich auf etwa sieben Minuten. Zum Fixieren des Bildes spülte er die Platten mit gesättigter Koch- oder Glaubersalzlösung und erhielt sensationell scharfe Bilder. Doch mußte die Platte unmittelbar vor jeder Aufnahme präpariert werden, auch ließen sich keine Kopien anfertigen.[6]

Um die Erfindung finanziell zu nutzen, eröffnete Daguerre sein Verfahren Humboldts Freund François Arago, der es, ohne Preisgabe von Details, am 7.1.1839 der Akademie der Wissenschaften in Paris mitteilte. Die benannte ein dreiköpfiges Gutachtergremium, bestehend aus Arago, Biot und Humboldt,[7] auf dessen Empfehlung Daguerre und die Erben von Niépce vom französischen Staat eine Pension erhielten und auf Patente verzichteten. Humboldt begeisterte sich für die Daguerreotypie[8] und veranlaßte 1842 die Wahl Daguerres in die Friedensklasse des Ordens »Pour le mérite«.

Auch der englische Privatgelehrte Talbot hatte sich an photographischen Experimenten versucht. Aufgeschreckt durch Mitteilungen Aragos, beschrieb er sie am 31.1.1839 der Royal Society – Anwendung eines mit Silberchlorid getränkten Papiers und Fixierung mit Kochsalz- oder Jodkaliumlösung – und wandte sich in Briefen an das Dreierkollegium. Humboldt war verärgert, insbesondere mißfiel ihm die mangelnde Brillanz der Bilder. Aber Talbot

180

Trauerzug für die »Märzgefallenen« in Berlin während der Revolution am 22. März 1848. An der Trauerfeier nahm auch der von den Revolutionären geschätzte Humboldt teil. Neuruppiner Bilderbogen von Gustav Kühn.

konnte im Durchlicht Positive und damit Kopien anfertigen, auch war sein Entwicklungsverfahren schneller und weniger giftig. So wies er den Weg in die Zukunft, was Humboldt aber ebenso wenig erkannte wie seine beiden Freunde.[9] Im März 1839 schrieb er einen überaus höflichen, aber ausweichenden Brief, in dem er Talbots Schreiben bestätigte, zu dem Prioritätsproblem aber keinerlei Stellung bezog.

Der technologische Vorsprung der Daguerreotypie ließ Talbot nicht ruhen. Das Ergebnis war ein wesentlich verbessertes Verfahren, die »Kalotypie«. Er hatte auch für seine Art der Photographie das »latente Bild« gefunden und die Belichtungszeiten auf eine halbe Minute verkürzt. Unter dem Titel »The Pencil of Nature« gab Talbot 1844 das erste photographisch illustrierte Buch heraus. Im selben Jahr übersandte er Humboldt eine Sammlung von Aufnahmen, die als »Humboldt-Album« in die Geschichte der Photographie einging.[10]

Mit lichtstärkeren Objektiven ließen sich bald Belichtungszeiten im Sekundenbereich erzielen. Humboldt hat selbst nie photographiert, doch war

Zum Freundeskreis der Bettina v. Arnim zählte auch Humboldt. Als man sie 1842 beschuldigte, mit ihrem Werk »Dies Buch gehört dem König« den Weberaufstand in Schlesien ausgelöst zu haben, war Humboldt einer ihrer wenigen Fürsprecher bei Friedrich Wilhelm IV.

Humboldt schätzte Dioramen – hier ein Vesuvausbruch von Daguerre – außerordentlich. Tropische Landschaften in den Dioramen Schinkels wurden stets von ihm beraten.

Mit diesem Brief – einem typischen Meisterwerk Humboldtscher Diplomatie – meldet er am 3. September 1804 dem preußischen König Friedrich Wilhelm III. seine Rückkunft nach Frankreich und vermerkt stolz, daß er »die höchsten Gebirgsketten der Welt, Cordilleras de los Andes«, bestiegen habe. Er bedient sich dabei der deutschen Schrift.

er ein nimmermüder Propagandist. Er empfahl allen von ihm protegierten Forschungsreisenden das Mitführen einer Photoausrüstung. Nicht immer brachte dieser Rat auch Erfolge. So zerbrach auf einer Expedition durch Ägypten und Äthiopien 1842/46 dem von ihm großzügig geförderten Richard Lepsius die Kamera. Viele junge Forscher legten Humboldt ihre Daguerreotypien vor oder schenkten sie ihm. Als Photographen besonders erfolgreich waren die von ihm ebenfalls unterstützten Brüder Hermann, Adolph – 1857 als angeblicher englischer Spion in Kaschgar enthauptet – und Robert Schlagintweit, die im September 1854 zu einer dreijährigen Reise durch Indien und den Himalaya aufbrachen, auf der sie unter unglaublichen Strapazen und in den abenteuerlichsten Verkleidungen 19000 Kilometer zurücklegten und eine Fülle exotischer Aufnahmen anfertigten.[11]

Humboldts Förderung der Photographie machte jedoch nur einen winzigen Bruchteil seiner unablässigen Bemühungen um junge Forscher aus. Er half nicht selten aus eigenen Mitteln und muß mit dieser uneigennützigen Unterstützung schon sehr früh begonnen haben. Noch in der Napoleonischen Ära plante der Jenenser Botaniker Friedrich Siegmund Voigt um 1810 eine Reise nach Tibet. Unaufgefordert übersandte Humboldt 1000 Taler zusammen mit einem – leider wie so oft bis auf den

Über Jahre hinweg erschien in der »Leipziger Illustrirten Zeitung« noch zu Lebzeiten Humboldts dieses Inserat.

Die

Neue Humboldt-Feder

aus der Fabrik von J. Alexandre in Birmingham und Brüssel.

Seit Erfindung der Cementfeder ist der unermüdlich thätige J. Alexandre bemüht gewesen, seinem Fabrikat eine immer größere Vervollkommnung zu geben, und es ist ihm gelungen, sie zu einer Vollkommenheit zu bringen, die allen Anforderungen entspricht, welche man eine Stahlfeder zu machen berechtigt ist.

Die Vorzüglichkeit dieses neuen Fabrikats hatte den gefeierten Alexander v. Humboldt veranlaßt, dem Erfinder die Erlaubniß zu ertheilen, die Feder nach seinem Namen benennen zu dürfen.

Die neue Humboldt-Feder, in eleganten Schachteln, mit dem Bildniß Alexander v. Humboldt's geziert, ist in vier verschiedenen Sorten: Breit, Mittel, Fein und Extrafein, jede Sorte zu dem Preise von 5 Frcs. = 1 Thlr. 10 Ngr. die Schachtel von 12 Dutzend, in allen Buch-, Kunst- und Schreibmaterialienhandlungen, in

Leipzig in der Expedition der Illustrirten Zeitung

zu obigem Preise zu haben.

Wochentag undatierten – Brief in typischem Duktus: »Sie zahlen mir diese Summe, wann Sie wollen, vor oder nach Tibet, in 5 – 6 – 10 Jahren zurück. Ich hoffe, es liegt nichts Beleidigendes in diesem Schritte. Sie würden dasselbe für mich tun und mehr.«[12]

Manchmal trafen sich die Interessen Humboldts mit denen seiner Protégés. So hatte er den Physiker Adolph Theodor von Kupffer zur Durchführung erdmagnetischer Messungen in Rußland angeregt und ihm die Wege geebnet: »Ich hatte schließlich bereits Gelegenheit, direkt an den Kaiser zu schreiben und habe dabei speziell Sie empfohlen.«[13]

Doch nicht allen konnte geholfen werden. Um Rat angegangen, wie man Friedrich Wilhelm IV. ein dramatisches Werk nahebringen könne, gab er in einer drolligen Antwort zu, daß sich sein Einfluß auf Naturwissenschaftliches beschränke. »Dramatische Dichtung und dergleichen sind Gegenstände, über die der König nie mit mir spricht, die mir entfernter als die Schießbaumwolle oder Le Verriers Planet liegen.« Humboldt berichtet sodann, er habe immer nur durch Dritte erfahren, daß der König sich auch literarische Werke vortragen lasse. »Ich werde nie zu solchen Vorlesungen eingeladen.«[14]

Als normaler Bürger in eigener Sache bei Hofe zu erscheinen, war für viele problematisch. Leicht konnte man durch falsches Benehmen unangenehm auffallen. Entsprechend teilte Humboldt seinen Schützlingen mit, wann Frack und große Halsbinde zu tragen wären, welche Themen dem König genehm seien oder worüber man besser schweigen solle. Leider sind weder der Adressat des folgenden Briefes noch der Titel des zu überreichenden Buches bekannt. Aber wie wenige andere beleuchtet gerade dieses Schreiben Humboldts Liebenswürdigkeit und die Subtilität, mit der er seine Schützlinge steuerte – wie auch den Vorteil, in jeder Residenz des Königs über ein eigenes Zimmer zu verfügen: »Der König ... erwartet Sie morgen Montags

Zweieinhalb Jahre vor seinem Tod brachte Humboldt – in lateinischer Schrift, die er nach Prof. W.-H. Hein seit 1830 auch bei deutschsprachigen Texten durchgängig benutzte – diese Zeilen über Gott, die Natur und den menschlichen Forschergeist zu Papier. Er muß sich dabei sehr große Mühe gegeben haben, denn die Zeilen sind nicht wie häufig sonst gekrümmt und auch gleich lang.

Wenn der Mensch mit empfänglichem Gemüthe, in jugendlich vermessener Hoffnung, den Sinn der Natur zu errathen, Gottes erhabenes Reich forschend und ahndungsvoll durch wandert; so fühlt er sich angeregt in jeglicher Zone zu einem geistigen Genuß höherer Art: sei es daß er aufrichtet den Blick zu den ewigen Lichtern des Himmelsräume, oder daß er ihre niedersetzt auf das stille Treiben der Kräfte in den Zellen organischer Pflanzengewebe. Diese Eindrücke, eben weil sie so mächtig sind, wirken vereinzelt. Wird nun nach einem langen und vielbewegten Leben durch Alter und Abnahme physischer Kräfte Ruhe geboten; so vermehrt und bereichert den Gehalt des Eingesammelten die Aneinanderreihung der selbstgewonnenen Resultate, wie ihre mühevolle Vergleichung mit dem was Frühere Forscher in ihren Schriften niedergelegt haben. Es bemächtigt sich der Geist des Stoffes und strebt die angehäufte Masse empirischer Erfahrung, wenigstens theilweise, einer Vernunfterkenntniß zu unterwerfen. Das nächste Ziel ist dann, in dem Naturganzen das Gesetzliche aufzufinden. Von dem wissenschaftlichen Bemühen nach dem Vorstehen der Natur schwinden allmälig, doch meist erst spät, die langgepflegten Träume symbolisirender Mythen.

Berlin, im Nov. 1856

Alexander v. Humboldt.

Humboldts Schulter-Rheumatismus zwang ihn, vor seinem Schreibtisch auf übereinandergeschlagenen Knien zu schreiben. Es ist unfaßlich, daß er trotz des dauernden Schmerzes, »ein leises Zahnweh«, Abertausende von Briefen und Manuskriptseiten in dieser Haltung verfaßte. An der Wand hängt eine riesige englische Weltkarte. In den großen Kartons bewahrte er seine Briefschaften auf, die er leider von Zeit zu Zeit verbrannte. Besonderes Kennzeichen von Humboldts zurückhaltend-bescheidenem Wohnstil, den er in seinen eigenen vier Wänden in Berlin und nicht bei Hofe pflegte, scheint neben dem offenbar immer überquellenden Papierkorb eine Unordnung aus Büchern und Manuskripten auf allen ebenen Flächen gewesen zu sein. Nur die unter Sofa und Schreibtisch liegenden Felle exotischer Tiere verleihen dem Raum eine gewisse Extravaganz. Aquarell von E. Hildebrandt, 1845.

zum Essen in Sanssouci. Sie werden zugleich mit diesen Zeilen die offizielle Einladung erhalten, ich hoffe nach Ihrem Wunsche. Das Buch, das Sie dem König übergeben werden (am besten nach der Tafel), liegt in meinem Zimmer im Potsdamer Stadtschlosse. Sie haben die Güte, es dort abzuholen. … Mein Zimmer im Stadtschlosse bleibt offen, damit Sie das Buch … nehmen können.«[15]

Manchmal hatte ein junger Mann gerade dann seine republikanischen Allüren, wenn Humboldt eher ungebeten mit königlicher Hilfe nahte. Es geht im folgenden um das Reisestipendium für einen Begleiter Mitscherlichs auf einer geognostischen Erkundung. Humboldt teilte mit, es genüge ihm zu wissen, ob der tatsächlich mitführe, denn nur dann könne er der königlichen Kasse Geld entnehmen, um fortzufahren: »Der junge Mann muß sich nicht bedanken, wenn er nicht will.«[16]

In seinem langen Leben verfaßte er Tausende von Empfehlungen, obwohl es ihm nicht leichtfiel. So gestand er 1849: »Bei meiner lahmen Hand (von den feuchten Orinoco-Wäldern her) ist mir Schreiben ein leises Zahnweh.«[17] Offenkundig gelang es ihm aber, dieses Leiden zu bekämpfen, denn er entwickelte sich zu einer Art Empfehlungsagentur für heranreifende Talente. Erfolgshungrige junge Männer ließen sich möglichst von ihm weiterreichen, um sich so ein besonders gutes Entrée zu verschaffen. Das folgende Briefzitat an einen preußischen General ist nur eines von zahllosen Beispielen. Man beachte Humboldts sprachliche Präzision, die ihn auch im Alltag nie verließ: »Herr Sudre, der

Erfinder, oder vielmehr Vervollkommner einer militärischen Fern-Signal-Sprache hat ... sehr gelungene Versuche über die einfachen Mittel gemacht, wie Armee-Abteilungen, durch nicht zu überwindende Hindernisse von einander getrennt, sich gegenseitig Nachrichten über ihre Lage und Bewegungen mitteilen können.«[18]

Nicht immer durchschauten die Geförderten das ferne Walten ihres Schutzengels. Zu ihnen zählte Werner Siemens, der im Winter 1849/50 sein »Mémoire sur la télégraphie électrique« verfaßt und im April 1850 der Pariser Akademie der Wissenschaften zur Prüfung vorgelegt hatte. Es gab gefährliche Opponenten, die aber überraschenderweise nicht zum Zuge kamen: »Der präsidierende Secrétaire perpétuel Arago machte aber der Opposition Leverriers ein kurzes Ende, indem er den Dank der Akademie für die Vorlage und den Beschluß ihrer Aufnahme in die ›Savants étrangers‹ aussprach.«[19]

Nach Berlin zurückgekehrt, erreichte den jungen Artillerieoffizier ein Brief des 81jährigen Humboldt: »Ich habe mit sehr, sehr großem Interesse Ihre durch Inhalt und Klarheit gleich merkwürdige Abhandlung ... gelesen; ... denn ich gehöre zu denen der alten Sitte, die sich noch des wohlverdienten Ruhmes ihrer Landsleute erfreuen. Darf ich nun die Bitte vortragen, Sie, teuerster Herr Lieutenant, nächsten Donnerstag um 12 Uhr ... besuchen zu dürfen? Da ich Sie sehr beschäftigt weiß, so schreibe ich mich vorher an.«[20]

Siemens dürfte sehr angetan gewesen sein, denn jeder in Berlin wußte, daß Humboldt als Kammerherr des Königs diesem alles Wissenswerte umgehend weiterreichte. Doch hatte er die gleichen Probleme wie alle Berater. Wollte man als Ohrenbläser des Königs sich für andere einsetzen, so durfte man sich nie allzu weit von diesem Ohr entfernen, was mit zunehmendem Alter immer mühsamer wurde: »Ich arbeite sehr fleissig, so viel ich auch von einer unbarmherzigen, ganz uninteressanten, durch die Nähe des mir so gnädigen Monarchen verschafften Korrespondenz gequält bin. Ich bin nie krank, aber oft leidend, da die Muskelkräfte in der sicheren Direktion des Gehens seit 8 Monaten sehr abgenommen haben. Im 88sten Lebens-Jahre, mit Arbeit überhäuft (denn unser Ruf nimmt zu, je mehr man imbecil wird) und allen Bewegungen des Hofes

Portrait-Daguerreotypie König Friedrich Wilhelms IV. von Hermann Biow, 1847. Diesem Herrscher war Humboldt besonders verbunden.

zwischen Berlin, Charlottenburg und Potsdam folgend, wäre es sündlich, über meine vielgeprüfte Konstitution zu klagen.«[21]

Der alte Humboldt wurde zu einer Institution, wurde zum Denkmal seiner selbst. Da er sich aber zeitlebens nie von einem Sekretär hatte helfen lassen und seine umfangreiche Korrespondenz selbst besorgte, andererseits seine Kräfte im 90sten Lebensjahr eben doch abnahmen, ließ er am 2. März 1859 in allen Berliner Zeitungen eine Notiz erscheinen. Wahrscheinlich hat er sie selbst als das empfunden, was sie wohl auch war, nämlich eine Art Abgesang. Trotzdem kann man über die Vitalität des Verfassers, die aus diesen letzten Zeilen spricht, nur staunen: »Leidend unter dem Drucke

Holzstich-Reproduktion eines Gemäldeausschnittes der »Huldigung der Stände anläßlich der Eidesleistung Friedrich Wilhelms IV. am 15. 10. 1840« von F. Krüger. Deutlich erkennt man in der Mitte der ersten Reihe Humboldt. Von ihm aus nach links die Herren Meyerbeer, Schönlein, Dieffenbach und P. v. Cornelius. Nach rechts: L. Tieck, Schelling, Rauch und die Gebrüder Grimm.

Trauerfeier für Humboldt im Berliner Dom. Links neben dem Sarg steht ordensgeschmückt Prinzregent Wilhelm, der spätere König und Kaiser Wilhelm I.

Unten links: Die von Schinkel und A. v. Humboldt gestaltete Grablege der Familie Humboldt im Park von Schloß Tegel. Im Rücken der hier Dargestellten faßt eine halbrunde Steinbank – von der aus man auf das Schloß blicken kann – die Anlage ein.

einer immer noch zunehmenden Korrespondenz von fast im Jahresmittel zwischen 1600 bis 2000 Nummern (Briefe, Druckschriften über mir ganz fremde Gegenstände, Manuskripte, deren Beurteilung gefordert wird, Auswanderungs- und Kolonialprojekte, Einsendungen von Modellen, Maschinen und Naturalien, Anfragen über Luftschiffahrt, Vermehrung autographischer Sammlungen, Anerbietungen, mich häuslich zu pflegen, zu zerstreuen und zu erheitern u.s.w.) versuche ich einmal wieder, die Personen, welche mir ihr Wohlwollen schenken, öffentlich aufzufordern, dahin zu wirken, daß man sich weniger mit meiner Person in beiden Kontinenten beschäftige und mein Haus nicht als ein Adreß-Kontor benutze, damit bei ohnedies abnehmenden physischen und geistigen Kräften mir einige Ruhe und Muße zur eigenen Arbeit verbleibe. Möge dieser Ruf um Hülfe, zu dem ich mich ungern und spät entschlossen habe, nicht lieblos gemißdeutet werden.«[22]

Ende April 1859 erkrankte er nach dem Besuch einer Gesellschaft der Familie Mendelssohn. Wie bei einem regierenden Fürsten gaben die behandelnden Ärzte am 2. Mai ein Bulletin heraus, in dem sie seinen Zustand als »fortwährend bedenklich«[23] beschrieben. Er starb am 6. Mai. Vier Tage darauf wurde sein Leichnam auf einem von sechs Pferden aus dem königlichen Marstall gezogenen Wagen mit allem Pomp zur Trauerfeier in die Hof- und Domkirche überführt, gefolgt von einem riesigen Trauerzug. Prinzregent Wilhelm – der »Kartätschenprinz« der Revolutionszeit und in seinem Konservativismus nicht der ganz große Freund Humboldts – und die königlichen Prinzen erwarteten den Trauerkondukt und bewiesen damit mehr Haltung als die eher spärlich vertretene Berliner Geistlichkeit. Noch der tote Humboldt war für viele Zeitgenossen ein Ärgernis. Einst verkehrte er im Haus der jüdischen Salonière Rahel Varnhagen von Ense, deren Ehemann Karl August, ein bedeutender Schriftsteller, ihm später zum großen Freund wurde. Ihr 1860 publizierter Briefwechsel verursachte einen politischen Skandal, denn Humboldt erteilte darin – diesmal ohne seine legendäre Höflichkeit – vielen Zeitgenossen eine herbe Lektion. Nun erfuhren sie, was er wirklich von ihnen und den politischen Verhältnissen Preußens gehalten hatte.

Asche und Lorbeer
oder
Was blieb?

Humboldts Name lebt fort. Noch immer sind ein eher trostloses Städtchen in Saskatchewan und an der Nordwestküste Kaliforniens die Humboldt Bay nach ihm benannt. Daß deren Hafenstadt ausgerechnet Eureka heißt, hätte seinem Sinn für Humor gewiß entsprochen. Noch immer ist die höchste Erhebung Neu-Kaledoniens der Mount Humboldt, kann man in Nordchina die Sechstausender des Humboldt-Gebirges erklimmen. Noch immer kalbt der Humboldt-Gletscher in Grönland und kühlt der Humboldt-Strom das Klima der Westküste Südamerikas. Auf Kuba entsteht gerade ein Nationalpark, der ganz selbstverständlich nach ihm benannt wurde. Anfang 1997 ging eine Mitteilung durch die Presse, daß die Österreichische Akademie der Wissenschaften und die Universität Leipzig nahe der einst von Humboldt so liebevoll beschriebenen Mission Esmeralda am Orinoco die Forschungsstation »Humboldt« gegründet haben. Herzstück ist ein riesiger Auslegerkran – von Hubschraubern stückweise eingeflogen –, mit dem sich die Forscher verschiedener Nationen in die Baumkronen des Tropenwaldes hieven, um die vom Boden unsichtbaren Lebewesen und deren Gewohnheiten zu registrieren. Untersucht werden sowohl pflanzliche Schmarotzer als auch vorher unbekannte Vogelarten. Hauptziel ist eine Energiebilanz des Regenwaldes – eine Aufgabe ganz in der Tradition Humboldts, der sich seinerzeit mit groben Schätzungen begnügen mußte.[1]

Kehren wir zur Einleitung zurück. Wie verhält es sich nun mit der Heiligsprechung? Um noch einmal Umberto Ecos Bild aufzugreifen: Wann spätestens wurde Alexander zur »Mona Lisa«? Ziemlich sicher geschah dies schon bald nach seinem Tode, als nämlich 1883 den Gebrüdern Humboldt vor der Berliner Friedrich-Wilhelms-Universität, gegenüber dem Palais Kaiser Wilhelms I., Denkmäler errichtet wurden und die erste Woge nicht sonderlich kritischer Biographien über die Nation hinwegging, häufig mit dem erklärten Ziel, ein germanisiertes Bild des »preußischen Patrioten« Humboldt zu zeichnen.

Doch hatte er in der Rolle eines »kanonisierten« Vorbildes wirklich postumen Erfolg? Vordergründig könnte man geteilter Meinung sein! Über seiner Wirkungsgeschichte liegt bei genauerer Betrachtung eine gewisse Tragik! Mit Recht preist man ihn als denjenigen, der als letzter ein wirklich allumfassendes Bild der Welt gezeichnet hat. Aber er war eben doch der Letzte! Niemand folgte nach! Spätere Generationen hochspezialisierter Naturwissenschaftler blicken mit gerührter Wehmut auf Humboldts aus generalistischem Geiste geschaffenen »Kosmos«, in dessen Nachfolge vorzugsweise Erbauliches für höhere Schüler entstand, wie Friedrich Schoedlers verdienstvolles »Buch der Natur«[2]. Seine liebevollen Landschaftsbeschreibungen haben die noch anhaltende Vernichtung riesiger Areale des Regenwaldes nicht verhindern können. Daß sich die Regierungen Südamerikas Humboldts intensives Eingehen auf Psyche, Kultur, Sprache und Lebensrecht der Ureinwohner zu eigen gemacht hätten, kann man angesichts ganzer im Amazonas-Becken ausgerotteter Indianerstämme und der die Fernsehnachrichten »belebenden« Probleme der Indio-Politik ernsthaft wohl auch nicht behaupten. Bezeichnend ist überdies, daß Humboldts Name in der Geschichte der deutschen Kolonien keine Rolle spielte. Seine Einsichten über den Umgang mit den Ureinwohnern auf die damals neuen deutschen Kolonien zu übertragen, kam offenbar niemandem in den Sinn. Das Andenken an sein zwischen Frankreich und Deutschland vermittelndes Wirken konnte den Krieg von 1870/71 nicht verhindern. Wie auch? Seine Frankophilie ging letztlich im Siegestaumel unzähliger Sedan-Feiern unter. Zu allen Zeiten war Humboldts prosemitische Einstellung vielen Deutschen suspekt. Selbst seine elementarste Zielsetzung – der Wunsch nach einer allumfassenden Bildung junger Studierender an deutschen Hochschulen – ging nicht in Erfüllung. Zwar wird halbherzig ein »Studium generale« angeboten, in Wahrheit erwartet man hingegen von den Studenten, sich in möglichst kurzer Zeit für ein möglichst spezialisiertes Studienziel zu qualifizieren.

Woher aber kommt dann die trotzdem nicht nachlassende Faszination der Persönlichkeit Alexander von Humboldts?

Da ist einmal der Kosmopolit, der Weltbürger. Zwar war es in Humboldts Jugendzeit nichts Besonderes, Weltbürger – damals gleichbedeutend mit Europäer – zu sein; es entsprach den Bil-

Die »Leipziger Illustrirte« schmückte ihren Bericht über den Tod Humboldts mit dieser ganzseitigen Allegorie, »Der Genius Humboldts enthüllt die den Tod besiegende, letztlich unsterbliche Natur«.

dungstraditionen des damaligen Adels. Humboldt blieb es jedoch auch – und zwar ganz bewußt –, als Europa im 19. Jahrhundert mehr und mehr in einem aggressiven Nationalismus versank. Der Gedanke, in einem anderen Menschen schon deshalb einen Feind zu sehen, weil dieser ungeachtet seiner persönlichen Qualitäten Angehöriger einer anderen Nation ist, blieb ihm ein Leben lang völlig fremd. Zeitlebens bekämpfte er den Standesdünkel seiner eigenen aristokratischen Kreise. Nie erlahmte sein Kampf gegen die Sklaverei.

Humboldts unbestreitbares Verdienst ist die Begründung völlig neuer naturwissenschaftlicher Disziplinen wie der Pflanzengeographie und der physikalischen Erdbeschreibung, die wir heute mit erweiterter Zielsetzung Geophysik nennen. Er versetzte dem Neptunismus Werners und Goethes den Todesstoß und verhalf dem Plutonismus zum Durchbruch. Er erkannte, daß die Vulkane tatsächlich etwas mit dem Aufbau der Erde zu tun haben, wenn es auch bis zur heutigen Theorie der Anden-Vulkane mit ihrer Subduktionszone entlang dem durch den Zusammenprall von kontinentaler und ozeanischer Platte gebildeten Tiefseegraben vor der Westküste Südamerikas noch ein weiter Weg sein sollte. Mit Recht bewundern wir die einzigartige Vielseitigkeit seiner breitgefächerten, tiefreichenden Auseinandersetzung mit Klimatologie, Meereskunde und Erdmagnetismus bis hin zu seinen sprachgeschichtlichen und -vergleichenden Studien. Insbesondere die Genieblitze seiner Methodik der Datenaufbereitung haben bis heute Bestand. Geblieben ist vor allem Humboldts Technik der Schnitt-Darstellung von Landschaften und ganzen Kontinenten. Gehalten hat sich auch seine Methode der graphischen Darstellung des Erdklimas in Isothermen sowie des Erdmagnetismus in Linien gleicher Abweichung, gleicher Neigung und gleicher Kraft, in Isogonen, Isoklinen und Isodynamen.

In erster Linie aber bleibt die Erinnerung an einen äußerst vitalen Forscher lebendig, der mit dem gleichen Elan, mit dem er die schlimmsten Fährnisse in Urwald und Savanne überwand, mit der gleichen Begeisterung, mit der er Vulkane erklomm und den damaligen bergsteigerischen Höhenrekord aufstellte, erfolgreich Archive durchstöberte und die bei seinen naturwissenschaftlichen und historischen Forschungen erhaltenen Ergebnisse am Schreibtisch jahrelang geduldig auswertete und formulierte.

Humboldts Forschungsstil war auch in anderer Hinsicht beispielgebend. Jahrelang hatte er in Südamerika im Freien gelebt – und er wurde auch nicht müde, es zu betonen. Für ihn mußte ein Forscher selbstverständlich zupacken können, sportlich sein und kein Stubenhocker. So wurde Humboldt zum Mitbegründer der Bergsteigerei, des Alpinismus. In seiner Nachfolge wußte jeder Entdecker, daß es eben nicht genügte, neue Gebirgszüge zu beschreiben und – von unten – zu vermessen. Die Wissenschaftsgeschichte kennt viele erfolgreiche Forscher, aber nur einen Alexander von Humboldt. Wie keiner vor oder nach ihm verstand er es, das geringe Ansehen des seinerzeit als verschrobener Sonderling verschrieenen Naturwissenschaftlers durch den Glanz des Weltmannes und Diplomaten aufzupolieren. Gern vergessen wir heute, daß gerade im Deutschland des vorigen Jahrhunderts das Sozialprestige jedes kleinen adligen Gardeleutnants, selbst wenn er ein noch so verkommenes und höchstverschuldetes Subjekt war, das eines bürgerlichen Gelehrten bei weitem überragte. Die angeblich gottgewollte soziale Hierarchie zugunsten des Bildungsbürgers ins Wanken gebracht zu haben, ist Humboldts großes revolutionäres Verdienst. Seine Wirkung läßt sich heute kaum mehr nachvollziehen, da uns hundertfünfzig Jahre später einstige Insignien gesellschaftlicher Macht wie Krone, Zepter, Wappen und Ordenskette nicht mehr allzuviel bedeuten; damals aber, als jede aristokratische Kalesche eine noch so wohlgebaute bürgerliche Kutsche kraft des Wappens am Schlag auf enger Landstraße in den Graben zwingen konnte, war jemand, der Sextanten, Chronometer, Schmetterlingsnetz und Botanisiertrommel gewissermaßen als Insignien heraufkommender bürgerlicher Bildungsmacht im öffentlichen Bewußtsein feiern und deren Bedeutung obendrein zwei preußischen Königen vermitteln konnte, eine gefährliche Bedrohung der etablierten Ordnung.

Wir können kaum noch erahnen, welch revolutionäre Herausforderung für seine aristokratischen Standesgenossen dieser »Baron de Humboldt« einst bedeutete, der mit seinem nicht besonders fundierten Freiherrntitel zwar adlig genug war, um einer der Ihren zu sein, zugleich jedoch die intellektuelle Spitze des nach oben strebenden Bürgertums darstellte. So war er letztlich ein Verräter seines Standes. Humboldts glänzende gesellschaftliche Gaben – insbesondere seine nimmer versagende Kunst der Konversation – gestatteten seinen Gegnern selbst dort keinen Sieg, wo sie hätten zu Hause sein sollen, nämlich auf dem glatten Parkett des königlichen Palastes.

So besteht die größte noch heute von ihm ausgehende Faszination darin, daß er – ohne je zu erlahmen – in einem neunzigjährigen, der Wissenschaft und ihrer Popularisierung geweihten Leben an den Königshöfen für die Wissenschaft und deren Ansehen kämpfte, gleichermaßen aber in der Hofgesellschaft derart brillierte, daß er sich Jahrzehnte in der Gunst zweier Monarchen zu halten vermochte – und dies, ohne jemals seine Weltanschauung zu verleugnen. Der Reiz seiner einzigartigen Persönlichkeit, das Charisma dieses heiteren und redegewandten Weltmannes liegen wohl nicht zuletzt in dem Zwiespalt zwischen der so mühelos wirkenden Liebenswürdigkeit und Bonhomie einerseits und der unbeirrbar stahlharten und doch geschmeidigen Zähigkeit andererseits, mit der er über Jahrzehnte hinweg seine wissenschaftspolitischen Ziele verfolgte. Der in einer ja eher romantischen Reise am Orinoco gewonnene Ruhm Humboldts täuscht ein wenig darüber hinweg, daß er mit seiner konsequenten Förderung junger Talente jenes Fundament legen half, auf dem das Wilhelminische Kaiserreich so erfolgreich aufbauen sollte. In seiner Bescheidenheit hat Humboldt nicht allzu viel Aufhebens von diesem seinem Verdienst gemacht. Sehr wohl könnte es aber sein, daß gerade hier seine eigentliche historische Größe liegt. Das Erblühen von Naturwissenschaft und Technik in der Wilhelminischen Ära war mit sein Werk.

In einem für ihre Zeit überaus charakteristischen Ensemble warb die deutsche Industrie – eigentlich die Industrie Österreichs und die des deutschen Zollvereins – auf der Pariser Industrieausstellung von 1846 auch mit den Portrait-Büsten der drei Wissenschaftler Thaer, Humboldt und v. Buch. Die Verehrung für alles vermeintlich Klassische ging damals so weit, daß Humboldt – obwohl er selbst im feuchtheißen Urwald am Orinoco in voller Kleidung mit zylinderähnlicher Kopfbedeckung aufgetreten war – mit nacktem Oberkörper dargestellt wurde, zusammen mit dem Manuskript des »Kosmos« und dem geschlossenen Helm der Pallas Athene und deren Eule als Attributen der Wissenschaft.

August Riese in Berlin brachte nach 1850 Portrait-Büsten in den Handel, die in der »Leipziger Illustrirten« in alphabetischer Reihung angeboten wurden. So kam Humboldt hinter Goethe, Händel, Haydn, Herder, Holbein und Victor Hugo zu stehen, gefolgt von Kalkbrenner, Kant, Kaulbach und Klopstock. An dieser Laune des Alphabets dürfte er seinen Spaß gehabt haben. Auch die zwei enge Freunde Humboldts einbeziehende Reihung »Arago, Bach, Beethoven, Chopin, Jesus Christus, Corneille, Cuvier, Donizetti« ist nicht frei von Komik.

Nachwort zur 2. Auflage

1999 feierte man zwei herausragende Jubiläen, den 200. Jahrestag von Humboldts Aufbruch zu seiner großen Reise nach Süd- und Mittelamerika und den 250. Geburtstag Goethes. Beide Ereignisse waren Anlaß von Ausstellungen und zahlreichen wissenschaftlichen Symposien, die Stoff gaben, das in dem vorliegenden Werk Mitgeteilte noch einmal zu überdenken. Es stellte sich heraus, daß im wesentlichen zwei Gesichtspunkte vertieft werden sollten.

Offenbar verhindert das Harmoniebedürfnis deutscher Historiker eine umfassende Würdigung der kritischen politischen Haltung Humboldts. Insbesondere das politische Engagement des alten Humboldt fand keine angemessene Darstellung. Ludmilla Assing, die 1860 – ein Jahr nach Humboldts Tod – mit der Publikation seiner Briefe an ihren Onkel Karl August Varnhagen von Ense in Preußen einen politischen Skandal heraufbeschworen hatte, in dessen Verlauf sie in die Rolle einer von den Behörden verfolgten Märtyrerin der Geisteshaltung Humboldts gedrängt worden war, scheint vergessen. Offenbar flocht niemand ihrem Andenken auch nur ein bescheidenes Kränzlein. Dabei wären Sätze Humboldts wie folgende Passage aus seinem letzten Brief an Varnhagen vom 9. September 1858 wahrlich einer Diskussion wert gewesen: »Mein böser Freund Lassalle – Herakleitos der Dunkle – ist trotz aller Verwendung, trotz der mir gegebenen Verheißung vom Prinz von Preußen ... doch verjagt worden«, ebenso ein 1998 bei Stargardt in Berlin versteigertes Schreiben Humboldts an seinen jüdischen Bankier vom 30. Oktober 1841, in dem er ein damals geschätztes, frömmelndes Werk des preußischen Diplomaten und Theologen Ch. K. J. Frhr. v. Bunsen mit den Worten geißelte: »Das, was Bunsen da geschrieben hat, ist eine furchtbare Auferstehung von Despotismus und Unverschämtheit ... Voltaire und Rousseau sind niederträchtig. Man kann ausschließlich nur aus den Quellen der englischen und schwedischen Kirchen schlürfen, die über einen Apparat episkopaler Hierarchie verfügen. Das Ganze wird sehr ernst, wenn man die Antwort des schwachen Königs an den Stadtrat von Breslau hinzufügt.« (Im Original Französisch.)

Aussprüche dieser Art fanden leider keine tiefgehendere Würdigung, was deshalb so bemerkenswert ist, weil dieser aufmüpfige Zug in Humboldts Charakter bereits viele Zeitgenossen verblüfft hatte. Der Kunstsammler A. F. v. Schack schilderte seine Begegnung mit dem achtzigjährigen Humboldt: »Allein seltsam war es, wie er dann ... seiner Rede eine ganz andere Direktion geben konnte, indem er sich in höchst scharfer und sarkastischer Weise über Richtungen im Staatswesen und in der Politik, die er für verderblich hielt, sowie über manche Persönlichkeiten äußerte. Nach meinen eigenen Ansichten konnte ich ihm darin fast immer recht geben; denn es war namentlich die reaktionäre Strömung, der sein Haß galt; es waren die nur mit oberflächlicher Bildung ausgerüsteten, aber durch Protektion zu hohen Stellungen beförderten Männer, die er geißelte. Allein wunderbar schien es mir, daß Humboldt seine derartigen Äußerungen selbst über Personen, die bei Hofe in höchster Gunst standen, so ungeniert tat und sie sogar an der königlichen Tafel dem neben ihm Sitzenden ins Ohr flüsterte. Vor allem hörte ich ihn mehrmals auf sehr witzige Weise

sein Mißfallen über solche äußern, die er als Pietisten, Betbrüder und ›Gesangbuchverfasser‹ bezeichnete.«

Wenden wir uns dem zweiten wichtigen Punkt zu, der Beziehung Humboldts zu Goethe. Ganz offenkundig werden in den meisten historischen Betrachtungen die Harmonie zwischen beiden Geistesgrößen und die wechselseitigen Anregungen in den Vordergrund gestellt. Allenfalls im Jubiläumsjahr 1999 tauchte die Frage nach den tieferen Gründen für Humboldts Weigerung auf, Goethes Farbenlehre auch nur zu diskutieren – eine Frage, die sich an dem nicht endenwollenden Streit über Goethes Verhältnis zu Newton immer wieder entzündete. Sie läßt sich dahingehend verdichten, ob es nicht doch eine, vielleicht auch nur indirekte Stellungnahme Humboldts gegeben haben könnte.

Bei leidenschaftsloser Betrachtung der Geschichte der Physik des ausgehenden 18. und beginnenden 19. Jahrhunderts gelangt man durchaus zu der Erkenntnis, daß entgegen Goethes lautstark vorgetragener Behauptung Newton (1643–1727) und dessen Lehre tatsächlich tot waren. Schon Leonhard Euler (1707–1783) untersuchte eingehend die Schwingungen von Saiten und Membranen und beschrieb im Gegensatz zur Newtonschen Korpuskulartheorie das Licht als Ausbreitung eines Schwingungszustandes – wenn auch mit longitudinalen Schwingungen. Auch widerlegte Euler Newtons Behauptung, daß es unmöglich sei, achromatische Linsen zu konstruieren. Joseph Louis Lagrange (1736–1813) beschäftigte sich – bis 1787 in Berlin – mit der Theorie der Saitenschwingungen und der Schallausbreitung. 1803 bewies Thomas Young (1773–1829) in einer Vorlesung der Royal Society den identischen Grundcharakter von Interferenzerscheinungen bei Wasser- und Lichtwellen und formulierte eine Wellentheorie des Lichtes. Ähnliche Gedankengänge entwickelte der junge französische Physiker Augustin Fresnel (1788–1827), der, von Humboldts Freund Arago beeinflußt, 1817 mit Young Kontakt aufnahm und die Lichtausbreitung als transversalen Wellenzustand beschrieb, der im rechten Winkel zur Ausbreitungsrichtung oszilliert. Die Drehung der Polarisationsebene deutete Fresnel bereits richtig als eine Doppelbrechung der zirkularpolarisierten Welle. Die endgültige Bestätigung der Wellentheorie des Lichtes gelang Joseph Fraunhofer (1787–1826), der in München bzw. Benediktbeuern auf Glas geritzte Strichgitter mit dreihundert Strichen je Millimeter anfertigte und mit ihnen die ersten Wellenlängenbestimmungen des Lichtes durchführte. Goethe reagierte mit dem hilflos-befremdlichen Satz: »Der Name Fraunhofer imponiert mir ebenso wenig wie der Name Newton.«

Bezogen auf Humboldt ist indes die Tatsache wichtig, daß er – gewissermaßen auf einem Nebenkriegsschauplatz – an der Entwicklung der Wellentheorie für Schall und Licht durchaus beteiligt war. In der Nacht zum 22. Juni 1822 bestimmten bei Paris zwei Gruppen von Naturwissenschaftlern, jeweils mit einer Kanone und einer von Arago entwickelten Stoppuhr ausgerüstet, die Zeitdifferenz zwischen dem Aufleuchten des Mündungsfeuers einer Kanone in definierter Entfernung und dem Eintreffen des

»Ich arbeite sehr fleißig und bin nicht ungeschickt im Finden«

Anmerkungen

Schalls des Schusses. Der einen Gruppe gehörte Humboldt an, der anderen Arago. 1848, sechzehn Jahre nach Goethes Tod, maß Hippolyte Fizeau (1819–1896), ebenfalls einer Anregung Aragos folgend, mit der Zahnradmethode unter irdischen Bedingungen die Ausbreitungsgeschwindigkeit des Lichtes in Luft und 1851 und 1859 in strömendem Wasser.

Die Weigerung Humboldts, sich über Goethes Farbentheorie zu äußern, dürfte also schlicht darin begründet sein, daß er an der Seite Aragos der Wellentheorie des Lichtes huldigte und damit für Goethes, die messende Physik ablehnende Betrachtungsweise keinerlei Verständnis aufbrachte.

Otto Krätz
März 2000

Der alte Humboldt, geschmückt mit dem preußischen Schwarzen Adler-Orden und dem »Pour le mérite«. »Le Voyageur antediluvien des Cordillères de Pérou et des tristes Steppes de la Sibérie ...« (Alexander von Humboldt).

Zitat Titelseite Humboldt: Studienausgabe, Bd. 7, Teilbd. 1, S. 6

Mutmaßungen über einen erfolgreichen, ziemlich bekannten Unbekannten

[1] Enzensberger: Mausoleum, S. 58
[2] Eco, S. 391
[3] Das Mare Humboldtianum erstreckt sich auf den üblichen Mondkarten am äußersten rechten, oberen Rand des Mondes zwischen 50° und 60° N.
[4] Ulrich Giersch, Elrich Kubisch: Gummi. Die elastische Faszination. Berlin 1995, S. 60
[5] Hans Christoph Worbs: Felix Mendelssohn Bartholdy. Mit Selbstzeugnissen und Bilddokumenten. 10. Aufl. Reinbek bei Hamburg, S. 21–23 u. 80, sowie Empfehlungsbriefe Humboldts in verschiedenen Stargardt-Katalogen
[6] Herzen, S. 371
[7] Tulard, S. 247

Vorspiel
Überschriften-Zitat: Humboldt: Leben, S. 142

[1] Ritter-Santini: Reise, insbesondere S. 433
[2] Bruhns, S. 13
[3] Ibid., S. 14
[4] Hertz, S. 14. Dieses äußerst interessante Werk enthält spannende Darlegungen zur Wirtschaftsgeschichte Berlins in dieser Zeit, die im Vorangegangenen berücksichtigt wurden.
[5] Ibid., S. 23
[6] Friedrich Wilhelm II. war darüber hinaus einer der Taufpaten Alexanders.

»Der kleine Apotheker« auf »Schloß Langweil«
Überschriften-Zitat: Humboldt: Leben, S. 38

[1] Karl Bruhns und Mitarbeiter zeichnen sich vor späteren Biographen auch durch eine deutlich weniger hagiographische Darstellung aus, die überdies frei von nationalen Bewertungen ist.
[2] Ibid., S. 26
[3] Ibid., S. 32. Dort die französische Originalfassung
[4] Humboldt: Leben, S. 32
[5] Ibid., S. 33
[6] Ibid., S. 50
[7] Ibid., S. 85
[8] Schultz, S. 23 f., 86, 89, 91
[9] Bruhns, S. 32
[10] Humboldt: Leben, S. 32
[11] Bruhns, S. 33
[12] Ibid., S. 34

Das erste Studienjahr
Überschriften-Zitat: Bruhns, S. 57

[1] Bruhns, S. 57
[2] Ibid., S. 54

3 Ibid., S. 54 f.

4 Ibid., S. 57

5 Johann Beckmann (1739–1811) war Professor in Göttingen und Begründer der Technologie. Er gilt als der erste Technikhistoriker.

6 Humboldt: Leben, S. 33

7 Ibid., S. 51

8 Bruhns, S. 66 f.

9 Ibid., S. 71

10 Ibid., S. 66

11 Ibid., S. 68

12 Ibid., S. 70

13 Ibid., S. 67

14 Ibid., S. 75

Göttingen, die ersten Reisen, die ersten Werke
Überschriften-Zitat: Beck: Humboldt, Bd. 1, S. 34

1 Humboldt: Leben, S. 121

2 Ibid., S. 51 f.

3 Ibid., S. 34

4 Bruhns, S. 87

5 Lichtenberg, Bd. 4, S. 768

6 Beck: Humboldt, Bd. 1, S. 34

7 Lichtenberg, Bd. 4, S. 685

8 Ibid., Bd. 2, S. 166

9 Ibid., Bd. 1, S. 609 f., S. 281

10 Ibid., Bd. 2, S. 286

11 Ibid., Bd. 2, S. 109

12 Ibid., Bd. 1, S. 266

13 Humboldt: Leben, S. 25

14 Ibid., S. 36

15 Ibid., S. 39 f.

16 Bruhns, S. 100 f.

17 Ibid., S. 115

18 Das »Prinzip Reizbarkeit« war eine der wesentlichen Grundlagen der »romantischen« Naturwissenschaft und damit die Basis für Humboldts Forschungen, wenn er dies später auch nicht mehr explizit darlegte.

19 Bruhns, S. 152. – Meist wird die Bedeutung John Browns für A. v. Humboldt und die deutsche Romantik beträchtlich unterschätzt. Bei Gerhard Schulz: Romantik. Geschichte und Begriff (München 1996, Beck'sche Reihe 2035), S. 35 heißt es dagegen: »Aus dem deutschen Idealismus entwickelte sich zugleich eine spekulative Naturphilosophie, die ihre Kompetenz selbst auf das Gebiet der Medizin zu erstrecken versuchte, in der Praxis allerdings mit geringerem Erfolg als in der Theorie. Die wichtigste Anregung kam hier von dem schottischen Arzt John Brown, dessen dialektische, auf den Gegensatz von Stärke und Schwäche bauende Krankheitslehre besonders bei den Deutschen reüssierte.«

20 Bruhns, S. 116 f.

21 Humboldt: Leben, S. 53

22 Vgl. Anm. 10

Als »Bergakademist« in Freiberg in Sachsen
Überschriften-Zitat: Humboldt: Leben, S. 140

1 Humboldt: Leben, S. 88. – »Oxygenierte Salzsäure«, wie Humboldt damals noch das Chlor nannte, ist in höheren Konzentrationen für Pflanze und Tier ein schweres Gift. Die von Humboldt entdeckte Reizwirkung läßt sich nur bei großer Verdünnung mit Luft beobachten.

2 Humboldt: Leben, S. 88

3 Bruhns, S. 106

4 Ibid., S. 106

5 Ibid., S. 106

6 Ibid., S. 115

7 Zu Raspe siehe Enzensberger: Forster, S. 89 u. 91, sowie Harpprecht, S. 180 f.

8 Griep, Luber, S. 785

9 Enzensberger: Forster, S. 76

10 Ibid., S. 110

11 Krätz: Goethe, S. 106–109

12 Novalis, S. 33, 130

13 Krätz: Goethe, S. 18–30

14 Humboldt: Leben, S. 125 f.

15 Ibid., S. 126

16 Ibid., S. 126

17 Bruhns, S. 120 f.

18 Wagenbreth: S. 15, sowie Wolfgang Jodert (u. a.): Bergwerke im Freiberger Land. Freiberg 1994, S. 21, 168

19 Archiv der Universität Freiberg in Sachsen: OBA 9057, Bl. 74

20 Bruhns, S. 124

21 Ibid., S. 128

Als preußischer Bergbeamter in den fränkischen Fürstentümern
Überschriften-Zitat: Humboldt: Leben, S. 124

1 Bruhns, S. 138

2 Ibid., S. 138

3 Ibid., S. 139

4 Beck: Humboldt, Bd. 1, S. 49

5 Bruhns, S. 143. – Unter »Gesenk« versteht man in der Sprache der Bergleute eine von oben nach unten hergestellte Verbindung im Nebengestein.

6 Ibid., S. 146

7 Ibid., S. 157

8 Eine für diese Epoche typische Untersuchung im Vorfeld des späteren Periodischen Systems der Elemente

9 Bruhns, S. 148

10 Ibid., S. 149

11 Beck: Humboldt, Bd. 1, S. 52

12 Bruhns, S. 152

13 In die gleiche Richtung zielte A. v. H.: Aphorismen aus der chemischen Physiologie der Pflanzen. Aus dem Lateinischen von Gotth. Fischer … Leipzig 1794, das lateinische Original 1793. – Zum Verhältnis Humboldts zur Romantik siehe das Kapitel »Natur und Geschichte« in Gerhard Schulz: Romantik. Geschichte und Begriff, München 1996, S. 99. Die Gebrüder Schlegel hatten »Fragmente« und »Aphorismen« als typische Literaturform der Romantik definiert und damit offenbar auch Humboldt beeinflußt. Eigentlicher Erfinder des aphoristischen Stiles schemt Ernst Platner (1743–1828) gewesen zu sein, der eine damals berühmte Sammlung physiologischer Aphorismen herausgegeben hatte und damit auf Jean Pauls Dichtung einwirkte.

14 Bruhns, S. 172 f.

15 Siehe auch A. v. H.: Neue Versuche über den Metallreiz, besonders in Hinsicht auf die verschiedenartige Empfänglichkeit in tierischen Organen. Brief an Blumenbach vom Dezember 1795. In: Gren, Neues Journal, III, S. 165–184

16 A. v. H.: Irrespirable Gasarten. Über die einfache Vorrichtung, durch welche sich Menschen stundenlang in

irrespirablen Gasarten ohne Nachteil der Gesundheit und mit brennenden Lichtern aufhalten können; oder vorläufige Anzeige einer Rettungsflasche und eines Lichterhalters. Ein Schreiben an Hrn. von Trebra. In: Crell, Chemische Annalen, II, S. 99–110; 196–210 (1796)

[17] Bruhns, S. 293
[18] Ibid., S. 175
[19] Ibid., S. 175
[20] Ibid., S. 175
[21] Ibid., S. 292
[22] Ibid., S. 293
[23] Ibid., S. 161
[24] Humboldt: Leben, S. 55
[25] J. A. Stargardt, Autographen aus allen Gebieten. Katalog 651. März 1992. S. 229, Nr. 675

Im Olymp der großen Dichter: Goethe und Schiller
Überschriften-Zitat: A. v. H.: Die Lebenskraft oder der rhodische Genius. In: Schillers Horen, 1795. – Die Thematik dieses allegorischen Textes muß ebenfalls vor dem Hintergrund der Theorien John Browns gesehen werden, als eine Art belletristischer Fortsetzung der »Versuche über die gereizte Muskel- und Nervenfaser …«.

[1] Humboldt: Leben, S. 55
[2] Ibid., S. 55
[3] Johann Wolfgang von Goethe: Werke. (Sophien-Ausgabe, Bd. 40. 1892.) Nachdruck dtv 5946. München 1987, S. 71f.
[4] Bruhns, S. 191
[5] Krätz: Goethe, S. 115 u. 234
[6] A. v. H.: Ideen zu einer Geographie der Pflanzen. Gelesen d. 30. Jan. in der königl. Akad. d. Wissensch. zu Berlin 1807
[7] Humboldt: Ansichten, darin: Ideen zu einer Physiognomik der Gewächse, S. 249
[8] Krätz: Goethe, S. 117
[9] Bruhns, S. 192
[10] Ibid., S. 192
[11] Ibid., S. 192
[12] Ibid., S. 194
[13] Ibid., S. 194
[14] Humboldt: Ansichten, S. XI
[15] Ibid., S. XI
[16] Ibid., S. 321
[17] Ibid., S. 322
[18] Vielleicht trug sich Schiller schon zu dieser Zeit mit Plänen zu seiner Ballade »Die Bürgschaft«, und es paßte ihm A. v. H.s Wahl von Ort und Zeit nicht, denn: »Zu Dionys dem Tyrannen schlich / Möros, den Dolch im Gewande, / …« (1797).
[19] Bruhns, S. 212 f.
[20] Ibid., S. 209
[21] Humboldt: Leben, S. 55 f.
[22] Ibid., S. 56
[23] Ibid., S. 56
[24] J. A. Stargardt, Autographen aus allen Gebieten. Katalog 649. April 1991. S. 241, Nr. 657
[25] Ibid.
[26] Ibid.
[27] Ibid.
[28] Vergl. u. a. Steiger, Bd. 3, S. 325, 409
[29] Siehe Anm. 24

Wie erwirbt man Ruhm?
Überschriften-Zitat: Humboldt: Studienausgabe, Bd. 7, Teilbd. 2, S. 77

[1] Charles Marie de La Condamine war als Reisender und Naturwissenschaftler ein Vorbild Humboldts. Im Mai 1735 segelte er nach dem heutigen Kolumbien und gelangte nach Panama und Ecuador.
[2] Humboldt: Río Magdalena, Teil II, S. 118
[3] Ibid., S. 119
[4] Vergl. u. a. Steiger, Bd. 3, S. 294, 323 und Goethe, Sophien-Ausgabe, Bd. 103, S. 176
[5] Bechtoldt, Weiss, S. 423
[6] Enzensberger: Forster, S. 49
[7] Streit, Frahm, S. 130
[8] Enzensberger: Forster, S. 69
[9] Krätz: Hamilton, S. 213–269
[10] Bruhns, S. 99

Fernweh und Aufbruch
Überschriften-Zitat: Humboldt: Reise, S. 50

[1] Humboldt: Leben, S. 29
[2] Ibid., S. 57
[3] Ibid., S. 57
[4] Ibid., S. 58
[5] Ibid., S. 58
[6] Ibid., S. 58
[7] Ibid., S. 58
[8] Humboldt: Reise, S. 48
[9] Ibid., S. 48
[10] Ibid., S. 48f.
[11] Ibid., S. 49
[12] Ibid., S. 49
[13] Ibid., S. 50
[14] Ibid., S. 50 f.
[15] Ibid., S. 51
[16] Ibid., S. 51
[17] Ibid., S. 51
[18] Ibid., S. 51
[19] Ganier, Wilson, Lachenal, S. 103
[20] Humboldt: Reise, S. 52

Auf See
Überschriften-Zitat: Humboldt: Reise, S. 62

[1] Humboldt: Reise, S. 54
[2] Ibid., S. 12
[3] Ibid., S. 12f.
[4] Ibid., S. 13
[5] Ibid., S. 57
[6] Ibid., S. 64
[7] Ibid., S. 66
[8] Ibid., S. 66
[9] Ibid., S. 67
[10] Ibid., S. 67 f.
[11] Ibid., S. 71
[12] Ibid., S. 95
[13] Ibid., S. 87
[14] Ibid., S. 87
[15] Ibid., S. 87
[16] Ibid., S. 88
[17] Ibid., S. 97
[18] Ibid., S. 103
[19] Ibid., S. 126
[20] Ibid., S. 173
[21] Ibid., S. 173

22 Ibid., S. 133 f.
23 Ibid., S. 154
24 Ibid., S. 106
25 Ibid., S. 114
26 Ibid., S. 123
27 Ibid., S. 184
28 Ibid., S. 160, 185
29 Ibid., S. 186
30 Ibid., S. 195 ff.
31 Ibid., S. 198
32 Ibid., S. 199
33 Ibid., S. 205
34 Ibid., S. 206
35 Ibid., S. 214
36 Ibid., S. 214 f.

Südamerika – die Reiseroute
Überschriften-Zitat: Humboldt: Reise, S. 16

1 Humboldt: Reise, S. 16
2 Ibid., S. 208
3 Ibid., S. 256
4 Ibid., S. 291, 301
5 Ibid., S. 302
6 Ibid., S. 327
7 Ibid., S. 443
8 Ibid., S. 458
9 Ibid., S. 459
10 Ibid., S. 524
11 Ibid., S. 703
12 Ibid., S. 708
13 Ibid., S. 739
14 Ibid., S. 773 f.
15 Ibid., S. 818
16 Ibid., S. 891
17 Humboldt: Ansichten, S. 186
18 Humboldt: Reise, S. 1101
19 Humboldt: Wiederentdeckung, S. 180
20 Ibid., S. 182
21 Humboldt: Studienausgabe, Bd. 3, S. 8
22 Die französische Originalausgabe »Essai politique sur île de Cuba« erschien als Teil des 3. Bandes der »Relation Historique…«, Paris 1825
23 Humboldt: Sudienausgabe, Bd. 3, S. 40
24 Ibid., S. 121
25 Humboldt: Wiederentdeckung, S. 189
26 Ibid., S. 197
27 Ibid., S. 199
28 Ibid., S. 202
29 Ibid., S. 204
30 Ibid., S. 209
31 Ibid., S. 212, 223
32 Ibid., S. 223
33 Ibid., S. 226
34 Ibid., S. 228 f.
35 Ibid., S. 229
36 Ibid., S. 239
37 Ibid., S. 239
38 Ibid., S. 241
39 Ibid., S. 241
40 Ibid., S. 243
41 Ibid., S. 262 f.
42 Humboldt: Río Magdalena, Teil II, S. 56
43 Ibid., S. 106
44 Ibid., S. 112
45 Ibid., S. 125
46 Ibid., S. 132

47 Ibid., S. 147
48 Ibid., S. 172
49 Ibid., S. 185
50 Ibid., S. 190

Mönche und Indios, Kolonisten und Sklaven
Überschriften-Zitat: Humboldt: Reise, S. 800

1 Humboldt: Reise, S. 294
2 Ibid., S. 309
3 Ibid., S. 399
4 Ibid., S. 309
5 Ibid., S. 346 f.
6 Ibid., S. 347
7 Ibid., S. 377
8 Humboldt: Río Magdalena, Teil II, S. 98
9 Ibid., S. 102
10 Humboldt: Wiederentdeckung, S. 208
11 Humboldt: Río Magdalena, Teil II, S. 111
12 Humboldt: Reise, S. 787 f.
13 Ibid., S. 289
14 Ibid., S. 289 f.
15 Ibid., S. 290
16 Ibid., S. 290
17 Ibid., S. 384
18 Ibid., S. 292
19 Ibid., S. 292
20 Ibid., S. 288 f.
21 Humboldt: Río Magdalena, Teil II, S. 145 f.
22 Ibid., S. 146
23 Ibid., S. 146
24 Humboldt: Reise, S. 849
25 Ibid., S. 840 ff.
26 Ibid., S. 851
27 Ibid., S. 864
28 Ibid., S. 865
29 Ibid., S. 260
30 Ibid., S. 261
31 Ibid., S. 263

Lohn der Ausdauer: eine reiche Ernte
Überschriften-Zitat: Humboldt: Reise, S. 193

1 Humboldt: Reise, S. 63
2 Ibid., S. 11 f.
3 Ibid., S. 12
4 Ibid., S. 15
5 Ibid., S. 45
6 Ibid., S. 23
7 Ibid., S. 670
8 Ibid., S. 670
9 Ibid., S. 365
10 Ibid., S. 23
11 Ibid., S. 686
12 Ibid., S. 189
13 Ibid., S. 23
14 Ibid., S. 19
15 Ibid., S. 20
16 Ibid., S. 20
17 Ibid., S. 20
18 Ibid., S. 332
19 Ibid., S. 556
20 In: F.G.L. Greßler: Die Erde, ihr Kleid, ihre Rinde und ihr Inneres durch Karten und Zeichnungen zur Anschauung gebracht. Langensalza 1853
21 Humboldt: Reise, S. 747
22 Ibid., S. 548

23 Ibid., S. 294 f.
24 Ibid., S. 24f.
25 Ibid., S. 17
26 Ibid., S. 17 f.
27 Ibid., S. 165
28 Ibid., S. 588
29 Ibid., S. 102
30 Ibid., S. 18
31 Ibid., S. 25
32 Herders Lexikon der Biologie, Bd. 2, S. 144
33 Humboldt: Reise, S. 83 f.
34 Ibid., S. 747
35 Jan Ingenhousz: Vermischte Schriften physisch-medizinischen Inhalts. Übersetzt und herausgegeben von Nicolaus Carl Molitor. Wien 1784. Bd. 2, Tafel 2
36 Humboldt: Reise, S. 750
37 Ibid., S. 750 ff.
38 Ibid., S. 372
39 Ibid., S. 352
40 Ibid., S. 354
41 Ibid., S. 361
42 Ibid., S. 26
43 Ibid., S. 23 f.
44 Ibid., S. 23
45 Ibid., S. 24
46 Ibid., S. 95
47 Ibid., S. 611
48 Ibid., S. 1181
49 Ibid., S. 16f.
50 Ibid., S. 18
51 Ibid., S. 18
52 Ibid., S. 19
53 Ibid., S. 28
54 2 Bände mit 63 Tafeln. Paris 1810. Deutsche Ausgabe u. d. T.: Pittoreske Ansichten der Cordilleren und Monumente amerikanischer Völker. Tübingen: Cotta 1810
55 Humboldt: Reise, S. 28 f.
56 Ibid., S. 29
57 Ibid., S. 422
58 Ibid., S. 421
59 Ibid., S. 427
60 Ibid., S. 432
61 Otto Krätz: Der junge, revolutionäre Liebig. In: BASF, Jg. 24, 1974, S. 92–94, hier S. 94

Umweltprobleme und Zukunftsvisionen
Überschriften-Zitat: Humboldt: Reise, S. 638

1 Humboldt: Reise, S. 304
2 Ibid., S. 337
3 Ibid., S. 593
4 Ibid., S. 638 f.
5 Humboldt: Ansichten, S. 42
6 Humboldt: Reise, S. 823 f.
7 Ibid., S. 1100
8 Ibid., S. 933
9 Ibid., S. 1053
10 Ibid., S. 1056
11 Ibid., S. 1285 f.
12 Ibid., S. 964
13 Ibid., S. 1170f.
14 Ibid., S. 1302
15 Ibid., S. 1431
16 Ibid., S. 1465
17 Ibid., S. 1465

Die »Lagunas de Oro« und der »vergoldete König«
Überschriften-Zitat: Humboldt: Reise, S. 1364

1 Humboldt: Reise, S. 422
2 Ibid., S. 434
3 Ibid., S. 1332
4 Ibid., S. 1332
5 Ibid., S. 1332
6 Ibid., S. 1332 f.
7 Ibid., S. 1334
8 Ibid., S. 1067
9 Ibid., S. 1063 f.
10 Ibid., S. 1116
11 Ibid., S. 1370
12 Ibid., S. 1388
13 Ibid., S. 1372
14 Ibid., S. 1384
15 Ibid., S. 1361
16 Ibid., S. 1390

Krokodile, Tiger und Moskitos
Abenteuer der Reise
Überschriften-Zitat: Humboldt: Reise, S. 939

1 Humboldt: Río Magdalena, Teil II, S. 108
2 Owen Beattie, John Geiger: Der eisige Schlaf. Das Schicksal der Franklin-Expedition. (Serie Piper. Bd. 2113.) München, Zürich 1994
3 Siehe Abbildung S. 126
4 Humboldt: Reise, S. 773
5 Ibid., S. 739
6 Ibid., S. 537
7 Ibid., S. 226
8 Ibid., S. 325
9 Ibid., S. 1152
10 Ibid., S. 797
11 Ibid., S. 345
12 Ibid., S. 345
13 Ibid., S. 735
14 Ibid., S. 443 f.
15 Ibid., S. 446
16 Ibid., S. 448 f.
17 Ibid., S. 449
18 Ibid., S. 451
19 Ibid., S. 515
20 Humboldt: Río Magdalena, Teil II, u. a. S. 80, 114, 123
21 Ibid., S. 547
22 Ibid., S. 669
23 Ibid., S. 729 f.
24 Ibid., S. 731
25 Ibid., S. 753
26 Ibid., S. 777 f.
27 Ibid., S. 937
28 Ibid., S. 941 f.
29 Ibid., S. 557
30 Ibid., S. 830
31 Ibid., S. 831
32 Ibid., S. 831
33 Ibid., S. 862
34 Ibid., S. 1126
35 Ibid., S. 1126 f.
36 Ibid., S. 373
37 Ibid., S. 1127
38 Ibid., S. 1393
39 Ibid., S. 1395 f.
40 Ibid., S. 1189
41 Ibid., S. 555

42 Ibid., S. 335 f.
43 Humboldt: Río Magdalena, Teil II, S. 57
44 Ibid., S. 74 f.
45 Ibid., S. 87f.
46 Ibid., S. 139
47 Ibid., S. 265
48 Ibid., S. 187

Die Rückkehr
Überschriften-Zitat: Humboldt: Río Magdalena,
Teil II, S. 302

1 Humboldt: Río Magdalena, Teil II, S. 203
2 Ibid., S. 203 f.
3 Ibid., S. 213
4 Ibid., S. 216
5 Ibid., S. 218
6 Ibid., S. 222
7 Ibid., S. 229
8 Ibid., S. 230
9 Ibid., S. 254 f.
10 Ibid., S. 237
11 Ibid., S. 275
12 Ibid., S. 283
13 Ibid., S. 284
14 Ibid., S. 284
15 Ibid., S. 297
16 Ibid., S. 299
17 Ibid., S. 299
18 Ibid., S. 302

Feinde und Freunde
Überschriften-Zitat: Joachim Fischer: Napoleon und die
Naturwissenschaften. Stuttgart 1988, S. 171

1 Napoleon ließ sich auf dem Titelblatt des Ägypten-werkes tatsächlich so nennen!
2 Humboldt: Leben, S. 93, sowie Fischer: Napoleon, S. 78–104
3 Humboldt: Leben, S. 179
4 Fischer: Napoleon, S. 171
5 Gilles Néret, Einleitung zu: Description de l'Egypte. Nachdruck Köln 1994, S. 16–19
6 Ibid.
7 Pierre Joseph Redouté: Les Roses, Paris 1817
8 Humboldt: Leben, S. 178f.
9 Humboldt: Reise, S. 38
10 J. A. Stargardt, Autographen aus allen Gebieten. Katalog 651. März 1992. S. 229, Nr. 676
11 Humboldt: Reise, S. 141
12 Ibid., S. 107

»Ansichten der Natur«
Überschriften-Zitat: Humboldt: Ansichten, S. 8

1 Claudia Schmölders (Hrsg.): Über Balzac. (detebe 152.) Zürich 1977, S. 28. Léon Gozlan war zeitweilig Sekretär Balzacs.
2 Carl Vogt (Hrsg.): Brillat-Savarin. Physiologie des Geschmacks oder Physiologische Anleitung zum Studium der Tafelgenüsse. Den Pariser Gastronomen gewidmet von einem Professor, Mitglied vieler gelehrter Gesellschaften. Braunschweig 1878. Bzw. Emil Ludwig (Hrsg.): Jean Anthèlme Brillat-Savarin. Physiologie des Geschmacks oder Betrachtungen über das höhere Tafelvergnügen. (it 423.) Frankfurt/Main 1979
3 Humboldt: Universum, S. 212

4 Karl Mägdefrau: Geschichte der Botanik. Leben und Leistungen großer Forscher. Stuttgart 1973, S. 177
5 Ibid., S. 177
6 Humboldt: Universum, S. 212
7 Ibid., S. 212
8 Ibid., S. 212
9 André Maurois: Das Leben der George Sand. 4. Aufl. (dtv 2290.) München 1953, S. 61
10 Ibid., S. 61
11 Brigitte Sändig (Hrsg.): François-René Chateaubriand. Erinnerungen von jenseits des Grabes. Meine Jugend. Mein Leben als Soldat und als Reisender (1768–1800). München 1994
12 Hugo Meier (Hrsg.): Französische Erzähler. Von Marie de France bis Chateaubriand. Zürich 1993. Darin enthalten: Chateaubriand: René. S. 372–418. Kommentar: S. 446
13 Humboldt: Universum, S. 212
14 Steiger, Bd. 5, S. 353
15 J. W. v. Goethe: Werke. Auswahl in 16 Bänden. Leipzig o. J. Bd. 8: Die Wahlverwandtschaften, S. 138
16 André Maurois: Balzac. Eine menschliche Komödie. (Heyne Biographien. 32.) Düsseldorf 1976, S. 95
17 Ibid., S. 33
18 Gerhard Wiese (u. a.): Honoré de Balzac. Die grossen Klassiker. Literatur der Welt in Bildern, Texten, Daten. Salzburg 1980, S. 71
19 Ibid., S. 82 f.
20 Ibid., S. 25
21 Honoré de Balzac: Cäsar Birotteaus Größe und Niedergang. (detebe 130/XX.) Zürich 1977 (verfaßt 1837), S. 50
22 Humboldt: Ansichten, S. 15–37. Erläuterungen und Zusätze: S. 37–168 (!)
23 Ibid., S. 7
24 Ibid., S. 8
25 Vergl. Kapitel »Im Olymp der großen Dichter: Goethe und Schiller«, Anm. 28
26 Humboldt: Ansichten, S. 10
27 Ibid., S. 10
28 Desmond, Moore, S. 110
29 Humboldt: Ansichten, S. 481
30 Ibid., S. 482
31 Ibid., S. 482
32 Ibid., S. 482 f.

Politik
Überschriften-Zitat: Klencke, S. 250

1 Klencke, S. 282
2 Ibid., S. 326. – Frucht dieser Reise: A. v. H.: Asie centrale ... 3 vols. Paris 1843
3 Ibid., S. 326
4 Ibid., S. 284
5 Beck: Reise, S. 37
6 Tulard, S. 354–372
7 Klencke, S. 345 f.
8 Ibid., S. 345
9 Brita Eckert, Harro Kieser: Orden Pour le mérite für Wissenschaft und Künste. Geschichte und Gegenwart. Frankfurt/M. 1977, S. 30 f.
10 Ibid., S. 31
11 Krätz: Portrait, S. 14–20
12 Ibid.

»Die Natur aber ist das Reich der Freiheit«
Überschriften-Zitat: Humboldt: Studienausgabe,
Bd. 7, Teilbd. 1, S. 13

[1] Therese Erler (Hrsg.): Hermann von Pückler-Muskau. Reisebriefe aus England und Irland. Eine Auswahl aus den Briefen eines Verstorbenen in zwei Bänden. Berlin, Weimar 1992, S. 107
[2] Klencke, S. 273
[3] Alan Q. Morton, Jane A. Wess: Public and Private Science. The King George III Collection. Oxford 1993
[4] Krätz: Goethe, S. 144 f.; Steiger, Bd. 3, S. 507
[5] Krätz: Versuche, S. 129–131
[6] Vermutlich verbirgt sich hinter diesem Sachverhalt eine Diskriminierung Zelters durch höhere Kreise.
[7] Humboldt: Universum. Diese Mitschrift eines unbekannten Teilnehmers an den Kosmos-Vorträgen vermittelt über weite Strecken einen doch etwas trockenen Eindruck.
[8] Ibid., S. 181
[9] Ibid., S. 181
[10] Ibid., S. 89
[11] Iwan Morus, Simon Schaffer, Jim Secord: Das London der Wissenschaft. Enthalten in: Fox, S. 129–142
[12] Faraday: Naturgeschichte
[13] Anm. 11, S. 132
[14] Dietrich Schwanitz: Englische Kulturgeschichte von 1500 bis 1914. Frankfurt/Main 1996, insbesondere darin das Kapitel: Reform, Agitation und Modernisierung, S. 326–342. Siehe auch Krätz: Brewster, S. 437–577
[15] Humboldt: Studienausgabe, Bd. 7, Teilbd. 1, S. 9
[16] Ibid., S. 164
[17] Ibid., S. 164
[18] Ibid., S. 170
[19] Ibid., S. 170
[20] Ibid., S. 170
[21] Ibid., S. 170
[22] Ibid., S. 171 f.
[23] Ibid., S. 269
[24] Ibid., S. 178
[25] Humboldt: Ansichten, S. 76

Ein Forscherleben vor dem Hintergrund der Geschichte
Überschriften-Zitat: Humboldt: Reise, S. 1376

[1] Humboldt: Ansichten, S. 421
[2] Ibid., S. 247
[3] Humboldt: Studienausgabe, Bd. 7, Teilbd. 2, S. 26
[4] Anthony Crafton: Fälscher und Kritiker. Der Betrug in der Wissenschaft. Berlin 1991, S. 37
[5] Krätz, Merlin: Casanova, S. 69
[6] Humboldt: Universum, S. 149f.
[7] Hans Chr. Oersted: Die Naturwissenschaft in ihrem Verhältnis zur Dichtkunst und Religion. Ein Supplement zu: Der Geist in der Natur. Leipzig 1850
[8] Ibid., S. 22–27
[9] Ibid., S. 28 f.
[10] Humboldt: Universum, S. 150. – Siehe auch die umfassenderen Darlegungen Humboldts zu diesem Thema in Kosmos, Bd. 1 u. 2. Eine ausführliche Würdigung der Epocheneinteilung Humboldts findet sich in Gernot u. Hartmut Böhme: Feuer, Wasser, Erde, Luft. Eine Kulturgeschichte der Elemente. München 1996, S. 9 ff.
[11] Humboldt: Reise, S. 248

[12] Ibid., S. 191
[13] Humboldt: Ansichten, S. 202
[14] Ibid., S. 374
[15] Humboldt: Reise, S. 389
[16] Ibid., S. 34
[17] Ibid., S. 253
[18] Humboldt: Ansichten, S. 208
[19] Ibid., S. 300 f.

Landschaftsmalerei als »Anregungsmittel zum Naturstudium«
Überschriften-Zitat: Humboldt: Studienausgabe, Bd. 7, Teilbd. 2, S. 75

[1] Humboldt: Studienausgabe, Bd. 7, Teilbd. 2, S. 70
[2] Ibid., S. 64
[3] Ibid., S. 65
[4] Ibid., S. 65
[5] Ibid., S. 68 f.
[6] Ibid., S. 69
[7] Ibid., S. 69
[8] Ibid., S. 71
[9] Ibid., S. 71
[10] Ibid., S. 72
[11] Ibid., S. 72
[12] Ibid., S. 72
[13] Ibid., S. 73 f.
[14] Ibid., S. 74
[15] Ibid., S. 74
[16] Ibid., S. 74
[17] Ibid., S. 75
[18] Ibid., S. 79
[19] Zahlreiche Arbeiten über die Landschaftsmalerei bei Humboldt veröffentlichte Renate Löschner.

Vom Nutzen der Gewächshäuser
Überschriften-Zitat: Humboldt: Studienausgabe, Bd. 7, Teilbd. 2, S. 78

[1] Humboldt: Studienausgabe, Bd. 7, Teilbd. 2, S. 80
[2] Ibid., S. 80 f.
[3] Ibid., S. 81
[4] Ibid., S. 82
[5] Ibid., S. 82
[6] Ibid., S. 73
[7] Ibid., S. 73
[8] Ibid., S. 73 f.
[9] Ibid., S. 73
[10] Ibid., S. 74
[11] Ibid., S. 74
[12] Ibid., S. 85
[13] Ibid., S. 85
[14] Bergdoll, S. 230

Förderer junger Talente
Überschriften-Zitat: J. A. Stargardt, Autographen aus allen Gebieten. Katalog 651. März 1992. S. 230, Nr. 677

[1] a) Hanno Beck: Alexander von Humboldt (1769–1859). Förderer der frühen Photographie, S. 41. Enthalten in: Dewitz, Matz, S. 40–53. Siehe auch b) Baier, S. 63
[2] Humboldt: Studienausgabe, Bd. 7, Teilbd. 2, S. 79
[3] Ibid., S. 79
[4] Ibid., S. 79 f.
[5] Ibid., S. 80
[6] Anm. 1b, S. 80

7 Baier, S. 76 f.
8 Busch, S. 219, 221
9 Anm. 1a, S. 43
10 Baier, S. 91
11 Dewitz, Matz, S. 459, sowie: Hans Körner: Photographieren auf Forschungsreisen. Robert Schlagintweit und seine Brüder erforschen die Alpen, Indien und Hochasien (1850–1857). Enthalten in: Dewitz, Matz, S. 310–333.
12 J. A. Stargardt, Autographen aus allen Gebieten. Katalog 653. März 1993. S. 193, Nr. 517
13 Ibid., Katalog 651. März 1992. S. 230, Nr. 677
14 Ibid., S. 230, Nr. 678
15 Ibid., Katalog 653. März 1993. S. 196, Nr. 523
16 Krätz: Portrait, S. 14–20
17 J. A. Stargardt, Autographen aus allen Gebieten. Katalog 651. März 1992. S. 232, Nr. 680

18 Ibid., S. 232, Nr. 681
19 Werner von Siemens: Lebenserinnerungen. 17. Aufl. München 1983, S. 104
20 Ibid., S. 104
21 J. A. Stargardt, Autographen aus allen Gebieten. Katalog 653. März 1993. S. 197, Nr. 529
22 Klencke, S. 482 f.
23 Ibid., S. 483

Asche und Lorbeer

1 Martina Keller: In der Krone der Schöpfung. Im Regenwald von Venezuela sind Wissenschaftler mit Kranführerschein gefragt. In: Die Zeit. 3. Januar 1997, S. 29
2 Schoedler, Friedrich: Das Buch der Natur, die Lehren der Physik, Astronomie, Chemie, Mineralogie, Geologie, Botanik, Physiologie und Zoologie umfassend. Druck und Verlag von Friedrich Vieweg und Sohn. Braunschweig 1846.
Dieses »Allen Freunden der Naturwissenschaft, insbesondere der Gymnasien, Real- und höheren Bürgerschulen gewidmete« Werk war äußerst erfolgreich. Bereits 1863 erschien die elfte Auflage, in deren Vorwort Schoedler darlegte: »Die rasche Verbreitung des Buches der Natur bestätigte, daß ich, wie Alexander von Humboldt darüber mir schrieb, ›das Rechte getroffen habe‹.«

Literatur

Alex, Reinhard, Peter Kühn: Schlösser und Gärten um Wörlitz. 2. Aufl. Leipzig 1988

Alexander von Humboldt-Stiftung (Hrsg.): Wissenschaftler und Künstler in Berlin um Alexander von Humboldt (1769–1859). Bonn o. J.

Artbook International: Caspar David Friedrich. Texte von Caspar David Friedrich. Einleitung von Horst Koch. Ramerding 1985

Bachmann, Hans-Gert, Rudolf Franz Ertl, Michael v. Gagern (u. a.): Gold. Mineral, Macht und Illusion: 500 Jahre Goldrausch. (extra Lapis. No. 2 .) Rosenheim 1992

Baier, Wolfgang: Quellendarstellungen zur Geschichte der Fotografie. Leipzig 1977. *(Zitiert: Baier)*

Banks, R.E.R., B. Elliott, J. G. Hawkes (u. a.): Sir Joseph Banks: A Global Perspective. Published by the Royal Botanic Gardens, Kew. Whitstable 1993

Baticle, Jeannine: Francisco de Goya. Höfling und Rebell. Ravensburg 1992

Battenberg, Friedrich: Das Europäische Zeitalter der Juden. Zur Entwicklung einer Minderheit in der nicht-jüdischen Umwelt Europas. Darmstadt 1990

Bayer Leverkusen (Hrsg.): Die schönsten Gärten Frankreichs. Leverkusen 1992

Beaucur, Fernand, Yves Laissus, Chantal Orgogozo: La Découverte de l'Egypte. Paris 1989

Bechtoldt, Frank-Andreas, Thomas Weiss: Weltbild Wörlitz. Entwurf einer Kulturlandschaft. Stuttgart 1996. *(Zitiert: Bechtoldt, Weiss)*

Beck, Hanno: Alexander von Humboldt. Wiesbaden 1959–1961. *(Zitiert: Beck: Humboldt)*
Bd. 1. Von der Bildungsreise zur Forschungsreise. 1769–1804. 1959
Bd. 2. Vom Reisewerk zum »Kosmos«. 1804–1859. 1961

Beck, Hanno: Alexander von Humboldts Reise durchs Baltikum, nach Rußland und Sibirien 1829. Aufgezeichnet von Hanno Beck. Stuttgart 1983. *(Zitiert: Beck: Reise)*

Beck, Hanno, als Hrsg. siehe Humboldt, Alexander von

Bergdoll, Harry: Karl Friedrich Schinkel. Preussens berühmtester Baumeister. München 1994. *(Zitiert: Bergdoll)*

Berliner Festspiele GmbH (Hrsg.) im Auftrag des Senats von Berlin zur 750-Jahr-Feier Berlins 1987: Die Reise nach Berlin. Berlin 1987

Biermann, Kurt-R.: Alexander von Humboldt. 3. Aufl. (Biographien hervorragender Naturwissenschaftler, Techniker und Mediziner. 47.) Leipzig 1983

Biermann, Kurt-R., als Hrsg. siehe Humboldt, Alexander von

Birnbaum, C., C. Böttger, K. Gayer (u. a.): Das neue Buch der Erfindungen, Gewerbe und Industrien. Rundschau auf allen Gebieten der gewerblichen Arbeit. Band 2: Die Kräfte der Natur und ihre Benutzung. Eine physikalische Technologie. 7. Aufl. Leipzig, Berlin 1877

Blond, Georges: Ruhm und Schönheit. Lord Nelson und Lady Hamilton. Frankfurt/M., Berlin, Wien 1978

Botting, Douglas: Alexander von Humboldt. Biographie eines großen Forschungsreisenden. 4. Aufl. München 1989

Bougainville, Louis-Antoine de: Reise um die Welt welche mit der Fregatte La Boudeuse und dem Fleutschiff L'Etoile in den Jahren 1766, 1767, 1768 und 1769 gemacht worden. Paris 1772. Deutsche Übersetzung herausgegeben von Klaus-Georg Popp. 3. Aufl. Leipzig 1980

Brewster, David: Briefe über die natürliche Magie, an Sir Walter Scott. Aus dem Englischen übersetzt und mit Anmerkungen begleitet von Friedrich Wolff. Berlin 1833. Nachdruck Weinheim 1984

Brillat-Savarin, Jean Anthèlme: Physiologie des Geschmacks oder Betrachtungen über das höhere Tafelvergnügen. Ausgewählt, übersetzt und eingeleitet von Emil Ludwig. (it 423.) Frankfurt/M. 1979

Bruhns, Karl, im Verein mit R. Avé-Lallemant, J. V. Carus, A. Dove, H. W. Dove, J. W. Ewald, A. H. R. Grisebach, J. Löwenberg, O. Peschel, G. H. Wiedemann, W. Wundt: Alexander von Humboldt. Eine wissenschaftliche Biographie. 3 Bde. Leipzig 1872. *(Zitiert: Bruhns)*

Brunold, Georg: Nilfieber. Der Wettlauf zu den Quellen. Frankfurt/M. 1993

Büchner, Georg: Werke und Briefe. Herausgegeben und mit einem Vorwort von Franz Josef Götz. Mit einem Nachwort von Friedrich Dürrenmatt. Zürich 1988

Busch, Bernd: Belichtete Welt. Eine Wahrnehmungsgeschichte der Photographie. (Fischer Taschenbuch. 10666.) Frankfurt/M. 1989. *(Zitiert: Busch)*

Bußmann, Walter: Zwischen Preußen und Deutschland. Friedrich Wilhelm IV. Eine Biographie. Berlin 1990

Buttlar, Adrian von: Der Landschaftsgarten. (Heyne Stilkunde. 22.) München 1980

Caron, François: Frankreich im Zeitalter des Imperialismus. 1851–1918. Aus dem Französischen übertragen von Renate Hack. (Geschichte Frankreichs. Bd. 5. Herausgegeben von Jean Favier. Beratung der deutschen Ausgabe: Karl Ferdinand Werner.) Stuttgart 1991

Carter, Harold B.: Sir Joseph Banks. 1743–1820. 2. Aufl. London 1991

Centre Georges Pompidou, Centre de Création Industrielle: Les Temps Des Gares. Katalog zur Ausstellung. Paris 1979

Clausewitz, Carl von: Der russische Feldzug von 1812. Herausgegeben von Carl Greiner. Wiesbaden 1953

Cook, Frederick A.: Wo Norden Süden ist. Herausgegeben und eingeleitet von Frederick J. Pohl mit einem Rückblick auf alle Nordpolexpeditionen. Hamburg 1953

Corbin, Alain: Pesthauch und Blütenduft. Eine Geschichte des Geruchs. Aus dem Französischen von Grete Ostertag. (Fischer Taschenbuch. 11238.) Frankfurt/M. 1992

Cornwall, James E.: Die Frühzeit der Photographie in Deutschland. 1839–1869. Die Männer der ersten Stunden und ihre Verfahren. Herrsching 1979

199

Daguerre, Louis Jacques Mandé: Das Daguerreotyp und das Diorama, oder genaue und authentische Beschreibung meines Verfahrens und meiner Apparate zur Fixirung der Bilder der Camera obscura und der von mir bei dem Diorama angewendeten Art und Weise und der Beleuchtung. Stuttgart 1839. Nachdruck Hannover 1988

Degenhard, Ursula: Entdeckungs- und Forschungsreisen im Spiegel alter Bücher. (In der Reihe: Exotische Welten. Europäische Phantasien.) Stuttgart 1987

Desmond, Adrian, James Moore: Darwin. München 1992. *(Zitiert: Desmond, Moore)*

Devillers, Christian, Bernard Huet: Le Creusot. Naissance Et Développement D'Une Ville Industrielle. 1782–1914. Macon 1981

Dewitz, Bodo von, Reinhard Matz (Hrsg.): Silber und Salz. Zur Frühzeit der Photographie im deutschen Sprachraum. 1839–1860. Köln, Heidelberg 1989. *(Zitiert: Dewitz, Matz)*

Dill, Carl Alexander: Voltaire in Potsdam – mehr als nur eine Episode. Berlin 1991

Dirrigl, Michael: Ludwig I., König von Bayern. 1825–1848. München 1980

Dirrigl, Michael: Maximilian II., König von Bayern. 1848–1864. Zwei Bände. München 1984

Dollinger, Hans: Preußen. Eine Kulturgeschichte in Bildern und Dokumenten. Gütersloh 1985

Donghi, Tulio Halperin: Geschichte Lateinamerikas von der Unabhängigkeit bis zur Gegenwart. (st 2327.) Frankfurt/M. 1994

Dronke, Ernst: Berlin. Herausgegeben von Rainer Nitsche. (SL 156.) Darmstadt, Neuwied 1974

Eco, Umberto: Im Labyrinth der Vernunft. Texte über Kunst und Zeichen. 3. Aufl. (Reclam-Bibliothek. 1547.) Leipzig 1995. *(Zitiert: Eco)*

Eder, Josef Maria: Das Atelier und Laboratorium des Photographen. Halle a. d. S. 1893. Nachdruck Hannover o. J.

Eisold, Norbert: Das Dessau-Wörlitzer Gartenreich. Der Traum von der Vernunft. Köln 1993

Enzensberger, Hans Magnus: Mausoleum. Siebenunddreißig Balladen aus der Geschichte des Fortschritts. 9.–11. Taus. (st 2377.) Frankfurt/M. 1975. *(Zitiert: Enzensberger: Mausoleum)*

Enzensberger, Hans Magnus, (Hrsg.) siehe Humboldt, Alexander von: Ansichten der Natur

Enzensberger, Ulrich: Georg Forster. Ein Leben in Scherben. Frankfurt/M. 1996. *(Zitiert: Enzensberger: Forster)*

Faraday, Michael: Chemical Manipulations; Being Instructions To Students In Chemistry, On The Methods Of Performing Experiments Of Demonstration Or Of Research, With Accuracy And Success. London 1827. Nachdruck Royal Institution, London 1974

Faraday, Michael: Naturgeschichte einer Kerze. Mit einer Einleitung und Biografie von Peter Buck. Salzdetfurth 1979. *(Zitiert: Faraday: Naturgeschichte)*

Faujas de Saint-Fond, Barthélemy: Beschreibung der Versuche mit der Luftkugel, welche sowohl die HH. von Montgolfier, als andre aus Gelegenheit dieser Erfindung gemacht haben … Wien 1783. Nachdruck Weinheim 1981

Fox, Celina, u. Kulturstiftung Ruhr, Essen (Hrsg.): Metropole London. Macht und Glanz einer Weltstadt 1800–1840. Ausstellungskatalog Villa Hügel, Essen 1992. *(Zitiert: Fox)*

Ganier, Pierre, Juliet Wilson, François Lachenal: Goya, Leben und Werk. Köln 1994. *(Zitiert: Ganier, Wilson, Lachenal)*

Gebhardt, Heinz: Franz Hanfstaengl. Von der Lithographie zur Photographie. München 1984

Georg Christoph Lichtenberg 1742–1799. Wagnis der Aufklärung. (Katalog.) München, Wien 1992

Gere, Charlotte: Nineteenth-Century Decoration. The Art of the Interior. New York 1989

Gheerbrant, Alain: Amazonas, der sterbende Riese. Ravensburg 1990

Grab, Walter: Die Französische Revolution. Aufbruch in die moderne Demokratie. Stuttgart 1989

Graudenz, Karlheinz: Die deutschen Kolonien. Geschichte der deutschen Schutzgebiete in Wort, Bild und Karte. Dokumentation und Bildmaterial: Hanns Michael Schindler. 6. Aufl. Augsburg 1994

Greenhill, Basil: National Maritime Museum. Das Britische Schiffahrtsmuseum London. Florenz 1982

Griep, Wolfgang (Hrsg.), Susanne Luber (Bearb.): Reiseliteratur und Geographica in der Eutiner Landesbibliothek. Heide 1990 *(Zitiert: Griep, Luber)*

Griep, Wolfgang, Susanne Luber: Vom Reisen in der Kutschenzeit. 2. Aufl. Heide 1990

Guedj, Denis: La Révolution des Savants. Paris 1988

Guntau, Martin: Abraham Gottlob Werner. (Biographien hervorragender Naturwissenschaftler, Techniker und Mediziner. 75.) Leipzig 1984

Guntau, Martin, Peter Hardetert, Martin Pape: Alexander von Humboldt. Natur als Idee und Abenteuer. (Ausstellungsband.) Essen 1993

Hädecke, Wolfgang: Poeten und Maschinen. Deutsche Dichter als Zeugen der Industrialisierung. München, Wien 1993

Hamilton, Sir Wilhelm: Beobachtungen über den Vesuv, den Aetna und andere Vulkane; in einer Reihe von Briefen an die Königl. Großbr. Gesellsch. der Wissenschaften. Berlin 1773. Nachdruck Weinheim 1986

Harpprecht, Klaus: Georg Forster oder Die Liebe zur Welt. Eine Biographie. Reinbek bei Hamburg 1987. *(Zitiert: Harpprecht)*

Haus der Bayerischen Geschichte (Hrsg.): König Maximilian II. von Bayern 1848–1864. Rosenheim o. J.

Hedges, A.A.C.: The Voyages of Captain James Cook. Norwich 1983

Hein, Wolfgang-Hagen (Hrsg.): Alexander von Humboldt. Leben und Werk. Frankfurt/M. 1985

Helbig, Jörg (Hrsg.): Brasilianische Reise 1817–1820. Carl Friedrich Philipp von Martius zum 200. Geburtstag. München 1994

Hertz, Deborah: Die jüdischen Salons im alten Berlin. Frankfurt/M. 1991. *(Zitiert: Hertz)*

Herzen, Alexander: Die gescheiterte Revolution. Denkwürdigkeiten aus dem 19. Jahrhundert. Ausgewählt und herausgegeben von Hans Magnus Enzensberger. Mit einer Einleitung von Isaiah Berlin. (it 1097.) Frankfurt/M. 1977. *(Zitiert: Herzen)*

Herzfeld, Erika: Preußische Manufakturen. Großgewerbliche Porzellan-, Gobelin-, Seiden-, Uhren- und Waffenfertigungen im 17. und 18. Jahrhundert in und um Berlin. Leipzig 1994

Heuchler, Eduard: Album für Freunde des Bergbaues. Vierzehn Bilder aus dem Leben des Freiberger Berg- und Hüttenmannes. Herausgegeben von Gerhard Heilfurth. Essen 1993

Heyden-Rynsch, Verena von der: Europäische Salons. Höhepunkte einer versunkenen weiblichen Kultur. München 1992

Himme, Hans-Heinrich: Stich-Haltige Beiträge zur Geschichte der Georgia Augusta in Göttingen. Göttingen 1987

Himmelheber, Georg: Kunst des Biedermeier. 1815–1835. Architektur, Malerei, Plastik, Kunsthandwerk, Musik, Dichtung und Mode. München 1988

Hirsch, Erhard: Dessau-Wörlitz. Zierde und Inbegriff des 18. Jahrhunderts. München o. J.

Holzapfel, Kurt, unter Mitwirkung von Walter Markov: Die Große Französische Revolution. 1789–1795. Berlin 1989

Hugon, Anne: Auf der Suche nach den Quellen des Nils. Ravensburg 1990

Humboldt, Alexander von: Ansichten der Natur, mit wissenschaftlichen Erläuterungen und sechs Farbtafeln nach Skizzen des Autors. Herausgegeben von Hans Magnus Enzensberger. Nördlingen 1986. *(Zitiert: Humboldt: Ansichten)*

Humboldt, Alexander von: Aus meinem Leben. Autobiographische Bekenntnisse. Zusammengestellt und erläutert von Kurt-R. Biermann. München 1987. *(Zitiert: Humboldt: Leben)*

Humboldt, Alexander von: Briefwechsel zwischen Alexander von Humboldt und Carl Friedrich Gauss. Herausgegeben von Kurt-R. Biermann. Berlin 1977

Humboldt, Alexander von: Reise auf dem Río Magdalena, durch die Anden und Mexico. Übersetzt und bearbeitet von Margot Faak. Teil I.II. (Beiträge zur Alexandervon-Humboldt-Forschung. 9.) Berlin 1990. *(Zitiert: Humboldt, Río Magdalena, Teil II)*

Humboldt, Alexander von: Reise in die Äquinoktial-Gegenden des Neuen Kontinents. Herausgegeben von Ottmar Ette. Mit Anmerkungen zum Text, einem Nachwort und zahlreichen zeitgenössischen Abbildungen sowie einem farbigen Bildteil. Bd. 1.2. Frankfurt/M., Leipzig 1991 *(Zitiert: Humboldt: Reise)*

Humboldt, Alexander von: Studienausgabe. Herausgegeben von Hanno Beck. (Hrsg. und kommentiert von Hanno Beck in Verbindung mit Wolf-Dieter Grün, Sabine Melzer-Grün, Detlef Haberland, Paulgünter Kautenburger, Eva Michels-Schwarz, Uwe Schwarz und Fabienne Orazie Vallino.) Bd. 1–7. (Forschungsunternehmen der Humboldt-Gesellschaft. Nr. 40.) Darmstadt 1989–1993. *(Zitiert: Humboldt: Studienausgabe)*
Bd. 1. Schriften zur Geographie der Pflanzen. 1989
Bd. 3. Cuba-Werk. 1992
Bd. 4. Mexico-Werk. Politische Ideen zu Mexico. Mexicanische Landeskunde. 1991
Bd. 5. Ansichten der Natur. Bd. 1.2. 1987
Bd. 6. Schriften zur physikalischen Geographie. 1989
Bd. 7. Kosmos. Entwurf einer physischen Weltbeschreibung. Teilbd. 1.2. 1993

Humboldt, Alexander von: Über das Universum. Die Kosmosvorträge 1827/28 in der Berliner Singakademie. Herausgegeben von Jürgen Hamel und Klaus-Harro Tiemann in Zusammenarbeit mit Martin Pape. (it 1540.) Frankfurt/M., Leipzig 1993. *(Zitiert: Humboldt: Universum)*

Humboldt, Alexander von: Die Wiederentdeckung der Neuen Welt. Erstmals zusammengestellt aus dem unvollendeten Reisebericht und den Tagebüchern. Herausgegeben und eingeleitet von Paul Kanut Schäfer. München, Wien 1992. *(Zitiert: Humboldt: Wiederentdeckung)*

Imbert, Bertrand: Die Pole. Expeditionen ins ewige Eis. Ravensburg 1990

Institut für Auslandsbeziehungen, Württembergischer Kunstverein (Hrsg.): Exotische Welten. Europäische Phantasien. Katalog der Ausstellung. Stuttgart 1987

Institut Mathildenhöhe Darmstadt, Georg Büchner-Ausstellungsgesellschaft (Hrsg.): Georg Büchner. 1813–1837. Revolutionär, Dichter, Wissenschaftler. (Katalog der Ausstellung Mathildenhöhe, Darmstadt, 2. August – 27. September 1987.) Basel 1987

Jacobeit, Sigrid u. Wolfgang: Illustrierte Alltagsgeschichte des Deutschen Volkes 1550–1810. Zwei Bde. 2. Aufl. Köln 1988

Jammes, André, Robert Sobieszek: French Primitive Photography. New York o. J.

Jarrold Colour Publications: Admiral Lord Nelson. Norwich o. J.

Jarrold Colour Publications: Isambard Kingdom Brunel. Norwich 1988

Jenkins, Jan, Kim Sloan: Vases and Volcanoes. Sir William Hamilton and his Collection. London 1996

Jobst, Wolfgang, Wolfgang Rentzsch, Wolfgang Schubert (u.a.): Bergwerke im Freiberger Land. 2. Aufl. Freiberg 1994

Joost, Ulrich (Hrsg.): Georg Christoph Lichtenberg. Noctes. Ein Notizbuch. Göttingen 1992

Kalisch, D. (Hrsg.): Kladderadatsch. Organ für und von Bummler. 1. Jg. 1848. Nachdruck. (Bibliophile Taschenbücher. Bd. 3.) O. O. u. o. J.

Klencke, Hermann: Alexander von Humboldt's Leben und Wirken, Reisen und Wissen. Ein biographisches Denkmal. Fortgesetzt, vielfach erweitert und theilweise umgearbeitet von H. Th. Kühne und Ed. Hintze. 7., sehr verbesserte illustrierte Auflage. Leipzig 1876. *(Zitiert: Klencke)*

Knight, Carlo: Hamilton a Napoli. Cultura, svaghi, civiltà di una grande capitale europea. Napoli 1990

Knobloch, Heinz: Berliner Grabsteine. 4. Aufl. Berlin 1991

Krätz, Otto: Die Chemie im Spiegel der schöngeistigen Literatur zur Zeit Leopold Gmelins. In: Der 200. Geburtstag von Leopold Gmelin. Eine Dokumentation der Festveranstaltung. Herausgegeben vom Gmelin-Institut für Anorganische Chemie und Grenzgebiete der Max-Planck-Gesellschaft. Frankfurt/M. 1990

Krätz, Otto: Goethe und die Naturwissenschaften. München 1992. *(Zitiert: Krätz: Goethe)*

Krätz, Otto: Historische, chemische und physikalische Versuche, eingebettet in den Hintergrund von drei Jahrhunderten. (Experimentelle Schulchemie. Bd. 7.) Köln 1979. *(Zitiert: Krätz: Versuche)*

Krätz, Otto: Justus Liebig, in: Die Großen der Weltgeschichte. Zürich 1976, S. 692–707. *(Zitiert: Krätz: Liebig)*

Krätz, Otto: Nachwort zu: »Beschreibung der Versuche mit der Luftkugel, …« Herausgegeben zu Paris von Hrn. Faujas de Saint-Fond. Wien 1783. Nachdruck Weinheim 1981, S. 351–381

Krätz, Otto: Nachwort zu: »Briefe über die Natürliche Magie« von David Brewster. Berlin 1833. Nachdruck Weinheim 1984, S. 435–610. *(Zitiert: Krätz: Brewster)*

Krätz, Otto: Das Portrait: Alexander von Humboldt. In: Chemie in unserer Zeit. Jg. 11, 1977, S. 14–20. *(Zitiert: Krätz: Portrait)*

Krätz, Otto: The Right Honourable Sir William Hamilton. Nachwort zu Sir Wilhelm Hamilton: Beobachtungen über den Vesuv, den Aetna und andere Vulkane; in einer Reihe von Briefen an die Königl. Großbr. Gesellsch. der Wissenschaften. Berlin 1773. Nachdruck Weinheim 1986, S. 213–269. (Dokumente zur Geschichte von Naturwissenschaft, Medizin und Technik. Bd. 10. Herausgegeben von Ernst H. Berninger, Gerd Giesler und Otto Krätz.) *(Zitiert: Krätz: Hamilton)*

Krätz, Otto, Gerd Giesler (Hrsg.): Die Entwicklung der Eisenbahn im Spiegel der Leipziger Illustrirten Zeitung, 1843–1870. Weinheim 1985

Krätz, Otto, Helga Merlin: Casanova. Liebhaber der Wissenschaften. München 1995. *(Zitiert: Krätz, Merlin: Casanova)*

Krafft, Maurice: Vulkane, Feuer der Erde. Die Geschichte der Vulkanologie. Ravensburg 1993

Krammer, Mario: Berlin im Wandel der Jahrhunderte. Eine Kulturgeschichte der deutschen Hauptstadt. Ergänzt von Paul Fechter. Berlin 1956

Kugler, Jens, Wolfgang Schreiber: Das beste Ertz … Eine bergbauhistorische Reise durch das sächsische Erzgebirge. Dürnberg 1992

Kuhn, Axel (u. a.): Revolutionsbegeisterung an der Hohen Carlsschule. Stuttgart – Bad Cannstatt 1989

Kulturstiftung Ruhr, Essen (Hrsg.): St. Petersburg um 1800. Ein goldenes Zeitalter des russischen Zarenreichs. Meisterwerke und authentische Zeugnisse der Zeit aus der Staatlichen Eremitage, Leningrad. Recklinghausen 1990

Kunst- und Ausstellungshalle der Bundesrepublik Deutschland (Hrsg.): Alexander von Humboldt. Berlin 1999

Kurzke, Hermann: Novalis. München 1988

Laissus, Yves, Jean Jacques Petter: Les animaux du Muséum, 1793–1993. Paris 1993

Lammel, Gisold: Karikatur der Goethezeit. Berlin 1992

Langemeyer, Gerhard: Bilderwelten. Französische Illustrationen des 18. und 19. Jahrhunderts. Aus der Sammlung von Kritter. Dortmund 1985

Legrand, Jacques (Hrsg.): Der Diamant. Mythos, Magie und Wirklichkeit. Erlangen 1991

Levenson, Jay A., u. National Gallery of Art, Washington: Circa 1492. New Haven, London 1992

Lichtenberg, Georg Christoph: Schriften und Briefe. Herausgegeben von Wolfgang Promies. München *(Zitiert: Lichtenberg)*
Bd. 1. Sudelbücher I. 3. Aufl. 1980
Bd. 2. Sudelbücher II, Materialhefte, Tagebücher. 3. Aufl. 1991
Bd. 3. Aufsätze, Entwürfe, Gedichte, Erklärung der Hogarthschen Kupferstiche. 1972
Bd. 4. Briefe. 1967

Lieven, Dominic: Abschied von Macht und Würden. Der Europäische Adel 1815–1914. Frankfurt/Main 1995

Linné, Carl von: Lapplàndische Reise. (it 102.) Frankfurt/M. 1977

Lorenz, Otto (Hrsg.): Carl Spitzweg. Ramerding 1985

Luz, Christiane: Das Exotische Tier in der Europäischen Kunst. (In der Reihe: Exotische Welten. Europäische Phantasien.) Stuttgart 1987

McIntyre, L. A.: Die amerikanische Reise, auf den Spuren Alexander von Humboldts. Hamburg 1982

Meyer-Abich, Adolf: Alexander von Humboldt. Mit Selbstzeugnissen und Bilddokumenten. (rm 131.) Reinbek bei Hamburg 1967

Mieth, Günter: Literarische Kultur und gesellschaftliches Leben in Deutschland. Vom Beginn der großen Französischen Revolution bis zum Ende des alten deutschen Reiches 1789–1806. Berlin o. J.

Mignot, Claude: Architektur des 19. Jahrhunderts. Fribourg 1983

Ministero Per I Beni Culturali E Ambientali, Soprintendenza Archeologica di Pompei, IBM (Hrsg.): Pompeji wiederentdeckt. Florenz 1993

Moisy, Sigrid von: Von der Aufklärung zur Romantik. Geistige Strömungen in München. Katalog zur Ausstellung in der Bayerischen Staatsbibliothek 1984. Regensburg 1984

Morton, Frederic: Die Rothschilds. Portrait einer Familie. München, Zürich 1962

Mudry, Anna (Hrsg.): Christian August Vulpius: Aechte und deutliche Beschreibung der Bastille von ihrem Ursprunge an bis zur Zerstörung nebst einigen dahingehörigen Anekdoten. (1789.) Zusammen mit: Simon Nicolas Henri Linguet: Denkwürdigkeiten der Bastille und der Gefangenschaft des Verfassers in diesem königlichen Schlosse vom 27. September 1780 bis zum 19. Mai 1782. (1783.) Leipzig 1989

Müller, Kristiane, Eberhard Urban: Die Kunst der Romantik. Beliebte und unbekannte Bilder nebst Zeichnungen und Studien, ergänzt durch Gedichte und Briefe, Zeugnisse und Dokumente, einem heutigen Publikum dargebracht. Menden 1987

Nadolny, Burkard: Louis Ferdinand. Das Leben eines preußischen Prinzen. Düsseldorf, Köln 1967

National Maritime Museum: The Collections. London 1990

Netzer, Hans Joachim: Albert von Sachsen-Coburg und Gotha. Ein deutscher Prinz in England. München 1988

Nödl, Carl (Hrsg.): Das unromantische Biedermeier. Eine Chronik in Zeitdokumenten. 1795–1857. Wien 1987

Novalis: Werke. Herausgegeben und kommentiert von Gerhard Schulz. 3. Aufl. München 1969. *(Zitiert: Novalis)*

O'Brian, Patrick: Joseph Banks. A Life. 3. Aufl. London 1994

Orieux, Jean: Talleyrand. Die unverstandene Sphinx. Frankfurt/M. 1977

Osterhammel, Jürgen: Kolonialismus. Geschichte. Formen. Folgen. (BsR 2002.) München 1995

Ottomeyer, Hans, Ulrike Laufer: Biedermeiers Glück und Ende … die gestörte Idylle, 1815–1848. Katalog zu einer Ausstellung des Münchner Stadtmuseums. München 1987

Paas-Zeidler, Sigrun: Goya, Radierungen. Stuttgart 1978

Pagden, Anthony: Das erfundene Amerika. Der Aufbruch des europäischen Denkens in die Neue Welt. München 1996

Pöppig, Eduard: In der Nähe des ewigen Schnees. Eine Anden-Reise im 19. Jahrhundert. Herausgegeben und mit einem Nachwort versehen von Dieter Kühn. (it 166.) Frankfurt/M. 1975

Promies, Wolfgang: Georg Christoph Lichtenberg. Mit Selbstzeugnissen und Bilddokumenten. (rm 90.) Reinbek bei Hamburg 1964

Promies, Wolfgang, als Hrsg. siehe Lichtenberg, Georg Christoph

Rave, Paul Ortwin: Das geistige Deutschland im Bildnis. Das Jahrhundert Goethes. Berlin 1949

Ritter-Santini, Lea: Lessing und die Wespen. Die italienische Reise eines Aufklärers. Aus dem Italienischen von Gabriele Kroes-Tillmann. Frankfurt/M. 1993

Ritter-Santini, Lea (Hrsg.): Eine Reise der Aufklärung. Lessing in Italien. 1775. Zwei Bde. Wolfenbüttel 1993. *(Zitiert: Ritter-Santini: Reise)*

Sautermeister, Gert: Georg Christoph Lichtenberg. (BsR 630.) München 1993

Schama, Simon: Der zaudernde Citoyen. Rückschritt und Fortschritt in der Französischen Revolution. München 1989

Scheel, W.: Deutschlands Kolonien in achtzig farbenphotographischen Abbildungen … Berlin 1914

Schleiden, M. J.: Studien. Populäre Vorträge. 2. Aufl. Leipzig 1857

Schmidt, Jochen (Hrsg.): Aufklärung und Gegenaufklärung in der europäischen Literatur, Philosophie und Politik von der Antike bis zur Gegenwart. Darmstadt 1989

Schmitt, Eberhard, Thomas Schleich, Thomas Beck (Hrsg.): Kaufleute als Kolonialherren: Die Handelswelt der Niederländer vom Kap der Guten Hoffnung bis Nagasaki 1600–1800. Bamberg 1988

Schödler, Friedrich: Das Buch der Natur, die Lehren der Physik, Astronomie, Chemie, Mineralogie, Geologie, Botanik, Physiologie und Zoologie umfassend. 8. Aufl. Braunschweig 1854 sowie 12. Aufl. Braunschweig 1863

Schreiber, Hermann: Die Neue Welt. Die Entdeckung der Geschichte Amerikas. Gernsbach 1991

Schubert: Lehrbuch der Naturgeschichte für Schulen und zum Selbstunterricht. Erlangen 1851

Schultz, Uwe: Immanuel Kant. Mit Selbstzeugnissen und Bilddokumenten. (rm 101.) Reinbek bei Hamburg 1995. (Zitiert: Schultz)

Schulze, Sabine: Goethe und die Kunst. Ostfildern 1994

Schulze, Winfried: Der 14. Juli 1789. Biographie eines Tages. Bochum 1988

Scurla, Herbert: Alexander von Humboldt. Sein Leben und Werk. Berlin 1955

Scurla, Herbert: Im Banne der Anden. Reisen deutscher Forscher des 19. Jahrhunderts. Berlin 1985

Scurla, Herbert: Rahel Varnhagen. Die große Frauengestalt der deutschen Romantik. Düsseldorf 1978

Siemann, Wolfram: Vom Staatenbund zum Nationalstaat. Deutschland 1806–1871. München 1995

Spamer, Otto (Hrsg.): Das neue Buch der Reisen und Entdeckungen. Otto Spamer's Illustrirte Bibliothek der Länder- & Völkerkunde zur Erweiterung der Kenntniß der Fremde. Unter Redaktion von Friedrich v. Hellwald u. Richard Oberländer. A. von Humboldt's Leben und Wirken, Reisen und Wissen. 7. Aufl. Leipzig 1876

Staatliche Archivverwaltung der DDR, Staatliche Schlösser und Gärten Potsdam-Sanssouci (Hrsg.): Potsdamer Schlösser in Geschichte und Kunst. 4. Aufl. Leipzig 1984

Steiger, Robert: Goethes Leben von Tag zu Tag. Eine dokumentarische Chronik. Bd. 1ff. Zürich, München 1982 ff. (Zitiert: Steiger)

Steiner, Gerhard: Die Sphinx zu Hildburghausen: Friedrich Sickler. Ein schöpferischer Geist der Goethezeit. Weinheim 1985

Stern, Carola: Der Text meines Herzens. Das Leben der Rahel Varnhagen. Reinbek bei Hamburg 1994

Streit, Gert, Klaus Frahm: Potsdam. Die Schlösser und Gärten der Hohenzollern. Köln 1996. (Zitiert: Streit, Frahm)

Strube, Irene: Georg Ernst Stahl. (Biographien hervorragender Naturwissenschaftler, Techniker und Mediziner. 76.) Leipzig 1984

Struzik, Edward, Mike Beedell: Seewege zwischen Atlantik und Pazifik. Die Nordwestpassage. Braunschweig 1991

Stuttgart, Oberfinanzdirektion, Referat Staatliche Schlösser und Gärten (Hrsg.): Italienische Reisen. Herzog Carl Eugen von Württemberg in Italien. (Ausstellung in Schloß Ludwigsburg.) Stuttgart 1993

Taack, Marete: Königin Luise. Eine Biographie. 4. Aufl. Tübingen 1978

Tulard, Jean: Frankreich im Zeitalter der Revolutionen 1789–1851. Aus dem Französischen übertragen von Arnulf Moser, herausgegeben von Jean Favier. (Geschichte Frankreichs. Bd. 4. Beratung der deutschen Ausgabe: Karl Ferdinand Werner.) Stuttgart 1989. (Zitiert: Tulard)

Vezin, Luc: Les artistes au Jardin des Plantes. Paris 1990

Wagenbreth, Otfried: Die Technische Universität Bergakademie Freiberg und ihre Geschichte. Leipzig, Stuttgart 1994. (Zitiert: Wagenbreth)

Weigl, Engelhard: Instrumente der Neuzeit. Die Entdeckung der modernen Wirklichkeit. Stuttgart 1990

Wichmann, Siegfried: Carl Spitzweg und die französischen Zeichner Daumier, Grandville, Gavarni, Doré. Herrsching 1985

Wied, Maximilian Prinz zu: Reise in das innere Amerika. Bd. 1. 2. Augsburg 1995

Wiese, Gerhard: Literatur der Welt in Bildern, Texten, Daten: Honoré de Balzac. Salzburg 1980

Wimmer, Clemens Alexander: Geschichte der Gartentheorie. Darmstadt 1989

Wirtschaftsvereinigung Bergbau e.V., Bonn (Hrsg.): Das Bergbau-Handbuch. Essen 1983

Zimmermann, Heinrich: Reise um die Welt mit Capitain Cook. Mit Abbildungen und Faksimiles herausgegeben von Hans Bender. (it 555.) Frankfurt/M. 1981

Ziolkowsi, Theodore: Das Amt der Poeten. Die deutsche Romantik und ihre Institutionen. (dtv 4631.) Stuttgart 1992

Zürich, Präsidialabteilung der Stadt, Kunsthaus Zürich (u. a.) (Hrsg.): Brasilien. Entdeckung und Selbstentdeckung. Bern 1992

Sach- und Ortsregister*

Acapulco 69, 77, 121, 123
Adel, preußischer 7, 9, 10, 11, 12, 150, 188, 189
Ägypten 52, 58, 60, 61, 62, 115, 128, 129, 137, 141, 182
Alchemie 35, 36, 113
Alpinismus 47, 114, 188
Altar, El 125
Altphilologie 21, 26, 161
Amazonas 71, 72, 73, 87, 106, 111, 113, 114, 187
Anatomie der Tiere 74, 104
Anatomie, vergleichende 49, 76, 134, 139, 180
Anden 4, 65, 67, 71, 74, 75, 76, 77, 78, 87, 100, 102, 110, 112, 113, 116, 117, 120, 130, 140, 179, 182, 188, 191
Animismus 30
»Ansichten der Natur« 133, 135, 139, 141
Antisane 76, 100
Aragua 70, 109
Archäologie 54, 56, 61, 62, 106, 107, 124, 129, 178
Archivstudium 34, 41, 72, 74, 111, 123, 161, 163, 164, 188
Astronomie 51, 68, 77, 86, 87, 112, 130, 131, 151
»Atlas pittoresque du voyage« 107, 114
Atmungsgerät zur Rettung verunglückter Bergleute 44, 46
Atures 139

Barometer 52, 53, 63, 75, 87, 88, 92, 94, 95, 96, 97, 99, 121, 125, 126, 141, 162
Basalt 23, 26, 33, 34, 35, 49, 88
Bergbau, Bergwesen 27, 32, 33, 34, 36, 37, 38, 40, 41, 43, 44, 46, 47, 51, 121, 123, 156
Berglampe 44, 46
Berlin 8, 9, 10, 11, 12, 13, 14, 16, 17, 18, 19, 20, 21, 23, 31, 33, 40, 43, 54, 70, 123, 132, 133, 142, 144, 146, 148, 149, 153, 155, 172, 174, 177, 178, 180, 181, 184, 185, 186, 189
Bilderschrift, aztekische 106, 107, 122, 123, 131
Botanik 13, 18, 19, 20, 21, 23, 27, 31, 33, 37, 38, 42, 43, 51, 65, 68, 69, 71, 75, 76, 92, 94, 95, 96, 97, 102, 104, 106, 108, 109, 110, 115, 116, 118, 119, 120, 130, 136, 138, 163, 164, 165, 166, 167, 168, 172, 173, 174, 175, 176, 177, 182, 187
Botanische Gärten 13, 26, 42, 44, 51, 54, 58, 59, 66, 168, 174, 175, 176, 177
Bounty 27, 34, 139
Brandrodung 108, 109
Brasilien 70, 72, 94, 113, 115, 146, 166, 167, 168, 169, 170, 172
Breitenbestimmung 51, 76, 84
Brotfruchtbaum 27, 29, 139
Brownianismus, Brownsches Prinzip der Reizbarkeit 24, 29, 31, 33, 38, 43, 66, 102

Cádiz 62, 63, 125
Caracas 70, 109, 117
Casiquiare 69, 72, 73, 87, 110, 118
Casteltoner Höhlen 27, 56
Cayambe 76
Charlottenburg 185
Charlottenhof 177, 178

Chemie 13, 29, 30, 31, 37, 41, 43, 49, 50, 51, 58, 59, 105, 110, 123, 130, 132, 133, 136
Chemie, antiphlogistische 29, 30, 31, 41, 43
Chemie, physiologische 31, 49, 50, 51, 135
Chimborazo 71, 76, 78, 100, 101, 106, 114, 123, 157, 174
Chronometer 65, 66, 84, 92, 94, 188
Cocollar 108
Comanjillas 125
Coruña siehe La Coruña
Cotopaxi 77
»Cuba-Werk« 74
Cuenca 76
Cumaná 68, 69, 70, 72, 108, 115, 117
Curare 105, 106, 120
Cyanometer 76, 92, 96

Daguerreotypie 179, 180, 181, 182, 185
Dampfkraft, -maschine 29, 40, 43, 110
Deszendenztheorie 136
Diorama 177, 179, 180, 182
Dorado, El 111, 112, 113, 174

Ebbe 158
Elektrizität, E. der Luft 67, 117, 162
Elektrometer 91, 97, 117
Entdeckungsfahrten 22, 23, 24, 25, 26, 27, 34, 54, 58, 162, 164, 168, 169
Erdbeben 69, 76, 100, 108, 117, 162
Esmeralda 120, 187
»Essay politique sur le royaume de La Nouvelle Espagne« 125
Ethnographie 54, 129
Eudiometer, Eudiometrie 44, 47, 53, 74, 76, 91, 92, 98, 99, 100, 125, 132, 133
Experimentalvorlesung 14, 16, 17, 20, 149, 150, 151

Florae Fribergensis specimen …« 38, 39, 43
Flut 158
Franken 34, 40, 41, 44, 47
Frankfurt/Oder 18
Französische Revolution 6, 7, 13, 26, 30, 58, 59, 78
Freiberg 32, 33, 34, 35, 36, 37, 38, 39, 40, 41, 43, 51, 54, 58, 66, 155

Galvanismus, galvanische Versuche 30, 43, 44, 49, 66, 102
Gartenarchitektur 176, 177, 178
Geographie 21, 26, 29, 31, 74, 85, 112, 113, 129
»Geographie der Pflanzen« 38, 49, 65, 67, 87, 98, 99, 100, 109, 125, 131, 151, 188
»Geographie der Tiere« 38, 49, 98, 99, 100, 151, 160
Geologie 23, 27, 34, 35, 47, 48, 49, 67, 88, 97, 98, 99, 100, 106, 111, 120, 123, 124, 133, 143, 146, 151, 188
Geophysik 27, 40, 65, 84, 131, 149, 151, 152, 153, 156, 158, 188
Geschichte, Geschichtsverständnis 13, 22, 34, 41, 54, 66, 74, 83, 111, 123, 161, 162, 163, 164, 165, 169, 176

---

* in Auswahl

Gewächshaus 42, 168, 173, 174, 175, 176, 177
Göttingen 18, 21, 24, 25, 26, 33, 111, 146, 148
Gold, -bergwerke 41, 46, 70, 111, 112, 113, 144, 163
Gotthard-Paß 48, 49, 51
Gravitation 91, 97, 156
Guaguapichincha 120
Guainía, Rio 109
Guanajuato 125
Guano 132, 133
Guayana, Spanisch- 70, 112, 113
Guayaquil 77, 100, 101, 121
Güines 74
Gymnoten 100, 101, 102, 104, 118

Hamburg 6, 31, 33
Havanna 70, 72, 74, 125, 126, 153
Himalaya 157, 179, 182
Höhenbestimmung 53, 63, 86, 87, 88, 121, 124, 125, 131, 144
Honda 75
Hüttenwesen 36, 37
Hugenotten 9, 10, 78, 178
Humboldt-Strom 92, 93, 158, 187
Hygrometer 53, 89, 92

Indianer, Indios 4, 68, 69, 71, 72, 75, 78, 80, 81, 82, 97, 102, 104, 105, 109, 112, 113, 115, 119, 120, 121, 122, 124, 125, 141, 163, 164, 175, 187
Inklinationskompaß 76, 88, 92, 119
Inklinatorium 155
Institut de Caire (d'Egypte) 60, 62, 129
Institut national de France 58, 127, 130, 131, 132, 136, 153
Irtysch 142, 144
Isodynamen 154, 155, 188
Isogonen 154, 188
Isoklinen 155, 188
Isothermen 188

Jardin des Plantes, Jardin du Roi siehe Muséum national d'histoire naturelle
Jorullo 88, 100, 125
Juden 8, 10, 11, 12, 14, 15, 16, 17, 144, 148, 178, 186, 187
Jupiter, Monde des 86, 117

Kalenderstein, mexikanischer 107
Kalotypie siehe Talbotypie
Kameralistik 13, 17, 18, 31
Kanarische Inseln 65, 66, 67, 164
Karibische See 70
Kartographie 111, 112, 161
Kasan 144, 153
Kaspisches Meer 23, 142, 144, 155
Kirgisensteppe 144, 145
Klimatologie 23, 89, 161, 164, 188
Kolonialismus 24, 67, 80, 81, 108, 109, 123, 137, 142, 187
»Konstruktion des Erdkörpers« siehe Geophysik
Korallen 159
Kordilleren siehe Anden
»Kosmos«, Kosmos-Vorträge 4, 17, 136, 146, 148, 149, 150, 151, 154, 160, 162, 178, 187, 189
Kryptogamen 18, 19, 38, 39
Kuba 25, 65, 69, 72, 74, 106, 125, 127, 187

La Coruña 65
Längenbestimmung 51, 66, 67, 69, 70, 72, 76, 84

Landschaftsmalerei 28, 29, 45, 48, 56, 69, 100, 101, 118, 165, 166, 167, 168, 169, 170, 171, 172, 174, 175, 179
Lebenskraft 30, 31, 39, 50, 51, 139
Lima 68, 70, 76, 77, 79
Loja 76
London 29, 34, 57, 106, 139, 150, 155, 169
Louvre 165, 177

Madrid 62, 63, 65, 69, 79
Magnetische Gewitter 157
Magnetismus, Magnetfeld der Erde 25, 63, 67, 68, 88, 89, 91, 92, 131, 132, 133, 150, 151, 152, 153, 154, 155, 156, 157, 162, 183, 188
Maipures, Raudal von 72, 139
Malmaison 130
Mar de Zargasso 163
Markscheidewesen 32, 38, 51
Marseille 62
Mathematik 13, 14, 16, 41, 136
Meeresströmung 65, 68, 92, 93, 158
»Metamorphose der Pflanzen« 138
Meteorologie 52, 70, 87, 119, 133
Mexiko 70, 87, 88, 110, 112, 122, 123, 124, 125, 126, 130
Migration von Kulturpflanzen 27, 29, 65, 107
Mikroskop, Mikroskopie 66, 90, 94, 95, 104
Mineralogie 13, 27, 33, 36, 42, 47, 62, 97, 106, 123, 143
Missionen, Mönchswesen 69, 70, 71, 72, 75, 78, 79, 80, 81, 82, 106, 107, 109, 114, 119, 123, 124, 137
Mond 6, 24, 25, 85, 86, 109, 158
Mondfinsternis 85, 86
Montserrat 63
Morphologie der Pflanzen 49
Moskitos 72, 87, 109, 110, 114, 118, 120
Muséum national d'histoire naturelle 58, 59, 69, 130, 136, 137, 138, 139

Natur-Erkenntnis, -Gefühl, -studium, Einheit der N. 13, 18, 21, 110, 136, 137, 138, 141, 151, 161, 162, 165, 172, 175, 179
»Naturgemälde« 6, 67, 139, 151, 164
Navigation 65, 66, 67, 68, 77, 84
Neptunismus 23, 33, 35, 49, 88, 188
Nordlicht 42, 151, 155, 157
Nord-West-Passage 115, 152

Oktant 86, 92
Orinoco 36, 69, 70, 71, 72, 73, 75, 76, 77, 82, 87, 94, 95, 102, 109, 110, 111, 112, 113, 115, 116, 117, 118, 139, 161, 170, 178, 184, 187, 189
Ortsbestimmung 42, 63, 67, 70, 72, 76, 77, 84, 87
Osteologie 49, 139

Paläontologie 59, 160
Panamakanal 36, 129, 140, 141
Panorama 177, 178, 179, 180
Paris 6, 13, 17, 24, 29, 30, 52, 58, 59, 62, 70, 81, 84, 123, 127, 128, 129, 133, 135, 139, 146, 147, 149, 155, 161, 165, 168, 177, 180, 185, 189
Peru 109, 110, 117, 153, 191
Pflanzen, unterirdische 37, 38, 39, 41, 66
Philadelphia 126, 127
Philosophie 10, 14, 16, 18, 20, 21, 23, 30, 49, 162
Phlegräische Felder 55, 56, 57
Phlogiston, Phlogiston-Theorie 30, 41
Photographie 179, 180, 181, 182, 185
Physik 14, 16, 17, 21, 25, 75, 136, 150, 151, 162, 164

205

»Physik der Welt«, »Physikalische Geographie«
    siehe Geophysik
Physiologie, physiologische Versuche 31, 43, 49, 50, 51,
    102
Pichincha 100, 121
Planetendurchgang 42, 86
Plutonismus siehe Vulkanismus
Porzellanmanufaktur, Kgl. Preuß. 40, 176
Potsdam 6, 9, 21, 175, 177, 178, 184, 185
»Pour le mérite« 7, 146, 148, 180, 190, 191

Querschnittdarstellung 34, 49, 51, 87, 98, 99, 100, 156,
    188
Quito 70, 74, 75, 79, 87, 100, 110, 114, 117, 120, 126
Quittuna, Katarakte von 110

»Recueil d'observations de zoologie et d'anatomie com-
    parée« 76, 103
Refraktion 87, 97
Regenwald 89, 110, 113, 187
Religion 7, 11, 19, 35, 36, 79, 81, 82, 106, 136, 137, 141
Revolution 1848/49 180, 181
Rio Apure 71, 77, 110
Riobamba 76, 80
Rio Caura 113
Rio Magdalena 74, 75, 87, 121
Rio Marañón 76
Rio Negro 69, 70, 71, 72, 73, 87, 110, 111, 120
Romantik, romant. Literatur 7, 31, 36, 68, 83, 106, 114,
    136, 137, 138, 162
Royal Navy 66, 72, 89, 106, 114, 115, 126
Royal Society 27, 57, 106, 155, 180

Salon 6, 11, 12, 14, 15, 16, 17, 135, 147, 149
Salzburg 52, 53
Sankt Petersburg 142, 144
Santa Fé de Bogotá 70, 74, 75, 114, 126
Sauerstoff-Theorie 29, 30, 31, 43
Seidenhandel, -industrie 8, 10, 11, 12
Sextant 67, 71, 84, 86, 89, 92, 94, 95, 119, 125, 188
Sibirien 23, 144, 146, 157, 191
Siedepunkterniedrigung 88, 97, 120
Sklaverei 4, 25, 67, 74, 78, 80, 81, 82, 83, 123, 137, 188

Sonnenfinsternis 42, 70, 85, 86
Sprachgeschichte 67, 107, 111
Statistik 74, 83
Suezkanal 129, 141

»Tableau physique des Andes et pays voisins« 98, 99, 100
Tacarigua, See von 70, 109
Talbotypie 179, 180, 181
Tapetendruck 174, 175
Tegel, Schloß 12, 13, 14, 33, 178, 186
Telegraphie 69, 127, 185
Teleskop 94, 95
Theodolit 32, 38, 84, 89, 92, 94, 95
Theologie 19, 136, 186
»Theorie der Erde« siehe Geophysik
Thermometer 71, 87, 89, 92, 99, 162
Turbaco 74
Turimiquiri 108

Umweltprobleme 74, 108, 109, 110
Ural 143, 144

Valencia, See von 70
Vesuv 50, 55, 56, 57, 133, 134, 182
»Voyage aux régions équinoxiales du Nouveau Conti-
    nent«, Reisewerk 21, 25, 78, 102, 129, 130, 149, 171
»Vues des Cordillères et monuments des Peuples indi-
    gènes du nouveau Continent« 106
Vulkanismus 23, 33, 34, 35, 37, 49, 50, 52, 55, 56, 57, 67,
    77, 87, 88, 91, 97, 98, 99, 100, 101, 114, 121, 124, 125,
    133, 134, 139, 150, 151, 155, 156, 165, 188

Wärmeverteilung auf der Erde 108
Wien 8, 41, 42, 43, 51, 107, 176
Wörlitz, Park 54, 55, 56
Wolga 142

»Zauberflöte«, Oper Mozarts 177, 178
Zoologie 13, 42, 58, 59, 65, 69, 70, 76, 77, 88, 94, 95, 97,
    100, 101, 102, 103, 104, 106, 109, 110, 116, 117, 118,
    119, 120, 138, 139, 171, 187
Zoologische Gärten 58, 59
Zucker, -plantagen, -siedereien 25, 74, 123

Personenregister

Abrantès, Laure d' (1784–1838), Herzogin 135

Albertus Magnus, eig. Albert Graf v. Bollstädt (1193 od. 1206–1280), Dominikaner, Philosoph, Theologe u. Naturforscher 176

Alexander der Große, König v. Makedonien (356–323), von Aristoteles erzogen 162

Amalie, Prinzessin v. Preußen (1723–1787), Schwester Friedrichs des Großen 34

Anaximander (um 610–547), griech. Naturphilosoph, Vorsokratiker 162

Anghiera, Petrus Martire d', Petrus Martyr Anglerius (1457–1526), span. Historiker ital. Herkunft 164

Antonello da Messina (1430–1479), ital. Maler 165

Anville, Jean Baptiste Bourguignon d' (1697–1782), franz. Kartograph, Geograph des Königs v. Frankreich 164

Appiani d. Ä., Andrea (1754–1817), ital. Maler 60

Arago, Dominique François (1786–1853), franz. Physiker u. Astronom, seit 1830 Direktor der Pariser Sternwarte. Linker Politiker, engster Freund A. v. Humboldts 25, 138, 148, 149, 150, 151, 153, 180, 181, 185, 189

Arago, Etienne (1802–1892), franz. Literat u. Politiker, Bruder von François A. 138

Aristophanes v. Byzanz (um 257– um 180), Leiter der Alexandrinischen Bibliothek 162

Aristoteles (384–322 v. Chr.), griech. Philosoph 163, 176

Arnim, Bettina v. (1785–1859), Dichterin 181

Arnim, Ferdinand Heinrich Ludwig v. (1814–1866), Architekt u. Aquarellmaler 177

Atahualpa (um 1502–1533 hingerichtet), letzter Herrscher des Inkareichs 140

Axayácatl, Aschayákatl (1469–1481), aztek. König, Vater von Moctezuma II. 124

Balzac, Honoré de (1799–1850), franz. Schriftsteller 135, 138, 139, 161

Banks, Sir Joseph (1743–1820), brit. Naturforscher, Präsident der Royal Society in London 13, 25, 27, 106

Basilius der Große (329–379), griech. Kirchenlehrer 161

Baudin, Thomas Nicolas (1754–1803), franz. Seefahrer 58, 60, 69, 84, 151

Bauer, Ferdinand Lucas (1760–1826), österr. Maler u. Botaniker 171

Becher, Johann Joachim (1635–1685), Arzt in München u. Wien 30

Beckmann, Johann (1739–1811), Prof. in Göttingen u. Technologe 18

Beer, Familie 12

Begas, Carl (1794–1854), Maler 133

Belalcázar, Sebastián de (1495–1551), span. Konquistador 112

Bellermann, Ferdinand (1814–1899), Maler 170, 171

Benzoni, Girolamo (1519– nach 1572), ital. Forschungsreisender 83

Beresford, William Carr, Viscount (1768–1854), brit. General u. Forschungsreisender 34

Berghaus, Heinrich 154

Bernardin de Saint-Pierre, Jacques Henri (1737–1814), franz. Schriftsteller 68, 83, 104, 136, 137, 138

Berthollet, Claude Louis Comte de (1748–1822), franz. Chemiker, Prof. in Paris 58, 131

Berthoud, Louis (1727–1807), Schweizer Uhrmacher 65, 66, 84

Berzelius, Jöns Jacob v. (1779–1848), schwed. Chemiker 148

Besemann, Adolph (1806–?), Maler u. Kupferstecher 26

Beyel, Daniel (1760–1823), Schweizer Kupferstecher 26

Biot, Jean Baptiste (1774–1862), franz. Physiker 132, 148, 153, 180, 181

Biow, Hermann (um 1804–1850), Photograph, Maler, Lithograph u. Schriftsteller 185

Bird, John (1709–1776), Instrumentenbauer in London 86

Blagden, Sir Charles (1748–1820), engl. Naturforscher 65

Blechen, Carl (1798–1840), Maler 172, 173

Bligh, William (1754–1817), engl. Seeoffizier u. Botaniker 27, 29, 34, 139

Bodmer, Johann Carl (1809–1893), Schweizer Maler 170

Bolivar, Simon (1783–1830), südamerik. Freiheitskämpfer 133, 140, 141

Bonaparte, Napoleon, siehe Napoleon Bonaparte

Bonpland, Aimé Goujaud (1737–1858), franz. Arzt u. Botaniker 4, 60, 68, 69, 70, 71, 72, 75, 77, 84, 90, 94, 95, 97, 102, 104, 107, 115, 116, 117, 118, 119, 120, 125, 127, 129, 130, 131

Borda, Jean-Charles de (1733–1799), franz. Mathematiker u. Nautiker 58, 94, 95, 153, 164

Boulton, Matthew (1728–1809), engl. Industrieller 56

Bouquet, Louis, franz. Stecher 76, 97, 114

Boussingault, Jean-Baptiste (1802–1887), franz. Chemiker 184

Bouvard, Alexis (1767–1843), franz. Astronom 150

Brand, Johann Christian (1722–1795), österr. Landschaftsmaler u. Stecher 42

Brander, Georg Friedrich (1713–1783), Instrumentenbauer in Augsburg 67, 89

Breughel, Jan, d. Ä. (1568–1625), niederl. Maler 168

Brewster, Sir David (1781–1868), schott. Physiker 150

Brillat-Savarin, Jean Anthèlme (1755–1826), franz. Jurist u. Schriftsteller 135

Brissot de Warville, Jacques Pierre (1754–1793 hingerichtet), franz. Journalist u. Politiker 34

Bristol, F. A. Hervey, Earl of (1730–1803), Bischof v. Derry, exzentrischer Kunstsammler u. Reisender 52, 128

Brougham, Henry Peter Baron Brougham and Vaux (1778–1868), brit. Politiker 150, 151

Brown, John (1735–1788), schott. Arzt 24, 31, 33, 38, 43, 66, 102

Bruhns, Karl (1830–1881), Astronom, früher Biograph A. v. Humboldts 13, 49

Bry, de 111

Buch, Leopold v. (1774–1853), Geologe 133, 189

Büsch, Johann Georg (1728–1800), Wirtschaftswissenschaftler, Leiter einer Handelsakademie in Hamburg 31

Buffon, George Louis Leclerc, Comte de (1707–1788), franz. Naturforscher 34, 35, 136, 137

Bulwer-Lytton, Edward George (1803–1873), engl. Erzähler u. Politiker 141

Bunge, Alexander v. (1803–1890), russ. Botaniker 145, 157

Burgsdorff, Friedrich August v. (1747–1802), Forstwissenschaftler 13

Cabral, Pedro Alvarez (1467/1468– um 1526), portug. Seefahrer, Entdecker Brasiliens 168

Campe, Johann Heinrich (1746–1818), Pädagoge 13

Caraché, N. S., Instrumentenbauer 94, 95

Carl, Herzog v. Mecklenburg (1785–1837), preuß. Offizier 150

Carl August, Großherzog v. Sachsen-Weimar-Eisenach (1757–1828) 43

Casanova, Giacomo Girolamo (1725–1798), venezian. Abenteurer u. Literat 161

Catherwood, Frederick (arbeitete Mitte 19. Jh.), engl. Zeichner 124

Chappe, Claude (1763–1805), franz. Ingenieur 127

Chaptal, Jean Antoine (1756–1832), franz. Chemiker u. Politiker 59, 79, 129, 132

Chateaubriand, François René, Vicomte de (1768–1848), franz. Dichter u. Staatsmann 7, 83, 104, 135, 137, 138, 148

Chodowiecki, Daniel Nikolaus (1726–1801), Maler u. Radierer, Direktor der Akademie der Künste in Berlin 14, 17, 19

Chrysostomos, Johannes (um 345–407), griech. Kirchenlehrer 161

Church, Frederick Edwin (1826–1900), amerik. Landschaftsmaler 100, 101

Clarac, Charles, Comte de (1777–1847), franz. Archäologe 171

Clavijo, Don Rafael, Brigadier, Befehlshaber der span. Seepost 65

Clayton, John Middleton (1796–1856), amerik. Politiker 141

Cleveley, Robert (1747–1809), engl. Marinemaler 66

Collini, Cosimo Alessandro (1727–1806), ital. Historiograph u. Vulkanologe 34

Cook, James (1728–1779 ermordet), brit. Seefahrer 22, 23, 24, 25, 26, 27, 34, 54, 55, 162, 169, 171

Cornelius, Peter v. (1783–1867), Maler 185

Cortès, José, Maler 126

Cotta v. Cottendorf, Johann Friedrich Freiherr (1764–1832), Verleger u. Industrieller in Tübingen 151

Crafton, Anthony 161

Crell, Lorenz Florens Friedrich v. (1744–1816), Prof. der Medizin in Göttingen 41, 44

Cuvier, Georges de (1769–1832), franz. Zoologe u. Paläontologe 58, 59, 104, 139, 160, 189

Cuyp, Aelbert (1620–1691), niederl. Maler 168

Daguerre, Louis Jacques Mandé (1787–1851), Maler, Panoramaunternehmer, Entdecker der Photographie 148, 179, 180, 182

Dahl, Johann Christian Clausen (1788–1857), norweg. Landschaftsmaler 134

Dance, Nathaniel (1735–1811), engl. Maler 23

Darwin, Charles Robert (1809–1882), brit. Biologe 67, 141, 159, 164

David, Jacques-Louis (1748–1825), franz. Maler 21

Delambre, Jean Baptiste Joseph (1749–1822), franz. Astronom 58

Delpech, François Séraphin (1778–1825), franz. Lithograph u. Schriftsteller 2, 4

Del Pino, Carlos, indian. Begleiter Humboldts 4, 68

Deroy, Laurent (1797–1886), franz. Lithograph u. Aquarellmaler 169

Desaix de Voygoux, Louis (1768–1800), franz. General, Freund A. v. Humboldts 58, 60, 128

Descourtis, Charles Melchior (1753–1820), franz. Maler u. Stecher 138

Desfontaines, René Louiche (1750–1833), franz. Botaniker 58

Dieffenbach, Johann Friedrich (1792–1847), Chirurg 185

Dieterich, Johann Christian (1722–1800), Buchhändler u. Verleger in Göttingen, Freund G. Chr. Lichtenbergs 20, 21

Dillis, Johann Georg v. (1759–1841), Landschaftsmaler, Zeichner u. Radierer 44, 45

Diogenes v. Apollonia (5. Jh. v. Chr.), griech. Philosoph 162

Diogenes v. Sinope (gest. 323 v. Chr.), griech. Philosoph 53, 140

Dixon, George (1755?–1800), engl. Seeoffizier, Teilnehmer an Cooks dritter Reise 34

Dodd, Robert (1748–1816), engl. Marinemaler u. Stecher 139

Dohm, Christian Wilhelm v. (1751–1820), Kriegsrat 14, 16, 33

Dolomieu, Dieudonné G.S.T. Gratet de (1750–1801), Schweizer Geologe 47

Drake, Sir Francis (um 1540–1596 hingerichtet), engl. Seefahrer u. Pirat 65

Dumas, Jean-Baptiste-André (1800–1884), franz. Chemiker 148

Dutertre, André (1753–1842), franz. Zeichner, Kupferstecher u. Radierer 60, 62

Eckhout, Albert van der (1. H. 17. Jh.), holl. Maler 169

Eco, Umberto 6, 187

Ehrenberg, Christian Gottfried (1795–1876), Biologe 142, 145

Elisabeth I., Königin v. England (1533–1603) 113

Elisabeth Christine (1715–1795), erste Gattin Friedrich Wilhelms II. v. Preußen 11

Empedokles (um 490– um 430 v. Chr.), griech. Philosoph 162

Encke, Johann Franz (1791–1865), Prof. der Astronomie, Direktor der Berliner Sternwarte 65

Ender, Eduard (1822–1883), österr. Maler 89, 90, 94, 95

Ender, Thomas (1793–1875), österr. Maler 115

Engel, Johann Jakob (1741–1802), Lehrer am Joachimsthaler Gymnasium, Mitglied der preuß. Akademie der Wissenschaften 14, 16

Enke, Wilhelmine, Gräfin v. Lichtenau (1753–1820), Maitresse v. Friedrich Wilhelm II. v. Preußen 11

Enzensberger, Hans Magnus 6

Erdmannsdorff, Friedrich Wilhelm v. (1736–1800), Architekt 54

Ernst August II. (1771–1851), Duke of Cumberland, seit 1837 König v. Hannover 6, 21

Eugen, Prinz v. Savoyen (1663–1736), österr. Feldmarschall 176

Everdingen, Allaert van (1621–1675), niederl. Maler 168

Eyck, Hubert van (um 1370–1426), niederl. Maler 165

Eyck, Jan van (um 1390–1441 begraben), niederl. Maler 165

Fabris, Pietro (18. Jh.), ital.-brit. Maler 55, 57

Faraday, Michael (1791–1867), engl. Physiker u. Chemiker 150

Ferber, Johann Jacob (1743–1790), schwed. Mineraloge u. Chemiker 33
Ferdinand I., Großherzog der Toskana (1549–1609) 8
Ferdinand IV., König v. Neapel-Sizilien (1751–1825) 55
Ferdinand der Katholische, König v. Spanien (1452–1516) 163
Fischer, Ernst Gottfried (1754–1831), Lehrer am Gymnasium zum Grauen Kloster, Mitglied der preuß. Akademie der Wissenschaften 14, 16
Fitzi, Johann Ullrich (1798– nach 1850), Schweizer Zeichner u. Maler 51
Flaubert, Gustave (1821–1880), franz. Schriftsteller 136, 137
Fontana, Felice (1730–1805), ital. Naturforscher u. Physiologe 44, 47, 92
Fore, S. W., Maler 80
Forell, Philipp v. (1758–1808), sächs. Diplomat 63
Forster, Johann Georg (1754–1794), Naturforscher u. Reiseschriftsteller, Lehrer u. Freund A. v. Humboldts 23, 24, 25, 26, 27, 31, 33, 34, 37, 54, 78, 81, 136, 162
Forster, Johann Reinhold (1729–1798), Naturforscher u. Reisender, Vater v. Johann Georg 23, 25, 26, 34, 54, 162
Forster, Therese (1764–1829), Tochter von Chr. G. Heyne, in erster Ehe Gattin Georg Forsters, Schriftstellerin u. Übersetzerin 25
Fourcroy, Antoine François de (1755–1809), franz. Chemiker u. Politiker 31, 58, 132
Francia, J. G. T. Rodríguez da (1766–1840), Diktator von Paraguay 94
Franklin, Benjamin (1706–1790), amerik. Physiker u. Diplomat 65
Franklin, Sir John (1786–1847), engl. Seeoffizier u. Polarforscher 152
Franz, eigentlich Leopold III. Friedrich *Franz* v. Anhalt-Dessau (1740–1817) 54, 55, 56
Franz Stephan, Herzog v. Lothringen, Großherzog der Toskana (1708–1765), als Franz I. Deutscher Kaiser 42
Frederik VI., König v. Dänemark (1768–1839) 65
Freiesleben, Johann Carl (1774–1846), Berghauptmann, Freund A. v. Humboldts 37, 40, 41, 44
Friedländer, Familie 12
Friedrich II., König in bzw. v. Preußen (1740–1786), genannt der Große 9, 10, 11, 148
Friedrich Wilhelm, Kurfürst v. Brandenburg (1620–1688), genannt der Große Kurfürst 8, 9, 70
Friedrich Wilhelm I., König in Preußen (1688–1740) 9
Friedrich Wilhelm II., König v. Preußen (1744–1797) 11, 12, 49
Friedrich Wilhelm III., König v. Preußen (1770–1840) 6, 44, 45, 129, 130, 132, 133, 142, 146, 149, 150, 172, 173, 182, 188, 189
Friedrich Wilhelm IV., König v. Preußen (1795–1861) 6, 17, 147, 148, 150, 178, 181, 183, 185, 188, 189
Fritz, Jesuitenpater 112
Frossard, franz. Abolitionist 83
Fuente, Don Apollinario de la, siehe La Fuente
Fuß, Georg Albert (1806–1854), russ. Astronom 157

Galilei, Galileo (1564–1642), ital. Physiker 86
Galvani, Aloisio Luigi (1737–1798), Arzt in Bologna 30, 43, 47, 49, 66
Gama, Antonio de, siehe Leon y Gama
Gama, Vasco da (1469–1524), portug. Seefahrer 168
García de Santa María Mendoza (gest. 1606), mexik. Erzbischof 124

Gauß, Carl Friedrich (1777–1855), Mathematiker u. Astronom 25, 148, 153, 155
Gay-Lussac, Louis Joseph (1778–1850), franz. Physiker u. Chemiker 25, 47, 92, 132, 133, 148, 149, 150
Gellert, Christlieb Ehregott (1713–1795), Chemiker 37
Geoffroy Saint-Hilaire, Etienne (1772–1844), franz. Zoologe u. Anatom 138, 139
Georg IV., König v. England u. Hannover (1762–1830) 21
Gérard, François Baron de (1770–1837), franz. Maler, Zeichenlehrer A. v. Humboldts 2, 4, 21, 78, 135, 165
Geuns, Steven Jan van (1767–1795), holl. Mediziner 23
Girodet-Trioson, Anne-Louis (1767–1824), eig. Girodet de Roussy, franz. Maler, Illustrator, Lithograph u. Schriftsteller 138
Girtanner, Christoph (1760–1800), Arzt in Göttingen 24, 29, 31, 43, 102
Gleditsch, Johann Gottlieb (1714–1786), Direktor des Botanischen Gartens in Berlin 13, 18
Gmelin, Johann Friedrich (1748–1804), Prof. für Medizin u. Philosophie in Göttingen 23
Gmelin, Johann Georg (1709–1755), Botaniker u. Forschungsreisender, Prof. in Göttingen 23
Gmelin, Samuel Gottlieb (1744–1774), Forschungsreisender 23
Gmelin, Wilhelm Friedrich (1760–1820), Kupferstecher 88
Godoy, Manuel (1767–1851), span. Minister 63, 64
Goethe, Johann Wolfgang v. (1749–1832) 10, 23, 33, 35, 36, 43, 49, 53, 54, 56, 83, 91, 97, 110, 137, 138, 139, 140, 149, 150, 160, 161, 188, 189
»Göttinger Sieben«: Die Professoren J. u. W. Grimm, F. Ch. Dahlmann, G. v. Gervinus, H. v. Ewald, W. Albrecht u. W. Weber protestierten 1837 gegen die Aufhebung der hannoverschen Verfassung von 1833 durch König Ernst August II. v. Hannover u. wurden von diesem entlassen. 6
Goya y Lucientes, Francisco de (1746–1828), span. Maler 63, 64
Gozlan, Léon (1803–1866), franz. Schriftsteller, Sekretär Balzacs 135
Graff, Anton (1736–1813), Schweizer Maler 38
Gregor v. Nazianz (330–390), griech. Kirchenlehrer 161
Gregor v. Nyssa (um 334– um 394), griech. Kirchenvater 161
Greßler, F. G. L. 91, 108, 109, 152, 153, 154, 155, 158, 159, 160, 163, 164
Grimm, Jacob (1785–1863), Germanist 148, 185
Grimm, Wilhelm (1786–1859), Germanist 185
Guizot, François Pierre Guillaume (1787–1874), franz. Staatsmann u. Historiker 146
Gumilla, José (1686–1750), Jesuit u. Missionar 109
Gutiérrez, Pedro, Page der Königin Isabella der Katholischen v. Spanien 66
Guyton de Morveau, Louis Bernard Baron de (1737–1816), franz. Chemiker u. Politiker 58

Hamilton, Lady Emma (um 1765–1815), Gattin Sir Williams 55, 56
Hamilton, Sir William (1730–1803), engl. Diplomat u. Altertumsforscher 54, 55, 56, 57
Hardenberg, Friedrich v. (1772–1801), Dichter u. Berghauptmann, nannte sich Novalis 35, 36
Hardenberg, Karl August v. (1750–1822), preuß. Staatsmann 44, 45, 47, 58, 128
Hase, Karl Benedikt (1780–1864), Altphilologe 161
Heade, Martin Johnson (19. Jh.), amerik. Maler 166, 167

Hecker, Friedrich (1811–1881), revolutionärer Politiker 180

Heim, Ernst Ludwig (1747–1834), Hofrat, Hausarzt der Familie Humboldt 13

Heinitz, Friedrich Anton v. (1725–1804), preuß. Minister, Chef der Minenverwaltung 36, 38, 40

Helene v. Mecklenburg-Schwerin, Prinzessin (1814–1858) 146

Hell (eig. Höll), Maximilian (1720–1792), österr. Jesuit u. Astronom 42

Hennequin, Philippe Auguste (1762–1833), franz. Maler, Radierer u. Lithograph 131

Hermbstaedt, Sigismund Friedrich (1760–1833), Chemiker u. Pharmazeut 31, 43

Hertz, Deborah 12

Herz, Henriette (1764–1847), Salonière, Gattin von Marcus Herz 12, 14, 15, 16, 17, 18, 20, 149

Herz, Marcus (1747–1803), Arzt in Berlin 12, 14, 16, 17, 149

Herzen, Alexander Iwanowitsch (1812–1870), russ. Philosoph, revolutionärer Schriftsteller 6

Hesiod (um 700 v. Chr.), griech. Dichter 107

Heyne, Christoph Gottlob (1729–1812), klass. Philologe, Prof. in Göttingen 21, 25, 26

Hildebrandt, Eduard (1818–1868), Maler 171, 184

Hobbema, Meindert (1638–1709), niederl. Maler 168

Hodges, William (1744–1797), brit. Maler 22, 23, 25, 28, 29, 171

Höschel, Christoph Caspar (1744–1820), Instrumentenbauer in Augsburg 67, 89

Huet, Nicolas (um 1770–?), franz. Maler, Zeichner u. Radierer 76

Humboldt, Alexander Georg v. (1720–1779), Dragonermajor, preuß. Kammerherr, Vater von Alexander u. Wilhelm v. H., Ehemann der Marie Elisabeth v. H. 8, 10, 11, 12, 13

Humboldt, Caroline v. (1766–1829), Ehefrau W. v. Humboldts 49

Humboldt, Marie Elisabeth v. (1741–1796), Mutter von Alexander u. Wilhelm v. H. 8, 10, 11, 12, 13, 14, 16, 17, 18, 31, 33, 36, 40, 49

Humboldt, Wilhelm v. (1767–1835), Staatsmann u. Sprachforscher 8, 12, 13, 14, 15, 16, 17, 18, 20, 21, 26, 41, 49, 51, 107, 129, 130, 133, 176, 177, 187

Ingenhousz, Jan (1730–1799), niederl. Arzt 43, 47, 102

Isabella I., die Katholische, Königin v. Spanien (1451–1504) 66

Itzig, Familie 12

Jacquin, Joseph Franz v. (1766–1839), Botaniker, Sohn von Nikolaus Joseph 41, 42

Jacquin, Nikolaus Joseph v. (1727–1817), Naturforscher 19, 42, 51

Jefferson, Thomas (1743–1826), dritter Präsident der USA 127

Jimenéo, Rafael, Maler 126

Josephine, Kaiserin der Franzosen (1763–1814), erste Gemahlin Napoleons I. 94, 130

Jussieu, Antoine Laurent de (1748–1836), franz. Botaniker 58

Kant, Immanuel (1724–1804), Philosoph, Prof. an der Universität Königsberg 16, 189

Karl III., König v. Spanien (1716–1788) 63

Karl IV., König v. Spanien (1748–1819) 63, 64, 70, 125

Kauffmann, Angelika (1741–1807), Malerin 17

Kaulbach, Wilhelm v. (1805–1874), Portrait- u. Historienmaler 189

Keller, Ferdinand (1842–1922), Portrait- u. Landschaftsmaler 75

Kessels, Heinrich Johannes (1781–1849), Instrumentenbauer in Altona 65

Kittlitz, Heinrich v., Maler 171

Klaproth, Martin Heinrich (1743–1817), Chemiker u. Pharmazeut 40

Klencke, Hermann (1813–1881), Schriftsteller, Naturforscher, früher Biograph A. v. Humboldts 79, 106, 150

Klettenberg, Susanna Katharina v. (1723–1774), Freundin Goethes 36

Klopstock, Friedrich Gottlieb (1724–1803), Dichter 55, 189

Kolumbus, Christoph (1447–1506), genues. Seefahrer in den Diensten von Ferdinand u. Isabella v. Spanien 24, 67, 111, 163, 168

Krüger, Franz (1797–1857), Portrait- u. Tiermaler, genannt Pferde-Krüger 142, 185

Kunth, Gottlob Johann Christian (1757–1829), Erzieher der Gebrüder v. Humboldt 14, 16, 18

Kupffer, Adolph Theodor v. (1799–1865), russ. Physiker 183

La Condamine, Charles Marie de (1701–1774), franz. Mathematiker u. Reisender 54

Lafitte, Louis (1770–1828), franz. Zeichner u. Maler 136

La Fuente, Don Apollinario de 163

Laminit, Paul Jakob (um 1773–1831), Maler 30

La Pérouse, Jean François de Galaup, Comte de (1741–1788), franz. Seefahrer 34

Laplace, Pierre Simon Marquis de (1749–1827), franz. Physiker, Mathematiker u. Astronom 58, 87, 131

Lavater, Johann Kaspar (1741–1801), Schweizer Geistlicher u. philos.-theolog. Schriftsteller 10

Lavoisier, Antoine Laurent de (1743–1794 hingerichtet), Steuerpächter, Bankier, Leiter der franz. Pulverregie u. Chemiker 29, 30, 31, 43, 149

Ledebour, Karl Friedrich v. (1786–1851), russ. Botaniker 145

Leibniz, Gottfried Wilhelm (1646–1716), Philosoph u. Mathematiker 33

Leon y Gama, Antonio de (1735–1802), mexik. Archäologe, Geograph u. Astronom 123

Leonardo da Vinci (1452–1519) 69

Lepsius, Richard (1810–1884), Ägyptologe 182

Lesseps, Ferdinand de (1805–1894), franz. Ingenieur 141

Lessing, Gotthold Ephraim (1729–1781), Dichter u. Kritiker 8, 10

Leverrier, Urbain Jean Joseph (1811–1877), franz. Astronom 183, 185

Lichtenberg, Georg Christoph (1742–1799), Physiker, Prof. in Göttingen 20, 21, 23, 24, 25, 29, 31

Lichtenberg, Ludwig Christian (1737–1812), Bibliothekar in Gotha, Bruder von Georg Christoph L. 23

Liebig, Justus v. (1803–1873), Chemiker 107, 146

Lieh-tzu, chin. Philosoph u. Schriftsteller 176

Linné, Carl v. (1707–1778), schwed. Naturforscher 13, 19, 176

Loder, Justus Christian (1753–1832), Anatomieprofessor in Jena 49

Löffler, Josias Friedrich Christian (1752–1816), Prof. für Exegese u. Kirchengeschichte in Frankfurt/Oder 18

Lorrain, Claude, eig. Claude Gelée (1600–1682), franz. Maler 168

Louis Philippe, genannt »der Bürgerkönig« (1773–1850), König der Franzosen 94, 146

Ludwig XVIII., König v. Frankreich (1755–1824) 131

Lütke, Fjodor Petrowitsch Graf (1797–1882), russ. Geograph u. Admiral 171

Luise, Königin v. Preußen (1776–1810), Gattin König Friedrich Wilhelms III. v. Preußen 44, 45

Luise Henriette Wilhelmine v. Anhalt-Dessau (1750–1811) 54

Macpherson, James (1736–1796), schott. Dichter 33

Malortie, Carl v. (1734–1798), hannov. General u. engl. Prinzenerzieher 21

Malthus, Thomas Robert (1766–1834), engl. Sozialforscher 67

Mann, Heinrich (1871–1950), Schriftsteller 137

Marchais, Pierre Antoine (1763–1859), franz. Maler 114

Maréchal, Nicolas (gest. 1803), franz. Kupferstecher 59

Maria Luisa, Königin v. Spanien (1751–1819) 63, 64, 69

Martius, Carl Friedrich Philipp v. (1794–1868), Botaniker u. Forschungsreisender 115

Massard, J.-B.-R.-U. (1775–1849), franz. Kupferstecher 131

Maurois, André (1885–1967), franz. Schriftsteller 137

Maximilian Prinz zu Wied-Neuwied (1782–1867), Naturforscher u. Reisender 170, 171

Mayer, Johann Tobias (1723–1762), Astronom u. Prof. der Mathematik in Göttingen 25

Mende, J. F. (1743–1798), Maschinendirektor in Freiberg 36

Mendelssohn, Familie 12, 186

Mendelssohn, Joseph (1770–1848), Bankier u. Freund von A. v. Humboldt, ältester Sohn von Moses M. 16

Mendelssohn, Moses (1729–1786), Philosoph, Freund der Familie Humboldt 8, 10, 12

Mendelssohn-Bartholdy, Felix (1809–1847), Komponist, Enkel von Moses Mendelssohn, von A. v. Humboldt gefördert 6, 33, 148

Merck, Johann Heinrich (1741–1791), Kriegsrat u. Schriftsteller 160

Messina, Antonello da, siehe Antonello da Messina

Metternich, Clemens Wenzel Nepomuk Lothar, Fürst v. (1773–1859), österr. Staatsmann 146, 148

Meyerbeer, Giacomo (1791–1864), Komponist, von A. v. Humboldt gefördert 6, 148, 178, 185

Mignet, François Auguste Marie (1796–1884), franz. Historiker 147

Mitscherlich, Eilhard (1794–1863), Prof. für Chemie in Berlin 148, 184

Monge, Gaspard (1746–1818), franz. Mathematiker 58

Montauban, Marquise de 149

Monteleone, Ettore Pignatelli, Herzog v. 123

Montezuma bzw. Moctezuma II. (um 1466–1520), Herrscher des Aztekenreichs 102, 123, 124, 130

Morequito, König v. 113

Moritz, eig. Johann Moritz, Prinz v. Nassau-Siegen (1604–1679), Statthalter des Königs v. Portugal in Brasilien 169

Mozart, Wolfgang Amadeus (1756–1791) 42, 177, 178

Mutis, José Celestino (1732–1808), span. Botaniker, Arzt u. Geistlicher 75

Nadar, eig. Gaspard Félix Tournachon (1820–1910), franz. Photograph, Schriftsteller u. Karikaturist 141

Napoleon Bonaparte (1769–1821), franz. General, als Napoleon I. Kaiser der Franzosen 7, 21, 40, 47, 50, 52, 53, 58, 59, 60, 62, 64, 114, 115, 128, 129, 130, 139, 140, 141, 149, 177

Nelson, Horatio, Lord (1758–1805), brit. Admiral 55, 67

Nemours, Ludwig, Herzog v. (gest. 1896) 146

Newton, Sir Isaac (1643–1727), engl. Physiker u. Mathematiker 75

Niépce, Joseph Nicéphore (1765–1833), Entdecker der Photographie 179, 180

Nikolaus I., Zar v. Rußland (1796–1855) 142

Nobis, Heribert 94

Novalis siehe Hardenberg, Friedrich v.

O'Connell, Daniel (1775–1847), ir. Politiker 139

Oersted, Hans Christian (1777–1851), dän. Physiker 148, 162

Olbers, Heinrich Wilhelm Matthias (1758–1840), Astronom 25

Oppenheim, Moritz Daniel (1799–1882), Maler 10

Orléans, Ferdinand-Philippe, Herzog v. (1810–1842), ältester Sohn von Louis Philippe 146

Oviedo, Gonzalo Fernandez de (1478–1557), span. Schriftsteller u. Historiker 163, 164

Paracelsus, eig. Theophrastus Bombastus v. Hohenheim (1493–1541), Philosoph u. Arzt 30

Parry, James (1805?–1871), engl. Maler u. Stecher 29

Patricius, Bischof von Pertusa 161

Petrus Martire d'Anghiera siehe Anghiera

Petrus Martyr, Heiliger 165

Pherekydes von Syros (Mitte 6. Jh. v. Chr.), griech. Philosoph 162

Philolaos (Ende 5. Jh. v. Chr.), griech. Philosoph 162

Philostratos, Flavius (zw. 160 u. 170– um 245), griech. Philosoph 165

Pichardo, José Antonio, Oratorianer 123

Pictet, Marc-Auguste (1752–1825), Schweizer Physiker 47

Pino, Carlos del, siehe Del Pino

Pizarro, Francisco (1478–1541), span. Konquistador, Eroberer des Inkareiches 175

Platen, August Graf v. (1796–1835), Dichter 107

Plinius d. J., Gaius Plinius Caecilius Secundus (61/62– um 113), röm. Redner u. Schriftsteller 78

Pollux, Julius (2. Jh. n. Chr.), griech. Grammatiker 179

Portlock, Nathaniel (1748?–1817), amerik. Kapitän 34

Post, Frans (um 1612–1680), niederl. Maler 165, 169

Poussin, Gaspard, eig. Dughet (1615–1675), franz. Maler 168

Poussin, Nicolas (1593/94–1665), franz. Maler 168

Prony, Marie Riche Baron de (1755–1839), franz. Ingenieur 131, 150, 153

Pückler, Hermann Fürst v. (1785–1871), Dandy u. Gartengestalter 149, 176

Pythagoras (um 580–500 v. Chr.), griech. Philosoph 50, 162

Raleigh, Sir Walter (um 1552–1618 hingerichtet), engl. Seefahrer u. Alchemist 113

Ramond de Carbonnières, Louis François Elisabeth Baron de (1753–1827), franz. Naturforscher 87

Ramsden, Jesse (1735–1800), Instrumentenbauer in London 94, 95

Ramses II., Pharao (1290–1224 v. Chr.) 62

Raspe, Rudolf Erich (1737–1794), Archivar u. Metallurge 33, 34

Rauch, Christian Daniel (1777–1857), Bildhauer 185

Récamier, Jeanne Françoise Julie Adélaide (1777–1849), franz. Schriftstellerin u. Salonière 21, 135

Reden, Friedrich Wilhelm v. (1752–1815), preuß. Oberbergrat 40

Redouté, Pierre Joseph (1759–1840), Illustrator des »Muséum« 102, 130

Reichardt, Johann Friedrich (1752–1814), preuß. Oberbergrat u. Komponist 47

Ribault, Jean François (1767–1820), franz. Kupferstecher 136

Ridley, William (1764–1838), engl. Kupferstecher 27

Riepenhausen, Ernst Ludwig (1765–1840), Kupferstecher 17

Rigaud, Jean François od. John Francis (1742–1810), Portrait- u. Historienmaler franz. Abstammung, lebte in England 26

Roehn, Adolphe Eugène Gabriel (1780–1867), franz. Maler u. Kupferstecher 59

Rose, Gustav (1798–1873), Mineraloge u. Chemiker 142, 145

Ross, Sir James Clark (1800–1862), engl. Polarforscher 152, 153, 155

Ross, John (1777–1856), engl. Polarforscher 152

Roth, O., Zeichner, Maler 116

Rousseau, Jean-Jacques (1712–1778), franz. Philosoph, Schriftsteller u. Komponist 136, 138

Rugendas, Johann Moritz (1802–1858), Maler 79, 168, 169, 171, 172

Ruysdael, Jacob van (1628/29–1682), niederl. Maler 168

Saint-Hilaire, Etienne Geoffroy, siehe Geoffroy Saint-Hilaire

Saint-Pierre, Jacques Henri Bernardin de, siehe Bernardin de Saint-Pierre

Sallwürk, Ernst Sigmund v. (1874–?), Maler u. Graphiker 126

Saussure, Horace Bénédict de (1740–1799), Schweizer Naturforscher, Begründer des wiss. Alpinismus 47, 89, 92

Schall, Frédéric (1752–1825), franz. Maler 138

Schelling, Friedrich Wilhelm Joseph v. (1775–1854), Philosoph, ab 1841 Prof. in Berlin 162, 185

Schiller, Charlotte v. (1766–1826), Ehefrau v. F. v. Sch. 49

Schiller, Friedrich v. (1759–1805) 49, 50, 51, 139, 140, 162

Schinkel, Karl Friedrich (1781–1841), Architekt u. Maler 125, 144, 172, 173, 177, 178, 182, 186

Schlagintweit, Adolph (1829–1857 enthauptet), Forschungsreisender 182

Schlagintweit, Hermann (1826–1882), Forschungsreisender 182

Schlagintweit, Robert (1833–1885), Forschungsreisender 182

Schlegel, Friedrich v. (1772–1829), Dichter, Literaturhistoriker u. -kritiker, Sohn von J. A. Sch. 107

Schlegel, Johann Adolf (1721–1793), Dichter 107

Schnorr v. Carolsfeld, Julius (1794–1872), Maler u. Zeichner 16

Schödler, Friedrich, Direktor der Provinzial-Realschule in Mainz 187

Schönlein, Johann Lukas (1793–1864), Mediziner, Prof. in Würzburg, Zürich u. Berlin 185

Schot, Joseph van der (1763–1819), Botaniker 42, 51

Schreber, Johann Christian Daniel v. (1739–1810), Mediziner u. Naturforscher 119

Schumacher, Heinrich Christian (1780–1850), Direktor der Altonaer Sternwarte 65

Schweigger, Johann Salomo Christoph (1779–1857), Chemiker u. Physiker 150

Scopoli, Johann Anton (1723–1788), Zoologe, Botaniker u. Höhlenforscher 41

Sellier, Louis (geb. 1757), franz. Kupferstecher 131

Senebier, Jean (1742–1809), Schweizer Naturforscher 43, 47

Seneca, Lucius Anneus, d. J. (um 4 v. Chr. –65 n. Chr.), röm. Dichter u. Philosoph 162

Serlio, Sebastiano (1475–1554), ital. Architekt 179

Scylax (um 500 v. Chr.), griech. Denker u. Geograph 163

Siemens, Werner v. (1816–1892), Industrieller 185

Sieveking, Heinrich 44

Skjöldebrand, Matthias Archimboldus (1765–1813), schwed. Diplomat 62

Sömmerring, Samuel Thomas v. (1755–1830), Physiologe 31

Spix, Johann Baptist v. (1781–1826), Zoologe u. Forschungsreisender 115

Sprengel, Matthias Christian (1746–1803), Historiker u. Geograph 34

Stahl, Georg Ernst (1660–1734), Arzt u. Prof. in Halle, später in Berlin, Leibarzt Friedrich Wilhelms I. 30

Stein, Karl vom und zum (1757–1831), Oberbergrat, preuß. Minister 40, 41

Stroehling, Peter Eduard (1768– nach 1826), Maler 20

Struve, Gustav v. (1805–1870), revolutionärer Politiker 180

Sudre, franz. Offizier 184

Sussex, Augustus Frederick Duke of (1773–1843), Präsident der Royal Society in London 21, 88, 155

Swinburne, Henry (1743–1803), engl. Forschungsreisender 34

Talbot, William Henry Fox (1800–1877), engl. Physiker u. Chemiker, Erfinder der Negativphotographie 179, 180, 181

Thaer, Albrecht Daniel (1752–1828), Landwirt, Prof. in Berlin, Begründer der Landwirtschaftswissenschaft 189

Thalassius 161

Thales von Milet (um 600 v. Chr.), griech. Naturphilosoph 162

Thenard, Louis Jacques (1777–1857), franz. Chemiker 59

Therbusch, Anna-Dorothea (1721–1782), Malerin 11, 15

Thiele, Carl Friedrich (um 1780– um 1836), Kupferstecher 178

Thiers, Adolphe (1797–1877), franz. Staatsmann u. Historiker, mit A. v. Humboldt befreundet 146

Thomas, Heiliger 176

Thomas von Aquin (1225–1274), Dominikaner, Schüler von Albertus Magnus, Philosoph u. Theologe 6, 75

Thorvaldsen, Bertel (1770–1844), dän. Bildhauer 49

Thunberg, Carl Peter (1743–1822), schwed. Naturforscher u. Reisender 18, 34

Tieck, Johann Ludwig (1773–1853), Schriftsteller u. Philologe 185

Tischbein, Johann Heinrich Wilhelm (1751–1829), Maler 56

Tizian, eig. Tiziano Vecelli(o) (1488/90–1576), ital. Maler 165

Troughton, Edward (1753–1835), Instrumentenbauer in London 86, 89, 94, 95

Tulard, Jean 7

Turner, Joseph Mallord William (1775–1851), engl. Maler, Radierer u. Stecher 48, 49

Turpin, Pierre Jean François (1775–1840), franz. Botaniker u. wiss. Zeichner 97

Urquijo, Mariano Luis de (1768–1817), span. Minister 63, 64

Varnhagen v. Ense, Karl August (1785–1858), Diplomat u. Schriftsteller 186
Varnhagen v. Ense, Rahel (1771–1833), Salonière, Gattin von Karl August V. v. E. 186
Vauquelin, Nicolas Louis (1763–1829), franz. Chemiker 58, 133, 139
Verico, Antonio (um 1775–?), Kupferstecher 50
Vinci, Leonardo da, siehe Leonardo da Vinci
Vitruvius Pollio (1. Jh. v. Chr.), röm. Architekt 179
Vogt, Carl (1817–1895), Physiologe u. Politiker 146, 147
Voigt, Friedrich Siegmund, Botaniker in Jena 182
Volta, Alessandro Graf (1745–1827), ital. Physiker 31, 44, 47, 91, 92, 117

Weber, Wilhelm (1804–1891), Physiker 155
Wedgwood, Josiah (1730–1795), engl. Keramikunternehmer 56

Wegener, Wilhelm Gabriel (1787–1837), Theologe 18, 19
Weger, August (1823–1892), Stahlstecher 7
Weitsch, Friedrich Georg (1758–1828), Maler 14, 71, 97
Werner, Abraham Gottlob (1750–1817), Prof. an der Bergakademie Freiberg 23, 33, 35, 36, 52, 91, 97, 188
Wichmann, Maler 38
Wied-Neuwied, Maximilian Prinz zu, siehe Maximilian Prinz zu Wied-Neuwied
Wilhelm, Prinz v. Preußen (1783–1851) 149
Wilhelm I., Deutscher Kaiser u. König v. Preußen (1797–1888) 186, 187
Willdenow, Carl Ludwig (1765–1812), Botaniker 18, 20
Witzleben, Ferdinand v. (1800–1859), preuß. Generalleutnant 150
Wünsch, Christian Ernst (1744–1828), Mediziner, Prof. für Mathematik u. Physik in Frankfurt/Oder 18

Zach, Franz Xaver v. (1754–1832), Astronom in Gotha 51
Zea, Bernardo, Franziskanerpater u. Missionar 70, 75, 119, 120
Zelter, Carl Friedrich (1758–1832), Komponist 150
Zeni, Gebrüder, venezian. Reisende 176

Bildnachweis

Akademie der bildenden Künste, Kupferstichkabinett, Wien: Seite 115
Archiv für Kunst und Geschichte, Berlin: Seite 30, 50, 94/95, 137, 178 oben
ARTOTHEK J. Hinrichs, Peißenberg: Seite 134
Bayerische Staatsbibliothek, München: Seite 39, 102, 160 oben
Berlin-Brandenburgische Akademie der Wissenschaften (Humboldt-Forschungsstelle), Berlin: Seite 88 unten
Bibliothèque Nationale de France, Paris: Seite 60 unten
Bibliothèque Ste. Geneviève, Paris (Foto Jean-Loup Charmet): Seite 61, 62 oben
Bildarchiv Preußischer Kulturbesitz, Berlin: Seite 2, 7, 8 unten, 15, 16 links, 21, 63 oben, 73, 75, 79 unten, 80 unten, 96, 98/99, 100, 116, 131 unten, 148 oben, 150, 169, 170 oben, 171, 172, 180, 181 oben, 182 unten, 183 unten, 190
Birmingham Museums & Art Gallery, Birmingham: Seite 48
Braunger, Manfred, Freiburg: Seite 127 unten
British Library, London: Seite 57
Collection Israel Museum, Jerusalem: Seite 14 unten
Deutsches Bergbaumuseum, Bochum: Seite 126 oben
Deutsches Museum, München/Archiv des Autors: Seite 8 oben, 9, 10 rechts, 12, 13, 14 oben, 16 rechts, 20, 24 unten, 27, 32, 33, 35, 36, 38 oben, 40, 43, 46, 47, 52, 53, 58, 59 Mitte, 62 unten, 67–70, 72, 74, 76, 77 oben, 78, 79 links, 80 oben, 81–87, 89–91, 92/93, 101 oben, 104, 105 rechts, 106–113, 117–121, 125, 126 unten, 127 oben, 128, 129, 132, 133, 138 oben, 140, 141, 144–147, 148 unten, 149, 151–159, 160 oben, 163, 164, 178 unten, 179, 181 unten, 183 oben, 184, 185 unten, 186, 188, 189
Deutsches Tapeten-Museum, Kassel: Seite 174
E. T. Archive, © Dunhill Collection, London: Seite 29
Frahm, Klaus, Börnsen/Hamburg: Seite 54
Graphische Sammlung Albertina, Wien: Seite 42
Hájos, Dr. Beatrix, Wien: Seite 44
Hardetert, Dr. Peter, Gladbeck: Seite 77 unten, 88 oben, 97 rechts, 103, 114, 122, 145
Hessische Landes- und Hochschulbibliothek, Darmstadt: Seite 26 oben links
Heidemann, Philipp, Berlin: Seite 105 links
Historisches Museum, Frankfurt/M.: Seite 165
Institut de France, Paris: Seite 131 oben
Institut und Sammlung für Völkerkunde Göttingen (Foto Harry Haase): Seite 26 oben rechts

Judah L. Magnes Museum, USA-Berkeley: Seite 10 links
Kulturstiftung Dessau-Wörlitz (Fotos Marie-Luise Werwick, Hans-Dieter Kluge): Seite 55, 56
Langer, Karl J., Gräfelfing (Foto Thomas Tietz): Seite 65
Lincoln, Bruce, USA-De Kalb, ILL: Seite 142
Münchner Stadtmuseum: Seite 175
Musées de la Ville de Paris: Seite 135
Museo Nacional del Prado, Madrid: Seite 64
Museum für Kunst und Gewerbe, Hamburg: Seite 185 oben
Museum für Naturkunde, Berlin: Seite 123, 143
Muséum national d'histoire naturelle, Paris: Seite 59 oben und unten, 136
National Gallery of Art, USA-Washington: Seite 166/167
National Maritime Museum, London: Seite 22 (2), 23, 25, 28, 139
Niedersächsische Staats- und Universitätsbibliothek Göttingen: Seite 17, 24 oben, 26 unten
Ratjen, Dr. Wolfgang, München: Seite 45
Réunion des musées nationaux, Paris: Seite 60 oben, 130, 138 unten
Sächsisches Bergarchiv, Freiberg: Seite 34
Schweizerische Landesbibliothek, Bern: Seite 51 oben
Schweizerisches Museum für Kommunikation, Bern: Seite 51 unten
Staatsgalerie Stuttgart, Graphische Sammlung: Seite 63 unten
Stadtmuseum, Berlin: Seite 19, 97 links (Alexander von Humboldt-Sammlung Wolfgang-Hagen Hein im Stadtmuseum Berlin; Foto Ursula Bergmeister)
Stadt- und Bergbaumuseum, Freiberg: Seite 37
Stiftung Preußische Schlösser und Gärten, Berlin-Brandenburg/Bildarchiv: Seite 11, 70/71 (Foto Jörg P. Anders), 173, 176, 177
Technische Universität der Bergakademie Freiberg: Seite 38 unten
The Brooklyn Museum, USA-New York: Seite 124
The Huntington Library, Art Collections and Botanical Gardens, USA-San Marino, CAL (Foto SUPERSTOCK, Jacksonville, FL): Seite 100/101
Verwaltung Graf von Kanitz, Nassau (Foto Foto-Studio Jörg KG): Seite 41
Württembergisches Landesmuseum, Stuttgart: Seite 168, 170 unten
Yale Center for British Art, USA-New Haven: Seite 66

Otto Krätz/Helga Merlin
Casanova – Liebhaber der Wissenschaften
184 Seiten, 210 Abbildungen, 1 Karte. Gebunden mit Schutzumschlag.

„*Daß es neben dem Sexualprotz noch den anderen Casanova gab, den wißbegierigen, beschlagenen Privatgelehrten, der mit seinen Kenntnissen der Scheidekunst, wie man die Alchemie damals auch nannte, Geld scheffelte – das rückt dieser opulente und lustvolle Bildband, der den Wissensstand der Epoche widerspiegelt, ins Bewußtsein.*" FOCUS

WAGNIS WISSENSCHAFT

Der populäre deutsche Chemiehistoriker Otto Krätz begleitet seine Leser auf einem anregenden Spaziergang durch die Geschichte seines Faches: Von den Anfängen im alten Orient und der Antike bis zu den neuesten Entwicklungen im 20. Jahrhundert – mit dem Werdegang der Chemie verknüpft sich auch immer zugleich ein Stück Kulturgeschichte.

Otto Krätz
Faszination Chemie
332 Seiten, 501 Abbildungen. Gebunden mit Schutzumschlag.

CALLWEY VERLAG MÜNCHEN